交易心理学

——投资者执行技能培训

正前方　编著

中国金融出版社

责任编辑：张哲强
责任校对：刘　明
责任印制：丁淮宾

图书在版编目（CIP）数据

交易心理学：投资者执行技能培训（Jiaoyi Xinlixue：Touzizhe Zhixing
Jineng Peixun）/正前方编著 . —北京：中国金融出版社，2014.9
　ISBN 978 - 7 - 5049 - 7587 - 4

　Ⅰ . ①交…　Ⅱ . ①正…　Ⅲ . ①证券投资—市场心理学
Ⅳ . ①F830. 91

中国版本图书馆 CIP 数据核字（2014）第 143365 号

出版
发行　中国金融出版社

社址　北京市丰台区益泽路 2 号
市场开发部　（010）63266347，63805472，63439533（传真）
网 上 书 店　http://www. chinafph. com
　　　　　　　（010）63286832，63365686（传真）
读者服务部　（010）66070833，62568380
邮编　100071
经销　新华书店
印刷　利兴印刷有限公司
尺寸　169 毫米×239 毫米
印张　29. 5
字数　468 千
版次　2014 年 9 月第 1 版
印次　2014 年 9 月第 1 次印刷
定价　88. 00 元
ISBN 978 - 7 - 5049 - 7587 - 4/F. 7147
如出现印装错误本社负责调换　联系电话（010）63263947

序

书富如海，百货皆有。人之精力，不能兼收尽取，但得其所欲求者尔。故愿学者每次作一意求之。[1]《菜根谭·治学》

意思是：如今市面上的书籍丰富得如同海洋一样，种类齐全。人的精力是有限的，不可能全部都学到，只能选取你当前最需要的方面。所以希望爱好读书学习的朋友们，每次都要设立一个明确的主要方向。

不过，就目前来讲，这是一本写给少数人看的书。这是一本大多数人很难一下子就看懂并深刻理解其深远意义的书。为什么这样说呢？

所谓：**民智之不可用，犹婴儿之心也。夫婴儿不剔首则腹痛，不揄痤则寝益。剔首、痤，必一人抱之，慈母治之，然犹啼呼不止，婴儿子不知犯其所小苦致其所大利也。——昔禹决江浚河，而民聚瓦石；子产开亩树桑，郑人谤訾。禹利天下，子产存郑人，皆以受谤，夫民智之不足用亦明矣。故举士而求贤智，为政而期适民，皆乱之端，未可与为治也。**[2]《韩非子·显学第五十》

意思是：大多数人的智慧是不能采纳的，就像婴儿的想法不可采纳一样。婴儿不剃头发就会肚子痛（过去的迷信），不挑破疮疾病情就会加重。剃头发、挑破疮疾必须要有一个人抱住婴儿，然后由慈母下手，然而婴儿却反抗哭泣不止，这是因为婴儿不懂得使他受点小苦就会解除将来更大的痛苦的好处。——从前大禹开江挖河，有很多民众反对，堆积了大量的瓦片石块进行阻拦；子产开垦田地种桑养蚕，而很多郑国人却恶意咒骂他。大禹是为天下的后人谋利，子产使郑国的后人有更大的发展，但他们都无一例外地遭到诽谤，可见民众的智慧不足以采纳的说法是很明显的。所以，当我们看待一个事物时应该从长远的角度衡量是非，处理重大事务时不必期望满足大多数人的要求，这些都是混乱的祸根，不可以用来治理大事的。

另外，多数人难以理解本书深刻含义的另一个主要原因，在于"方寸"（古语"心"的意思）之间。在佛教中有这样一句话讲得非常好：

交易心理学

"**寸田尺宅可以治生，一切福田不离方寸。**"但在如今的资本市场中，大多数公众交易者由于功利的驱使作用，普遍存在着浮躁心理，没有时间和精力更多地投入到学习和掌握基本的交易技能中。首先"交易"是一项非常专业的技能，既然是专业技能，在学习的过程中必然枯燥、烦琐，专业性强，不伤点脑筋、不真费些功夫是很难掌握并运用好的。这就需要"**心潜于一，久而不移**"的学习态度。学习最好和最有效的方法之一就是读书和理论联系实践，多读古今中外的好书，尤其可多读些中国古代圣贤的书，因为中国国学中包含着博大精深、融通万物的哲学，把他们的远见卓识融入到当今资本市场的交易行为，培养对投资规律的认识和对交易的自信心和实战执行力，真正做到交易理论与交易心理融为一体，可以事半功倍！

有一些喜欢读书的人，却又不能克服贪多务广的缺点，什么都想学、都想看，而不求甚解。这些人往往开头还没有看懂，就急于了解最终的结果。他们还没有明白一个道理，忽然间心思又跑到另一个方面去。因此，这些人整天辛辛苦苦，顾不上休息去读书（翻看大量的图表），而心绪是慌乱的，常常像是在奔跑追逐什么似的，而没有从容不迫地去领会书中深意的那种快乐，这样又怎么能够深信书中所讲的道理？自己认识到有所收获，长久才不会厌倦，而怎样才能不同于那些懒怠马虎、没有恒心、无所成就的人呢？孔子所说的"欲速则不达"，孟子所说的"进锐退速"，正是指的这种现象。如果真的能够以此为戒，改变这种做法，而专心致志地学习，思想长久不转移，使所读的书文意连接，血脉贯通，自然就能深入领会，使自己受到感染，使心与道理相会，然后书中劝人为善（指行，交易行为）的道理才能深入内心，对书中戒人作恶（不良的交易行为）的道理才有深切的体会。这种循序渐进地去获得书中精华的办法，就是读书最好的方法。

以上这段话不是我说的，是古人在千百年以前就提醒我们在学习的过程中应该注意的问题。原文如下：

若夫读书，则其不好之者，故急急简断而无所成矣。其好之者，又不免乎贪多而务广，往往未启其端，而遽已欲探其终。未究乎此，而乎已志在乎彼。是以虽复终日勤劳，不得休息，而意绪匆匆，常若有所奔走追逐，而无从容涵泳之乐，是又安能深信自得，长久不厌，以异于彼之急急简断而无所成者哉？孔子所谓：欲速则不达，孟子所谓：进锐退速，正谓

此也。诚能监此而有以反之，则潜心于一，久而不移，而所读之书，文意接连，血脉通贯，自然渐渍浃洽，心与理会，而善之为劝者深，恶之为戒者切矣。此"循序致精"所以为读书之法也。[3]《菜根谭·治学》

此不可谓不语惊四座！不可谓不言服八方！！

根据市场统计，全国有一亿多证券开户者，这还不包括做期货等的交易者。在一次我跟我弟弟的交流中他谈道：在这个庞大的群体中，如果都是"新手"，其中能有一万人将此书看懂、吃透，并严格规范执行就已经很不错了。毕竟在这个市场中真正意义上的职业交易者少之又少，这也符合这个市场只有少数人才能赚钱的客观规律。我想，对于那些有七八年交易经验积累的，吃过大亏的，有一定的思想、有一定文化底蕴的人，这本书的价值，即教你如何认识和掌握交易行为背后的正确的心理科学，提高投资者交易过程的心理能力和正确的执行力，才能够真正地体现和发挥出来。

有人把金融战比喻成一场没有硝烟的战争，那是再恰当不过的。而对于战争，正如毛泽东同志说过的："指导战争的人们不能超越客观条件许可的限度期求战争的胜利，然而可以而且必须在客观条件的限度之内，能动地争取战争的胜利。战争指挥员活动的舞台，必须建筑在客观条件的许可之上，然而他们凭借这个舞台，却可以导演出很多有声有色、威武雄壮的戏剧来。"[4]《论持久战·能动性在战争中六十二》

正前方

前　言

早在 2002 年我就写了一本有关运动的书，全书有将近 2/3 的内容被运动心理学占据，该书由北京体育大学出版社出版发行。全书用了三十几万字阐述了人在竞技体育中由于心理上的变化而导致肢体行为的变化，从而影响到了技术水平上的发挥。如何去克服，如何能在比赛中保持"最佳流畅状态"，这就显得尤为重要了。

而在中国股市从 2001 年的 2245 点到 2005 年的 998 点，再到 2007 年的 6124 点和 2008 年的 1664 点，几番牛熊使我更加深刻地认识到，心理学在这个资本市场中是多么的重要。正如撒普博士所说的那样：心理状态是最重要的，要占去整个交易的 60%；其次是头寸的确定，要占去 30%；而系统的开发是最不重要的，只占约 10%。唯一不同的是，我把它们归结为：心理占 50%，仓位的控制占 30%，交易系统的开发占 10%，另外的10% 是你的运气成分。

既然心理学在我们的交易过程当中占据如此高的地位，那我们也就不能忽略这门曾经是边缘学科的科学——交易心理学。

还是引用古人的两句话："**凡事预则立，不预则废**"和"**知先行后，知行合一**"。这是我们先人经过了长期的社会实践总结后留给我们的宝贵经验。

早在清朝，大学问家宋宗元就以他的卓鉴第一、辨奸第二、治本十三、钱法十八、沉机二四，给我们阐述了日常管理、金融知识、用心之道等，告诉我们"**预**"和"**知**"的关系及如何运用这种关系。

同样，20 世纪末期美国的著名学者圣吉博士在他的《第五项修炼——学习型组织的艺术与务实》一书中也大量阐述了**如何在乱中超越混沌、走出杂乱，引导我们由看片断，到重新关照整体；由看事件，到看变化背后的结构；以及由静态的分析变因，到看到其间的互动，进而寻得一种动态的平衡。**[5]

综上所述，国内外各行业的专家学者，都已经把人的各项社会行为归纳为心理成因的体现。那么，在资本市场中人们的交易行为又是由哪些心理因素构成的？心理因素在交易行为中又有什么作用？我们又该如何将自己导入一个"最佳交易状态"？等等，这就是在本书中我要阐述的关键内容。

本书主要内容包括交易心理学的五大基本要素，即表象技能、心理能量控制技能、应激的控制技能、集中注意力技能、自信心与现实目标制定技能。

在目前的资本市场交易领域，真正意义上的交易心理学还是一项空白（可能我没有关注到有这方面的系统著作）。所以，我将在本书的开始阶段尽可能地将中国古典哲学与市场结合起来，从心理学的基础知识开始，由浅入深、循序渐进地展开论述。

另外，一些专业工具书历来在社会上推广很难，销路不畅，其原因是它不同于娱乐书籍，它看起来容易乏味。特别是在如今快节奏的社会，尤其是在一切以趋利为主导的资本市场上。但是，你要是想成为一名资本市场的职业高手，必须要静下心来，学会从最基本的概念开始，逐步地学习并运用交易心理学中的各种技能，如"集中注意力技能""应激的控制技能""表象技能"等。适当地提高"心理觉醒"，你就会很快地融入金融战中心理战的海洋，去探究它更深处的秘密。

据目前的统计，全国光股民就将近两亿人，这还不包括从事其他金融衍生品交易的职业交易者。在这些交易者当中，有很多也在千方百计地想提高自己的交易水平。请注意！他们只是提高自己的"交易水平"，而并没有认识到需要提高自己的"交易系统水平"的高度。很多人把交易水平单纯地认为是只要把握住了起爆点或者是什么趋势的末端，就得到了能够在资本市场披荆斩棘的"越王剑"，并对此趋之若鹜。

但遗憾的是，交易并非是如此简单的。这也正是印证了大多数公众交易者在市场中急功近利，梦想一夜暴富的心态。这恰恰又是"主力"最想看到的和最容易利用的市场现象。

撒普博士曾经非常感慨地说：**"我对人们如何看待一个交易系统大为震惊！1995 年，我在马来西亚召开的期货与股票技术分析国际会议上发过言。来自美国的讲演者大约 15 人，听众对我们的发言都打了分。那些得分最高的讲演者讲的最多的就是入市信号。有一位讲的是交易系统的各个组**

成要素，其实他的演讲是非常有价值的，但是得分却很低。"[6]

撒普博士的话非常值得我们深思。

我的家人和朋友不止一次地劝说我：你应该先了解大众们想听什么，想学什么，这样才能引起轰动，才能给你带来可观的效益。我又何尝不知呢？但是，良心千百次的垂问让我只能向身后的"名、利"痛苦地摇摇头——不求有功，但求无愧；又何惧明月照沟渠。《诗》曰：长夜漫兮，永思骞兮。大古之不慢兮，礼仪之不愆兮，何恤人之言兮？唯有弘扬正道，民陷乃去！

我们非常需要对交易系统和交易心理学的结合重视起来，将其提高到一个新的层次和高度。

老话重提："凡事预则立，不预则废"，"知先行后，知行合一"。"预"为"纲"，"知"为"本"。古书中曾有记载：夫前人已事，卓尔有立，其辨妍媸、规得失、料成败，超超乎鉴无遗照者也！[7]

我们每一个人在我们的一生中都有自己的理想和追求。它是一种信念，是对成功的信念和追求。**不怕念起，就怕觉迟**。实现你自己的追求，起步在哪里？其实就在你的正前方！

以上是我十多年来对资本市场的思考，以及根据很多的平行账户的交易结果而产生的对市场的认识，还有我弟弟给我提供的商品期货不同交易模式的数据报告，这些数据对于我来讲是极其珍贵的。根据这些资料，再结合本人对中国古典哲学粗浅的理解以及交易心理学方面的知识优势，作者决心认真细致地进行整合编辑，形成一本较为科学、系统、完整的《交易心理学》专著，以填补目前市场上的空白，以飨读者。

我自己觉得本书的特点和目的之一是，衷心提醒大家，我们除了要学习国外的先进经验以外，还要重拾中国古老的智慧、文化、思想，建立极强的自省、自觉、自控能力，如此方能在跌宕起伏的资本市场中泰然自若，并斩获硕果！

中国古老的文化、思想与我们现代的交易有着非常密切的联系，文化与思想是心理学的主要组成部分，是人思维主体的主要活动方式。人类的思维活动注定一切行为的成败，这就是中国国学源远流长、生生不息、千古流传、万代受益的重要原因。从宋代开始就有半部《论语》治天下之说，而现代的章太炎又有半部《韩非子》可以治天下之论。这些都是对古老的儒家、法家等传统学说效用的高度评价。因此，在本书的基础篇中，我较多地引用了我国古人的思想和言论，从他们的辩证哲学中汲取我们当代全新的交易观念，这是正确认识和把握交易心理学的重要基础内容。当然古往今来的一切优秀文明成果，包括各种学说、思想和体系等，都会有不尽如人意的地方。它们都如一把双刃剑，关键看你如何去理解和运用。

本书的特点之二是，为了实际体现交易心理学的重要作用以及交易心理学理论在资本市场中的可行性，我采用了一些真实的交易案例进行说明。这打破了以往交易类图书只按过去式的图表"说话"，缺乏真实的交易加以辅助、证实的不足，摆脱"说交易与实际做交易是两回事"的尴尬与嫌疑。用广大交易者的话讲：是骡子是马，拉出来遛遛。

余不敏，窃愿于此借鉴焉，爱约勖而备论之。故而，不嫌问难，明镜不疲！

正前方
于 2013 年 6 月 7 日凌晨

目　　录

绪论：职业交易者成长所需要经历的过程

粤若稽古，圣人之在天地间也，为众生之先，观阴阳之开阖以名命物，知存亡之门户。筹策万类之终始，达人心之理，见变化之朕焉，而守司其门户。故圣人之在天下也，自古及今，其道一也。变化无穷，各有所归。或阴或阳，或柔或刚，或开或闭，或弛或张。

是故圣人一守私其门户，审察其先后，度权量能，校其伎巧短长。[8]

意思是：我们看看上古时代的历史，可以知道古代那些大智大勇的圣者生活在人世间，之所以成为芸芸众生先知先觉的导师，是因为他们能观测世界上万事万物阴阳两类现象的变化，并能进一步了解事物存亡的关键因素，给他们立一个确定的名号，还能够洞晓万事万物的生成、发展、灭亡的关键所在。他们追溯世界上万事万物的历史过程，预测它们未来的结局，洞察世人的心理特征，观察世上的事物、人事变化的征兆，从而把握事物发展变化的关键。所以，从古至今，处在天地间的圣贤之人在社会上立身处世，遵循的规律都是一样的。由此可见，世间的事物虽然变化无穷、纷纭万端，但都有各自的变化规律。或以阴为主导，或以阳为主导，或以柔为特征，或以刚为特征，或以开放为特点，或以闭抑为特点，或松弛不固，或紧张难入。所以，圣贤之人在处理世间事物时，总会发现事物的发展规律，把握住事物的关键，并考察事物的发展过程，研究事物的可变性和不变性，还要把握住事物应变能力的强弱，再比较技巧方面的长处和短处，有的放矢地处理问题。

开篇即引用鬼谷子的话足以说明他的分量，这位伟大的传奇人物在众多学者心目中的位置比大家知道的孙武还要高。我们单从他的几位学生就可见一斑，他的弟子据传说有后来的兵家孙膑、庞涓，纵横家苏秦、张仪等。鬼谷子不仅是我国也是世界上最早的思想家、谋略家、心理学家、兵家之一，也是纵横家的鼻祖。他的智慧和奇谋韬略在从政、外交、经营管理、为人处世等方面都具有现实的指导意义。特别是在当前的交易领域我们不可不知、不可不学、不可不用。

在后面的章节中还会出现很多他的思想，以及诸子百家的学说来佐证现今交易理念的发展。

当你非常认真地阅读此书时，相信你一定希望自己成为一名优秀的职业交易者。不管你在此前的交易经历如何，在以下的内容当中，你会发现职业交易者的成长经历，与你平时的交易有许多相同之处，也有许多不相同的地方。而本书的目的就在于，能够继续发扬你的有效的交易优势，同时指出你在其他交易方面的不足和应该注意的问题，合理有效地进一步提高大家的**交易技能**。

我国证监会规定：证券开户必须是成年人，具有民事行为能力，年满十八周岁。

既然我们能够投入到这个资本市场当中，我相信我们必然都认为自己是一个成熟的社会行为人，社会上习惯简称为"成人"。先给大家泼盆冷水，你是"成人"吗？

就目前来讲，绝大多数人把"成人"的标准一般界定为完成国家法定的九年义务教育，并年满十八周岁的人。这种单以基本的教育和年龄界定的概念只是成人的基本概念，如果单从其基本概念上看是会阻碍我们今后发展的。因为从所受到过的教育上来看，你即便是受到过十几年的教育，所认识到的事物也是茫茫世界中的沧海一粟，更何况在目前的交易者当中还有很多人的学历只是停留在普通的初中，或者是普通高中的状态。从年龄上讲，因过去受教育局限性的限制，即便是过了而立、不惑、知天命的阶段，在看待同样的一件事物上思想观、认识观也会有极大的偏差。这就是造成我们面对市场高端群体行为时总是看不透、猜不对或者屡屡被戏耍的主要原因——我们还没有上升到"成人"的境界。难怪春秋时期著名的哲人蘧伯玉曾经感叹说：**年五十而知四十九非也**。而庄子说得更为贴切：**吾生也有涯，而知也无涯**。希望大家静心地想一想。

那么"成人"究竟应该是一种什么概念呢？

"成人"应该是一种"综合素质"的概念。这种综合素质的概念是以思想境界作为衡量标尺的。古人对"成人"的概念有详细的论述：

其数则始乎诵经，终乎读礼，其义则始乎为士，终乎为圣人。[按古代的教育体制顺序来说是从小诵读《诗经》《尚书》（还有诸子百家）开始，读到《礼记》结束。按其意义来说，是从一个读书人开始，到成为一个圣人终结。] **真积力久则入，学至乎没而后止也**（只有诚心地积累，持久力行才能深入，学习要到老才能够停止）。**故学术有终，若其义则不可须臾舍也**（所以单项的学习科目是可以终结的，但是一贯的学习意义是不可以舍弃的）。**为之，人也，舍之，禽兽也**（能够做到的就成为"成人"，不能够做到的，就是禽兽）。**生乎由是，死乎由是，夫是之谓德操**（活着如此，到死也是如此，这就是道德操守）。**德操然后能定，能定然后能应。能定能应，夫是之谓成人**（有了道德操守然后才能站稳脚跟，然后才能应付各种各样的事情。既能站稳脚跟又能应付自如，这才叫做完美的成年人）。

有朋友也许会质疑：你说的"成人"的概念与当今资本市场的交易有关系吗？我回答：那是相当有关系！如果我们打开图表，那些高端群体的行为无不映射出先人的智慧。其中有：**捭阖之道以阴阳试之，观之以出，制之以捭阖**——此为鬼谷子之说。还有孔子的"**仁**"、孟子的"**义**"、"**心**"、老子的"**智**"、墨子的"**实践**"、荀子的"**自强**"、庄子的"**慧**"、韩非子的"**法**"、孙子的"**权变**"等。以上这些内容涵盖了政治、军事、法制、经济、心理，无所不有，堪称各行各业的行为规范。特别是交易这个特殊的职业，更是需要我们具备全面的、综合的素质，如果能把他们的思想全部集合起来，一定能大大提高我们自身的应变能力。有一句老话讲得非常好：**前知五百年，后知三百载**。这对我们今后先知先觉，从而有的放矢地发生交易行为是有极大帮助的！

所以，作为一名成熟的社会行为人，首先应该明白干任何一件事都需要有具体的方法和步骤，这样才能逐渐地实现你的目标。古人云：**知其之所先后，则几于道矣**！这需要我们不断地加强学习。

首先，我先简单地谈一谈什么是心理学。

人们通常所说的心理学，就是研究个体心理的发生与发展规律的一门科学。要知道，人的一切行为都需要首先获得心理上的支持。心理上的支持过程是指人的心理活动发生、发展的过程。具体地说，就是客观事物（视觉、听觉或表象）作用于人的大脑，在一定的时间内大脑反映客观现实的过程。它包括认知过程、情绪和情感过程、分析和判断过程、意志过程，从而产生具有针对性的具体行为的。

交易者的心理现象是多种多样的，不同的心理现象会导致不同的交易行为。研究发现，我们可以通过人不同的交易行为推断出他当时的心理变化。或者，通过他目前的心理变化来推断他预计可能产生的交易行为，由此可作为判断依据（在市场中，超级主力很会利用大阴、大阳来调动或牵制公众交易者的心理，从而可以完成他们预期的市场行为）。它们之间有着紧密的科学联系，归纳起来便产生了交易心理学。

对人心理的探讨与研究，自有人类文明以来就已经开始了。像中国的古典哲学、医学、教育和文艺理论等许多著作中，都有着丰富的心理学思想。特别是孟子的"**心之官则思**"，更是把心理学追溯到公元前 370 年，是人类历史上最早将心理学提高到认识与实践的高度的观点。但是，在世界范围内，心理学成为一门独立的科学也就一百多年的历史。

如果把心理学比喻为一株枝干茂盛的大树那是再恰当不过的了。所谓的心理学是其主干，它还有两大体系，即临床和行为。在两大体系中又有很多分支。如普通心理学、社会心理学、教育心理学、法律心理学、管理心理学、商业心理学、经济心理学、消费心理学、咨询心理学等都是心理学庞大学科体系中的成员。而且随着人类社会实践活动的发展，心理学的分支学科还会继续地发展和繁衍。

而本书就是要在这株参天大树上再描绘一笔——交易心理学。

既然人的一切行为都是首先获得心理上的支持，所以我认为交易行为一定也不会例外。古人常说：**运筹帷幄之中，决胜于千里之外。**所谓"运筹帷幄"其实就是我们内心"经营"活动的真实写照，也是自有文字记载以来，古人在 2500 多年以前就运用并丰富心理学的重要佐证。而且，从古至今它从来都是处在一个很高的层面上。大到国家的大政方针和军事布局，小到日常事务的处理，"经营"的好坏都体现出运筹帷幄的能力。我们都知道"事半功倍"和"事倍功半"，正是这种能力所产生的两种效果的形象说明。当然，我相信所有的人都是喜欢"事半功倍"的。但是，这属于一种特殊的技能，一种非常"**昂贵**"的技能。

既然是一种特殊的技能，那么学习必将是获取该技能的重要手段。但是，学什么？学习内容的轻重缓急、主次排序就显得尤为重要，这同样需要一番周密的筹划。

我们幼时所读《三字经》开篇便给出了提示：**人之初，性本善，性相近，习相远。**好与坏关键性的差异就是在于我们所学的不同——**习相远。**

如果我们一开始就能认识到，交易心理学在日后我们的交易生涯中将起到至关重要的作用，那么，以此为基点结合相关的交易基本知识，保持同步的学习状态，将来会使你在运筹帷幄的能力上有大幅的提高，就可以"事半功倍"了。

所以，本书的作用不仅是阐述交易心理学的内容，同时还是帮助你筹划学习的内容与步骤。为此，我将全书分为基础篇和高级篇。基础篇不仅涵盖了心理学的内容，还涉及生理学、中国古典哲学、现代科学、非科学和真实的交易案例等内容。如果你立志成为一名职业交易者，请不要忽略以下任何一个章节的内容，因为它们之间都存在着千丝万缕的交叉关系，每一项内容都是你今后通体筹划交易行为的重要依据。

没有通体筹划的交易行为势必不能在心里运筹帷幄，没有运筹帷幄的心理势必也将无法达到职业交易者的最高境界——**"无我"**的状态。

我们先看看古人是如何描述通体筹划的重要性的，《正经·运筹十七》云：**大凡经营**（在以后的章节中有阐述何谓经营）**之始，务须通体筹划，方免临事周章**。[9]

意思是说：大凡经营一件事，一开始就务必做到全面筹划，这样方可避免因准备不足而仓皇失措。

在上文曾经提到过，通体筹划是一种技能，而这种技能并不是所有人一开始就都会的，它需要在学习中不断地形成。

在资本市场中要想形成"交易技能"是很难的。我相信很多朋友都看过很多这方面的书籍，绝大多数是我们翻译人家的经典著作。其中的大多数是以什么入场信号，或者结合二类指标讲解的过去式的经典案例。不知道大家有没有注意到，绝大多数作者在讲解的过程中并没有实际体现出相对应的交易行为：这是为什么呢？道理很简单，"说"交易与真实地做交易完全是两回事。由此是不是可以引发我们更加深入地思考？这些所谓的先进理论与交易行为在市场中能否有大的契合度？在历史上不是没有出现过"纸上谈兵"给我们带来重大灾难的教训。不过不管怎样，这些书中的大部分内容从过去式的图表来看都堪称经典。但是，这些成功的经验和案例却又是很难复制到未来的图表走势中的。所以，仅凭过去式的图表光凭"嘴说"是很难叫我们信服的。正所谓：**有图未必有真相**！那么，如何叫人信服呢？我个人认为，用自己的交易体系、理论结合实战，特别是在市场大背景不好的情况下，用长期、连贯的交易证明自己的理论体系是有效的。在这个基础上加以详细地说明，只有这样才能证明其是可以让人信服的。这正是我们正确认识通体筹划，发展交易技能初期最关键的一步。

杜甫在《前出塞九首》中说得好：**挽弓当挽强，用箭当用长。射人先射马，擒贼先擒王！**我们还都知道一个道理："**第一步走错，步步都会错。**"

在目前的交易领域中，从行为心理学上来讲，市面上的一般书籍所讲述的方法只能归属到"交易技术"的范畴，而任何一种交易技术在市场中都可能有对应市场行为的时候。这样就会出现一种现象，很多交易者在一段时间内交易得顺风顺水，在另外一段时间内接连失误。这不仅是所谓的交易技术还不完善，更主要的是交易技能的缺失。更加具体地讲，你的"交易技术"是否建立在你正确的理念上，所谓的"交易技术"只有与正确的理念相结合才能形成"交易技能"。请注意！"**技能**"和"**技术**"是两个截然不同的概念（以后的章节会有介绍），而"交易技术"只是交易者生存的最初级手段。

但是，所谓的"交易技术"又与如车工、木工、焊工等我们日常生活行为、工作行为的"技术"还有很大的不同。后一类技术行为只要认真执行标准、程序、量化就可以逐渐稳定地提高，因为我们面对的是对静态物体去实施行为。而在资本市场当中，动态、不确定性是绝对的，单一的一项技术行为不可能覆盖市场的整体行为。所以，我们仅凭所谓的"技术"就想在这个市场生存是很难的，它只是个最初级的积累。

另外，古人早就把所谓的技术在社会阶层中的作用加以定性，曰：**道、法、术**。道——境界、格局、持枢为天道。法——讲法度、理论、价值为能力。术——方法、技巧、生存，食色性也。如此说来道、法、术又分为大、中、小。故：**小成靠术，中成靠法，大成靠道！**

我可不是在批评人家的东西不好，而是想强调一种交易模式和单一的理念是不可能覆盖市场中所有行为的。当然，其中也有少数例外，这是什么呢？其实就是把握一个"变"字。

如何在"变"中求通，在"变"中求存？这是个认识观念上的问题，更是个层次的问题。早在战国时期，荀子的著作就警示我们现代的交易者：

万物为道一偏，一物为万物一偏。愚者为一物一偏，而自以为知道，无知也。[10]

用更加贴近市场的话讲：所有的走势形态只是体现了自然规律的一部分（可见我们所需要学习和认知的空间有多大），某一阶段的走势形态只是所有走势形态的一部分。愚昧的人如果只看到了一部分就以为自己懂得了资本市场运行规律，实在是无知呀。

所以，我们不仅需要在宏观上求证，还要在微观上不断地小心求索，这是最基本"求通""求存"的不二法门，也是在顺应资本市场当中的"变"。有一句话我想大家都应该听说过，**"历史不会简单地重复，但又会惊人地相似"**。

综上所述，我们除了要汲取国外的一些交易经验和理念以外，还要加强对古老的中国传统文化的学习。因为在哲学、经济、心理、军事等领域我们的先人都堪称鼻祖。在这里我不得不提及我们的老祖先奉献给人类的另一部巨献《孙子兵法》，因为其中有一句话作为本章节的标题警训再贴切不过了。

孙子曰：**"以迂为直，以患为利。后人发，先人至，此知迂直之计者也！"**[11]

其实用贴近交易的话就是说：在你的交易生涯初期，往往看似简单枯燥、无用的事就是你通往金字塔顶峰的坚石，这是你必须要掌握的。世间本无通往成功的捷径，只有你一步一个脚印，踏踏实实地向前迈进，就如同"龟兔赛跑"的寓言一样最先成功的是你，这就是通往成功的捷径。

我们要从先人给我们留下的这些经验、理念和重要思想中开发出"交易技能"发展中的正确方向。《书》曰：**"'无有作好，遵王之道，无有作恶，遵王之路。'此之谓也！"**用贴近市场的话就是"不要任凭自己的偏爱，要完全遵循市场的发展，不要任凭自己的偏恶，要完全遵循市场的方向"，说的就是这个道理！

那么，一名成功的职业交易者都需要哪些经历？他的最高境界又是什么？我自上而下地向大家一一介绍：

首先它看上去像一个金字塔，最顶端是**"无我"**状态。

佛教文化是一个外来的并在我国发扬光大的文化。"无我"是个佛教名词，是佛教根本思想之一。即人以色、受、想、行、识五类蕴合而成，

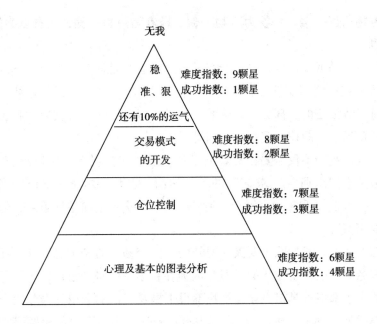

图1 交易者的境界

没有常恒自在的主体，非常注重因果关系，注重有好的"因"才会修炼得正"果"（交易实际上更是如此）。有句话说得好："**菩萨畏因，俗人怕果。**"这是在当今的交易市场中绝大多数公众交易者普遍存在的潜在心理特质。

"无我"，也属于中国古典哲学的范畴，更是心理境界的极致。除了佛家的"**禅定、观照**"是"无我"状态的必修课之外，老子讲"**致虚极，守静笃**"，庄子讲"**朝彻见独，心斋坐忘**"，儒家讲"**自省**"，道家讲"**慎独**"，我党提倡的"**自觉**"，这些都是向内观照、自我监测、寻求真理，追求"**解放**"的方法。我相信绝大多数人还在水深火热的交易苦海中寻求"解放"。

先给大家讲述两个小故事，第一段是颜回与他的老师孔子的对话。

颜回曰：回益矣。（我进步了。）

仲尼曰：何谓也？（怎么进步了？）

曰：回忘礼乐矣。（我忘掉了礼和乐了。）

曰：可矣，犹未也。（好！但还不够。）

他日复见，曰：回益矣。（过了几天颜回又见孔子，说：我又进步了。)

曰：**何谓也?**（又怎么了?)

曰：**回忘仁义矣。**（我忘掉了您教导的仁和义了!）

曰：**可矣，犹未也。**（好! 但还是不够。)

他日复见，曰：回益矣。（又过了几天颜回又去见孔子，说：我又进步了。)

曰：**何谓也?**（又怎么了?)

曰：**回坐忘矣。**〔我坐忘了!（即无我的状态)〕

仲尼蹴然曰：何谓坐忘?（孔子惊奇地一下子蹦起来问：什么是坐忘?)

颜回曰：堕枝体，黜聪明，离行去知，同于大通，此谓坐忘。〔遗忘了自己的肢体，抛弃了自己的聪明，离弃本体，忘却了所谓的智慧，与大道走势融而为一，这就是坐忘。（实际上也就是一种无我的状态)〕

仲尼曰：同则无好也，化则无常也，而果其贤乎! 丘也请从而后也!（同万物自然的发展与走势同为一体，就不会有偏见了，参与跟随万物自然的脚步就不会出现大的错误。你果然是个贤人呀! 我情愿能够跟随在您的身后!)[12]

此外，在《庄子·齐物论》的开篇中，南郭子綦与颜成子游的对话中就提出了**"吾丧我"**[13]的最高精神境界。所谓"吾丧我"，"吾"是指超脱世俗，进入到精神高度自由的境界。在精神上得以升华的自我，是精神上的自我。"丧我"的"我"，则是肉体上的，在现实中具有名利是非观念的凡人的"我"。"丧"是遗落的意思。因此，"吾丧我"实际上指的是一种特殊的心理状态。在这种状态中，忘掉了名、利、物的存在，自我的存在，混同了物我界限，合二者为一体。

以上的小故事是不是对大家在发展自我的过程中，特别是在思想上有所启发? 如果还是感觉混沌未开，不要着急，在以后的章节中会初步地阐述模式化系统交易的构建。在这个过程中需要以大量的中国传统文化为依托，帮助大家逐渐地去理解**"禅定、观照""致虚极，守静笃""朝彻见独，心斋坐忘""自省""慎独"**和我党提倡的**"自觉"**等，之后谜团会渐渐地解开。这是个"修心"的过程，是通往最高境界的必经之路。因为，只有**修心才能见性，先修心才能开智**。追求功名利禄没有错，但"**君**

子忧道不忧贫""不患无位，患何以立?"，这才是中国传统文化催生人类进步的精髓，而不是急功近利。

一名成功的职业交易者在什么情况下才能做到、体现出"无我"的状态呢? 答案就是: **结合众多的非判断交易模式**(属于初级的过程和量的积累)，**达到一个理性的艺术判断交易的高度**(质的转变)。

引用《淮南子·缪称训》的话讲: **寇**(掠夺、侵犯)**莫大于阴阳，枹**(击鼓的小锤)**鼓为小**。[14]

意思为: 在盘面中想不受掠夺，没有比了解阴阳变化之道更加关键的，要抛弃个人的情感因素，而进行实盘交易则是小事一桩。

这即"无我"。而"无我"的修炼源自以上所讲过的，平时心灵的建设和自身灵性的修炼等。

由于本书旨在对心理以及交易技能方面的培养，在小技术方面恕不多付梓，见谅。

如果"无我"是职业交易者的最高境界的话，那么，接下来便是**稳、准、狠!**

我常常告诫我的学生，你要是想做到稳、准、狠，就必须时刻记住以下四句话，并在平时的训练中严格遵守，逐渐地将其融入到交易行为当中去，绝不能只是说说而已:

1. 要有猎人般的沉稳。
2. 要有狐狸般的狡猾。
3. 要有狼一般的血腥。
4. 要有虎一般的胆量。

在以后论述什么是交易艺术的章节中，我会以本人的实盘交易案例结合以上四句话加以阐述。

这里给大家先简单地举个例子: **不见大阳不买，见了大阳不买。不见大阴不卖，见了大阴不卖**(这是我的弟弟在几千笔的期货交易中总结出的一句律己格言)。看起来这句话自相矛盾，但是，趋势在成立初期，是对你极大的心理考验。"稳、准、狠"如果跟上边的"要有猎人般的沉稳"等四句话结合起来，会相得益彰。

这里还需要强调的是，由于资本市场的多变性即不确定性，以上的"稳、准、狠"和那四句话不是一成不变的，要根据不同时期灵活运用。

在今后的"什么是交易艺术"章节中也会有结合实盘操作的案例，给大家作出真实的示范。

当然，此番话说起来容易，要我们付之于行动的确很难。有些人需要几年甚至更长的时间进行不断的努力，而真正获得成功的人却又很少。这是为什么呢？不懂得或不善于建立一个完善的交易体系只是一方面（这方面我可以帮你去做），而关键的另一方面在于难以克服不断地完善交易体系的过程所带来的枯燥。

要知道，人对参与任何一项行为都是由兴趣和需要而产生"**动机**"的（动机源自心理学的范畴）。但当人们投入到职业行为中时需要大量地学习，此时这种学习行为对大多数人而言就不再是兴趣了，而更多的是一种责任——信托责任。我的意思是说，在你今后的职业行为中，如果缺乏这种责任感的话，你就不可能成为少数的佼佼者。要知道佼佼者的特有品质是坚信科学、坚持科学并能吃苦耐劳。

以上提到过道家讲"**慎独**"。其中道家思想的代表人物刘安在《淮南子·缪称训》中说：**动于近，成文于远。夫察所夜行，周公惭乎景。故君子慎其独也。释近斯远塞矣。闻善易，以正身难。**[15]

意思是说，做好眼前该做的事，才会获得深远的意义和影响。晚上审查当天的行为，周公都为自己的身影感到惭愧。所以，君子独处的时候要特别地审慎。眼前该做而不做的事情就会阻碍长远的利益。积极进步的道理大家都很容易懂，但是要亲身去实施就很困难了。

提到科学，我不得不承认在稳、准、狠还有那四句话之下的框架结构中的交易系统开发是我最难以定性的。因为我很清楚地知道，我面对的交易对象是活生生的人，而人的思维是最难以确定的。暂且不说人容易受到外界信息的干扰，即便是遇到一个思维跳跃、个性张扬的对手也会叫你吃尽苦头。在他面前你不要讲交易科学，他会认为他自己最科学！从而，引发了我经常讲的一句话：**涵盖技术图表中所有的一类指标和二类指标，你绝不能认定某一形态就是标准形态，图表中就没有所谓的标准形态，我给它们的定义是"非标准的类似形态"。这也恰恰就是资本市场魅力的核心所在，它的魅力核心归纳起来就是一个字："变"！**

所以，在这个变化无穷的市场中，任何一种交易模式都不是能包打天下的。据此，所谓的科学的交易只是在于开发交易模式的过程中严谨、客观求证所得出的相对稳定的一套交易方法。此外，还要把这套方法随着市场的变化"变通"提高到一个艺术的高度。最终体现为我弟弟常说的一句话：**"你可以不知道市场明天怎么走，但是，一定要知道市场明天走到哪里你该怎么做！"** 这就是在科学交易的基础上又一次升华，应该属于交易的最高境界。

"你可以不知道市场明天怎么走，但是，一定要知道市场明天走到哪里你该怎么做！"这句话还是源自《孙子兵法·九变篇》给予的启发。

孙子曰：**故将通于九变**（九，数之极，九变，多变之意）**之地利者，知用兵矣；将不通于九变之利者，虽知地形，不能得地之利矣。治兵不知九变之术，虽知五利，不能得人之用矣。**[16]

意思为：你作为统领账户里"千军万马"的统帅，如果能够精通各种机变的利弊，并有效地结合运用，你就是懂得交易了。如果你不能精通各种机变的利弊，即便是会用一些技术，也不能充分地发挥它的优势。作为交易者，如果不知道各种机变应对的方法，那么即便知道自己的优势，也不能够充分地发挥自己的交易技能。

所以，在面对有多种多样变化的市场时，职业的交易者往往会有几套成熟的应对市场变化的交易模式。或者，他们也许只拥有一套对他们来讲非常成熟的交易模式。但是，这套系统只是适用于市场某阶段的运行。他们会像猎人般地沉稳等待时机的再次到来，一旦机会出现他们就会具有狼一般的血性、虎一般的胆识、狐狸般的狡猾，稳中取胜。

即便如此，一套交易模式的定型也是需要极大的精力和时间投入的。首先，交易模式的数据报告是交易模式定型最基本的前期工作。它需要你对长时间跨度的大量单位数据进行统计，其中要包括：测试周期、年化收益率、交易次数、胜率、盈利次数、平均盈利率（占总资金）、最大盈利率（占总资金）、最大连续盈利次数、亏损次数、平均亏损率（占总资金）、最大亏损率（占总资金）、最大连续亏损次数、空仓周期、空仓周期占总周期的百分比、最长空仓周期等。至此也仅仅是刚刚做到知己而已，由此才能判断此种交易模式在市场某阶段的实战性、实用性。

目前随着科技的发展，很多的统计和运算都能靠计算机来完成。但是，在整个交易模式在今后的实战运用中，你会依旧缺乏对市场的深刻感知。如此说来，不如经过人工对图表的统计和运算得到对市场更加深刻的

感知，同时这样做对于你"**记忆机理**"的加速深化还具有积极的作用。但你非有愚公移山的精神不可。

这还只是一套交易模式的建立和定型，如再加上后期的测试阶段，如果你想拥有三套不同的交易模式来应对这个市场的话，两年之内，你就别想再做别的事情了。

按图 1，接下来我们看到作为职业交易者的下一步该面临和解决的问题是仓位的控制。

《孙子兵法·兵势篇》："**凡战者，以正合，以奇胜。故善出奇者，无穷如天地，不竭如江河。战势不过奇正，奇正之变，不可胜穷也。**"[17]

意思为：你的资金和仓位的控制就如同用兵打仗一样，它们都是你的士兵。在什么情况下该用多少兵力，在什么情况下又该撤出多少兵力，在什么情况下该乘胜追击，在什么情况下才该去合力解救被困资金，其中的变化如天地运行般变化无穷，像滔滔江河一样永远不停息。

按照孙武的思想，在资本市场中只有能够随情况而变换"奇""正"之战法才是一名高明的交易者，才能避免被对手吃掉，这也正是他"**权变**"的精髓所在。同时他也强调了兵力部署和运用的重要性。所谓：**明攻为正，暗袭为奇。常法为正，变法为奇。**

意思为：大举跟进或退出为"正"，小规模的试探或打短差（俗称"偷一把就跑"）为"奇"。在一般情况下，确定趋势后通常的做法用"正"，不宜恋战之时用"奇"。

总之，资金的管理和仓位的控制有着很深的学问，在不同的市场背景的情况下，要懂得避其锋芒、择机待势。但有的时候明明知道前方有可能是火坑也要义无反顾地跳，当然这时不会是动用所有仓位。

《鬼谷子·摩篇第八》阐述得很明确，摩，即琢磨、揣测。善于摩意的交易者会像渔翁一样不动声色。他们强调谋划要周密，思路和方法要得当，法则与时机要紧密结合，还需要在隐秘中进行，目的就为了"成事"。即：**圣人谋之于阴，故曰"神"；成之以阳，故曰"明"**。[18]用我们现代的话讲就是：谋成阴阳你就做到神明了。我认为这句话说得非常贴切和到位，对于我们今后的交易应该有所启发。另外，用我弟弟常挂在嘴边上的一句话：**阴在阳之内，不在阳之对，反之亦然。此之谓与。**（在"什么是交易艺术"的章节中有一段实盘案例将此发挥得淋漓尽致）因为市场经常会出现突然的"回马枪"，我们不得不加以重视和制定相应的策略。在制定相应的策略时请不要忽略以下问题：这笔"头寸"你是否输得起？输多少是你能够承受的？

中国古代伟大的哲人管子也曾说过：**则、象、法**。只有掌握这三项，你在决策的过程中才有法可依，这里就不再赘述。在今后的章节中将阐述什么是成功的交易，我将用实盘交易点对点地来解释"奇""正"在盘中的互换。

以上内容也是交易者难以控制和掌握的，它需要大量的心理条件作为依托，请大家耐心读下去。对了，对大家重点提示一下，**"耐心"**也是成功者的一个特有的高贵品质。

从来就没有什么救世主，也不靠神仙皇帝。

然财非天雨鬼粟，此理固无难晓者。[19]

大家都知道图 1 像金字塔。最下面则是占你今后整个交易比重最大的部分——交易心理学和一些技术图表的基础知识。

既然我把心理学定位为占整个交易行为 50%的比重，那么它的重要性就不言而喻了。

交易心理学在交易的过程中有多么重要？恐怕有很多人都能意识到它的存在意义，但同样也有更多的人在交易过程中还是无从把握。因为在实盘中我们所看到的电子图表在不断地上下摆动，尤其是像外汇、期货，摆动的幅度都很大。不管你是否持有头寸，最先受威胁的不是你的资金而是你的心理。

由于市场会瞬间产生大的摆动，你的"唤醒度"（原本是生理学术语）会被市场的摆动瞬间带动起来，随着"唤醒度"不断地加大，强烈的"应激"（心理学术语）也就随之产生。**在高"应激"的作用下，人一般会出现冲动、狂躁、恐惧、心绪紊乱、不能自控等特征，甚至绝望、心灰意冷**。试想，在这种情境下，交易者如果不是事先经历过心理技能的训练，如果不出现交易上的错误，那么他一定是已经晕倒在工作台上了。这就是不掌握"心理技能"的后果。

记得那是在 2007 年 12 月 13 日，我带了三个学生做了时代出版（600551），在之后的 12 月 17 日遇阻回落，我安慰他们：你们必要经历这段考验，过这一关！过了三个月后当 600551 连续出现七个"一字板"的时候有个女生跟我说："老师，多亏听您的了，这一关我终于过去了。"我问她："你当时是怎么过去的？"她回答："我晕过去了。"

听起来是个笑话，实际上这正是体现了普通交易者在市场产生摆动时的真实心理状态。毫无疑问，没有一个良好的**"心理技能"**作支撑，你想做一名成功的职业交易者的可能性几乎等于零！

美国哈佛大学的基多夫教授曾经讲过这样的一段话：**"忽视心态对人生的影响**（我还要加上一句：忽视心态对人基础行为的影响），**看似无关大局，实际上在你最需要克服人生心理障碍时，自我心态的调整往往起决定性的作用**（请注意，自我心态的调整）。**在必要时，心态质量的好坏，就会让你趋向不同的选择。"**——自《一分钟心态修炼》

那么，我们如何练就以一个良好的心态来应对市场？实际上最为有效和长治久安的方法不是求助于心理方面的专家，而是通过自我不断的学习和改进，而达到今后能够不断地根据各种情况的出现而不断地自我修正的境界，这也是人**"完善自我"**的一个必要过程。

古人云：**学之为道，莫先于正趋向。趋向不正，虽其胸贯古今，亦是小人耳。夫趋向之正不正，视乎义**（义之路也，行。）**利**（利之欲也，性。）**之明不明。夫人之有义，犹车之有靳、舟之有柁也。车不得其靳，则逸而不制，不覆不已；舟不得其柁，则流而不制，不覆不已；人不得其义，则纵而不制，不覆不已。诸生能悉心于义利间，而知经义取士，非专为科名设也，则违道不远，希贤希圣，举由乎此矣！**[20]

意思是：所谓学问之道，首先应端正趋向，趋向不端正，哪怕自己能通贯古今，也做不成什么大事。趋向的端正与不端正，要看对"义"、"利"分不分明。人有道义，就像车有夹辕（两马当胸的皮革），船有船舵。车没有这个皮革，就会奔跑而不能控制，不翻车是不会停止的。船没有船舵，就会奔流而下不能控制，不翻船是不会停止的。人没有道义，就会放纵行为而不能控制自己，不丧身是不会停止的。

学生们能够全心于"义""利"之间，并且知道通过研学可以不断地提高自己，而不是为了应付考试才学习的，这样的话距离学问之道就不远了，若希望自己成为专业或真正的职业交易者，就可以由此开始了！

通过以上内容我们又明白了一个重要的道理：**学之为道，先正趋向。**

此外，请相信！**世上最好的教育是能够让受教育者学会自我教育。**当别人在唱歌、游戏、娱乐的同时，我们却像小蜜蜂一样辛勤地采摘知识的果实，这是一个自我教育的过程，当然这个过程很辛苦。

我们还发现，凡是能成大事者，都有一个共同的特点，那就是敢于行动的态度和持之以恒的精神。我们现在已经找出了自己的行动方向和树立了理念，那么我们还等什么呢？只等一切从头开始了。

最后，我想用四个字来结束我对成为职业交易者所经历的过程的概述，然后，我们就打开了另一扇窗。这四个字是：天道酬勤！

第一篇 交易心理学基础篇

大天而思之，孰与物畜而制之？从天而颂之，孰与制天命而用之？望时而待之，孰与应时而使之？因物而多之，孰与骋能而化之？思物而物之，孰与理物而勿失之也？愿于物之所以生，孰与有物之所以成？故错人而思天，则失万物之情。[21]

之所以用荀子的这段话作为本章的开篇是警示大家**祈求不如行动！**

引文大致意思如下：把精力用在尊敬大自然的伟大并仰慕它，哪里比得上把它当做物资积蓄起来并且能够控制它呢？被动地顺从大自然顶礼膜拜它，哪里比得上学习并掌握了规律而且利用它呢？盲目地祈盼机会而等待它，哪里比得上顺应时机而利用它呢？无奈地依靠万物的自然生长繁衍，哪里比得上施展主观能动性而改变它呢？不切实际地思慕万物而只是空想，哪里比得上经营好它而不失去它呢？希望了解万物生长繁殖的奥秘，哪里比得上掌握了规律而促进万物的生长呢？所以，放弃了人为的努力而寄希望于老天，就不符合万物的本性了。

古人的智慧以及伟大的思想就如同一面镜子一样，人如果不照镜子是很难看清自己的。**大哉此言！请多"观照"！**

交易与交易心理学作为一门学科，是在这样两个背景下开始构建的：

一方面是交易者自身研究的必然要求——市场上发行的许多书籍都迫切要求以一种科学的方法来认识交易，从而寻求一个科学研究的坚实起点。这一点尤为重要！

另一方面是随着各种技术知识的普及，人们又逐渐从中认识到了形态学和心理学等，这些学习和认识的初步建立，为交易与交易心理学的建构从方法理论上提供了一种可能性。作为对这一学科的理论表述，我们要从基本的学习谈起。

　　我们都知道一个道理，进步、发展、成长都是离不开学习的。实际上我们每一个人每天都是在不断地学习的过程中，但是为什么有些人就能快速地进步和成长，而有些人看起来很勤奋却始终得不到市场以及周边人的认可？看来一定是学习方面出了问题。

　　如何学习好，如何会学习，如何发挥学习的最大潜能和功效，是影响我们今后进步的一大客观因素。而以下的内容是今后学习好的基础，就跟我们小学一年级一开始学习的"1 + 1 = 2"是一样的。

第一章　倾听技能

上学以神听（即倾听），**中学以心听，下学以耳听。以耳听者，学在皮肤。以心听者，学在肌肤。以神听者，学在骨髓。故听之不深即知之不明，知之不明即不能尽其精，不能尽其精即行之不成！**[22]

意思是：上等的学习方法是用神思（现代用语为倾听），中等的学习方法是用心去听，下等的学习方法是用耳去听。用耳朵去听，只能学到一些皮毛的学问。用心去听，才能学到一些肌肤一样的学问。用神思去听，才能学到精髓的学问。所以，听到的不深，了解事物就不甚明了。了解事物不明了，就不能领略事物的实质，进行的学业就不会取得成效。

上述是古人在如何学习好、如何会学习方面给予我们的启发，但还是缺少更为详尽、具体的学习方法。下面为朋友们一一阐述。

首先，倾听在交易心理学中分为两个阶段。

第一，初期主要是学习、获取阶段。对于初学者来讲在老师或书本的指导下进行。此阶段对于你的要求是要有耐心、尽全力地理解、吸收，不懂的要善于去问，并牢牢地记住。

第二，后期主要是实践、提高阶段。在模拟训练或实盘交易阶段努力提取以往学习的理念，根据动态盘面仔细地观察市场走势背后的真实意图。实际上，动态盘口中价格的波动也是一种"语言"，通过视觉中枢的传导与听觉中枢并联。此阶段对于你的要求是，要把观察动态图表的盘口语言上升到"倾听"图表语言变化的高度。因为，市场价格每一个波动单位的变化都代表了一个利益群体的意图，观察市场变化的价格信息有助于更深层次地分析和判断它的真实意图。

我首先阐述初期的学习阶段。

学习一般是通过两种基本渠道来获得的，即看和听（当然还有实践，在实践中也是需要再学习的）。

看——一般有几种解释：一种解释是眼睛注视的方向及内容，如事物的发展状态、书本等。还有一种解释是观察、估量，如看情况、见风使舵等。看的过程实际上也是在同时启动思维的过程。《晋书·刑法志》中曰：**看人设数，制法之谓也**。这与我们交易当中的观察、制定、执行有异曲同工之妙。

听（聽）——除了有以耳知之、从耳而有所得的作用外，还有与看相通的处理、判断事物的辅助功效，是我们学习过程中的重要媒介。听的繁体字为聽，在《说文解字》中聽为：耳为先，壬为大，十目恒一心。意思为：聽，耳朵底下附有壬（壬：天干排列第九，也是最大的意思），然后集中十目（所有的注意力）并恒下一条心，专心致志、倾其所能才能听得进去好的学问和建议。发展到后来有了"倾听"之词，再后来发展到"**倾听技能**"的高度。被心理学、公共关系学等社会学科录用。

在我国历来的传统教育中一直把"聽"和"看"作为基础，是重中之重，并且作为一种学问加以灌输，作为一种能力加以培养。

《鬼谷子·权篇第九》曰："**耳目者，心**（古人以心代指大脑）**之佐助也**。""**无目者，不可以示以五色；无耳者，不可告以五音**。"[23]。之后引发"**会聽方显聖**（聖：圣的繁体，意为有耳能听，有口能讲才为王，才能称之为圣明、圣人），**不聽枉为王**"之说。

在上一本书中我将"倾听技能"放在"集中注意力技能"的章节中，属于比较靠后的位置。此次权衡再三，还是决定将它放在最先讲述的位置。因为它太重要了，以至于对你今后的发展的价值都无法用金钱来衡量，所以我将它视为非常"**昂贵**"技能的基础。

下面我们就此继续展开。

在现实中我们常常听到夸某某人做事聪明，何谓聪？耳总是在听的人就会变得聪明，而倾全力听的人就会变得越发地聪明。当然，"看"也是同样的道理，善于看也是能够飞速获益的。我记得还是在很小的时候，我父亲就经常跟我说：**开卷有益**！为今后**长目、飞耳、树明**（后来才知道这也是鬼谷子之说）打下坚实的基础。实际上就是教育我要多看书，多明白一些道理就会对今后上升到高层次打下基础。这四个字至今刻在我的骨髓里，并将永远伴随我的一生。在交易领域中，你要是想变得越发地聪明、机警就必须要学会"**倾听**"这项技能。

首先，"倾听"是一种特殊的技能训练，能够很好地倾听他人陈述不仅是一种很好的技能，也是一种美德。而且是一种很难做到的事情。

在有记载的史料中，最早有关"倾听技能"应用的阐述源自于《鬼谷子·反应第二》，并且在其寥寥数语中将倾听技能的两个概念进行了高度概括。反应术，是适用于刺探实情的，联想到我们所看到的图表，主要是通过以静制动和反复观察，探知对方的真实意图。或者通过对方的言谈（盘口语言）、举止（K线的阴阳交错）分析其真实的目的。同时他也重点强调了，要想了解对方首先要了解自己（这正是现代心理学中的自我知觉，这个概念相当重要），这样才能将自己尽量少地暴露给对方，进而能获取对方更多的信息。

曰：**人言者，动也；己默者，静也。因其言，听其辞。言有不合者，反而求之，其应必出。言有象，事有比，其有象比，以观其次。象者象其事，比者比其辞也。以无形求有声。其钓语合事，得人实也。若张置网而取兽也。多张其会而司之，道合其事，彼自出之，此钓人之网也。**[24]

意思是说：人家对你讲话是一种活动，也是一种奉献，你自己保持沉默是一种静止，也是一种尊敬。在你心静的时候就很容易根据对方的话来了解他想表达的真实意思。假如对方说的有含糊不清的地方，你可以提出疑问，对方必然也会有所回答。语言也是一种表象，自己认识到的事物可以与之比拟。因为有表象和比拟的存在，所以能够观察到其藏在言辞或盘口语言之下的含义。所谓"象"，就是实质的外在表现（如图表的态势）。所谓"比"，就是比较与言辞（价格信息）之间的关系。然后用其内在和外在的表现关系探索、证实他的真实意图，自然而然你就会证实很多市场中真实的事，通过逐渐地积累你就会得到更多的市场经验。这就像猎人张开网捕兽一样，多张一些网，就会有更多甚至意想不到的猎物落网。只要方法得当，符合情理，对方自然也就拿你没办法了，这就是"钓人"、"钓事"的网。

以上这些都是非常经典的论述！在实际交易中，我们可以想象一下有这样一种事实存在。首先价格没有只涨不跌的，也没有只跌不涨的。在这种情况下，只要我们掌握了市场的关键价格，以此作为多空的分界，虽然也会存在错误的时候，但是成功的概率是偏大的。在种情况下，任何"主力"也就拿你没办法了，这就是方法得当的缘故。正所谓：**道合其事，彼自出之。**

另外，我们都能感觉到，在我们日常生活的接触中，当你放低姿态仔细倾听别人说话时，别人会认为你这个人很讨人喜欢、懂事、好学习等，并且也体现出你对他的观点很关心。如果你再适时地表现出对他的话题很感兴趣并推崇他时，他会为自己所说的事情感到满意，他就越发地喜欢与你交流他的思想和学识，甚至和盘托出。从而你也就不会遗漏对你来说可能很重要的信息或者是知识了。

请注意！此阶段最大的受益方是你，你所付出的只不过是时间和耐心。这就是倾听技能的重大作用，以及给予你的现实的帮助。这也是很多实际上很高明的人往往还保持着谦卑、低调的原因。

有建之言：**贵者必以贱为号，高者则以下为基**。

由此也可以说明，不能倾听他人说话的人是惹人讨厌的，双方甚至会发生争执，最终不欢而散。但是有一种情况也会例外，贤人志士是不会与你有任何争论的，顶多拂袖而去。这也难怪在《论语》里还能听到孔子的另外一种声音：**无友不如己者**。所谓：**道不同，不相为谋**。这不禁引发了我们对人生悲剧的思考：**遇贤者而不交，见明师而不拜**。这都是不懂得、不知道"倾听技能"的重要作用，是对自己今后发展进步最大的障碍。

此外，中国的传统教育观念除了孔子的"**自行束修以上**"和"**有教无类**"以外，还有一种观念占很大的比例，那就是"**因人而教**"。持有这种观念的贤人志士们都有自己一贯的、明确的交流行为准则——**礼恭、辞顺、色从**。不具备这三个条件者他是不会与你讲经论道的。

《荀子·劝学篇》有明确的阐述。

曰：**问楛者，勿告也；告楛者，勿问也；说楛者，勿听也；有争气者，勿与辩也。故必由其道至，然后接之；非其道，则避之。故礼恭，而后可与言道之方；辞顺，而后可与言道之理；色从，而后可与言道之致。故未可与言而言谓之傲，可与言而不言谓之隐，不观气色而言谓之瞽。故君子不傲、不隐、不瞽，谨顺其身。《诗》曰：匪交匪舒，天子所予。此之谓也**。[25]

译文：有人问到不合礼法的事，就不要告诉他；有人告诉你不合礼法的事，就不要再去问他；有人谈论到不合礼法的事时，就不要再去听；有人凭意气来与你争论时，就不要和他争辩。所以必须是合乎礼法来请教的，才去接待他；如果不合乎礼法，就回避他。所以请教的人的态度必须是恭敬的，然后才和他谈论有关道的准则；言辞和顺的，才可以和他谈论道的原理；谦逊顺从的，才可以和他谈论道的精华。所以不该和他谈的而谈了叫做浮躁，应该和他谈的而没有和他谈的叫做隐瞒，没有看清楚对方神色而谈的就叫做盲目。所以君子不浮躁、不隐瞒、不盲目，谨慎地对待自己的言行。《诗经》上说：不急躁不怠慢，这是天子所赞叹的。说的就是这种情况。

由此可见，我们对"倾听技能"对自己将来发展、进步的作用是不是又有了更加深刻的理解和认识呢？

在目前的社会情境下，我见过很多自称想"学习"的学习者，这些人普遍存在的问题是，当你引经据典、由浅渐深地向他们阐述问题时，他们会经常随意打断你所讲述的内容，并强调他们的观点和认识。这是为什么呢？除了性情浮躁之外，主要原因还是传统教育的缺失。

我给大家举个例子：如今年龄在五十五岁以下的人群中，大多数人认识的"听"字，从偏旁部首来看是一张"口"加上一个半斤八两的"斤"字，这就是所谓的"听"字。这同我上述所讲述的"聽"一样吗？"听"是用口说出来而显示自己有"斤两"的行为，这是明显不对的。而恰恰目前很多人不理睬别人跟他们谈的事情已经成为习以为常的事了，这些人可能都不知道自己是在犯错误，无形中自己就疏远了可能会给他带来帮助的人。这是件非常可悲的事！

从公共关系学的角度讲，与他人维持一种亲近的关系，特别是与有能力的交易领域的"精英分子"保持良好的关系，会在交易上对自己很有帮助。而且在交易领域如果你没有很好的人际关系，就像以上所说的那样，你会丧失很多对自己很重要的信息。如果你想具有良好的人际关系，想今后从那些"精英分子"或朋友那里得到更多有用信息，那么你就要努力使这些人先喜欢你，喜欢与你交流他的先进思想，这一切还是要学好和掌握倾听技能。

很好地倾听往往是我们所有交往技能中最为薄弱的一种，有人曾经对倾听者做过这样的测试，在与其他人一段时间的交流之后，大家可以回顾和分析一下自己是否有以下的情况出现：

我只听了你所讲述内容的一半，50%。

我只倾听到了所听内容的一半，25%。

我能理解所倾听的一半，12.5%。

我能确信所理解的一半，6.25%。

我能记住所确信的一半，3.125%。

以上只是对倾听技能笼统的测试，上述问题在大多数人中是个普遍现象。我们如何具体地判别出自己倾听技能的好坏？要有的放矢地处理和解决这方面的问题，请进入下一个环节。

第一节　倾听技能的自我评价

以下列出了我们不能很好地倾听他人讲话的十四种常见原因，结合它分析一下自己平时的倾听习惯，标出每一个原因出现的量度，从1—4客观地打分。条件是在常规情况下与他人交流，并不是与重要人物交流时的情境。

量度：1＝从不 2＝很少 3＝有时 4＝经常

1. 你对倾听他人说话感到没有兴趣。　　　　　　　　　　1.2.3.4

2. 你趋向于说话者的腔调和外表的变化，而不是他所说的内容。

　　　　　　　　　　　　　　　　　　　　　　　　1.2.3.4

3. 你倾听更多的是对方所讲述的细节和事实，却常常遗漏讲话者的中心思想。　　　　　　　　　　　　　　　　　　　　　1.2.3.4

4. 在倾听的过程中，你很容易受到别人的说话声音或周边发出的其他声音的干扰。　　　　　　　　　　　　　　　　　　　1.2.3.4

5. 你假装倾听别人说话而看着对方，但是你的脑子里却想着其他的事情。　　　　　　　　　　　　　　　　　　　　　　　1.2.3.4

6. 你着重倾听的是那些容易理解的内容。　　　　　　　　1.2.3.4

7. 突然出现某些具有感情色彩的词汇会干扰和打断你的继续倾听，使你去想与讲述内容无关的一些事情。　　　　　　　　　　1.2.3.4

8. 当你听到对方出现语病或者与自己的观点不相符时就无法倾听下去，并开始琢磨如何去纠正对方。　　　　　　　　　　　　1.2.3.4

9. 你是一直在听，但是你注意倾听的时间很短，很难倾听长时间的内容。　　　　　　　　　　　　　　　　　　　　　　1.2.3.4

10. 在听对方讲话的一般状态下你能够很快地抓住与你观点不一致的内容，使你终止倾听，并开始准备考虑怎样与对方讨论这一问题。1.2.3.4

11. 你经常通过点头来积极表示赞同对方的观点，以试图敷衍对方，实际上你对对方的讲述根本不感兴趣，没有专心去听。　　　　1. 2. 3. 4

12. 当你感到厌烦和不舒服时，就会去主动改变双方谈话的内容。

　　　　　　　　　　　　　　　　　　　　　　　　　　　1. 2. 3. 4

13. 当你认为对方说的事情对你产生消极影响时，就马上插嘴辩护，以保护自己。　　　　　　　　　　　　　　　　　　　　1. 2. 3. 4

14. 在对方陈述的过程中，你经常猜测他的意图，试图判断他的真实意思。　　　　　　　　　　　　　　　　　　　　　　　1. 2. 3. 4

好了，所有题目已经完成，希望你客观、如实地选择每道题相对应的分值，最后相加得到一个总分数。下面我将公布分数段来区分优秀—较弱，找到自己的得分段位就知道你的倾听技能的好坏。

15—24 优秀　25—34 好　35—44 一般　45—54 较弱

相信我们大家目前已经客观地了解了自己真实的倾听技能水平，在以上经常遇到的情况中，我们无疑会遗漏许多对自己有帮助的信息，从而制约我们的进步。所以说倾听技能是我们常用的一种交往活动的工具，也是能促使我们进步的一项特殊技能。

第二节　提高自己的倾听技能

以上主要阐述了倾听技能的作用，以及必要性和对你今后发展所能带来的好处。要提高自己的倾听技能我们还要知道一些相关的心理技能知识。比如，"集中注意技能"和心理的"动机"问题，这些都是提高倾听技能的必要条件。这些技能的知识会按照顺序在以后的章节中阐述。

积极的倾听的确是件很困难的事，特别是在初期学习的时候，看似一些不相关的问题很容易给大家带来烦躁的情绪。因此，要想把一开始的学习基础打好、打扎实，我不得不把这原本是属于"集中注意力技能"章节的内容放到本书最靠前的位置。这项技能太关键了。

一、主动倾听

我们应该记住了以上所阐述的倾听技能最基本的要求——耐心、克制自己的冲动，以及尽一切力量认真仔细地把注意力集中到听讲述者谈话的内容和中心思想上。这是专项知识的初学者必须要具备的。那么，随后的主动倾听则是在此基础上的提升，也可以说我们刚刚开始进入到倾听"技能"的阶段。

（一）学习的角度

为了能够获取更多的知识和信息，我就要掌握一些方法和技巧，使讲述者自觉自愿地，甚至是不由自主地将他所掌握的知识全部告诉你。

比如《鬼谷子·反应第二》中就有详细的论述。

曰：**其言无比，乃为之变。以象动之，以报其心，见其情，随而牧之。已反往，彼覆来，言有象比，因而定基。重之袭之，反之覆之，万事不失其辞，圣人所诱愚智，事皆不疑。故善反听者，乃变鬼神以得其情。其变当也，而牧之审也。牧之不审，得情不明，得情不明，定基不审。变象比，必有反辞，以还听之。欲闻其声反默，欲张反敛，欲高反下，欲取反与。欲开情者，象而比之，以牧其辞。同声相呼，实理同归。或因此，或因彼，或已事上，或已牧下，此听真伪、知同异、得其情诈也。动作言默，与此出入。喜怒由此以见其式，皆以先定为之法则。以反求覆，观其所托。故用此者，己欲平静，以听其辞，察其事，论万物，别雄雌。虽非其事，见微知类。若探人而居其内，量其能射其意，符应不失，如螣蛇之所指，若羿之引矢。**[26]

意思为：遇到关键性的问题时，老师不愿意回答你就要换一种方法。做出某种诚恳的容貌，打动他或者迎合他的自尊心理，重新点燃他讲话的激情，随后你的目的就达到了。**以设想观察对方的应和并多次反复，我们就能掌握住对方言辞中**（盘口语言）**事物的真实现象和相比较同类的事物，就可以因此抓住对方意图的主流。这样多次地重复，你来我往不断地交流下去**（盘口中的买卖和位置关系）**就产生了比较，因此就能确定你的基本策略和基本认识了。继而再反复地推敲、琢磨、试探、观察、重复验证以使你要实施的策略准确无误，任何事情都可以从对方的言辞里**（盘口语言）**侦知**（这段话同样很适合于下文交易的角度）。聪明人用这种方法去对付那些聪明的和不聪明的人，任何事物的真情都可以测得并没有疑惑。所以，自古那些发挥主观能动性去主动探查对方的人，善于从反方面听取别人的言论，变着手法地去侦测对方想说却又没说的真实意图，从而刺探到对方的实情。这样做能够随机应变得当，对言行的控制也很周密。如果控制不周密，得到的情况就不真实和准确，心里的底数也就不实，就不能明知对方的主导意图。在这种情况下，我们还要变换一些方法使对方言辞中的象、比信息改变，适当地说些反话，以观察对方的反应，测试他言辞的真实性。也可以反诘他使他回答，然后收集反馈回来的信息。另外，还可以使用"反引法"，也就是说我们想要听到对方的言论，自己反而用沉默来逗引他讲。想让对方开口，自己反而闭口不语，想让对方情绪高涨夸夸其谈，自己反而低沉，想从对方那里得到点什么，自己就先给予他点什么。还可以用"正引法"，想要对方表露情怀说真话，就自己先设立一些情景去引动他，设法让他讲话，让他对我们随声应和，引为知己而开情吐意。我们也可以顺着他的某一些话去探测他，或者从他的话端顺势考察，或者从他的话尾逆向考察。**所有这些都是辨别真话假话，分析性质是否一样，分辨真相假相的方法。对方的动作**（阶段性图表中的涨跌）、**言语**（盘口语言）、**口气**（单子的大小），**都可以用这种方法去考察，对方的一喜一怒**（突然的大涨、大跌）**都可以用这些方法去发掘原因。这些方法都是探测对方的既定准则，是考察对方的依据。要在反复地探求中去观察对方言辞中寄托着的真情，就要运用这些准则和依据**（同样适合于下文的交易的角度）。总之，我们要平心静气地去听别人的言辞，去细心地考察言辞中涉及的事件，去考辩其他的一切事物，去辨别事物的性质，分析事理，议论万物，辨别真伪。运用此法，即使从对方言辞中次要的事理中也能查探到细微的征兆，探索出其中的真情实意。运用这些方法去探测对方就好像钻到他心里一样，可以准确地估量出他的能量，可以准确地猜测出他的本意。这种估计和猜测必然像"符应现象"那样不失其意，也像螣蛇那样所指福祸不会出差错，像后羿张弓射箭一样准确无误。

以上讲述的是鬼谷子的反应之术。反，即循环反复试探之意。应，即对方的回应。总体讲是投石问路刺探对方情况和真实意图，以观其回应的一种谋略。正所谓：**听其言，观其行。反之、复之**。是属于倾听的高度技巧阶段。

此外，美国著名的心理学家托马斯·高顿博士（1918～2002 年）在1957 年也提出了主动倾听技术，他认为："**宁愿被动地听所谈的事情，还不如你主动地作为一名倾听者参加到这种交往的过程中去。**"主动倾听包含你要"**意释**"说话者的事情，特别是当你认为这是很重要的对话或者是很复杂很抽象的对话时，主动倾听就更为有用。你可以用下列的开场白开始做你启发性的"意释"："你告诉我的事情是——"，"我知道了，你的意思是——"，"让我看是否我已经抓住了你说的意思，你说的是——"。这是属于大脑"表象"的活动过程，这样的"意释"会使你融入对话中，减少你对所听内容的不理解，帮助你记住所听到的事情。

主动倾听除了"意释"对方所说的内容外，还需要向说话者提一些问题，以便更为清楚地了解有关谈话的背景和其他事实，以及在快速对话中遗漏的某些要点。主动倾听也包含使用非口头的交往方法来提出一些问题，如眼神的变化，头的倾斜变化，肩部的变化，手势和身体位置的移动等。这些基本上是《鬼谷子》所阐述内容的翻版，只不过是用了现代语言使大家更容易看懂和理解罢了。

另外，古人并不是单纯强调要求倾听者应该如何如何，同时也强调了对于讲述者的要求。在这一点上《淮南子·缪称训》中也有更为高层次的论述，并且更为简洁。

曰：**说之所不至者，容貌至焉。容貌之所不至者，感乎至焉。感乎心，明乎智，发而成形，精之至也**（精诚所至，金石为开的由来）！[27]

意思为：语言描述所不能表达的东西，可以用仪容外貌来表达。仪容外貌不能表达的东西，可以用精神来表达。真情在心中感发，通过智虑就更加明显，然后在行动上表现出来，这就是精诚所至，金石为开。

当你了解了信息的内容时，主动倾听还包含你要给予说话者的反馈，告诉他你已了解了此信息。但是，反馈中不要添加任何评判性的陈述（除非说话者要求你给予评判时），给予说话者反馈应当遵循四个准则，即清楚、真诚、及时和简洁。

以上列举了古今中外两个教我们如何运用倾听技能的案例，从学习的角度讲已经是很深入、很全面了。特别是鬼谷子阐述，阐述得更加深刻，时代也最久远。那么我们能不能在此基础上转换一下思维，从看盘、交易、实战的角度出发再进一步提高倾听技能呢？接下来我再从交易的角度来阐述。

（二）交易的角度

首先，这个阶段需要你具备一定的专业基础知识后才能应用。

以上曾经提到过看和听在学习的范畴中同属一种属性，看盘面的变化等同于倾听"主力"所表述的语言。在实盘中同样可以运用上述的一些方法在盘面中与"主力"交流。在以后的章节"什么是成功的交易"中有相关试探性"交流"（交易）的阐述。

在这里我想重点阐述的是，在交易过程中我们看到盘中不断变化的成交价位，似乎是给我们提供了分析和判断的依据。但是，我们却忽略了一个很重要的问题，我们"看"或者"听"的质量怎么样？**"看"或者"听"的质量不高**必然伴随着我们分析和判断的失误增加，交易亏损的比例增大，交易信心逐渐受挫等。这是一个可怕的恶性循环的开始，也是最开始我们必须要注意的细节。所以，"看"或者"听"不仅是在我们的学习过程中有帮助，更重要的是在今后的实盘交易中增加我们对"主力"行为或意图的**洞察力**，来帮助我们作出准确的判断。

如何提高"看"或者"听"的质量？有朋友可能会说：盘中的心态要平稳，精力要集中，不受外界的干扰等。这些说法都没错，但是怎么能维持一个平稳的心态？如何精力能够集中？又怎么样才能不受外界的干扰？这恐怕很少有人能够知道，这些正是我们要学习和掌握交易心理学的目的。

总之，倾听技能是任何一项技能学习的基础，特别是交易心理这种特殊的技能更是需要你在这方面做得更加优秀。我们更加需要知道倾听技能是不可能在单一的方面获取的，它存在着许多交叉的关系。比如"积极的心理能量"（2012 年最热的词汇"正能量"）、"应激的控制""表象功能"的辅助和"集中注意力技能"等。所以，最终整体体现的交易技能又可以**被称为复杂的、链锁的本体感觉性的行为**。它犹如一项系统的工程，存在着许多相关联却又不相同的架构，共同地支撑起交易这个庞大而又复杂的体系。这也是我无法在这个章节全面阐述倾听技能在交易中所起的作用的原因，需要结合以后章节的内容逐渐展示它的威力。这也符合贯穿全书的**简单—复杂—简单**的主线，希望朋友们先从学习的角度运用倾听技能，耐心地经历和体验黑暗到光明的历程，这对于我们今后的成长，对于了解从交易的角度讲"倾听"是很有意义的一件事。

为什么这样说呢？因为古人同样还说过这样的话：**人能贯冥冥，入于昭昭，可与言至矣！**[28]

意思是说：人如果能通于黑暗又能进入光明，有这样的基础就可以和他谈经论道了！

二、其他提示

除了主动倾听技术以外，为了提高倾听技能，你也可以做一些其他的练习，具体如下：

用移情来倾听，将自己转换到对方的角度，力图理解说话者。要虚怀若谷地倾听他人的讲话。要注意的是，如果在听的过程中带着评价和判断此信息的念头，那么你就不能够倾听到对方的所有内容。所以，我们要在心理上有所准备地去倾听，只有在心理上有所准备，你才不会遗漏一些重要而难于听懂的内容。你也许需要事前做一些准备，以了解所需要听到的东西和说话者。做一些提高注意力的练习（请关注以后章节集中注意力的技能）。提醒自己不要从说话者的外貌和名望上来判断说话者，而是应该从听到的内容上来判断他。

倾听的同时要用眼睛观察说话者的身体语言，判断倾听到的内容是否与非口头的表达一致（或者在盘口体现出的语言是否与走势相一致）。要倾听中心意思，而不是纠缠次要点或事实。建立自己的词汇库，倾听不同的说明内容，以提高理解力。在可能的情况下应排除环境干扰，如果排除不了的话，通过将你的注意力集中在说话者身上来提高注意力的控制。要想使自己成为一名很好的倾听者，其途径就是通过对以后章节的学习不断地练习。

三、有关的练习

倾听与听的概念是不一样的。

你会在晚上听广播、看电视或者上网听他人讲如何交易吗？你倾听他们讲述的观点和理论吗？如果你具备一定的专业知识或者受过特殊的训练，就有可能与大多数人不一样。你看到和听到就有可能在脑海里形成全景的立体画面，包括看图表，它的主次排序、架构、信息、内容和你需要的信号都会显得格外的清晰。但是，如果你在这种情境下不能够专心致志，虽然你也在听或者在看，可是对方或者盘面所显示的信息对你起不到强烈的刺激。在这种情况下你实际上只是在听，是一种模糊的状态，而不是在倾听。

倾听是一种主动的过程，是将你的全部注意力集中在某种特殊的事情上。只有在这种情况下，你才能吸收信息的全部意思。**作为想成为职业交易者的你，在他人，特别是真正的高手面前，倾听是非常重要的。这时候需要关闭你的语言功能，全部打开听觉和视觉功能。**

下面我给大家留一道思考练习题，目的是自我完善本章节所学习的内容。

练习题：

请列举在学习过程中，主要有哪些行为细节导致你没有很好地去倾听？

答案提示：根据自己的情况找出自己倾听过程中存在的思想和行为特点，以便以后一经出现就及时发觉和改正。你应该费些笔墨，辛苦了。

第二章 职业交易者应该掌握和发展交易技能

既然此书是以交易心理学为主线，为什么又提到交易技能上来？原因很简单，交易行为与心理行为是两个密不可分的孪生兄弟，良好的交易心理能诱发正确的交易行为，正确的交易行为也能够帮助交易心理良好地发展。这样，我们才能步入"良性的循环体"当中去。所以，首先明确交易技能的概念能够诱导大家重视和学习交易心理技能，就像日常生活行为一样，我们毕竟是需要两条腿走路的。

现在，我们开始进入到学习状态。

任何一项职业行为的早期训练都是非常重要的环节，这毋庸置疑，特别是在交易领域！

任何早期的职业行为训练又都是从理论学习开始的。因为人的任何行为都离不开理论的支持，这实际上与人整天生活在哲学里的道理是一样的。在交易者进入市场的初期，基础理论犹如黑暗中的灯塔，它不仅能为交易者指明方向，同时还是在你前进的道路中遇到困难时克服困难的工具和帮手。所以，一名初级交易者如果没有理论方面的支持和武装，在黑暗中很容易在市场中迷失方向，而理论指导行为的关键又是在心理。

走一些弯路并不可怕，可怕的是不知道自己在走弯路，并且心理上的意志品质没有受到过理论上的支持与训练，由此带来的负面影响及后果很可能波及你今后一生的交易生涯，这个问题是很严重的。

第一节 什么是交易

交易绝对不是简单地依据图表就事论事，而是你交易哲学思想最直接的展现。再进一步讲，是你交易行为作为自我价值的具体体现。正确的自我价值能够引发内心强烈的自豪感，而这种自豪感绝不属于公众自我的范畴（以下会有介绍）。

　　交易者都有一些思想和哲学的理念在心中，只不过是或多或少、或高或低、或清晰或朦胧罢了。就目前市场而言，公众交易者中绝大多数对于"交易哲学"的认识还处于一种朦胧的状态。更加严重的是，还有不少人对此有抵触情绪，这是非常可怕的。

　　记得有一次我在讲交易时首先引用到了哲学观念，有一位听众非常气愤地大声质问：我们是来听你讲交易技术的，我们只想知道如何买卖。而你在跟我们大谈哲学，完全是风马牛不相及！你在浪费我们的时间。随后，底下还有人随声附和。面对这种情况，我不得不用老子的话阐述其关联性。

　　曰：上士闻道，勤而行之，中士闻道，若存若亡，下士闻道，大笑之。不笑，不足以为道。故建言有之，明道若昧，进道若退，夷道若纇，上德若谷，大白若辱，广德若不足，建德若偷，质真若渝。大方无隅，大器晚成，大音希声，大象无形，道隐无名。夫唯道，善贷且成。[29]

　　意思是说：上士听了道的理论，勤奋地去实行；中士听了道的理论，将信将疑；下士听了道的理论，哈哈大笑。不被嘲笑，就不足以称之为道。因此古语说：光明的道好像暗昧，前进的道好像后退，平坦的道好像崎岖，高尚的德好像低谷，洁白好像污黑，广大的德好像不足，刚健的德好像疲弱，质朴而纯洁好像混沌未开。最方正的东西反而没有棱角，最贵重的器物迟迟才能完成，最高的乐声听不到，最大的形象看不见，"道"盛大而没有名称。只有"道"，才能使万物善始善终。

　　以上老子这番话深刻地阐明世间深奥的特性不易被一般人所领悟，相成相反是任何事物发展变化的规律，而交易正是如此。当然，其中还有更深的哲学道理，有益于我们今后的交易行为规范化，这在以后的章节进行阐述。

　　总之，你如果想从一名普通的市场公众交易者上升到职业交易者的层次，一定离不开哲学理念的提高，此重要性古人以及近代科学早就加以阐述了。

　　根据历史记载，交易的起源很早，早在秦汉《易·系辞下》中就有**"日中为市，致天下之民，聚天下之货，交易而退，各得其所。"**之说，可见市场交易早已出现。当时的交易只是初级的物物交换，交易内容相对简单。在如今的资本市场中，大多数人认为交易就是在市场中的买与卖，以实（真金白银）易虚（虚拟的价格标的）或者以虚易实。这在本质上虽然与上古时期的买卖并没有什么不同，都是各求所需，但如今的资本市场交易已经发生了"质"的变化。

首先，目前的市场已经不是简单的物物交换，更不是以货币为主要媒介，它是以虚拟的价格标的为媒介的。另外，交易在内容上更加广泛。况且在资本市场上的虚拟特征表现为看得见、摸不着，且变化性、波动性活跃等。所以，在交易上就给我们增加了很多不确定性的难度，这不仅需要我们在交易内容上有广泛认识，并且要在交易手段上不断地得到加强。充分认识到交易不是简单的买与卖，它是由你的**交易目的**（交易哲学）、**交易原则**（条件、标准的确立构成独立的交易系统、交易模式）、**交易能力**（技术、技巧、技能的形成）等综合因素构成的。

其次，交易目的源自心理学的"**动机**"，并且一直贯穿着整个交易行为，直至最终的结果，循环往复。

交易原则的设立以及交易能力的形成也都离不开大量的心理辅助，具备从交易的本质到交易的根本概念的认知，才能设立正确的交易原则。从原则到实践，从坚定自己的交易信念到克服困难升程交易能力，都是需要不断地进行自我完善的。

所以，**交易也是交易哲学的自我完善和自我对抗的过程与结果。**

第二节　什么是交易哲学

目前，大多数人对于心理学在交易的过程中发挥的重大作用都能够认同，但也许有许多人不理解的是哲学在其中又有什么作用呢？哲学与交易有关系吗？答案是肯定的。哲学不仅体现在交易行为中，就是日常生活中也与人的一切行为有着密不可分的关系。

我们应该认识到，在这个市场中没有任何东西能够像有关交易和训练的先进的哲学那么现实了。哲学每天都指引着我们的交易行为，它帮助我们解释交易中所发生的每一件事。

这是为什么呢？其实道理很简单，这是因为哲学是心理学的基础，而心理学是一切行为的基础。哲学是从"**自我知觉**"中产生出来的，而"自我知觉"恰恰是学习心理学所要达到的一个目的。

正如《鬼谷子·反应第二》所说的：**故知之始己，自知而后知人也。其相知也，若比目之鱼；其见形也，若光之与影；其察言也，不失若磁石之取针，如舌之取燔骨。**[30]在以下的章节"自我知觉能力"中会有详尽的介绍。

换句话说，自我了解是正确交易哲学的基础，正确的交易哲学将为你指出运用交易心理学，辅助交易技能发展的方向。正如一位哲学家所说：如果你不知道自己要去哪里，那么摆在你面前的所有的道路又有什么用呢？所以为了你的成功，首先需要明确自己的目的，发展自我知觉能力，建立正确的交易行为哲学。这样才能形成学习交易心理学强大的内部动机，为今后交易技能良好地发展打下坚实的基础。

简单地讲，**哲学是指导人任何行为的依据，它是由"内部"或"外部"刺激而引发的需要。**

从目前的社会现象来看，大部分人是经过大脑的分析中心简单处理和进行分析，而升程为指导自己行为的依据——行为哲学。只有少部分人是经过大脑的分析中心认真处理和进行全面的、有依据的分析（这个过程也是集中注意力的过程）。从而升程为指导自己行为的依据，最终形成更好的决策行为（在高级篇"集中注意力"章节中有重点介绍）。在交易领域也是如此，这就是公众交易者简单的基本交易哲学与职业交易者先进的交易哲学之间的分别。

韩愈《进学解》曰：**行成于思，毁于随。**

因此，没有先进的交易哲学的公众交易者，发展交易技能的目标是模糊的，是缺少正确的、固定的方向的，并容易屈服于外界的压力。但作为一名职业交易者，只有在具有明确的生活哲学的基础上，才能在从事这个职业的过程中不会感到迷茫。拥有一套正确的、先进的交易哲学，将能排除你在制定交易制度、交易风格、交易行为准则、短期和长期目标的制定，以及许多其他方面而产生的不确定性。

如果你在发展哲学方面与在交易技能和交易技能知识方面付出了同样多的时间，那么，无疑你将是一名出色的职业交易者。

第三节　发展自己的交易哲学

在交易过程当中，我们常常有优柔寡断的时候，并为此痛恨自己没有"执行能力"，这就是我们在哲学方面出现了问题。任何人在一生当中不能没有自己的哲学，这对他将要做的每件事都很重要。尤其是在交易领域中，一名职业交易者先进的交易哲学是建立在良好的生活哲学基础上的，也就是我们常说的生活态度的问题。没有一个好的生活态度，就不可能在此基础上建立良好的行为哲学，最终也不可能拥有良好的交易行为哲学。还有一点请注意，即使你拥有了"正确"的哲学，它也是在不断地变化着的，它的变化发展贯穿于你的整个交易人生。

古人对人一生的哲学变化有着精辟的论证："**故蘧伯玉年五十，而知四十九年非也。**"

还有许多案例可以证明哲学在交易领域的重要地位。

比如，**有许多成名的职业交易者，都是以他们鲜明的交易哲学而更加著名，他们在交易实践中发现，交易艺术是巧妙地运用了大量的交易哲学概念来开展自己对盈利目标的追求。这有时需要忽略其他人是否赞同你的交易哲学。**

所以，你必须要发展你自己的交易哲学，而且还要使其被你的"交易系统"接受。然而交易哲学是不可能通过一条渠道来获得的，而是出自你人生的各种经历，或者是受教育的过程。许多交易界的知名人士都有各种坎坷的经历，各种探索、求学的历程。他们人人都有自己的名言，而他们每个人的名言恰恰就是他们自己相对成熟的交易哲学。在此我想温馨提示大家：**不怕先天不足，就怕后天不补！**

交易哲学包括用以指导交易行为的信念和原则，这些信念和原则能帮助你处理交易中无数的问题。我初期的交易哲学是：**重要的是认知和自我完善的过程，而不是单一的账面盈利**。其实这只是作为一名初级交易者的初级哲学，我们要清楚地知道，这一交易哲学所表示的只是对这个领域的初级认识。虽然它跟其他公众交易者的认识相比有所提高，但是，你要想就此总结出一生所从事的交易活动所积累起来的智慧还为时尚早。因为任何人在刚开始从事一项事业时并不拥有在其事业结束时拥有的哲学。所以，即便在以后章节中我给出我目前的交易哲学也不见得是全部答案，本书能起到的作用充其量是达到"扶上马"，再"送一程"的效果，要从更多的优秀的职业交易者那里吸取更多的有益的东西。

好好想一想组成交易哲学的三个不同层次是很有益的，即生活哲学、行为哲学和你所从事的交易的交易行为哲学。

在一般情况下，良好的生活哲学将直接影响你的行为哲学，有建言：**做事先做人。此之谓也。**一个客观端正的行为哲学又将直接影响到你所从事的交易的交易行为哲学。如图 2－1 所示：

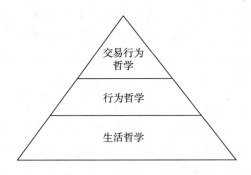

图 2－1　交易行为的架构

从以上来看，要发展有效的交易行为哲学必须从基础的生活哲学认真地做起，端正态度，逐渐发展。要把握具体事物发展中蕴含的规律，因具体事物的表现结果是形而下的，所以我们在"形而上学"的基础上，又不能忽略"**克己复礼**"。"**克己复礼**"为儒家修身养性的方法，《论语·颜渊》曰：克己复礼为仁。其实行的方法是："**非礼勿视，非礼勿听，非礼勿言，非礼勿动。**"意思是约束自己的"**视、听、言、动**"使之符合"**礼**"的要求，这也是基本的行为哲学。

也许有人会说：我们直接从成功的交易者身上学习，并运用他们的交易哲学不是来得更加直接、有效和便捷吗？

请不要认为交易哲学的建立有捷径可循。那些成功人士在他们成功之前的很多坎坷经历不见得是你具备的。另外，当时所处的情境与现在也有所不同。所谓的"**经验**"是亲身的经历和体验得来的。在你没有亲身经历和体验的情况下照搬他人的东西是很难融会贯通的，最终很可能会学成"四不像"。相反，从基础、源头抓起慢慢地积累、发展形成自己的经验，这对今后成为合格的职业交易者帮助是很大的！

综上所述，发展、健全自己的交易哲学是非常必要的，也是非常关键的，这样才能在今后我们所要从事的交易中有一个很好的行为目标。

第四节　自我知觉能力

是故知己者不怨人，知命者不怨天。福由己发，祸由己出。故君子行斯乎其所结。[31]

意思是：了解自己的人不会去抱怨周边的人和事，知道天命的人不会去抱怨上天。因为他们深深地知道，幸福是通过自己的能力产生的，灾祸也是由自己的过失所引发的。所以，君子做任何事情都会考虑前因后果。

在以上的章节提到过这样一句话：哲学是从"自我知觉"中产生的，而"自我知觉"是学习心理学所要达到的一个目的。在没有学习什么是自我知觉能力的前提下，很多人会误将日常生活当中，或者阶段性交易的"自我感觉良好"状态错误地认为就是自我知觉能力的全部，并一贯死抱不放，伺机到处宣扬，而且随时关注与他的观点不同者的声音，唯恐听到别人说自己的见解不正确。这是错误地将自己的"思维指向"（心理学术语）引向偏离。"思维指向"的偏离对你今后一生的交易生涯的影响是致命的。

用现代的话讲：人不坑你，你却自己坑自己。而古人对"自我知觉"有更加精辟的"万岁"论述：

凡人之患，蔽于一曲而暗于大理。治则复经，两疑则惑矣。天下无二道，圣人无二心。今诸侯异政，百家异说，则必或是或非，或治或乱。乱国之君，乱家之人，此其诚心莫不求正而以自为也，妒缪于道而人诱其所迨也。思其所积，唯恐闻其恶也。依其所私以观异术，唯恐闻其美也。是以与治虽走而已不辍也。岂不蔽于一曲而失正求也哉？心不使焉，则黑白在前而目不见，雷鼓在侧而耳不闻，况于使者乎！德道之人，乱国之君非之上，乱家之人非之下，岂不哀哉？[32]

这种人、这种现象在当前大大地存在，这都是错误的"自我知觉"引发的祸根呀！

另外，在现实当中我经常遇到这样的人，只要听说你是做交易的就非常主动、热情地上前搭讪，冠以友好交流的幌子。三句话以后便大谈特谈他自己的理论，并根本不听、也不给你表述的机会。说到尽兴之时我相信他不由自主地都相信他自己就是那神奇的"主"。还好，我是个善于"**倾听**"和自我了解的人。如果换作同样"自我知觉能力"不健全的人我相信过不了多久双方就会产生争执，不欢而散。显而易见，这并不是一个好的结果。

什么是正确、客观的自我知觉？如何发展、健全自我知觉能力？我们从以下的篇幅中慢慢地学习和感受。

在日常生活中，你了解你自己的行为吗？在市场交易中，你了解你自己真实交易水平的高低吗？这就是自我知觉能力。

值得注意的是，客观端正的哲学来自于真实和理性的自我知觉。尤其是你今后要从事职业交易者这个行业和想学习交易心理学，就必须要搞清这两者之间的关系。

从任何社会行为的角度出发，你如果不了解自己就不可能客观地对待"**我是怎样一个人**"的问题。如果你不了解自己就不能心平气和地对待所从事的任何一项工作，如果你没有良好的自我知觉，就不可能获得良好的"**自尊**"（心理学中重要的一环）等。

在交易心理学中，自我知觉是基础的基础。如果你不具备这个基础，那么在今后的心理技能贯彻当中会觉得总是不能得心应手。因此，你必须要有自我知觉能力，首先还是要诚实地对待"我是怎样一个人"这个问题。

故知之始己，自知而后知人也。其相知也，若比目之鱼；其见行也，若光之与影也；其察言也，不失若磁石之取针，舌之取燔骨。[33]

意思是：了解别人或任何事物最好的方法是从了解自己开始，人都是有共性的，了解了自己才有可能了解别人或者发生的一些事情。如能这样做，我们再去了解别人或者其他事物就能像比目鱼一样相并而行，一丝不差；我们掌握了别人的言辞（包括市场上的盘口语言），就像声音与回响那样随声而得；事物自己出现的形意（图表上的架构），就如同光和影子那样，光一亮影子就会出现。用这种方法去探查别人或者事物的意图，就会不失毫厘地掌握到他的本意，就像磁石吸铁针那样，又像用舌头舔烤熟的骨肉一样，轻易地一察即得。

以上就是了解自我的重要意义，以及对于今后发展的重要作用。这是古人早在 2500 年前就总结、发现的，我们一定要重视！

当你以诚实的态度认真地对待"我是怎样一个人"这个问题时，大多数人会感受到前所未有的痛苦与难堪。因为此时你看到的是你以往不经意，或者刻意纵容自己行为最为真实的另一面，这些无法想象的事实甚至会使你自己感到无比的惭愧。如果此时你采取回避或忘掉的方式，就说明你不是个敢于担当的人。

这里需要强调有以下两种方式来给有勇气、有信心面对自我的人增加自我知觉的能力：

一是自我检查，察觉出你对生活中某些事物的感觉、反应和行为，以及产生这些感觉、反应和行为的原因。

与市场同步的自我检查：察觉出你对交易当中某些现象的感觉和反应，以及产生这种感觉和反应的原因。比如：市场向上攻击或者向下运行的时候是你本身交易系统发出的"信号"刺激吗？还是外界（股评或者其他媒体）"信息"的综合刺激？更重要的是，以前相关市场条件的刺激正确率有多大？注意！一定要真实。

二是要求别人对你进行分析，看看其他人是如何看待你和如何对你作出反应的。

与市场同步的自我检查：找个懂行的专家对你交易点的介入条件及市场背景进行分析，最好是能够彻底剖析你的交易系统，看看他给你打多少分。

通过以上两种方式加强"我是怎样一个人"的认识的同时，还需要具体地加强自我剖析。但这还是远远不够的，我记得有位资深的交易员曾经说过这样一段话：**成功的交易者，最终还是要回归到对人生的态度上来。**

所以，我给大家提供七个问答题，请认真地看一看以下的每一道题，然后通过认真地反省和思考作出综合、全面、如实的回答（请不要吝啬你的笔墨，把它写出来）：

1. 我是怎样一个人？

　　　　　　　　　　　　　　　　　　　

2. 我要在一生中做些什么？

3. 我现在发展到了什么程度？

———————————————————

4. 我的生活目标是什么？

———————————————————

5. 我的生活与我的目标一致吗？

———————————————————

6. 我为自己感到自豪还是羞耻？

———————————————————

7. 我是幸福的还是不幸的？

———————————————————

曾子曰：吾日三省吾身。又曰：日事日毕，日清日高。颜回曰：回益矣。毛泽东同志又将这些用八个字重新进行高度概括：**好好学习，天天向上**！这都是强调加强自我知觉能力的重要性，它是你进步的原动力！

当你如实地回答完以上各题后，你会觉得在你面前似乎有一面清澈无比的镜子，反射出你本来的真面目。你甚至会觉得以前看似遥远、神秘高深的佛学文化所讲的"**禅定、观照**"，以及老子讲"**致虚极，守静笃**"，庄子讲"**朝彻见独，心斋坐忘**"，儒家讲"**自省**"，道家讲"**慎独**"，我党提倡"**自觉**"等，其实都是如此地贴近你的日常生活，并对它们产生新的认识。因为你此时的目的、方向和亟待解决的问题是如此地清晰，同时你也会感觉到有一种强烈的"**动机**"支持你今后的行为。

你会有如此的感受吗？我想，你会的！并且我相信从此以后你再去五台山拜佛，心中念念有词的不再是什么保佑我平安、升官、发财、交好运等。

几年前我和一些朋友去五台山，我发现其中有一个人买很贵的香，表情异常严肃、虔诚，进去之后就跪下，口中念念有词，然后就咣咣地"以头抢地耳"（使劲地磕头）。出来之后我跟他开玩笑地说：老大！你刚才要是再虔诚一点就直接开天眼了。其实我很想告诉他的是：你花了这么多的钱拜的不是佛，只是一件工艺品罢了。而真正的佛，其实就在你心里！

通过这个故事你现在应该明白一个道理："**有近而不可见，有远而未可知**"——看似与我们无关的东西却离我们很近，很近！看似与我们有关的东西却离我们很远，很远！

总之，自我了解是心理技能训练关键的步骤。有人提出"**我们遇到的最大敌人实际上就是我们自己**"的观点，这足以说明能否充分地了解自己是公众交易者自我发展的一大障碍。

在心理技能的训练中，公众交易者对自己在心理方面的长处与不足的了解，直接影响到他们是否能够获得最大的"**自我控制能力**"，而能否赢得最大的自我控制能力是区别优秀的职业交易者与一般的公众交易者的重要标准之一。

一名好的职业交易者，知道如果要掌握交易心理技能，在很大程度上是要看他自己是否真正地了解自己的交易心理活动，以及自己交易行为的状况。

"了解自我"是刻在希腊特尔菲的阿波罗神殿上的三句格言的第一条，它也是我们学习交易心理学的目标，只有充分地了解自己才能为今后更好地掌握交易心理技能打下良好的基础。

另外，大家都应该知道弗洛伊德带给人类精神上最大的打击是：

人类发现自己是最难了解自己的。

所以，了解自己，应该认真地从日常生活中的点滴做起，这也是我们经常说的一句话：学交易，先学做人。然后，才是要根据自己现实的交易技能水平不断地进行完善和加强自我了解，并对自己不断地产生新的认识。

还有，在不断地培养和发展交易技能的过程中，我们还会遇到很多新的问题。例如，在今后的学习中会遇到什么是交易原则，什么是交易本质，什么是交易科学，等等。当我们逐一地学习完之后是不是能够再反问一下自己，我曾经是怎样的一个人？自己与书中阐述的问题还有什么差距？能不能就此建立新的应对机制？

如果你把每一个章节学习完，并进行深刻的反思、反问，可以说你学习的质量，以及前进每一步的基础才是扎实的。

过去的书里一再告诫我们：不怕千百日的缜密和辛劳，只怕面对小事和细节时的疏忽。只有能诚意、正心才不会有疏失之处，平庸的人不会对小事和细节作更加深入的探寻，并还总是掩盖自己不认真做事的缺点，最终只是掌握了一些皮毛而一辈子徒劳费心地无功而返。

原文是：**不怕千日密，只愁一事疏。诚了再无疏处，小人掩著，徒劳**

尔心矣！[34]

第五节　交易者的三种自我

最早的三种人之说：

言无常是，行无常宜者，小人也。察于一事，通于一伎者，中人也。兼覆盖而并有之，度伎能而裁使之者，圣人也。[35]

意思是：言论没有固定的标准，行为没有固定原则的人，就是小人。只是看到了一件事，学会了一种小技巧的人，只是中等人。学习得深入、全面、谨慎、谦逊，并且能够综合起来运用的人，才是圣人。

随着社会的发展，三种人之说也有着不断的演变。但不管怎样，刘安的话至今仍然给予我们很高的警示作用。它就如同一面镜子一样，可以从各个角度"观照"自己，了解自己，增加自我知觉能力。

在自我了解的过程中，我们应该同时给"自我"找到一个合适的归属，一个准确的定位，也就是我们的"自我"是属于哪一类的范畴，以便于今后有的放矢地进行自我强化。由此，**三种"自我"**应运而生。

自我必须是建立在自我知觉的基础之上的，我们通过上一章节认真地反思和剖析之后，面对的才是真实的自我。

在一般情况下，你的"自我"一开始会在三种状态内游离，当我们学习完它们的概念之后，再结合以后章节学习的"行为塑造"将其有机地结合，并逐渐地固定下来，辅助我们在今后的交易生涯中平稳、健康地发展。

这三种状态为：**理想的自我、公众的自我**和**真实的自我**。

理想的自我——一般都是双重表现的（有的人愿意与他人交流畅谈理想，有的人愿意默默地规划自己的蓝图），是指你期望成为什么样的交易者，它表示着你的预期价值，但一定是要建立在理性认知的基础之上。它是以你对自己的愿望和要求，以及你的家人和一些重要人物提出的行为、道德原则为基础的。

建立理想自我的优势在于你的人生观、价值观的改变，是你行为的起点和动力的源泉。

要注意的是，懒惰的人很容易整天沉浸在理想和想象的状态中，总是下决心从明日开始如何如何。所以，付诸行动是下一步的关键。

有诗为证：**"明日复明日，明日何其多？我生待明日，万事成蹉跎。"**

公众的自我——一般都会体现在外在的行为，你会不由自主地认为其他人对你的想象和评价是很重要的。你希望别人能够确认你好的一方面，以便他们支持你、尊重你、追随你和爱戴你。所以，你会尽可能地维护自己的外在形象。

公众自我的积极作用是，能够鞭策和加强自我行为操守以及能力，以**"言为仕则，行为世范"**[36]为楷模，才能不断地加强正面的公众形象。

它的消极作用是，很容易犯上一节的错误，以夸大自己的交易模式、实战效果、理念和战绩来掩饰交易上出现的缺点和错误，用以维护所谓的公众形象。这不仅是在逐渐降低自己的人格魅力，而且是在不断地偏离你正确的发展方向，渐行渐远。

之所以出现这种情况，原因很简单，人的精力和时间是有限的，当你的思维指向趋向于一方面时，你就不可能有精力和时间再顾及另一方面。

如每天收盘后，公众自我的积极作用应该是使人不断地研究和细化全天的交易行为，客观现实地分析交易上出现的问题——**思维指向于内在。**而不是把精力用在去研究如何向公众交代和掩饰错误上的——**思维指向于外在。**很遗憾的是，我发现有很多的"公众人士"都是把精力用在其消极作用上。因为他们知道一旦公众看到他不好的一面就会批评和反对自己。这与大多数交易者存在"风险偏好"的道理是一样的。

真实的自我——一般都是自我了解很充分的人，深藏在内心的，很少显露于外的。是指你拥有的正确的、客观的思维，真实的自我评价，清晰的自我价值观，明确的交易行为标准等的总和。但是，"正确"也是相对于某个时间段而言，因为真实的自我也是在不断地变化和修正的，以上的章节表述过中国古典哲学精辟的论证。

心理健康的交易者寻求不断地正确了解自己，并将内心中的自我与实际交易联系起来。在与真正的高手交流过程中他会立即关闭语言功能，运用、开启**"倾听技能"**，与平时的活泼、健谈判若两人。因为他知道，这正是一个改善和重新了解自我、接受更新鲜的经验、体验全新真实自我的好机会，这样的人想不进步都难。

真实自我的积极作用是显而易见的，使人在生活和交易轨迹上会不断地健康发展，始终运行在良性循环体内。

它的消极作用是，单一、性格内向的人容易偏执，这要从如何改变自己的"气质类型"入手，由消极向积极去转化。由于这是属于生理学与心理学的交叉范畴，以后再给大家介绍。

在你的日常生活以及目前的交易生涯中，你的真实自我是属于哪一种？请朋友们自己给出客观、正确的自我评价。

第六节　交易者的自尊

子张问：士何如斯可谓之达矣？子曰：何哉？尔所谓达者？子张对曰：在邦必闻，在家必闻。子曰：是闻也，非达也。夫达也者，质直而好义，察言而观色，虑以下人。在邦必达，在家必达。夫闻也者，色取仁而行违，居之不疑。在邦必闻，在家必闻。君子所贵乎道者三：动容貌，斯远暴慢矣；正颜色，斯近信矣；出辞气，斯远鄙倍矣。漫润之谮，肤受之愬，不行焉，可谓明也已矣。可谓远也已矣。[37]

意思是——子张问：学习者如何受到他人的尊重？孔子说：你所说的尊重是指什么？子张说：在社会上要有一定的尊严，在家里也要有一定的尊严。孔子说：你说的是表面上的东西，不是真实的自尊。善于学习者的自尊是，品质正直善于用礼、义修正自己，善于观察不同的意见，甘居人下，虚心改正。这样在社会上必然会受到尊重，在家里也必然会有尊严。至于你这样看法的人很多，表面上强调仁义是为了受到人们的尊重，而行为上未得到根本的处理。这样的人在社会上也会有一定的尊严，在家里也会有一定的尊严。君子所看重的道有三点：举止容貌端庄，就会远离粗暴和怠慢；严肃自己的面色，就接近了诚信；说话言辞和悦，就会避免鄙俗和错误。以后再遇到外界的谗言，切身感受到的伤害和诽谤，在你这里就都行不通了，你就可以称得上心地清明了。可以称得上高远了。

在资本市场的交易过程中，是很能体现自我价值、自尊以及个性的。所以，在你整个的交易生涯中如果没有正确的自尊就很容易被带入歧途。

在目前的交易领域中，我们经常看到各式各样的交流平台，少则几十人，多达上万人的也有。大家会认为越是人多的地方越是体现自我、自尊的好地方，其实这并不是完全正确的。正确的自尊对发展你的交易哲学非常重要，它是与你的交易条件、原则等，在其基础之上的交易行为，以及如何去评价自己有很大关系的。

如果你能正确地看待自己的交易（建立在原则、条件之上的），看待自己的交易成功或者是所谓的失败，那么，你所获得的才是真实的、正确的自尊。它会给你在未来发展中带来很强的自信心，从而更加客观、正确地评价自我价值，是积攒积极的**"心理能量"**和积极向上动力的基础。

在 2000 年当我起笔写第一本书的时候就为自己想了个很好的笔名，它源自于：**正言、正行、正思维、正精进**，才会产生**正能量**。这是我为之奋斗的目标，这个目标就在**正前方**。希望大家共勉，共同进步。

而在现实的交流平台中，我们看到有很多人并不能够认识到正确的自尊，他们认为自尊是通过战胜他人、战胜市场获得的。什么相互对决（PK），相互攻击，甚至不惜用打架的方式将自尊建立在胜负的基础上，用击败对手，降低其他人的自尊和提高自己的自尊的形式体现。

更可笑的是，有些人居然通过亮账户以显示自己有多少钱来获得自尊。第一他没有意识到资本市场是一片汪洋大海，第二他更不知道在其他品种中他的那点钱完全可以瞬间消失、蒸发。

《庄子》我们都知道，但是很多人不知道在其极具浪漫主义的巨著中有这样一段话：

故夫知效一官，行比一乡，德合一君，而征一国者，其自视也亦若此矣。而宋荣子犹然笑之。且举世而誉之而不加劝，举世而非之而不加沮，定乎内外之分，辩乎荣辱之境，斯已矣。[38]

意思是：有一些人，才智只能胜任一个小官的职务，品行也只能顺遂一个村的俗情，其德性投机于君王的心意，而妄图取得一国的信任，他们有点小的作为就自鸣得意，其行为就像小麻雀一样。而宋荣子禁不住嗤笑他们。宋荣子能够做到整个世界都夸赞他却不以此作为一种勉励，整个世界都诋毁他他却不感觉到沮丧。这是因为他能够认清"内我"与"外我"的分际，辨别光荣与耻辱的界限。如此而已！

我们要知道，真正的自尊并不在于一两次的盈利和与其他人的比较，而是将自己看作有能力、有发展和有价值的人，并不断地加以实现。这需要具有良好的自我知觉能力（在真实的基础之上获得的结果）。**自尊不可**

用击败他人来获得，而是要以实现自己的目标和不断地发展、完善来获得的。

自尊对你发展自己的交易哲学非常重要，如果你是个具有高度正确自尊的交易者，你就能在批评面前，特别是在失败面前坦然相对，积极地完善并坚持自己制定的交易原则。你有承认错误的勇气，清晰地知道在什么情况下自己犯了什么错误，并且具有按计划去改正自己错误的能力。

如何分析判断自我现状？如何分析判断自我是否是一个有交易能力的人？如何分析自我交易的价值？这都是很不容易但又非常重要的事。我将奈泽尼尔·布兰顿的名言稍作添加：

在我们一生的交易中所经历的所有判断中，没有一个能比我们给自己作出的判断更重要的了。因为，这个判断触动的是我们在资本市场存在的核心。

是这样的，我们在目前的交易中已经就是在无时无刻地进行判断。但请注意！**你目前所判断的是未来的图表，而你眼前看到的仅仅是过去。**如果你想成为一名优秀的职业交易者，那么判断你当前的交易行为标准，以及交易哲学的一些基础概念是否正确就显得更加重要了。同时这也是进一步完善自我知觉能力的第一步，也是你作出是否改变你现在毫无意义的、交易随意性现状决定性的第一步。

当你经历过顺理成章的判断之后，你会发现交易行为较以往似乎更加清晰。即便是交易失败，在你的心理上也是可以接受的状态，因为你客观地知道你所存在的问题。人在冷静、平和的心态下会越发地理智、从容，头脑清晰。在这种情况下，你的内心会鼓励你今后更加有尊严地交易下去。

有道是：**胸藏文墨怀若谷，腹有诗书气自华。**

第七节　关于盈利第一还是发展第一

昨日西风凋碧树，独上高楼，望尽天涯路。——自晏殊《蝶恋花》
衣带渐宽终不悔，为伊消得人憔悴。——自柳永《凤栖梧》
众里寻他千百度，蓦然回首，那人却在灯火阑珊处。——自辛弃疾《元夕》

以上是王国维总结的人生三大境界，我们可以从中体会到人生的"悲欣交集"。如果我们将交易当做以后一生的职业的话，那么，在今后的职业生涯之中也一定会遇到很多的坎坷。正如《大学》中的八条目：**格物、致知、诚意、正心、修身、齐家、治国、平天下！**这一点必须首先得到重视。所以，我认为：**交易若是久长时，又岂在朝朝暮暮。**

这是个在众多有关交易书籍中几乎没有被阐述的课题，因为长期以来人们总是习惯以先人的盈利经验标榜自己的交易行为。在我们的学习和实践中，却忽略了大脑的**"表象"**和**直觉创造**功能，也就是深度的分析、比对、疑问和改造。我们所谓的学习基本上是"拿来主义"，就是企图把所有的直接赚钱的模式往资本市场上套。我们的目的也是简单和明确的——盈利，这无疑是已经把盈利放在了首位。

有的朋友可能要问，在学习的过程中难道不是在发展自己吗？那我们先回想一下自己的成长经历，看看我们到底是学习了什么，发展了什么。

从幼儿园起我们的家长和阿姨就教导我们不能这样，只能那样（没有道理的条条框框的束缚）。到了小学就学习"1 + 1 = 2"，中学有不变的公式，大学至研究生有导师手把手地帮助科研，进入了工作岗位要坚决服从上司的命令。大家注意到了没有，以上这些都是死的定律。我们就是在这样的环境和体制下学习、发展和适应这个社会的，我们已经习惯了条条框框和在固定的环路中平衡自己的思维及行为。而资本市场是这样吗？有条条框框和固定的环路吗？答案恰恰相反——诡异多变。

在我的印象中，从小除了来自家庭方面的就没有接受过这样的教育：

浏览遍照，复守以全。经营四隅，还反于枢。[39]

意思是：清楚地浏览，全面地察看、分析和比对，却始终保持、遵循着自然规律。既游荡于上、下、左、右，四面八方，却又始终不失其本源。

如果按照我们目前的学习状态，就会简单地把盈利放在第一位，按照他人事先设定好的、固定的环路去执行，去赚钱。这会致使我们大脑的执行中枢异常发达，而"表象"和直觉创造中枢渐渐地萎缩。要知道，人类的物质文明和精神文明的进步无不是从"表象"和直觉创造性中得来的。

所以，在变化万千、无固定模式的资本市场中以我们以前的思维和行为模式无疑会处处受到制约。请问：此时一味地追求盈利客观、现实吗？

在交易心理学中"表象"和直觉创造性的能力是非常重要的，是要我们努力发展的。这就如同邓公的一句名言：**发展才是硬道理！**

这就是我以前为什么一再强调：**结合众多的非判断交易模式，达到一个理性的判断式交易的艺术高度。而这个高度不仅仅是需要发展的，而且是需要把发展放在第一位的。**

有人说**想象是"心灵的眼睛"**，确实我们在交易技能实施之前，如果"心灵的眼睛"看不到市场即将发生的行为，那就不利于交易行为的正确实施。这又回归到了以前学习的问题，在学习先人经验的同时，我们不要忘记学习的目的不仅仅是为了盈利，更重要的是通过**交易行为的塑造**树立正确的自我价值观念。此时要求交易者要有一定的尺度和标准约束自己的交易行为，不断地发展自己的思想，如同前面章节所讲的"克己复礼"。另外需要注意的是，还要通过分析和**洞察**来明确发展的方向。

所谓洞察就是以一种不太明显的方式领会和理解市场某些现象，它是打开你"心灵的眼睛"的钥匙。

在目前大众的交流平台中，大多数交易者更加关心的是如何去盈利的问题，人人都想拥有一套制胜的法宝，人人都是把盈利放在第一位的。我就不止一次地听到有交易者说：废话！不是为了挣钱玩股票干嘛？做交易干嘛？玩股票、做交易就是为了挣钱！等等。说实话，我真的为他们今后的交易生涯捏把汗。

既然大家都热衷于挣钱那我就先从挣钱说起。

交易如同战争，相信大家并不否认。兵法曰：**知彼知己，百战不殆**。俗语说得也好：没有天上掉馅饼的。当你加入资本市场交易时，我相信任何人都会竭尽全力地争取盈利。但是，在追求盈利目标时，作为职业交易者的你情愿付出多少代价？你了解你的真实水平吗？你盈利的目标现实吗？你愿意拿你辛辛苦苦挣来的钱作为赌注性质的学费吗？你还会将暂时的盈利置于今后的发展之上吗？在资本市场中你是否有了正确的价值观？作为想成为职业交易者的你，以上的问题不仅非常重要，而且是很难准确地回答的。

我给大家举个例子：很多人非常认同"赌注性质的学费"这种观点，甚至更有甚者说：交易实际上就是一种赌博，世间任何行为都是有风险的，交些学费是很正常的。后半句话我是同意的，但是你要是将交易凌驾于"赌博性风险"之上我敢说你早晚会输得很惨。我们暂且先不管是赌注还是赌博，是否合法，它们首先都有一个共同特点——钱的参与！既然有钱的参与我们就应该将它归于经营、商业的范畴。"赌博性风险"的概念不用多讲，你可以在很短的时间内一会儿押大，一会儿押小。所以自古就说：十赌九输。

我想强调的是，与此不同的是还有一种风险叫"商业性风险"。我现在想提问：如果有一个项目需要你进行投资，你是不是手里应该有一份《商业投资意向书》？你是不是应该看一看《商业投资项目评估报告》？你是不是应该仔细斟酌、盘算、考察？我想你会的！好了，这样你会将风险降低到你可以承受的范围内。而赌博就完全不一样了，当你的赌性上来之后，你可以瞬间押上你所有的资产。这就是"赌博性风险"与"商业性风险"之间的不同。当你仔细阅读和分析《商业投资意向书》和《商业投资项目评估报告》而不是急于投钱时，你是处于学习和思考状态。在本书中列举了很多中国古典哲学，说明学习和思考是人类发展的客观规律。换句话说，此时此刻你是以发展为第一，盈利为第二的。

以上可以表明想稳定地挣钱、盈利，还是应该把发展放在首位的！

还记得兵法上是怎么说的吗？**夫未战而庙算**（准备投资的必然程序）**胜者，得算多也**（商业性风险），**未战而庙算不胜者，得算少也。多算胜，少算不胜，而况于无算乎**（赌博性风险）？**吾以此观之，胜负见矣**。[40]

这里有个问题，如果我不举这个例子你会特别留意以上的问题吗？现在自我检查一下，在学习的过程中是不是专心致志、一心一意？

《诗》曰："鸤鸠在桑，其子七兮。淑人君子，其仪一兮，其仪一兮，心如结兮。"故君子结于一也。[41]

意思是：布谷鸟栖宿在桑树上，哺育着七个孩子。贤良的人，他的态度始终如一。态度如一，专心致志。所以，君子在学习的时候总是把精神集中在一点上。

站在职业交易者的角度上，只要稍有远见的人毫无疑问地会把发展放在第一位。但是，对某些媒体和股评来说这些问题就无从回答，因为他们面临的完全是另一方面的挑战。在社会快速、高度发展的今天，尤其是在金融资本市场里，似乎已经容不得我们有很长时间去思考如何发展了，一切都讲究实效和资本的快速扩张，这无疑是给"功利主义"提供了温床。

以致有些评论家、"大师"能够从容不迫地大放厥词，将盈利列为资本市场中的第一要义，这显然不利于公众交易者今后的发展。

遗憾的是，这种现象不仅非常普及，在公众交易者中还大有趋之若鹜之势。具体体现为，有些人为了早日证实自己，在"大师们"的怂恿下尽可能地投入所有的资金参与市场的交易，一旦侥幸盈利就会形成"双重荣耀"。其一，公众交易者会认为自己很英明，判断得很准确，并且很快地、不费什么辛苦地证实了自己所谓的自我价值。请注意，这种自我价值的认定是不真实的。其二，快速的资本扩张，似乎得到了实实在在的利益。在我看来不见得，有很多案例表明，在人欲望的驱使下初期挣到的钱最终统统会归还于市场。另外，"大师们"的双重荣耀，不仅满足了"公众自我"的需求，并且还能得到其他方面的利益——可能是"返点"，他们获得的确是实实在在的名利双收。

可悲的是，失利受损失的公众交易者也不会轻易地认为自己或者"大师们"无能，而会把责任归咎于运气不好、系统风险等。而股评或者"大师们"要不就一阶段不再露面，要不就花更多的时间去找借口，让公众交易者自己去承担责任。如果有人站出来对他们的交易提出异议，他们会认为是对他们自我价值的直接冒犯，大发雷霆。这不仅不是一名优秀的、具有职业道德的业内分析师所应该做的，而且，作为交易者的你也不能指望今后在他们身上还能得到什么了。因为此时他们的心目中已不再关心能为公众交易者做点什么，而是关心公众交易者给他们带来的金钱、荣誉和业内的地位。

关于"**发展第一，盈利第二**"的哲学意味着，你作出的每一个决定首先是要符合长期发展的最大利益，之后才是盈利的问题。当然，这并不意味着盈利并不重要，也不意味着盈利与交易者发展一样重要。因为只有不断地发展，你才会不断地进步，才会有更好的前景。而不是因为一时的功利，把自己推向危险而又残酷的资本市场的交易当中去。

最后，出于对自己的负责，你有权利和责任对你自己以及"大师们"的指导原则进行分析，以便更好地把控自己的交易行为。

第八节　从交易原则到实践

墙坏于其隙，木毁于其节，斯盖其分也。故变生事，事生谋，谋生计，计生议，议生说，说生进，进生退，退生制，因以制于事。故万事一道，而百度一数也。[42]

意思是：墙壁倒塌是因为有了细小的裂缝，树木的折断是因为有了小的疤痕，这便是墙和树干分界处所带来的隐患。世间的任何事物都是由于各种事端从自身渐渐变化引起的，而在事端出现之前又是少数人产生的谋略，谋略是需要计划的，计划是需要商议的，商议导致争论，争论就会有进取，进取一方就会导致另一方的退却，有了退却就会产生下次可以避免的原则、制度，由此事端就可以控制了。可见，各种事物的道理是一致的（资本市场也不例外），各种制度的设立也都会有一定的原则，无不是实践、确立、再实践、再确立的过程。

以上是古人经过实践总结出来的原则、制度的必要性。

当你从自身的角度出发同意了"发展第一，盈利第二"的原则，实际上你已经有了自己初始的交易哲学——原则的建立。

应当注意的是，在今后的过程中即使你的原则有时与交易预期（盈利状态）相反或相抵触时，此时最主要的是你要坚持发展第一的原则，通过检查交易系统上的缺陷加以完善，反复地加以检验。不能因为利润的诱惑而放弃长远的发展。所以说：**交易哲学实际上并不是你口头上的原则，而应该是你实际行动上的原则。**

用陆游《冬夜读书示子聿》的话讲：**纸上得来终觉浅，绝知此事要躬行。**

我们在实际交易中经常会遇到这样的问题，随着行情的延展你发现小周期级别有逐渐减弱的走势，然而你的交易模式的单位周期（大级别）仍然没有走坏，你怎么办？如何去抉择？如果你要是以发展第一坚决按原则交易，你的账户市值很可能面临缩水。当然，你的系统设置应该是按照你认为的最佳的交易周期而设定的，并且是在系统的测试期之内。可是，市场往往不会按照你的系统设置的方向运行，这时候就会出现两方面的问题考验着你。一方面是你已经在盈利，金钱的诱惑使你完全可以随时修改你的交易原则——落袋为安，以盈利为主。但是这样就会违背你的长期发展计划，因为这次小小的改动致使最终经过长期统计的系统数据变得不真实、不可靠。

另一方面是，你坚持你的交易原则，力求经过长期统计的系统数据真实可靠。但是，你的账户市值很可能面临缩水，甚至反盈为亏。这时候你是要发展，还是要现金？不管你到底作出了哪个优先的决定，实际上都要付出很大的代价，有时这甚至是非常痛苦的选择。

以上是对你发展和盈利的价值观的测试，你需要反复想想并真实地面对。

如果你害怕遇到接二连三的痛苦的失败后还要坚持"发展第一"的哲学，那么你可以用"我很需要钱"、"我很需要这次的盈利来增强自信心"等为借口改变你的原则。这就等于已经彻底放弃了"发展第一，盈利第二"的交易哲学，你认为呢？

所以，从交易原则到实践的过程并不是一帆风顺的，有的时候遇到的困难甚至比上文所说的还要严重。你准备好了吗？一切的一切还需要你自己决定。

另外，当你进入真正职业交易者的行列之后，更加需要条件、标准、原则等禁止性规定，并随时保持高度警觉。特别是在期货市场，几乎每一年都会出现几起重大的突发事件，那种瞬间的"秒杀"是足以"致命"的。而这只是外在的风险，内在的风险更是使我们防不胜防。我们都知道，**人是最难摆脱思想上的惰性和麻痹的**。在我接触的很多期货交易者中，每当我谈及对惰性和麻痹的控制时大多数人不屑一顾，从对方的言辞和表情中体现出来的是多么地胸有成竹。但是，每当我问及对方对历史中突发的重大事件造成灾难性的后果还有多少印象时，能够清晰地回顾历史的人寥寥无几。这说明了什么？列宁说过：**忘记过去意味着背叛**。古语也说得好：**前事不忘，后事之师！**请问：历史曾经的因果关系都不知道、都忘记了，或者记忆不清晰，你如何指望自己在重大事件即将发生之前有判断依据、预感、能够做到先知先觉呢？平时口头上总讲**"战战兢兢、如履薄冰、如临深渊"**又有什么用？岂不是一句空话？在这种情况下，你表面上像战士一样有严格的纪律，但实际上你不能时刻保持居安思危的警觉，不能借鉴以前的失败教训，我真不知道你的职业交易生涯会延续多久。这就是职业交易者存在的内在风险，这种风险是很容易被人忽视的。

所以，请朋友们记住！风险意识永远是被放在第一位的，紧随其后的是相应的禁止性规定，也就是你的交易原则。由此，我认为职业交易者是：**刀尖上戴手铐的舞者**。我想这种比喻应该是不过分的，希望广大交易者，特别是保证金交易者引起足够的重视，在大原则的前提下，小心谨慎地结合实践。

第九节　坚定自己的交易信念

夫得道已定，而不贷万物之推移也，非以一时之变化，而定无所以自得也。故士有一定之论，女有不易之行。规矩不能方圆，钩绳不能屈直。是何也？则内有以通于天机，而不以贵贱贫富劳逸失其志德者也！ [43]

意思是：已经坚定地领悟了道，便不会随着万事万物的转移、变动而改变，不会因为万物一时的变动（或市场的变化）而改变自己安然自得的态度。因此，自古男人们都有固定的原则，女子们都有行事不变的操守。规与矩尺也不能使他们变圆、变方，弯钩和墨绳也不能使他们变曲、变直。这是为什么呢？是因为他们内心领悟了自然造化的奥秘，而不会因为富贵、贫贱、辛劳、闲逸的影响而丧失志向、德行。

以上是古人教育我们在世间的各种诱惑面前应该怎么做。这个道理同样适用于如今的交易市场，鞭策我们在交易生涯的初期一定要把持住自己的行为操守和坚定的信念。

在交易领域中，保持坚定不移的正确交易信念是贯穿你整个交易生涯的重要支柱。而这种信念是来自于你对交易专业知识的了解（从基础知识认真学起）和对交易技能的认知。

大多数公众交易者由于缺乏对专业知识的了解和认知，更缺乏正确理论的支持，长期在交易技能水平上停滞不前，只是一味地盲目交易。如遇大牛市行情还好，一旦遇到振荡市、熊市行情就会左右挨耳光，高吸低抛甚至深度被套。长此下去不仅资金严重亏损，更会引发"心理耗竭"从此结束交易生涯。

我们看到的现状是，新股民一茬接一茬，真正能在这个市场存活下来的老股民越来越少。甚至在现实生活当中有些人都不允许你跟他再谈论股票、交易二词。用他的话讲：别跟我提股票两个字，听见这两个字我就从心眼儿里恶心！想吐！

从以上可以看出古人倡导的"**知先行后，知行合一**"是多么的重要，而"**知先**"更是在你发展的道路上处于主导地位。这个"**知**"字同时又是信念的基础，不断地学习和深化信念又是"**行**"字的基础，它们是相互作用的，就像人的两条腿走路一样。

比如，通过你逐渐的学习与实践（交易）相结合，将目前的交易状况与你制定的现实目标相比较，分析你当前的交易水平与设定的目标之间的差距和自己已经有了多大的进步。只要你的初期目标设定得不是太高就会容易实现，并且你能看到自己真真实实地是在进步，这就是一种增加自信心，积攒积极的心理能量和坚定自己信念的好方法。

我可以以假设的形式给大家举个简单的例子：很多公众交易者都知道指数平滑异同移动平均线（MACD）的用法，最简单的就是金叉买入，死叉卖出。我们就从这个简单的方法入手，来看看我们能不能用这个简单的方法得到提高。

首先，我们需要设定一个明确的交易时间单位——日线级别，也就是说日线是你金叉买入或者死叉卖出的依据。我们先用模拟的方法进行，打开一段日线级别的周期图表，对照金叉、死叉的位置假装作出买入和卖出的动作，请记录收盘的价格（均以收盘价格为准）。你会发现不同位置和形态的金叉和死叉价格空间是不一样的，有的时候你还会赔钱，这个时候你其实已经在进步了，你已经有了一个大概的认知，因为最终的价格告诉了你这个位置、形态的操作真真切切地得到了什么。你以前盲目的幻想、预期已经不存在了，你会变得理性，你感受到了市场的真实。你再回想一下曾经的市场上的各种信息，对比分析后你还会轻易地相信别人吗？到那时候我相信你会更加愿意相信我以前总说的话：**我只相信我自己的眼睛看到的**。这就是你通过学习和实践得到的基本的交易信念。

在这种情况下，请结合你树立的基本交易周期单位，以此作为交易原则，忽略对小周期级别的判断，这样能够有效地避免市场杂波。直到基本的交易周期单位达到或接近止盈的条件和标准时，将小周期级别纳入视线范围，依据小周期级别的条件和标准贯彻实施止盈的原则。这样就能解决很多朋友在趋势的初期总是拿不住标的的现象。反之，你也可以运用这种方法把握更加精确的进场点，使你从大的概率上能遇到好的进场部位。

在陆游的《冬夜读书示子聿》中还有一句话：**古人学问无遗力，少壮工夫老始成。**

另外，出现拿不住标的的现象不仅仅是缺乏交易信念的问题，还有一方面的原因是，你的基本技术不过关。比如，对"过滤器"的认识不够，以及对交易周期基本单位的概念模糊等。这些都对你的交易信念起到了基本的支撑，它们是相辅相成的交叉关系。

你知道吗？此时此刻其实你已经树立了基本信念。

到目前为止你已经是实实在在的进步了，当然我还建议你再进一步地解放思想，再进一步地深入分析。比如，在你知道市场为什么会阶段性地出现不同的架构和价格差异之后，请尝试一下，加入大一级别的周期去分析一下。

我们应该注意到，经过上述的亲身实践以后你会发现这实际上是一个认知的过程。在这个过程中，你也会不知不觉地对自己今后的交易行为增加了自信心，而自信心恰恰是你信念最为坚实的基础。那么我现在想问：正确的信念是怎么得来的？

《淮南子·原道训》曰：**夫心者，五藏之主也，所以制使四只，流行血气，驰骋于是非之境，而出入于百事之门户者也。是故不得于心，而有经天下之气，是犹无耳而欲调钟鼓，无目而欲喜文章也，亦必不胜其任矣。**[44]

我相信你应该回答我：从基础做起，一步一个脚印地、扎扎实实地学习，认认真真地统计、耐心细致地发觉，努力地判断是非，探索交易的根源。如果心中没有这份持守，而想成为优秀的职业交易者，无异于聋子想给钟鼓调音色，瞎子喜欢看五彩斑斓的色彩，这都是不能达到目的的。所以，发展、坚定自己正确的交易信念是很重要的。

此时，你的信念又进一步地得到了提升。但是，我们也应该时刻保持清醒的头脑，居安思危，处变图存。

以下是有一次我与我学生的对话，此对话的背景是，关于对趋势的理解我叫她思考了很久，并一直没有给她正确的答案：

正前方 15:05:20

最近对趋势的理解怎么样了？

风向标 15:06:30

我想到八个字，不知离正确理解差多远。

正前方 15:06:44

说说

风向标 15:07:04

方向 + 形态 + 前价 + 幅度

正前方 15:07:44

比以前进步了，比较接近了。

正前方 15:08:03

方向是对的

风向标 15:08:34

那我接着想😁

正前方 15:08:40

形态再进一步思考，已经很接近了。

风向标 15:09:09

架构？

正前方 15:09:33

前价和幅度结合在一起。

正前方 15:09:50

这才是完整的前六个字。

正前方 15:09:59

架构不对

风向标 15:10:05

哦

风向标 15:11:16

那我再想想。

正前方 15:12:02

好，使劲想，什么时候想得快崩溃了才是开窍的开始。

正前方 15:12:31

这也是对你思维活动很好的锻炼。

正前方 15:12:53

人不动脑子是不行的。

风向标 15:13:12

嗯，明白。

由此我想起古人曾经说过：大凡一种衰败往往是在鼎盛之时人们不注意的情况下就已经悄悄地出现了，但是一种机运的转变多半是在失意、穷尽时悄悄地种下了善果。所以，明智、有修养的君子，当平安无事时，时刻留心保持自己清醒和理智的头脑，以防范未来可能突发的祸患。一旦身处艰难、迷惑的情境之中，一定要有毅力咬紧牙关坚守自己的信念，继续策划未来事业的最后成功。

原文如下：**衰飒的景象就在盛满中，发生的机缄即在零落内。故君子居安宜操一心以虑患，处变当坚百忍以图成。**[45]

另外，王维在《终南别业》中的一句诗更加言简意赅、高度概括："**行到水穷处，坐看云起时。**"在我们今后一生的交易生涯中，难免会遇到各种各样的坎坷，此时，静下心来好好品味一下古人的光辉思想，会更加坚定自己的交易信念。

第十节　交易者的动机问题

人生而有欲，欲而不得，则不能无求。求而无度量分界，则不能不争。争则乱，乱则穷。天下者，至大也，度伎能而裁使之者，圣人也。[46]

意思是：人一生下来就会产生欲望、动机，如果欲望、动机得不到满足，则会想尽一切手段，如果手段没有限度和止境，就会出现利益间的争端，有了争端必会造成混乱，有了混乱人就会陷入困境。人的欲望和动机往往是无限制的，能够很好地制约、使用它发挥合理功效的人，就是圣人。

在以上的章节中不止一次地提到"动机"这个词，那我们就先从人体行为的最高决策层——"动机"的问题谈起。

当人对一项事物产生兴趣的时候，"动机"就自然而然地出现了。比如，你觉得或者听别人说资本市场能赚钱，而你恰恰又很需要钱的时候，你就会产生强烈的"动机"，我是不是应该做点什么了？

但是，不是有了"动机"就具备了交易的最好条件。我们首先要知道

"动机"可以是以多种形式出现的，它受很多因素的影响。但是，**从交易者的角度出发，我们想要解决的问题是很明确的，就是如何改变不良的交易行为，增加良好交易行为的"量"，提高良好交易行为的"质"等**。这应该是我们最初正确的动机！

这还不足以说明"动机"在交易领域的关键作用。下面我就交易者"动机"的问题和大家展开学习，在学习的同时希望大家结合自己看看你是否具有职业交易者的基本品质。

"动机"在交易心理学中包含两个方面：**心理强度**与**心理指向**。

心理强度与一个人的"心理激活"程度有关，是指为了能够达到某一个目标，心里应该十分清楚需要付出多大的努力和代价，并且保持积极、乐观、向上的心态。此种努力和代价更多的是指你前期所能够付出的时间、耐心，而绝不是付出自己所有的资产，或者上来就参与"实战"所付出的代价。

比如说，你认为资本市场可以赚钱，你也准备介入，那么你前期所做的工作有多少？你是否像"人家"一样每天用很多的时间来进行学习、反复地进行图表比对和统计，并能够坚持下去？

心理指向与你选择的初期具体目标有关。无论是你准备选择的交易品种，还是你选择学习的主攻方向——交易心理学、有关交易的基础知识［如 K 线、均线、MACD 或者随机指标（KDJ）等］，都是你的指向范畴。以上这些都是属于正确的心理指向范畴。

目前的市场状况是，大多数公众交易者初期一上来便进行标的的选择，用"真金白银"在市场当中"真刀实枪"地干。他们都有自己的解释：边学习边锻炼，或者在高手的指导下锻炼和学习。这是明显不对的！我们都同意交易如战场之说，我们面对的是武装到牙齿的职业"军人"，这些人嗜血如命、诡计多端、行动迅猛、技术精湛，并且在他们背后还有一个更加专业的、高智商的"团伙"。而你是一个没有经过任何训练的"士兵"，到了战场上无疑将是对手的活靶子，怎么会有生存的机会呢？所以，我建议大家不要忽略心理强度和心理指向这两个关键性的问题，特别是对于"新手"而言更是如此。

谈到这里，我们可以先做一下自我检测，看看自己能否具备做职业交易者的基本条件。以自我提问的方式进行：

1. 当你准备介入这一行业时你是否做了大量的准备工作（包括基础知识的学习）？**是、否**。如是的话，你还可以往下继续。如果是"否"，你就没有必要再往下看了，如果你还想做职业交易者的话，先去做准备工作吧。

2. 你能否每天抽出很多的时间用于这项工作？**是、否**。如是的话，你还可以往下继续。如果是"否"，你就可以彻底放弃这个职业了。

3. 到目前为止对这项艰苦的职业你还有乐趣吗？**是、否**。如是的话，你还可以往下继续。如果是"否"，你需要很长一段时间的休息、调整。

以上是关于心理强度的提问。

关于心理指向：

1. 就基本知识而言，你对 K 线、均线、MACD 或者 KDJ 等能熟练地运用几种（这里指的熟练地运用大多数是在书本上学不到的）？**三种以上、三种以下**。如果是三种以上的话，你还可以往下继续。如果是三种以下，你就需要暂时停止你的一切交易行为，先把这些基础的东西搞明白。这也就是所谓的"心理指向"问题。需要注意的是，这些知识学习之后或者不见得是你将来用得上的，或者这是一定要用到的。

2. 如果你已经在这个市场至少五年了，还不能自己掌握这些最基本的技能，并且没有真正的高人给你指明一条正确的路吗？**是、否**。如否的话，你还可以往下继续。如果是，你就可以彻底放弃这个职业了。因为即使再给你五年、十年你还会在这个市场的怪圈中瞎转。

看罢以上这些自我检测我相信会有一大部分人很苦恼，你们会被自己排除在这个市场之外。请牢记先人的教导：**凡事预则立，不预则废**！不要拿自己的时间、金钱在这里浪费和挥霍。如果你还是个有血性的男人，不服气，先从以上的基础做起，不断地加以强化吧。

另外，我把交易者的"动机"分为两个来源：一个是来源于内部，一个是来源于外部。

通过学习以后你会发现，来源于"**内部动机**"的交易者更适合将来在职业的道路上发展，最终有希望成为顶尖的职业交易者。而来源于"**外部动机**"的更适合做股评和分析师，他们的工作更多的时候跟实战是两码事的。

知人者智，自知者明。胜人为有力；自胜者强。知足者富；强行者有

志；不失其所者久；死而不亡者寿。[47]

用贴近市场的意思说：善于了解市场的人是智慧的，能够认识自我的人才是真正的高明。善于战胜市场的人是靠一时的威力，能够战胜自我的人才会坚强并长久。懂得满足的人才会摒弃贪婪并逐渐地富有。努力不懈的品质才是真正的志向。不丧失立足基础的才能够久远。即便是身死而其精神与思想长存于世，这才是真正的长寿，或者称为"万岁"！

内部动机是指交易者经过客观地认识自我后从内部被激发起来的一种动力，它能使自己独立自主地应付各种挑战，胜不骄、败不馁，取得成功（这源于自己具有良好的自我知觉）。

比如，这些人在专业理论的学习和实际操作上，会不断地发展和求证自己的预判和交易行为。他们更在乎的是市场结果给予自己交易行为的评判，而不是其他投资者给予他们的评价。一旦预判和交易行为得到了实现（跟账面上的盈利没有关系），这种实现就对他们本身构成了最大的安慰和鼓励（而不是金钱的作用）。即使是错了，他们也不会抱怨市场或周围的其他人，他们会以积极和正确的思维引导自己：**一定是自己忽略什么方面的东西。而后重新回到枯燥的分析和比对中，他们会在不断地发现细节中得到新的乐趣，一步一步地茁壮成长。**

具有内部动机交易者的性格特征是：**内敛、沉稳、细致，宁做过头的交易，不做过头的评价。**

他们的行为特征是：很少在大众平台与人交流交易过程，与他人分享自己的心得和技术，只知道自己埋头苦干，更不会为他人解读标的或个股。这与是否具有"爱心"无关，因为他们会深深地知道这个市场中的变化，即使把各种变化条件都列清楚，大多数人还是无法应对市场变化的。

具有内部动机的交易者从一开始就坚信：**真正的交易高手一定是孤独的、寂寞的，他们必须要坚守。另外，他们喜欢交易，特别是在符合他们条件的情况下进行交易。**

他们的最终目标是：结合众多的非判断模式的成分，达到一个理性的判断模式交易的艺术高度（这是我很早的时候就给自己定下的目标）！因此，他们只希望通过交易在"礼"的框架内获得内在的自尊。不管是账面上输与赢、对和错，他们都能够在无人知道和督促的情况下全身心地投入再学习和交易中。你是属于这类交易者吗？如果是，恭喜你！成为高手对于你来讲只是时间的问题了。

下面我给大家谈谈什么是外部动机。

内不得于中，禀授于外而以自饰也，不浸于肌肤，不浃于骨髓，不留于心志，不滞于五藏。故从外人者，无主于中，不止；从中出者，无应于外，不行。[48]

意思是说：在内心大多数得不到平衡时，只靠外物（积极强化物或消极强化物）的刺激来自我掩饰和安慰，这种刺激不能浸入皮肤，透入骨髓，不能保存于内心，不能停留在五脏。所以，外部动机的刺激是不能在内心发生作用的。这是因为它不能在内心停留的缘故。只有发自内心的快乐、兴趣（内部动机），才能不受外界的影响，才会坚持得长久并不会消失。

外部"动机"科学的定义是：需要通过外部的积极强化物或消极强化物（强化物是指能够增加或者减少某些行为重新出现的可能性的事物）来实现行为的可行性和约束性。

在目前的市场中，我发现绝大多数公众交易者的动机是属于外部动机。他们更加愿意偏向于外部积极的强化物——金钱（交易结果是否盈利），以及很多无形的东西。比如，其他人的赞赏和默许等。但是他们又往往忽略了消极强化物给他们带来的教训，我给大家讲个故事，为了使大家记忆深刻我将人物的名称加以修改。

我有一个朋友叫马户，他非常喜欢交易，也非常喜欢跟我学习交易（以我对他动机的认定他是出于对金钱和他人赞许的需要），并发誓要成为一名顶尖的职业交易者。为此总是找些理由请我吃饭，不管是盈利还是亏损了。而我的目标很明确，放松、多吃好吃的，所以我总是吃得多，说话少。相反，他总是说得多，吃得少。终于有一天他感觉不对劲了，问我：我感觉不对！每次吃饭为什么总是我花钱？特别是当我赔钱的时候，是不是应该你埋单呀？

我答：不对，你越是赔钱的时候越应该是你埋单，我这是为你好，我可不想叫你的钱永远输得不明不白。

马户：我现在已经不明白了，我都输了这么多的钱你还叫我花钱？你居心何在？

我答：以前我跟你讲过关于强化的内容，其中包括积极强化物和消极强化物。还记得吗？

马户若有所思状。

我继续说：给你举个例子吧。驴，你知道吧？

马户使劲地点头！

我继续说：主人要想叫驴干活就给它些饲料，驴就开始拉磨。这就属于外部积极强化物，也是属于外部刺激。当驴犯懒的时候主人就给它几鞭子，驴受到了切肤之痛又开始疯狂地拉磨。这属于外部消极强化物，也是属于外部刺激，久而久之驴不用主人挥鞭子只要套上套就知道自己主动拉磨了。你输过很多次钱，经历过很多外部刺激，至今仍然还要花钱请我吃饭，说明你以前花的钱至今还不能让你明白。你表面上虽然很痛苦，但实际上你没有接受切肤之痛所带来的教训。依我看，钱还是花得少，次数也不够。作为朋友我愿意陪你，直到你有一天能够像驴一样接受教训。

马户：等等！你的意思是说我现在连驴都不如？这太令人气愤了。

我答：你千万别生气，好歹在这个市场中像你这种情况的并不是你一个人。

以上的故事有戏说的成分，希望朋友们不要哈哈一笑了之。我们继续回到正题。

通过以上故事我们发现，具有外部动机的交易者更多注重的是结果（是否能盈利和获取他人的赞赏），他们不注重过程（是如何盈利以及如何亏损的）。他们的思维指向不自然地会集中于他们认为是很现实的，实实在在的外部奖励或强化物。但是，对于消极强化物和外部刺激却一直是一种麻木的状态，这是非常可悲的。

具有外部动机交易者的性格特征是：活跃、喜欢抛头露面、不甘于寂寞。

我曾经有一段时间就是属于这种状态，自从上了某个语音平台以来就学坏了，居然下午天天带实盘了，这是以往一直没有过的现象。还常冠以**"善言终日不虚口，不害其为默"**自我开脱。呵呵，这是玩笑，关键还是取决于自己。

他们的行为特征是：很愿意在大众平台与人交流股票或标的，与他人分享自己的心得和技术，更愿意每天孜孜不倦地为他人解读个股，努力展示自己正确的一面，回避过去所有的失误，从而获取更多的外部奖励。你是属于这类交易者吗？区别自己是属于哪种"动机"很重要，实际上，要想做到准确的判断对交易者而言也并不是一件容易做的事。

人是很不愿意正视自己的缺点和错误的，大多数情况下，人们更加容易接受的是回避。对于很多人来讲，从盘后所下的工夫上来看他们似乎具有强大的内部"动机"。但是，他们往往在实盘的交易中会不由自主地先想到能挣多少钱，或者能涨多少。在敲回车的一刹那，头脑中的交易原则、条件和标准被交易的结果（盈利）所替代。原因是他们的思维指向是长期习惯性的外部"动机"，导致"思维惯性"，禁不住金钱这方面的诱惑。

有的朋友会说：你说得不对！我实际上在脑海中经常想要把发展放在第一位。我把这种交易者称为具有"双重动机"。但实际上，每当他们遇到交易情境时，他们的思想深处还是以强烈的外部动机为主导。

请认真仔细地判别自我真实"动机"的问题。

内部动机与外部动机的根本区别在于：具有内部动机的交易者的发展行为完全是自发的、积极的和向上的。因为他是以一种"内化"的要表现好、体现自我价值为动力的，他不需要其他人在他的发展过程中给予更多的认可和鼓励，交易本身就是对他的一种奖赏和激发，**尤其是严格执行自己的策略之后他会感到有强大的自尊**。而且，更加难能可贵的是，他能耐受长时间由于没有交易条件造成他没有交易所带来的寂寞，而保持旺盛的斗志继续投入到"**交易行为塑造**"当中去。同时，在此过程中他还能源源不断地积攒积极的"**心理能量**"，以备在今后的交易中能够更好地发挥。

具有外部动机的交易者，首先是由于偏好接受外部刺激、奖励或认可的感觉而引发兴趣的，在其发展过程中又没有积极及时地转换，造成心理的"**定向偏离**"。这并不等于他平时看盘不刻苦、不用功。相反，他比其他人有更加强烈的欲望，正是因为这种强烈的欲望，在稍有正确的时候就要急于去先表现自己，或者大量地与其他人交流自己看到的，并认为是正确的发生过的图表。其实，这恰恰是在毫不吝啬地消耗自己积极的心理能量，以达到他想象中的交易和盈利的结果。但这往往事与愿违，由于以往不正确的心理定向，以及平时夸夸其谈过多地消耗了自己的心理能量，导致第二天的实盘交易与平时说的判若两人。这就是为什么有些交易者在平时讲得头头是道，而一到真实的交易就会大失水准的原因之一。

　　另外我们还要特别注意，**外部奖励会比内部奖励更快地失去其强化效能，特别是你将交易作为职业时。一名交易者获得的外部奖励越多，将来对同样标准的奖励需求就越弱。当你获得外部奖励的同时，这种外部奖励的价值反而降低，使强化渐渐地转为淡化。**

　　比如，此阶段你的交易很可能顺风顺水，短期内就达到了你预期的收益率80％，当你制订下一个目标时你就不会满足于同等预期，也就是说你对80％的需求减弱了，你会有更高的目标需要挑战。这是个更加危险的挑战！市场的发展如人生一样，没有一帆风顺的。在以后的章节中会讲"**现实目标制定技能**"，能有效地规避以上的缺点。

　　当然，能够得到盈利或者外界的认可和奖励并不是件坏事。如果运用得当，它还能在帮助你发展内部动机中起重大的作用。但是，你要是不能把握住正确的心理定向，它也会是你在今后的交易中犯下重大的错误，并成为破坏你内部动机的重要因素。

　　作为一名职业的交易者，要在你的交易生涯中不断地加强"**内化**"水平。

　　所谓内化，就是你的信念和正确的价值观。不要以你资金账户的增值和缩水判定你的自我价值，要以你周密的计划、严格的条件、正确的判断（最好是这样）、把握条件的时机和坚决的执行而感觉到骄傲！

　　一名老道的、成熟的职业交易者，会因为他所从事的职业而感到骄傲的。

　　请注意：**当别人看到盈利而鼓掌、叫好时，你应该看到自己是因为有了现实可行的目标、严格的条件标准、超强的执行能力导致的交易行为才鼓掌、喝彩的。**

　　只有通过"内化"的加强，才能更好地激发你良好、积极的动机。

　　良好、积极的动机是你今后交易生涯的生命线！此谓吾道一以贯之的"贯"。

第十一节　交易者的控制源问题

　　清净恬愉，人之性也，仪表规矩，事之制也。知人之性，其自养不悖。知事之制，其举错之惑。发一端，散无竟，周八极，总一管，谓之心。见本而知末，观指而睹归，执一而应万，握要而治详，谓之术。居智所为，行智所之，事智所秉，动智所由，谓之道。[49]

意思是：清净恬愉，是人的本性，标准法制，是行为处事的原则。懂得了人的本性，人的自身修养就不会违逆。了解了事物的法度，那么行为就不会错乱。从一端发起散逸到没有边际的地方，踪迹遍及四面八方，可又能汇聚到一个关键点上，这就是心的功能。看到了根本就能知道末梢，观察到指向就能看到其归宿，有了一个就能够应对一万个，掌握了要领就能控制治理详尽，这种控制就叫"术"。静态的时候知道需要做什么，动态的时候知道应该去哪里，做事（下单）的时候知道应该凭什么，行动的时候清楚因果来由，这就叫"道"。

现在开始给大家谈谈"控制源"的问题，如果不是开始的一段古语，控制源看上去似乎与交易没有什么联系。但实际上，"控制源"的概念极为重要，因为它涉及交易的成功体验和失败体验如何影响交易者的问题。

"控制源"与交易者承担责任的能力有关，与他们在交易中和生活中的活动也有关。这个概念论述了交易者在交易中感到能够把握和控制各种情况的程序问题。比如，当你的交易完成后，你对接受奖励（盈利）或惩罚（亏损）时的原因、后果及所产生的责任感是有差异的。

有很多成功的职业交易者，他们即使在盈利状态也能很清晰地认识到其中存在的问题，并意识到后果的严重性。他们会在第一时间及时地查找错误的原因和潜在的风险因素，并且将发现的问题提交到下一期的交易计划当中去。 这很符合上文《淮南子》的那段经典语录。

而大部分的公众交易者，会将亏损归结为市场的系统风险，不去审核上一期交易计划是否存在漏洞，用心不够，这就是"控制源"。也是我们常说的收市后的复盘、审核。

在交易者身上的"控制源"也分为两大类，它类似于以上讲的"动机"，即"内控"和"外控"。

那些受"内部机制"控制的交易者，往往把交易当中发生的事情看作是自己的交易计划或者交易行为所造成的。他们深信在大多数情况下，他们自己的计划、交易行为和执行力度决定以后的结果。他们不相信发生在自己身上的事完全取决于运气或机遇，所谓运气是建立在平时自己耐心地统计、细致地分析和综合素质不断地积累的基础之上的。交易出现令人满意的结果时，他们反而会认为这是件很正常的事。他们也从不认为自己的命运总会被市场操纵，更加善于用更多的时间不断地去完善自己的交易系统和汲取经验。

而那些受"外部机制"控制的交易者，往往把交易中所发生的事情看作是不可预测的系统风险造成的亏损，注重市场传闻、小道消息，或者什么重要人物的言论等。我不禁想问：如果你将自己的资金视为自己指挥的"军队"，自己的"部下"，自己的"兄弟"，自己的"生命"。那你为什么会将自己的生命系于他人手中，或者轻信那些虚无缥缈的信息？请好好想想这个问题吧。

当然，在实际交易中，我不排除有运气的成分，但我们必须清楚地认识到运气是从平时刻苦、枯燥地复盘和"比对"中得来的，之前下的功夫越深，之后运气对你就越发地眷顾。

在我与我弟弟的交流过程中他曾经说过这样一段话，我认为是很有道理的：**所谓的运气只能使你的交易锦上添花，而决不能指望运气雪中送炭，更不能企图靠它力挽狂澜。**

以上两种控制类型对交易者今后的交易成绩、交易生涯会有很大的影响，而且，还能使你在实盘中的交易心态发生很大的变化。原因是：

倾向于"内控"的交易者是以内在能力定向的。他们将更多的精力用于对市场的变化、各种因素的分析，自我检查、自我监测和如何应对的策略上。他们会有更多的完善自我的欲望，而从不怨天尤人。

倾向于"外控"的交易者则是机遇定向的。他们会偏向于：但愿这次报表、消息或者某位"专家"能说得对。他们对"暴利"充满了渴望，但对亏损也更为担忧和害怕。一旦交易结果与他们的预期相反，他们更多地表现为无能为力、束手无策，期待好运下一次的来临。

内控者对成功和失败都能客观地从自己身上寻找原因。而外控者，面对盈利容易沾沾自喜，认为自己是多么机敏，而对亏损往往强调运气或者其他因素等。

另外，内控者会比外控者取得更大的成就，原因是他们对失败的反应不是那么消极，坚韧性更强。他们也能忍受长时间没有盈利的状态，我见过的一些真正的交易高手，他们能忍受资金曲线长达几个月地维持在一个平衡状态中。

内控者在盈利后更有可能**现实地**提高自己的目标，亏损后也能**现实地**降低自己的目标，而这两种调节策略恰恰是非常有益和必要的，这也是交易心理学中一项重要的技能。

然而，盈利对于外控者却是个潜在的危害。他们会认为大势（外界因素）正在朝着对自己有利的方向发展，忽略盘口细节上的变化正在与自己的交易系统渐渐地偏离，也有一大部分人根本就没有什么交易系统，完全是在凭猜测进行赌博式的交易，从而更容易设置虚假的、不现实的目标，去冒不必要的风险。实际上，他们并不能从目前的盈利中得到真正的满足感，总是将思维指向于市场的利好因素不要被破坏，为此提心吊胆。

由于内控者平时受动机的内化方式的影响较大，所以一旦有机会他们会在更大的程度上牢牢地控制正确的仓位，并使用正确的加仓原则，作出加倍的努力让利润奔跑。

我接触过很多交易者，他们最多跟我反映的是拿不住仓位的问题，总是被市场甩掉。在交易心理上，动机与内控就是一个主要原因。当然，还需要有一定的技术条件来辅助。

巧的是就在 2013 年 9 月 11 日的中午，我的一个学生问了我一个标的（我已经很长时间不再给她们解答技术上的问题了），长城电脑（000066），持仓介入成本是 4.23 元希望我给个建议，告诉她该不该继续持有。从技术的角度上讲我只强调了一条"红线"和可控范围的两个因素，更多的是在心理上加以辅导。如图 2 - 2 所示（60 分钟单位截至当天收盘）：

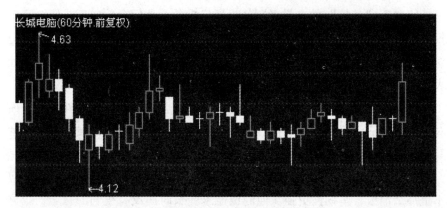

图 2 - 2　长城电脑走势

有朋友可能要问：从图表上看尾盘拉上去了，你是不是刻意用一个成功的案例在讲故事？首先，单纯的盈利不属于我成功交易的范畴。相反，我也不会简单地将亏损定义为失败的案例（在以后的章节中会有介绍）。这里需要朋友们注意的是，我只强调了可控范围的两个因素！当然，只是强调这一点还不足以解决今后拿不住单子的问题，但是，这是最为基础的一点，希望朋友们多加以思考，多加以重视。

其实这并没有什么神奇的地方，回想一下上文《淮南子》的话，再结合我以前经常说过的关键点位，就是所谓的"图表技术"。但是，最主要的还是心理学上的问题，细细看，本书中都有答案。

内控者与外控者在实盘交易心态上的不同：

由于内控者在平时能以认真的态度对待和客观地分析自己的综合能力，**强化了自己在可控范围因素的交易能力**，克服了患得患失和浮躁的心理状态，不仅保证了心理定向的正确，同时还能源源不断地积攒积极的心理能量，使之在交易中保持强大的**正能量**以及平和的心态，这正是我以前经常说的"**最佳的交易流畅状态**"。

外控者由于平时就比较注重市场因素给他造成的影响，而不是像内控者那样专心深入到市场核心中去研究和比对，所以他们越临近交易就越加害怕，强调可能出现的不可控制因素。这样就会导致在交易前或交易过程中"**应激**"的产生，而"应激"是导致交易中紧张、犹豫、行为不果断等的重要因素。

内控者大大优于外控者的优点是：

1. 内控者定向于"交易技能"的不断培养，并积极想获得成功。

2. 由于内控者具有细致、正确的定向，更能持之以恒。

3. 内控者比外控者更能从容地接受市场长时间给予的回报。

4. 内控者勇于承担他们自己应承担的责任，更能根据情况调整**现实的目标**，使其反映自己"交易技能"的真实水平。在面对市场发生不利的变化时勇于承认、及时修正自己的错误。

以上很明显，交易者的控制源偏于内控有益于交易行为健康、良好地发展。请注意！在内、外控制源这个重要的个性特征方面你是怎样评价自己的？希望你能真实、客观地回答。

第十二节 交易行为的矫正技术

夫必恃自直之箭，百世无矢；恃自圆之木，千世无轮矣。自直之箭，自圆之木，百世无有一，然而世皆乘车射禽者何也？隐括之道用也。[50]

意思是：如果依靠自然长直的树枝做箭，那么百代也不会有箭；如果依靠自然长圆的树木做车轮，那么千代也就不会有车轮了。自然长直的箭杆，自然长圆的木头，百代、千代也不会有一根，然而世间人们都有车坐，有箭可以打猎，这是什么原因呢？因为学会了并善于利用工具去矫正物体。

行为矫正技术是心理学中的一个特殊领域，早在公元前 122 年刘安在其传记中就有关于行为矫正的记载：**"内无辅拂之臣，外无诸侯之助。"** 辅拂：辅助匡正之意。拂：通"弼"，矫正之意。而在资本市场的交易中，交易行为矫正也有着特殊的意义，是你在成为职业交易者的过程中必须要掌握和使用的技能。

人的一切行为都是在心理的支配下进行的，既然是在心理支配下就难免存在主观性。在资本市场交易技能的实施过程中，也是不可避免地存在主观性行为的。一旦自己的主观性行为与市场的客观性行为发生冲撞，交易行为矫正技术的作用就凸显出来。它对你今后稳定的交易水平起着至关重要的作用。

所谓"行为矫正"就是在你的交易技能中不断地去强化你正确的交易行为，消除非计划、非初期模式化的交易，最终达到一种定型（固定交易模式、交易系统、交易风格、交易心理），我将此称为交易定型。

实际上交易行为矫正技术的作用就是使我们的交易行为定型化。

为什么要将交易行为定型化？我曾经讲过：要在不断的变化中去变化。

首先要跟大家讲清楚的是，任意一种交易模式都只是适用于一个阶段性的市场，任何一套系统在市场中不会是放之四海皆准的。我所要求的"交易定型"是针对你初始阶段开发的第一套系统而言的，也是对市场，对自我的一个认知过程。这个过程，特别是针对初期学习的交易者不会是轻松和顺利的。当然，我是不会反对你在之后继续开发第二套、第三套交易模式的，用新的模式逐渐地做到在不断的市场变化中去变化，去适应新的市场，甚至达到交易的最高境界——艺术。但是这需要你循序渐进一步一步地走。先把眼前的路走好，然后再去考虑如何奔跑的问题。

《淮南子·人间训》教导我们说：**圣人先忤而后合，众人先合而后忤**。[51]

意思是：圣人总是先处逆境而后自然过渡到顺利，而普通大众总是喜欢一开始就顺利、少麻烦，但是事物发展到最后往往不知不觉地会陷入逆境。

对这个理念的认识相当重要，特别是刚刚进入交易领域的人。

在初期建立你的交易模式时，你要认真地考虑你所选定的"**过滤器**"（图表中一类指标与二类指标的组合问题）是否是你充分理解和擅长的。在与市场同步阶段，你要坚决执行你的组合标准，无论市场发生任何情况，你所需要做的就是执行、坚决执行、义无反顾地执行！你可以先通过训练方式（模拟交易）进行。当然，用小资金（1万元是谁都拿得出和输得起的，一次只交易100股）进行实盘交易的效果更为理想（学费是要付一些的）。请注意，你需要把每一次的交易结果进行如实的记录、统计，直到你完成500笔的交割之后，你会得出以下内容的数据报告：单位净值、盈亏风险比、交易胜率、最大盈利值、最大亏损值、连续盈利次数、连续亏损次数、平仓盈亏比、年化收益率等（还缺少更深一步认识市场的项目数据）。这就是我以前经常讲的——**交易模式的分析、数据报告**。

通过以上报告，你才能发现你在实际交易中存在的实质问题，你才能有的放矢地进行二次优化，或者使其成为你发展第二套模式的基石。这个数据报告不仅是职业交易者"千里之行始于足下"的第一步，也是你通过用数据说话进行"交易行为矫正"的依据、佐证。

我们不难看出，经历了以上步骤你会清晰地知道在今后的交易行为中你需要强化哪些，你希望保持哪些交易行为，消除或者优化哪些不良的交易行为，最终达到一种**交易定型**。

有些交易者在此之前没有经历过模式化的数据统计工作，而在平时的交易中却又常常无意识地运用到了这一技能。特别是在他们模糊的"交易模式"恰好与市场节奏相吻合的时候，他们会表现出强大的自信心，认为市场一定会朝着他们预期的方向进行。结果往往会遭受到市场的迎头痛击，这都是没有经历和正确地运用"行为矫正技能"的结果。

既然"行为矫正技能"如此的重要，我们就不能忽略在运用这项技能时另外两个关键的概念。

强化和惩罚：

下面我们先了解一下"强化"在你今后实施正确的交易行为中的意义和必要性。

强化：在行为矫正技能中的第一个重要概念就是强化。因为只有通过"强化"才可以提高你的一种特定交易行为（正确的交易行为）反复出现的可能性。同时它还需要另外两种方式给予支持，那就是当出现你认可的交易行为时给予奖励，或者撤销消极刺激。

由于职业交易者所从事的大多数是独立交易行为，在没有第三方监督的情况下，除了要保持客观、真实以外，还要有坚决的执行力度。当你作出正确的交易行为时，对此行为要像春天般的温暖，加以呵护。当你作出不良交易行为时，哪怕是账面上有所盈利，都要像秋风扫落叶一样残酷无情。也可以这样理解：想作为职业交易者，对自己的缺点和错误就应该下手"狠"（不包含极端行为）一点。

我在这里先强调积极的强化。

积极强化：在你进行模拟训练或者真实交易时市场发生任何变化后你依然按照条件、纪律严格执行时，或者达到自己认可的标准时，应立即给予自己鼓励，也可以利用社会强化物进行介入。这就叫积极强化。

例如，通过积极的自我谈话方式加以肯定（在今后的交易心理学中会给大家介绍如何运用自我1和自我2）。你可以对自己说"不错""真了不起""这不是一般交易者所能做到的"等。与此同时，如果有社会强化物的介入效果会更加显著。我们每一个人都能够找出被积极强化的方式和社会强化物。给大家个提示，你认为哪种方式能对你正确的行为加以最深刻、最明显和最刺激的肯定？如果你当初为自己设立了奖学金的话，你不妨为自己奖励一个你最喜欢的东西，或者什么什么的。这就是积极的强化行为，它有利于你今后能不断地在正确的时间去重复正确的交易行为。

请耐心，并不是这样你就完成了积极强化。你还要知道"强化"的指导原则：

1. 确定你要加强的交易行为。在什么情况下该去做什么正确的交易，这一点很重要。

2. 确定进行奖励的条件。根据自己的交易行为结果判别，这一点要严格。

3. 确定适宜的强化物。根据自己设立的奖学金多少而定，这一点在初期不妨吝啬一点好。

4. 制定各种不同的强化计划。根据自己交易行为的难易度去划分，容易执行的不奖励或者少奖励。

5. 在一个模式中安排好强化程序。这里指的是"过滤器"的排列，即先重点解决哪个后解决哪个的次序问题。

现在大家应该知道什么是"强化"了，建议大家不妨去试一试，在你今后的成长过程中它会使你事半功倍。

在"行为矫正技能"中的另外一个重要概念——**惩罚**。

在如今的各行各业中都存在着惩罚制度，惩罚是对人的各种行为的一种儆戒、一种约束，是为了提示我们什么是应该做的，什么是不应该做的。

你作为公务员上班能随意迟到吗？不能。你作为大队饲养员能拿公家的饲料吗？不能。迟到了、偷饲料了怎么办？你就会被扣奖金，甚至公安机关介入，这就是惩罚。

这是一种对付行为人出现错误的消极方法。

目前在资本市场的交易领域中，还没有人提倡启动惩罚的机制，而大部分交易者也没有意识到适度的惩罚有助于规范自己的交易行为。所以，我们就要知道交易者如何运用有效的惩罚手段，起到"强化"好的交易行为的作用。

由于大部分交易者是独立交易的，所以惩罚也是由自己来制定和实施的。如何达到既严厉又不过度是惩罚制度制定的关键。

所谓严厉，就是使自己通过惩罚深刻地认识到此次错误交易行为的严重性，最好一次性地使出现过的错误类型达到"三级记忆机理"（属于生理学神经科的范畴）的强度，使自己将来再遇到同样的问题时作出本能的反应——别这样做了，这也叫条件反射。

关于不过度是指通过惩罚达到"三级记忆机理"的效果，而又使自己的身心不受到伤害的惩罚制度。这一点我必须多占用一些文字强调一下，免得日后有朋友找我打官司。在现实中我们知道，有一些想戒赌、戒毒的人员常常采取极端的形式惩戒自己——剁手指。这是多么得可怕？试想，如果是采用这种方式的话，不用多，你只需要犯十个不同类型的错误恐怕就需要告别这一行业了，我看你还用什么去敲代码，敲回车。所以，这种极端的方式是不可取的。

那么，最有效的惩罚手段是什么呢？这要根据个人的情况不同自己制定，我可以给大家一个提示。其实最有效的惩罚手段莫过于阶段性地限制自己喜欢从事的事。例如，当你未按明确条件交易时，即使盈利也要强迫自己三天不能交易，哪怕其间看到绝佳的机会。并在三天的实盘中不断地回想当时错误的经过（可能是在敲回车的一刹那，脑子里一定没有想很多事的结果），以及今后要注意的问题等。

另外，对惩罚的手段和频率要有一定的限制，因为过多的惩罚会使你对交易产生厌烦的心理。但是，当你的交易行为已严重地影响或危害了原有的交易系统时，你就应该果断地实施惩罚手段。惩罚的手段有很多种，大家酌情自己制定。

最后，我还要讲一下关于惩罚的指导原则：

1. 首先要确定你受惩罚的交易行为的性质，并对其进行认真的确定。

2. 一定要选择适合的惩罚手段，先进行交易行为是缺点还是错误的评估，不同级别的缺点、错误采用不同的手段。

3. 对应交易行为的缺点或错误提出良好的交易行为范例，以取代被惩罚的有缺点或错误的交易行为。

总结：当你得到惩罚之后，除了要知道被惩罚的前因后果，还要对惩罚认真地分析和判断。想想到底是对不良的交易行为进行了惩罚，还是对良好的交易行为进行了强化，把两者结合起来。

我们不妨以此来做个实验，但这个实验做起来必需要认真细致、一丝不苟，我知道你会很辛苦，你就当是为我做的。谢谢你！辛苦了！

将以上两种指导原则认真、细致地做足了功课以后你会发觉你的内心变化是怎样的？在实际交易中与以往有什么不同？我不希望你急于感谢我什么，我所做的只是对你进行了简单的"心理疏导"，这种心理疏导能诱发你今后正确的交易行为发展。对此我很欣慰，请你用笔写下来吧。

第十三节 交易行为的塑造

信近于义，言可复也。恭近于礼，远耻辱也。小大由之，因不失其亲，亦可宗也。[52]

用贴近市场的话讲：正确的态度、动机符合好的行为标准，好的愿望就可以实现。对于好的行为标准始终保持恭敬之心、符合规章制度，就可以避免遭受耻辱、灾难。无论小事大事都遵循这一点，凭借此约束自己和执行交易行为的人，实现好的愿望就有了依靠。

在上一节的基础上，接下来给大家讲述的主题就是"交易行为的塑造"。此节与上一节有紧密的联系，它们之间看似相同，但实际上有着不相同的概念。

顾名思义，"交易行为塑造"就是在交易行为矫正的基础上，不断地加深和强化良好的交易行为，以使交易行为逐步地接近所希望达到的稳定的交易行为标准。

要想运用这一技术，我们就必须要建立一个希望达到的交易行为目标，制定达到该目标的标准。

在上一节中，我给大家谈到过"过滤器"、交易模式、交易系统、再优化系统，这些都是交易行为的目标，我们都要一项一项地解决。

"过滤器"实际上就是你初期交易行为的依据（比如 K 线、MA、MACD、KDJ 等），也是你交易模式构建的组成部分，同时也是你"非判断模式"的组成部分。关于如何选用"过滤器"，你可以根据自己的兴趣偏好、特点自己选定。

一般来讲，初级的交易模式需要由 3 ~ 4 个"过滤器"组成，也可以更多。但是，"过滤器"过多会导致系统不敏感，交易次数降低。相反，安全系数提高。随着对交易的认知和技术水平不断地发展，"过滤器"也会相应地减少。但是，初级交易者对自身是需要多重保护的。所以，"过滤器"的选择和设置标准是你迈向职业交易者的第一步。

我们举个简单的例子：MACD、KDJ 的金叉向上或者共振是你买入的依据。你还可以用不同的配比，RSI 什么的都可以。当你把自己熟悉的"过滤器"组合在一起的时候就可以进行交易模式的测试阶段了。

请注意，在测试阶段不要忘记以上几个章节的内容，如果你对以上几个章节的内容有些模糊的话，建议再重新复习一遍。

我希望大家在成长为职业交易者的道路上一步一个脚印地、扎扎实实地前进。只有这样才能更好地完成本节后边的内容——交易行为塑造的原则。

交易行为的塑造是建立在图表的基础上的，大家习惯称为基本技术。

图表中我们看到的 K 线、MA、MACD、KDJ 等都各自有其深刻的内涵。就拿 K 线来说，我翻阅了很多书籍，基本上都是强调关键的四个价位，体现出了涨跌状况。但是，就这根 K 线组成的核心关系这些书都没有涉及。这对今后大家正确地理解"趋势"这个概念就埋下了伏笔，增加了难度。由于本节不涉及基本技术的内容，希望大家在图表中细心地观察、慢慢地体会，我相信朋友们的眼睛缺少的不是美，但千万不能缺少发现。

好了，现在大家都知道交易行为的塑造是建立在基本技术上的，我们就可以往下进行了。在这里我要先给大家提出交易行为塑造的原则：

1. 首先制订完整的交易行为塑造计划，以保证能获得预期的效果。

举例：你的交易模式的组成部分，即过滤器的组合、搭配就是你的交易行为塑造计划，这计划一旦形成，中途不要轻易更换。除非你经历了上千次的成交统计，让"交易模式的数据报告"告诉你这个"模式"定型为"系统"还存在着缺陷，你才可以进行二次优化。这恐怕需要很长的时间，我估计会有一大半的朋友会放弃实施这项计划了，要知道作为一名成功的职业交易者需要付出太多的努力和时间。"苦（股）海无边，回头是岸"，现在选择不干还来得及。

2. 一次仅塑造一种针对性的行为，循序渐进，逐步地与其他"过滤器"相结合。

3. 一开始要对较为容易的成功交易表现进行强化，特别是在"过滤器"的交叉关系上结合。以后随着表现不断地得到改善，逐步减少强化的频率。

4. 逐渐地提高或逐渐地降低强化标准，交易者必须一直有一个能得到强化的现实机会。标准一开始制定得过低或者过高会使你轻易地得到强化或者总是高不可攀，这都不利于发展中的良性循环的延续。

5. 把交易行为塑造课程作为首要任务对待，并以"积极"的评语结束每一交易行为塑造的过程。成功（严格执行交易标准）并且伴随着盈利的交易，固然很好。但是，成功的交易有时经常伴随着账面的亏损，大多数人会很沮丧，认为不值得加以积极地评价。那你就错了，你要知道在你的交易模式初期一旦你不坚持严格执行交易计划的标准，最后，经历上千手辛辛苦苦统计的"交易模式的数据报告"的结果会是不真实的，不可信的。相反，你要是一贯地坚持原则，最终得到的数据报告——单位净值、盈亏风险比、交易胜率、最大盈利值、最大亏损值、连续盈利次数、连续亏损次数、平仓盈亏比、年化收益率等才是你最终最真实的系统表现。至于期间存在的风险性问题，你可以先进行模拟盘的实验，这样会使你在发展的道路上少受些损失，少交点学费。

还有一点值得我们注意，在大家进行交易行为塑造的过程中，绝不能忽略和回避最大亏损值、连续亏损次数等真实现象的存在，它将是你进行第二步——"二次优化"或者系统定型的依据。为此，你不仅不应该感到沮丧，反而还应为得到这些真实的数据感到庆幸，请给予自己积极的评价吧。

在交易行为塑造的过程中你会发觉对市场的认识、判断与目标定向不是总能重合在一起的，这是很正常的现象。请不要立即或者轻易地修改你的交易系统，因为毕竟我们目前还处于初级阶段，多吃一点小亏不见得是坏事。细致地多对比、多分析，反而更加有利于系统的二次优化。

夫镜水之与形接也，不设智故，而方圆曲直弗能逃也。[53]

意思是：镜子、水与你的容貌相接触，是最真实的反映，并没有巧诈的用心，方的、圆的、曲的、直的都能如实地反映出来，使你能够作出真实的判别，逃脱不了。

再次强调一下，很多人习惯拜"市场"为师，这没有什么不对的。但是，一定要将市场当作一面镜子。如有条件的话初期用些小资金进行。子曰：**自行脩以上，吾未尝无悔焉**。讲的是我们传统的教学观念，是古代拜师的礼仪。实际上是告诉我们：学习是要付费的。只有你的钱在哪里，你的心才会在哪里。引用老一辈无产阶级革命家的话讲："革命难免有牺牲。"我们要学会用小的代价去换取更大的胜利果实，坚决将系统化、原则化、规范化交易进行到底！

第十四节　什么是交易的本质

子曰：**君子务本，本立而道生。**[54]

意思是：君子要在根本上下功夫，根本被树立了，所谓的"道"就会自然产生。

毛泽东同志曾说：**"我们看事情必须要看它的实质，而把它的现象只看作入门的向导，一进了门就要抓住它的实质，这才是可靠的、科学的分析方法。"**

另外，他还指出："**人们对事物的认识过程是：从现象到本质，从不甚深刻的本质到更深刻的、本质的、深化的无限过程。**"[55]

人们在实践的基础上，进行科学的研究，其目的就在于透过现象揭示本质，把握好事物的发展方向。

"本质"是一个哲学名词。本质是事物的内在联系，它又是由事物的内在矛盾构成的，是事物的比较深刻的、一贯的和稳定的方面。而我们平常看到的一般是所谓的现象，是本质在各个方面的外部表现，一般是人的感官所能直接感觉到的，是事物的比较表面的、零散的和多变的方面。任何事物都有其本质和现象，本质从整体上规定了事物的性质和发展方向，复杂的现象各从某一特定方面表现事物的本质，本质和现象是统一的，但又并不直接相符合。假象也是事物本质的一种表现，但它是事物本质的一种歪曲和颠倒的表现。

由此说来，交易也并不是简单的买卖，其本质也不是实易虚、虚易实的体现，更不是盈利与亏损的简单结果。

从科学的角度上讲，交易的本质首先应该是由目的（即交易动机）引发的。在金融交易领域，即使有良好的目的也不见得会构成好的交易本质。一名职业的交易者是极为重视建构好的交易本质的，因为，本质的好坏直接导致交易行为的"善果"。

那么交易的本质到底是什么呢？

首先引用《华尔街幽灵》一书中的一段对话，正是因为这段话诱发了我写《交易心理学》的动机。

阿瑟：你已经有超过 30 年的交易经验了，为什么不早点写一本书总结出你的经验呢?

　　幽灵:我曾经试过,可是知识的更新远比写作的速度更快,我希望能够写得更准确些。我犯过不少错误,我不希望把我的错误传导给我的读者,使得他们认为我经常犯错误。要经过很多年,我们才会明白交易的本质实际上就是犯错误。[56]

　　以上这段对话不"究竟"的地方就出现在最后一句,它没有体现出整体交易行为的过程——因果关系。因为只有因果关系才是任何事物发生的本质,而上文仅仅是用大多数所谓"犯错误"的表面现象覆盖了交易本质。对于本质的透析,缺乏强调为什么犯错误、为什么总是在犯错误等交易过程中的根本问题出在哪里。但值得强调的是,即便是这样也是一次伟大的进步和升华,因为市场中还有95%以上的交易者连这点都还没有认识到。

　　交易的本质实际上就是:最先由交易动机引发,然后是对交易行为过程的步骤的全面认识,其中又包括条件、标准和原则的设立,分析、统计和判断。之后辅以不断的修正、优化,最终产生交易行为的结果。也就是说,**动机**(是在符合交易行为条件、标准和原则的前提下,盘面信息升程为入场信号。良好的动机和正确的交易行为是由信号所引发)—**分析、比对**(是重新审核的过程,同样也需要以对交易模式的分析、数据报告为依托)—**判断**(风险的评估至关重要)—**修正**(随时要考虑到市场存在的随机性,以及启动行为矫正技术)—**结果**(有好有坏)。

　　这一套过程将会产生交易行为的因果关系,并形成完整的结构链。这就是交易的本质。还是那句老话:只有好的"因",才会形成善的"果"。

　　另外,我们必须要加以重视的是,并不是我要把交易的本质强加于动机之上,请尊重科学。因为"动机"实实在在地隐藏在心理层面的最深处(本书有专门的章节介绍动机),这一点早已被科学家们论证过了。只不过在当今的社会现象中有很多迷惑随时"勾引"着人们的动机的产生,而绝大多数的"勾引"是非客观、非现实的,这一点要引起我们足够的重视。

　　古人云:**天欲祸人,必先以微福骄之,要看他会受。天欲福人,必先以微祸儆之,要看他会救。**[57]

　　这句话用在跌宕起伏的资本市场是再贴切不过的了。

　　它的意思是提示和告诫我们,千万不能让眼前的小利益蒙蔽住自己的双眼,也不能因微小的失败和损失丧失追求。所谓自强不息,厚德载物!

另外值得强调的是，职业交易者的一切交易行为本质是由思想观、哲学观、价值观、行为操守等组成的。没有正确的思想观、哲学观、价值观、行为操守是不可能构建一个好的交易本质的，也不会有长期稳定的好的交易结果。所以，交易的本质实际上又是自我价值的体现，没有好的交易本质就不可能在资本市场很好地体现自我价值。它们都是相互关联的。

通过对先人们的学习，很显然，我们目前是站在巨人的肩膀上，但这并不能够影响我对巨人的崇敬。况且《华尔街幽灵》是20世纪90年代出版的，随着知识的更新，以及对心理学不断深入的研究，我相信人们的认识会有进一步的提高。

感谢先人们赐予我们的启迪，特别是赐予我们的"动机"的概念。正是因为"动机"概念使我们上升到对事物本质的思考，对本质的思考才是我们开始任何正确交易行为的基石！

第十五节　什么是交易原则

清净恬愉，人之性也，仪表规矩，事之制也。知人之性，其自养不惑，知事之制，其举错之惑。[58]

意思是：清净恬愉，是人的本性，标准、规矩、法则、制度，是人行事、处事的原则。懂得了人的本性，我们的自身修养就不会出轨，了解了事物的原则，任何行为举止就不会错乱。

以上主要讲的是处事、行事原则的重要性。

所谓原则是做某件事、解决某个问题或在某个领域里不能违反的禁止性规定。比如，在资本市场的交易中构建我们的交易体系，设立用于指导我们交易行为的条件和依据，这些条件和依据就是我们的交易原则。我们不能离开这些原则，这就是禁止性规定。

职业交易者不能没有交易原则，没有了交易原则，也就失去了衡量交易行为对与错的标尺。在资本市场中，我常常遇到一些人提问：这只标的怎么样？现在能做多吗？现在是不是要沽空？等等。当他们提出这些问题的同时，实际上就已经证明了他们在交易行为上没有自己的任何条件和依据。如果你自己都不知道哪些交易可以做，哪些交易不可以做，那么就等于将自己的钱财、身家性命托付于他人之手，你将失去作为一个正常的社会行为人最基本的责任。

我们知道人是具有社会属性的，其社会属性的最大特点就是行为操守、道德和行为标准、责任与义务等。交易者也是如此，时时都要受到市场环境、背景的公认和条件、纪律等约束，不可能游离于市场之外胡作非为。

我们做任何事都要有原则，但这些原则也是与时俱进的。资本市场在不断发展，观念、手段在不断更新，要求也在发生着不同程度的变化。在不同的市场背景下，条件和标准会有所不同，但唯一不变的是一贯执行铁的纪律。在这个时期执行这样的标准可能是对的，而同样的标准放在另一个时期可能就是错的，甚至是会"死人"的。但是，总的原则不会变。

所以，建议大家在初期以模拟盘为主（注意！一定要把这些虚拟资金当作真金白银来看待），如果你实在是太有钱了，倒也不妨用些小资金做实盘操作，这样似乎给你带来的感触更加真实一些。

举个很简单的市场现象作为例子：

首先，我们以随着市场的变化而变为基本的主导思想。

当 MACD 刚刚金叉时，你刚刚做多的标的就翻身向下。MACD 刚刚死叉，你刚刚沽空的价格就腾空而起。遇到这样的情况怎么办？在现实中这样的案例很多，都是与当时的市场背景、价格结构等不无关系（还有突发事件等）。既然如此，你的交易原则，特别是在你的交易初期，一定不能随着市场前期架构的不同变化，以及市场价格的变动而轻易作出调整。直到你经历和积累了相当多的交易量，并完成了交易模式的分析、数据报告后你才可以对第一次的交易原则在此基础上加以优化。所以，建议你这期间还是以模拟盘为主。

当你的原则确立之后，你要将它视为铁的纪律，你生命的底线。有道是：

> 稽首天外天，
> 佛光照大千。
> 八风吹不动，
> 端坐紫金莲。

> ——苏东坡

作为交易者要有基本的交易原则，这是毋庸置疑的。但是，我们还应当考虑到交易原则与发展的关系。当你第一次建立交易原则时最好找个有经验的"老手"，听听他的建议。如果在初期你制定交易标准的条条框框太多的话，则可能会束缚你的思想，并使你今后养成固定的思维习惯。古人云：**水至清则无鱼，人至察则无徒**。这会让你失去开拓创新的精神，甚至使交易行为过于僵化，很难适应不断发展变化着的资本市场，更难以使你的交易达到艺术化的境界。

因此，大家在建立交易原则的同时，还要首先考虑到这个问题，随着市场当前的大背景作出最贴近市场的交易原则，使自己的交易原则时刻能够适合现代市场的要求，不要让适合过去市场的原则束缚和禁锢自己现在的思想。

此外，在制定交易原则时还要有个度，就是上边所讲的要力求现实地贴近市场，做到合情合理、切实可行。运用以后的章节所介绍的现实目标制定技能对交易原则不断地加以修正。当然，人总是要有一点精神的，不能没有追求，也不能原地踏步。但是，要让自己感觉到现实的目标经过努力是可以达到的，如果突破了这个原则，那么，太重的压力会让自己背上包袱，不良的结果会成为你将来沉重的负担。

最终交易原则应成为自己不断完善交易生涯的起点，交易者应把握适度，随着市场的变化而变化。当然，这就需要你具备两套以上的，在有明确交易原则基础上的交易系统，不求最好，只求更好，在不断的进步中快乐自己。

当发展到一定阶段和高度的时候，你会发觉有的时候两套交易系统会在一个特定的区域内非常接近。这时候你应该注意的是，你很有可能即将面临巨大的成功，或者是巨大的失败。请不要光往好的一方面去想，要防微杜渐。《尧戒》曰："**战战栗栗，日慎一日。人莫踬于山，而踬于垤。**"**是故人皆轻小害，易微事以多悔**。[59]

第十六节　什么是交易的根本

执要之柄，而游于无穷之地。是故天下之事不可为也，因其自然而推之。万物之变不可究也，秉其要归之趣。[60]

意思是：掌握了事物的根本，就可以畅游于无穷无尽的境界。由此可见，天下所有的事情都不是主观能做到的，应该深入到其自然的本性去探求。万物（市场）的变化是无穷尽的，是不可穷究的，但是，我们可以把握最根本的东西，求得真谛。

没有人希望自己做多或者沽空的股票或者其他标的的价格始终原地踏步，而最好是延续自己判断的方向加速运行，从而体现此次交易的价值。

我常听到某些人在讲：赢钱才是交易的根本！这是大错特错的。除了在上一节"什么是交易的本质"中提到的以外，从心理学上讲，人们将一切行为的结果看得过重时属于"思维指向"的偏离，当"思维指向"偏离到只看重结果时必然会忽略行为的发展过程，而这个行为的发展过程是其最终结果的诱因。

或许，我们会因为一次市场不经意间的"信息"交易产生账面上的盈利，表面上看来我们得到了很好的"果"。但实际上在缺乏行为发展过程的情况下产生的"果"是很不牢固的。在我们的交易生涯当中，我们总不能总是靠别人的"信息"来交易。我们的先人经常提起"因果"关系，任何事物没有一个好的起因终究是不会产生好的结果的。

所以，职业交易者是非常重视自身交易行为的发展过程的，他们不屑于听取他人的建议而产生账面上的盈利。**他们把全部精力集中于"因果"关系的环节，也就是交易模式的构建上。**

比如，设立几重"过滤器"，过滤器如何排列，是否合理、有效，以及对交易行为所产生的结果如何加以保护等。他们将这些更为细微的工作视为根本，他们相信，任何事物的起因不好、针对性不正确，最终都不会有什么好的结果。

当然，他们也从来不拒绝市场上对他们来讲很有价值的"信息"。因为从始至终他们就从来没有忽略过交易条件的确立，交易条件的确立源自于信息的采集。一旦市场信息符合他们的交易条件，得到确立，他们立即具有虎一般的胆识，狼一般的血腥。

这种"确立"是对"信息"和"信号"加以区分、过滤和判断所产生的，这些才是其交易行为产生的根本所在，也是今后具有良好交易行为的一个必然的发展过程。

请注意！这种交易行为的发展过程就是在上面章节中提到的关键名词——**交易行为的塑造。**

综上所述，交易的根本除了细节上的把握之外，还有一个执行力的问题。而执行力度的好坏，直接取决于你的心理是否处于健康状态，只有健康的心理状态，才能使你正确地完成自身交易行为的塑造。这是一个长期的自我修炼的过程，而并非听取他人的建议或者简单地看看基本面等，就盲目地实施交易行为。

传曰：菩萨畏因，俗人怕果。此之谓与。

第十七节　什么是交易科学

交易科学从广义上说就是解释我们这个资本市场的运行状态，以及合理地参与、介入的一门学科，是研究这个资本市场的所有分支学科的总称。它是理论和实践的总和，其中科学的理论和科学的实践是相互影响、相互促进的。从狭义上说，是所谓技术派人士力求分析和研究的图表世界，他们从微观到宏观的不同角度来研究和探索图表世界的内部规律和结构特点，并积累了长期大量的统计数据，以此找出市场运行的一些基本规律，根据这些基本规律认定某些行为的出现将是大概率事件，某些行为的出现将是小概率事件，作为今后主观判断的依据。

为了进一步将交易提高到科学的层面，我们就要做到让长期以来的研究和统计结果符合以下几个方面：

第一，这些统计数据必须能够准确并详细地描述已有的发现，以此为依据，找出大概率事件作为预判的基本条件，建立相对应的交易原则，此种交易原则要经得起反复推敲，并且是符合现有的科学实践的。

第二，根据前期大量的统计数据得出一些推论和预判，而这些推理和预判大部分能够为将来的市场走势所验证。当越来越多的推理和预判得到市场验证时，这一成果就应该是被你所接受的，从而你的交易模式分析、数据报告也就可以被称为科学理论了。

第三，你的这种交易体系不能是自相矛盾的。

通过以上内容不难看出科学的交易行为是需要进行多方论证的，哪怕是系统中一个小的环节，或者一个简单的"过滤器"都要首先搞清楚它的属性，以及与市场不同时期、架构的关系，并且还要经历时间跨度的考验。

在目前的市场中，很多公众交易者都有一个笼统的概念，即基本面分析、宏观经济分析或者图表技术分析。他们笼统地认为只要介入其中就会符合交易科学。首先，这种认识的出发点是好的，但落实到具体行为上就会变得很不完善。打个比方，基本面分析人士注重分析和研究上市公司的历史，有时还结合社会宏观经济等。他们强调从上市公司的产品以及财务报表中来分析生产的各个方面，从而找出他们认为有潜力的品种。而注重图表技术分析的人士，会大量地在过去的图表中寻找成功的经典案例，以求效仿而能达到成功。同时也有人认为这两者之间都是相互联系和不可分割的，从而出现技术面与基本面的结合派。从理论上讲，似乎这两种方法结合时成功的概率更高。但是，大家有没有注意到一种现象，多数的分析是缺乏长期地跟踪和统计的，所得到的数据更是没有经历时间的跨度，是没有在未来走势中得到论证的。没有论证的东西能说是科学的吗？

科学是讲论证的！所谓科学的方法、科学的运用只是一般性描述，是很抽象的。从某种意义上讲，能冠以科学之称的定论必然带有规范性、严格性，而非代表交易行为的实际结果。其主要原因是，虽然我们很多人都崇尚科学，对用科学的方法规范自己的交易行为深信不疑，但是，在自己的学习和成长过程中由于不经意，或者是马虎遗漏了很多关键的细节。而恰恰这些细节是科学论证的支点，失去了这些支点实际上已经不知不觉地背叛了科学。这就是当今社会上很多人貌似运用科学，但实际的结果却总是不如人意的深层次原因。

"细节决定成败" 这句话我相信所有人都知道，在众人的心里可谓根深蒂固。但是，在实际的应用中又有多少人能够恪守？这是个很严肃的问题！

在我们的交易中经常遇到，经过精心设计的交易系统其交易结果并不完美，除了细节方面的因素以外，就是规范与实际之间需要协调的问题，与此同时这也是新的论证过程。当规范与实际相差太多时，也就不能成其为规范。而实际情况是，市场是多样性的，一种一般性的交易规范不可能照顾到各种可能的市场实际情况，于是规范与实际总是有距离的。如此看来交易科学还需要我们进一步地论证，保持结果与规范始终处于相近的状态时，你的交易系统才近似乎科学。

近乎科学的交易系统是怎么来的？

我们应该知道，每一名职业交易者的交易都是有原则可循的，他们的每一笔头寸用普通的市场眼光来看不见得对。但是，他们的每一笔头寸必须要符合他们自己的交易原则，这个原则是他们经历很长时间的摸索、实践，用大量的统计数据反复修正，最终以交易模式的分析、数据报告的形式提交，作为最终认定交易原则是否成立的依据。这又是个长期论证的过程，其中包括：

首先，确定三个差异较大的标的以平行账户的形式测试同一个交易系统。测试内容包括制定测试周期（以后均在周期内）、交易次数、胜率、盈利次数、连续盈利次数、连续盈利次数的市场结构状态、盈利率（占总资金）、最大连续盈利次数、最大连续盈利次数的市场结构状态；亏损次数、平均亏损率（占总资金）、最大亏损率（占总资金）、最大亏损率的市场结构状态、连续亏损次数、连续亏损次数的市场结构状态、最大连续亏损次数、最大连续亏损次数的市场结构状态；阶段性空仓周期、空仓周期的市场状态、空仓周期占总周期的百分比、最长空仓周期的市场状态、平均动态风险率、最大动态风险率、最大动态风险率的市场状态、盈亏比、年化收益率等。

为了保证交易模式的分析、数据报告更加贴近市场和具有真实性，测试的交易周期的设定不能是几日或者两三个月，一般最少在半年以上，从而找出一套结果与规范始终处于最相近状态的系统，这个系统才会最终被确立、启用。请注意，测试的时间跨度越长你所测试的交易模式最终得到的数据就越加真实可靠，或者说越发近乎科学。

另外，我们还应该注意到，在我们建立交易科学的初期，交易科学具有明显的双刃剑的特点。除了要在实践过程中进行调节，还要注意使自我以及资本价值服从于真理（市场），使自我需求服从于市场变化，使暂时服从长远，使局部服从全局。我们应该在实践中通过真理与价值的相互引导、相互结合、相互过渡来实现真理和价值的具体地、完美地统一。

当然，这似乎有些理想主义色彩。因为我们深深地知道，在资本市场中没有任何一条模式或者系统是能够做到放之四海皆准的。要坚持以科学的态度看待问题、评价问题，而不是以非科学或者伪科学的手段加以盖棺定论。遗憾的是，市场中这样的评论家还比比皆是。

提倡科学的精神，是人们在长期的科学实践活动中形成的共同信念、价值标准和行为规范的总称。

科学的精神就是指：由科学的性质所决定，并贯穿于科学活动之中的基本的精神状态和思维方式，是体现在科学知识中的**正确思想或理念。**

在交易领域中，它能极大地约束职业交易者的不良行为，是职业交易者在科学交易领域内取得成功的保证。另一方面，它又能逐渐地渗入到有理性的公众交易者的意识深层，使之彻底戒除不良的习惯，重新获得"人之所以为人"的理性。

既然以上谈到科学的定论必然带有规范的性质，那么交易科学也同样具有明确的、可操作性的、严格的等特点。实际上又回归到了上一章节的交易原则，任何对这些原则的偏离都会造成对交易系统、交易纪律的改变和违背，正是逐步走向科学反面的开始。

第十八节　什么是成功的交易

我以前在公开场合反复强调：交易的成功与否是当你敲下回车键之前脑子里想了多少事，而不是账面上的盈亏。

我的这种观点正确吗？要我自己说最起码不适合所有人，但适合大部分人。在这种情况下就会出现对某些群体而言是正确的，对某些群体是不正确的，这也符合"道"——阴阳之对的客观规律。

我先来阐述一下不正确的方面。首先这种观点对于少数人来讲是不正确的。记得在十几年前我曾经写过一篇文章《武士的剑是锈的》，在文章中阐述了一名技艺高超的武士摆脱了技击的技巧，曾经心爱的宝剑因为被长期地闲置都已经生锈了。而他的技能行为完全游离在意识形态之中。从生理学的角度上讲，"意识形态"是通往人的中枢神经最近的信号通道，这也是后来很多武林高手在与他切磋技艺的过程中，总是会感觉自己出手慢半拍，而不能取胜的原因。

由此看来在交易中的"意识形态"就显得极为重要了，特别是对于职业高手而言更是如此。意识形态是近代科学家们用了大量的科学实验总结出来的洋洋洒洒数以万字计的报告。正可谓言之凿凿，语之切切，这种**"制天命而用之"**的伟大精神着实使我感动，并抚平了我为此刺股悬梁之痛。

记得春秋战国时期代有一位古人，他的智慧足以使我们现代人汗颜，而真正懂他的人是不敢轻易利用他的名号在公众平台中滔滔不绝的。但是他老人家的思想光芒万丈，在其遗留的著作中只用了区区二百七十七个字（含标点符号）就将意识形态阐述得淋漓尽致！下面我只截取最后一段话与大家共同研读：

吾师乎，吾师乎！齑万物而不为义，则及万世而不为仁，长于上古而不为老，覆载天地，刻雕众行而不为巧。此所有已[61]

意思是：我的大宗师啊，我的大宗师啊！调和处理万物却不以为自己"义"，恩泽及于万世却不以为自己"仁"，长于上古却永远不老，覆盖天地，如切如磋、如琢如磨的行为却又不显露技巧。这些都是游心的境界呀。

再通俗地说："**像风一样善其势，像水一样善其形。**"

在这种情况下，真正的"职业高手"是不需要过多地思考问题的，他们凭借自己的主观能动性极大地发挥了人体潜能。也就是我以前经常讲的一句话：**结合众多的非判断模式，达到一个理性地判断交易的艺术高度。**这也是人由非条件反射向条件反射转化的一个过程。这个过程一旦成立，那么交易相对来讲就会变得简单。

当然，这种转化或者应该说是蜕变是需要长时间的积累，以及深厚的功底才能实现的。为了避免有马后炮的嫌疑，举一个我尚未完成的交易作为案例，首先声明，这次还不见得对（其实在我的脑海里交易没有对错之分，只有标准！这也是受到《庄子·齐物论》的启发和影响）：

如图2-3，11月21日SR1305在5337点空开5345点空平。22日5348点空开5347点空平，23日5335点空开直至尾盘留隔夜仓。我们不去探讨这几笔交易是否盈利的问题，这对于我来讲没有任何意义。我们应该关注的是这几笔交易对于未来是否能达到一定"高度"的问题（请注意！高度我是加引号的），也就是说随着行情的发展这个头寸是否占据了一波行情好的部位？这一点很重要，如同带兵打仗先占领了重要高地就确立了优势地位一样。有人可能会说："目前来看你22日5348点的位置不是很好吗？你为什么平掉？从行情的走势来看你错了。"实际不然，我是在收盘前的十几秒平的，因为此时的收盘虽然做空的条件成立（对我形成条件反射），但是我的部位（开仓点）对于我不是很有利，我相信，期货中的一丝丝风险很可能引发全盘皆输。在23日的盘中除了有一次波动（差点引发我的止损）基本上平稳，直至收盘形式也转化为对我当天的部位有利。

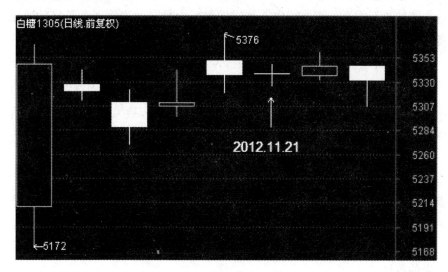

图 2 - 3　白糖 1305 走势

细心的朋友可能会注意到这三天开仓的部位都是与当天的最高价差十跳（波动单位），请不要认为我是在炫耀什么，如果你习惯性地这么想，不如把精力用到去分析的市场平衡点的把握上。更重要的是在一个架构内，相邻的两个平衡点在市场后期的发展极有可能是截然不同的，概率的天平在偏转。

我不敢说下周一开盘我就一定对，我也不敢说我就是高手。但是，我对我由非条件反射向条件反射转化的交易过程非常满意。我相信能真正理解的人并不多，更何况我还有没道出更多的原委。请原谅我留一点悬念，就当是辅助大家做一下自我的智力开发吧。总之，这样做的好处在于不死，或者说不被套。

综上所述，在交易时段我想的问题并不多，主要是依据前一天所作的计划，对第二天进场点进行评估，考虑止损点应该如何设置等。运气好的话能在盘中集中精力看对手盘如何表演（因为跳动得太快了）。

说得好像很简单，实际上先期工作做得越足第二天的压力就越小，对心理能量的消耗越小，心理能量的低消耗有利于唤醒度维持在相应的水平，相应的唤醒度能够抑制应激的发生，人不在应激的状态下就不会丢失

现实目标的制定，清晰的现实目标制定更能够使你集中注意力，集中注意力有助于锁定市场信号，被锁定的市场信号更能够清晰、快捷和准确地到达大脑的执行中心，而执行中心是你任何行为最高的决策者，最高的决策者一旦发出指令，你的手指就不会不听使唤。

以上就是交易心理学运用到交易行为当中的基本流程，在2002年我出版的书中称为"最佳流畅状态"。更重要的是，它将使你在交易生涯中步入良性循环，始终处于螺旋式的上升状态。请相信，光有知识还是不行的，合理地运用知识才会产生"**正能量**"。但是，没有知识是万万不行的！

待续　　正前方于2012/11/25（周日）凌晨

综上所述，交易的成功与否是当你敲下回车键之前脑子里想了多少事，而不是账面上的盈亏。但这对于上述有成熟条件的职业交易者而言不值得一提。

下面我继续阐述一下此定义正确意义的一方面，因为它所面向的是一个大的群体。

从市场交易现状来看，我发现很多公众交易者的交易行为并非取决于自我的主观能动性，而是更多地接受市场的"二类信号"的刺激完成交易的。我先解释一下什么是"一类信号""二类信号"：

一类信号是指动态图表中所传递的即时价格的变动，以及对手盘之间强弱转换的变化。我听到很多人将此称为市场信息，请注意，"信息"和"信号"是两个截然不同的概念，包括"信号源"的作用，它们都是《交易心理学》中很重要的章节，不能忽视（在以后会向大家阐述）。

二类信号——确切地说应该将它归纳为"信息"更为准确，为了方便大家学习在此我还将它称之为"信号"，不过在将来等我们学习了什么是"信息"和什么是"信号"的概念之后就必须要修正过来。因为"信息"就是"信息"，"信号"就是"信号"，在处理和应对的方法上大相径庭。所谓二类信号主要包括基本面上的变化、专家评论、相关推荐和小道消息，以及图表中除了K线和价格以外的一切指标等。

不管你的交易决策是取决于"信息"还是"信号"，客观地讲在你敲回车之前脑子也并非一片空白，此时的"思维指向性"（心理学专业术语）已经决定了你是否走上了一条不归路，特别是在以"保证金"作为交易的领域。以下，我们从以"信息"作为交易主导进行一些阐述。

首先，以"信息"或者称为"二类信号"为主导的交易者的行为特征是：大量搜集基本面的资料，无时无刻不关注一切可能被关注的市场信息。特别是将"名人""名嘴"和"大师"的观点输入到大脑的分析中心（生理学用语）加以排列，在自认为经过缜密地分析、判断处理之后，将结果传递到大脑的"执行中心"——敲回车键执行。此种行为不属于"什么是成功的交易"正确的范畴，原因是此时你的"思维指向性"出现了偏差，按照别人的观点、意愿走自己的路，你做的并不是你自己。我不反对"大树底下好乘凉"这句古老的谚语，但是我们绝不能忽略"无数英雄折腰"的事实。在资本市场，特别是期货交易当中，"生生死死"是很平常的事，但同样"生死"的结果其意义大不一样。我个人认为，做回自己其死"重于泰山"，重新积蓄力量返回市场叫"再生"或者"浴火重生"。盲目地听信他人失去自己的思想体系其死"轻于鸿毛"，携款而回叫"重蹈覆辙"或无异于"插标卖首尔"！

我觉得我弟弟有句话很值得大家思考：**你可以试图改变和提高别人的思想、看问题的角度和层次。但是，你千万不要试图去改变别人对第二天的判断和决策，这是很不负责任的。因为从长远的角度来讲，交易的结果最终还是要落到交易者自己头上的。**

这句话很值得我们深思，特别是对于那些自认为很了不起，很有经验的人来讲更是如此。

至此，我们回到原来的分析角度。作为市场"信息"的接收方或者是受教育者也罢，我们听到、看到的一面是属于什么性质？"信息"到底是什么概念？"信号"又是什么概念？我们怎样做才是最贴近市场的？请耐心！我们先把这些问题搞清楚：

什么是信息？

以上提到，所谓"信息"是通风报信、小道消息、媒体的评论、二类指标、上市公司公告以及财务报表等。这些均属于并没有被证实的一类。职业交易者面对这种情况最多只是作为参考，并不能形成进场"信号"。

但遗憾的是很多公众交易者分不清"信息"和"信号"的概念，错误地将"信息"当作"信号"处理，盲目地下单，还自以为得意地说：我分析过了，某某人以前说得都很准，这次我一定要听他的，必须要大赚一把。这种情况在市场上很多见，既然如此，有个问题必需要在此提及：不论是国内还是国外资本市场最少也有几十年了，为什么这里只有一时的英雄而没有出现一世的英雄？把这个问题想明白你就会知道对于"信息"你是不是还应该像以前那样处理了。

还有一种情况在初期也是需要归属到信息类的，就是动态盘口的价格波动。首先，动态盘口的价格波动也是一种语言，就是我们俗称的"盘口语言"。既然是语言，当我们通过视觉中枢"听"到它时，当它所表述的内容与我们的交易条件、标准不相符时，它仍然是信息。只有它符合了我们的交易条件、标准，才会由信息升程为信号。

什么是信号？

"信号"则是在有明确条件的情况下给出明确的指示，就像过去打仗的冲锋号或者信号弹一样。他们此前有明确的约定和原则，如冲锋号一响所有的官兵必须要往前冲！红色的信号弹一升空无论你处在什么样的环境下都必须要停止。

职业交易者在交易中的"信号"源自于盘口的变化，这种变化主要体现在价格的波动上。这种变化一定是在他的模式架构内发生的事情，虽然每个职业交易者制定的交易模式并不完全一样，但他们有完全相同的一点是：一旦价格发生变化，并符合他的交易条件和标准时，市场反映的信息就会迅速升程交易"信号"，他们就像无畏的战士一样以最快的速度抢滩登陆，或去占领最有利的位置。如图 2－4 所示：

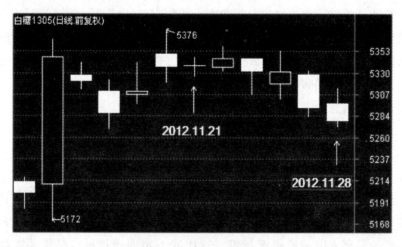

图 2－4　白糖 1305 走势

在上文中我公布了 SR1305 的进场点，每个进场点、离场点都是属于按照市场给予我的"信号"而发生的。还是那句话：我不敢保证我的单子就一定对，从此以后就会向下一泻千里。但是从目前来看我空单的部位对于我还是很有利的，即便市场翻身向上，我还是有比较从容的时间和空间来应对市场的变化的。原因很简单，今后你一定要想尽一切办法使你的"信号"升程在一个相对较好的部位上，或者是**"离你最近的止损点位进场"**。这个观点我并不祈求所有人都认同。但是，我记得有一本书《与幽灵的对话》中讲了一个飞机失事的故事，这个故事引起了我极大的共鸣。有兴趣的朋友可以查阅、参考。

综上所述，**"信息"和"信号"两个概念之间有着明显的不同，一个是需要你去做分类、排除和过滤工作。另一个是需要你在条件具备了的基础上去做执行工作。**在分清楚两者之间的区别后，当你再遇到市场"信息"就知道该先去做什么，遇到市场"信号"又该坚决地执行什么。这样才会避免别人一说什么股票有消息你就不管不顾追进去，结果高位被套的局面。

本人在无意中翻到了曾经发在微博里的一张交割单（图2-5），为了避免"马后炮"和纸上谈兵的嫌疑，请注意微博的发表日期。另外，用真实的账户说明问题并不是我想炫耀什么，只是想强调在交易行为过程中"信号"所起到的关键作用。而信号的成立一定是建立在严格的条件和标准上的，这种严格的条件和标准是经过大脑深思熟虑的。由于在发生交易行为的一刹那（敲回车键）大脑里并非一片空白，所以可以完全抛弃市场大背景的影响。还是我经常说的那句话：**"我可以不知道明天市场怎么走，但是，我一定知道明天市场走到哪里我该怎么办！这就足够了。"**在这种情况下，不管账面上是盈利多少还是亏损多少都属于成功交易的范畴。**请不要忽略，亏损更是有尺度和标准的。**

以下两张图（图2-6、图2-7）分别是个股与"大盘"，目的是使大家很容易地看到它们两者之间的关系。更重要的是，体现出"信号"在交易行为中的重要作用。

图2-6中箭头所指的位置是 2011 年 10 月 10 日。

通过图2-6、图2-7的比对，希望朋友们不要把单纯的账面盈利作为评判依据。重要的是，回到什么是成功的交易的正确概念上来。

交易心理学

正前方

啥叫开门红:

成交日期	成交时间	证券代码	证券名称	操作
20111010	14:09:54	600593	大连圣亚	证券买入
20111010	13:36:00	600593	大连圣亚	证券买入
20111010	09:38:31	600593	大连圣亚	证券买入

2011年10月11日 15:17 全部转播和评论(4)   转播｜评论｜删除

图2-5　大连圣亚交割单

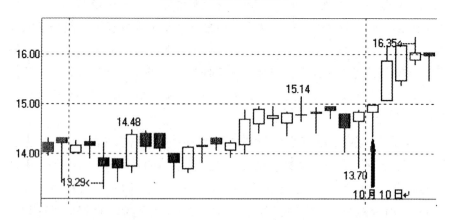

图2-6　大连圣亚（SHSE 600593）日线

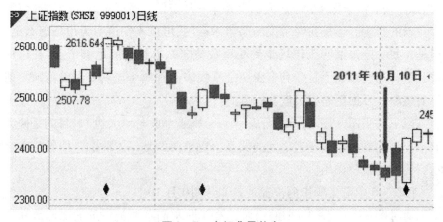

图2-7　市场背景状态

　　所以，对于交易的初学者来讲，重要的是在你下单敲回车键的一刹那之前脑子里想了多少事，而不是账面上的盈亏。这才是明智的、正确的首选，才可以称得上是成功的交易。（全篇完）

正前方于 2012/11/28 凌晨

　　有的朋友可能会说："一两天的交割单不能说明问题，谁都有连续几天非常好的交易。这与纸上谈兵没什么区别！"这个观点我非常认同！不过，我想请问的是：朋友们见过市场上有哪本书是用真实的交割单，以点对点的方式作为经典案例的讲述呢？应该到目前为止还没有。首先，我是个不喜欢轻易"亮剑"的人。但是，为了体现交易心理学在交易行为过程中的重要性以及实际的效果我不得不如此这般了。在以下的章节中，我将选择两个周期在一个月以上的、连续的真实交易案例，并且有一个周期是在市场大背景下跌的情况下，验证交易心理学的作用，以及时效性。简单地说，就是大家最为关心的是不是还能赚钱的问题。

　　总之，**交易胜负的结果取决于自己的思想、修行，若单纯地纠结于是否盈利必为其所困。只有静下心来，万物自然的景象才能逐渐地显现出来。**

第十九节　什么是交易艺术

　　画家之妙，皆在运笔之先；运思之际，一经点染，便减神机。[62]

　　从艺术的宏观角度上讲：所谓艺术的灵妙之处，全在下笔前的构思之时。此时如果心存杂念，哪怕只有一点点，也不可能将艺术的神妙之处淋漓尽致地表现出来。（交易也是如此）

　　以前我经常提到一句话：结合众多非判断模式交易，逐渐提高到判断式交易的艺术高度。这就类似于"运笔之先，运思之际"。只有如此方能逐渐地积累艺术性的功底。

　　一谈到艺术首先容易使人联想到舞台上的歌舞之美，生活中的琴棋书画，琳琅满目的工艺品等。这些都是源于能够满足人们对主观缺憾的慰藉和情感器官的行为需求而创造出的一种文化现象。而正是因为人的主观缺憾成就了人的主观行为。也就是说，理论上当人的需要被放大时，便生成了动机。有了良好的动机而进一步地得到了"物化"，当"物化"达到一定量时就会生成艺术的高度。从最早的人类为了获取基本的生活资料，进行寻找、采摘、打猎等，到现如今人们从事各行各业，包括在资本市场上交易，这都属于人的基本社会生产。在这些基本生产者中，我们又看到了很多佼佼者，他们被冠以成功者的头衔，他们的交易甚至还会被上升到艺术的高度为人所赞赏。这就使我们产生了疑问：人家的行为艺术是怎么来的？

首先，艺术除了源自于人们的主观行为和基础行为以外，我们还应该认识到它还有更大的适应范畴。即一切行为的艺术化。就目前而言，人们更多地只是愿意接受琴、棋、书、画等才是艺术，这基本上是大多数人的共识。但少有人去探寻其艺术的形成过程，更少有人将日常的生活行为、工作行为，甚至交易行为加以艺术化的思考。这一点尤为关键，这是人对自己基本生活能力和行为能力认识上的缺失，是非常遗憾的。原因很简单，艺术一般会给人以美的、舒服的享受和一种高高在上的感受，也是成功的代名词。人们在享受艺术的同时，思维和神经都处于受这种结果的感染和愉悦的状态，这种愉悦状态恰恰是滋生人们幻想和助长人性贪图享乐、安于现状、不思进取的温床。在这种情况下，人们也就自然忽略了最基本的、常识性的问题：人家的高高在上和成功是怎么来的？

总之，一切艺术无不都是精雕细琢的产物，一切的行为艺术又无不是在精心设计、千锤百炼下形成的。这是世间任何事物发展的必然途径。

在交易领域中，我想我们每一个人也都会遇到一两笔很成功的交易单，并不由自主地加以很高的评价（自我肯定）——"玩"得太艺术了！这说明了什么？这只能说明你的此次工作（交易）在不知不觉的情况下与市场达到了某种契合度，从而使你对此次交易很满意，认为达到了一定的艺术高度。你有了极大的满足感，并欣赏它，并希望今后的每一次交易都能达到这样的程度。但是，此时此刻你只是沉醉于交易结果带来的快感，你还是不能弥补基本行为能力上的认知缺失。

只有将注意力集中到此次完美交易的过程中，你才会明白艺术的产生原来是被细化的，是被设立在条件和标准化基础上的，是经过长期磨炼形成条件反射的基础上的，其中甚至还有你即兴发挥的成分。

这个过程就是你认识艺术，认识工作与结果的好坏和它们之间的必然联系的过程。这时候你才能够从思想上真正重视交易行为艺术的重要性，它直接关系到你今后交易的好坏。

以上只是阐述了交易艺术的由来和如何认识交易艺术。那么真正的交易艺术又是如何体现的呢？我相信每个人的认识都有所不同。所谓仁者见仁，智者见智。

有的朋友会认为：在一天中频繁做短线，多、空随时转换，大小通吃，这就是交易艺术的最高境界。而有的朋友会这样认为：把握住一个大的趋势，像传说中的那样，人家用五万元一下子挣到四千多万元，这才是交易艺术的极致。在我看来这都不是交易艺术的真实体现，充其量只能算是个理想罢了。可能有朋友会提醒我说：这并不是理想，人家就曾经实现了用五万元赚到四千多万元，这是事实！是的，我也听说过。但是，我更听说了之后继续发生的故事。总之，没有科学、合理的基础，一时的胜利是无法逃脱自然回归的属性的。所以，**"世间只有一时的英雄，而没有一世的英雄"**。交易领域更是如此！

下面我来谈谈我对交易艺术评判的看法。

交易艺术不是刻意而为之的，是经过长期磨炼自然而然所产生出来的。同时，它还与心理的技能状态有着密不可分的直接关系。我愿意用我最近在二级市场的真实操作作为案例，供大家分析和评判。本人在交易艺术方面的能力有限，目的在于抛砖引玉。

此标的的基本交易背景：

由于是在 2013 年 5 月底才发现此标的不错的，我随即在阶段性的条件位置初步建立了一些仓位。当时的持仓成本是 11.23 元。自从 2013 年 6 月 3 日第一笔资金进场到 2013 年 10 月 17 日为止，交易一共 13 笔（一进一出为一笔）。目前总的持仓成本降到 9.25 元，由于在此期间交易数量太多，不能一一加以细致地解读，所以只对 8 月 15 日到 9 月 25 日这阶段小范围、小规模战术性的 T + 0 机动交易进行阐述。因为，此阶段的交易也比较具有代表性。如图 2 – 8 所示。

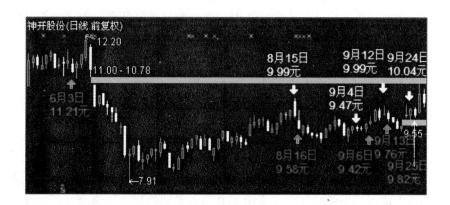

图 2 - 8　神开股份走势

表 2 - 1　　　　　　　　　神开股份交易记录

成交日期	成交时间	证券代码	证券名称	操作	成交数量	成交均价
20130815	14:33:22	002278	神开股份	证券卖出	6000	9.990
20130816	00:00:00	002278	神开股份	股息红利差异	0	0.000
20130816	09:31:00	002278	神开股份	证券买入	6200	9.580
20130904	14:50:59	002278	神开股份	证券卖出	6200	9.470
20130906	10:01:43	002278	神开股份	证券买入	6200	9.420
20130912	10:37:51	002278	神开股份	证券卖出	3200	9.990
20130913	10:15:22	002278	神开股份	证券买入	3300	9.760
20130924	13:55:24	002278	神开股份	证券卖出	3300	10.040
20130925	14:50:45	002278	神开股份	证券买入	3300	9.820
20131011	13:24:57	002278	神开股份	证券卖出	3300	10.440
20131014	09:32:04	002278	神开股份	证券卖出	3000	10.779
20131014	09:49:45	002278	神开股份	证券卖出	2000	10.830
20131016	13:08:24	002278	神开股份	证券买入	2000	10.230
20131016	13:09:00	002278	神开股份	证券买入	3000	10.230
20131016	14:27:18	002278	神开股份	证券买入	3300	10.130
20131017	11:05:26	002278	神开股份	证券卖出	3300	10.350
20131017	14:54:36	002278	神开股份	证券买入	3300	10.050

　　通过图 2 - 8、表 2 - 1，大家看到了我在阶段内的操作。

　　交易的基本原则与思路：

　　首先，本人的交易系统、交易模式一贯围绕着本书所阐述的指导原则进行。特别是对初期仓位的控制永远都服务硬性规定，这无疑是第一位的，以至于今后都无须考虑。之后是趋势方向的评判，同时确立基本的交易单位，再次评估。根据市场的属性，粗略地进行交易周期的确定。再以基本的交易单位细化小级别的市场信号，当然必须包括止损。以条件和标准为主导，以原有的底仓为基础，分批次使对等的仓位比逐渐缩小。兼顾盈亏比的统计适当地灵活运用，到后期做小范围、小规模战术性的 T＋0 机动。前期的目的是快速降低持仓成本，后期的目的是逐渐、稳步地继续降低持仓成本，随时准备应对不可预知的系统性风险。在此标的主要指导思想是小级别单位未达到"物化"时不予考虑，严格执行小级别服从大级别的"预定方针"。同时也要做好市场随时会出现突发事件的准备，也就是说，一旦小级别"物化"成立，大级别要坚决服从小级别，绝不能手软等。此外，还有一些具体的交易情境设计，会随着以下的解读进行，这里就不一一列举了。

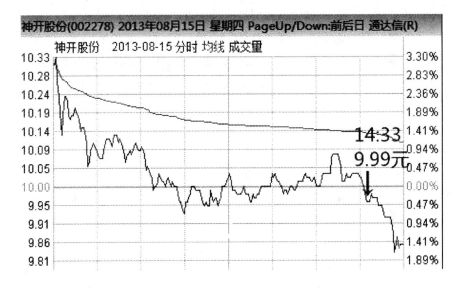

图 2－9 神开股份走势图

我先从第一天（8 月 15 日）的交割单开始逐一地阐述。从卖出的成交时间来看是 14:33（箭头所指的位置），这显然并不是当天的最高价，不管朋友们是怎样看待，我是有严格的交易原则的。首先从理念上讲，我追求的是"无我"（"无我"的概念，在之前已经进行了详细的概述）的交易状态。从交易的角度上说，我有我的"红线"。在盘面的运行过程中，如果没有击穿我的止损，我一律视而不见！因为在前一天的计划中，9.99 元是重要核心价位，向下浮动五个波动单位为止损点，也就是所谓的"红线"。我以前曾经强调过交易的属性问题，也曾经多次强调过：我不知道市场下一步该怎么走，但是，我一定知道下一步市场走到哪里我该怎么办！这就是为什么在上午高位时不减仓，反而在下午相对低的位置才开始行动的原因。有的朋友可能会问：那你下午为什么不在 9.94 元的位置减仓，而是在 9.99 元就开始减仓了呢？这个问题问得好！我们反过来再看看当天的即时成交图表（图 2—9）。随着盘面不断地运行，图表中已经清晰地告诉我们目前市场的真实状态，请注意！此时的状态是已经经过了市场变化而呈现出的真实状态，这一点很重要。此时此刻，市场给我们呈现出来的问题就显而易见了。其一，目前的市场价格是离止损点近还是离当天的高点近？真实的答案是明摆着的。这就自然引发了其二的问题，当天的低点能不能确立？由于受到市场属性客观事实的制约，我就必须要提前做好下一步的打算：市场走到哪里我该怎么办。其三，根据市场运行体现出来的架构，是不是真实的问题？此时此刻，我宁愿只相信我眼睛看到的！那么，上午的低点 9.94 元还有没有必要坚守？这个问题就成为当前最为核心的问题。我以前每当遇到这个问题都会很纠结，相信一般的新手也会很纠结。但是，我现在终于不纠结了。我立即重新规划了交易策略，其主要执行依据为 10:58 ~ 14:17 阶段的架构。即，市场价格如果再次见到 9.99 元，那么今天的低点 9.94 元就不是今天的低点，这种概率会很大。其四，提升"红线"的警戒标准就成了当务之急，而再下一步就是坚决、快速执行的问题了。

在上述的思维过程和交易过程中，大家有没有注意到一个细节？我们不从所谓的技术上分析，我相信我的技术不是最好的，在众多看客之中一定有比我更好的。而这里所阐述的重点问题是：在思维程序上是不是比简单的判断更为细化了一些？或者说在简单的思维判断上更加"艺术"了一些？

我们接下来看一看第二天都发生了些什么事情。

2013 年 8 月 16 日发生了中国 A 股历史上著名的"乌龙指"事件。提前说明的是，在我下单之前我根本不知道市场可能会发生什么，只是自己的"盘感"告诉我，这个位置有机可乘。

从交割单上来看成交时间为 9:31，成交价格 9.58 元。但实际上我是在集合竞价刚一结束时就埋下了 9.58 元的单子，依照前一天的交易计划，最好的狙击点位应该是在 9.53 元，但是为了确保成交应该向上多填五个波

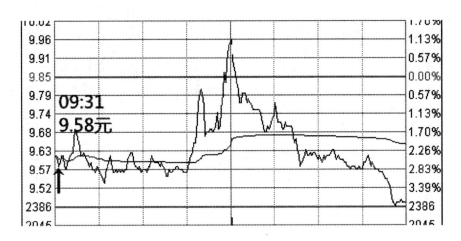

图2-10 A股"乌龙指"事件

动单位，即9.58元。没想到的是刚一开盘就成交了，并且有不回头的意思，我有点飘飘然了。因为从当时的图表来看我确实打到了"曲线以外的点"，要知道，这是多少职业交易者都梦寐以求的。只可惜理想中的"好事"并没有延续多久，在之后的盘面运行中大家都看到了，最低还是打到了9.53元，给我小小地泼了一盆冷水，"曲线以外的点"不成立了。但是，依据前一天的交易计划，在日线级别的态势中还是很有可能再次上摸9.99元的，我对于这一点的自信十分强烈，并计划在9.97元的位置获利了结，可惜的是没有填预埋单。之后事情大家都很清楚了，正是因为当时我没有埋下预埋单，"光大事件"也同样给我造成了强烈的冲击——多亏早盘没有犹豫提前进场了，我占据了一个好的部位。由于对仓位的考虑，引发对所谓优势部位的眷恋，在上冲9.99元时我决定放弃继续做差价。这样做的主要原因在于，我问自己：你的好运会接二连三吗？老实讲，当时很难回答。但市场的"可恨"之处在于，下午居然还不击穿我的止损。我隐隐约约地感觉到，我可能碰上小概率事件了。

之后的市场走势证明，这一天的交易除了"偷一把"之外，并没有什么亮点。

如图2-11，此时与上一笔的交易已经时隔十二个交易日了，我在前一天的交易计划中仔细地揣摩了近期的市场状态，得出的结论是：市场如果不能向上穿越9.56元，则向下的概率偏大。上一笔9.58元进场的仓位应该认赔出局，保存更多的"战斗力"等待出现另一个机会再行介入。根

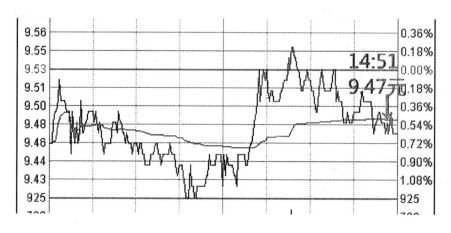

图 2－11　2013 年 9 月 4 日行情

据以往的经验，我知道市场会在这一天给出一个相对正确的答案。我们看到，盘面上午的走势并不乐观，这一点早已经是司空见惯了，我一直在坚持自己的信念——等最后收盘的前几分钟做最后的决定。14:50 离集合竞价已经不到 7 分钟的时间了，眼见大势已去，再等也没有什么意义了，9.47 元撤退！与上一个交易日相比损失了一个多点，但我的心里很平静。之后便是认真仔细地做明天的交易计划。

　　在现在看来虽然 9 月 5 日并没有产生交易，但在前一天的交易计划中有一个判断特别需要强调一下，这有助于大家理解 9 月 6 日我为什么重新进场：在日线级别，第二天理应出现高点比当天的高点低，低点要比当天的低点低的现象，这应该是正常的。也能够说明当天减仓位是正确的行为，但愿第二天市场不要欺骗我，不要跟我"说瞎话"！在"纵横"的关系上，当天的高点出现在上一天判断的关键价位 9.56 元，那么明天应该有所下降，在 9.55 元，按照惯性原理应该在 9.52 元一线做争夺，也就是新的"标尺"，新的多空分界的"红线"。

　　9 月 5 日晚，部分交易计划内容：

　　当天的盘面走势给我出了一个很大的难题，首先它并没有完全按照我上一天的预期运行，只是符合了高点比上一天的高点低，但是，低点却又比上一天的低点高。在当天的态势中呈现窄幅震荡的格局，在日线级别的架构中又出现了收敛的态势。这给第二天趋势的判断增加了极大的不确定性，但有一点可以肯定的是：从第二天开始应该出现一个阶段的上升或者下降趋势。这应该是确定性的结论。而当时尚不能确定的是第二天到底是向上的概率大，还是向下的概率大。（计划写到这里停顿了很久很久，脑子里"表象"了明天可能出现的各种情境。高开怎么办？低开怎么办？平开怎么办？创了新高怎么办？创了新低怎么办？9.52元"红线"区域的争夺状态将可能以哪种形式出现？创了新高以后新的"狙击点"位置应该设在哪里？再创新低的情况下，是否还可以运用以往的套路继续"偷一把"？风险系数有多大？好的"狙击点"位置在哪里？与止损点之间的关系等等。这里唯一被计划排除在外的是明天的继续横盘，因为我所经历过的这种情况毕竟是少数，这里就不一一详细例举了。）当把以上这些问题在脑子里考虑清楚了以后，我内心里隐约感觉到一种冲动——希望快点开盘！有朋友可能想问我：那你明天的具体计划到底是什么？我的回答很简单，你可以不相信，但是我还是要这么说：我没有特别具体的明天一定要怎么办。因为，我不知道明天市场一定会发生什么，到底怎么走。但是，明天市场走到哪里我会知道该怎么办。这就可以了，足够了。

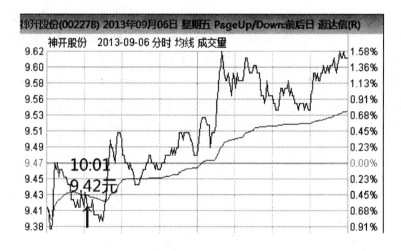

图 2 - 12　2013 年 9 月 6 日行情

从图 2 - 12 的交割单来看成交时间 10:01，成交价格 9.42 元。

从开盘的状态来看情况都在我的预料范围之内，这不用多讲。当盘面瞬间破了前两日的低点（打到 9.37 元）以后又瞬间拉高，然后下行震荡。值得我们注意的是，9.37 元与前两天的低点 9.42 元之间只有五个波动单位，这就如同前两天的最高价的设定是一样的道理。我不想证明自己有多

"神"，我更加想强调的是分析事物的精细、周密，外加市场可能会对你的不辞辛苦产生的眷顾。当市场在此阶段停留了一段时间之后，当日线级别出现很难看的态势之后，我果断地下单了，因为我知道此时的这句话是必须成立，必须被运用的。那就是：**我们的眼睛所看到的，不见得是真的！** 止损同样被设定为五个波动单位。在这种情况下，我通常会认为：这是市场对我的眷顾，这是笔最划算的"买卖"！因为无论输和赢市场都会在最短的时间内给出最终的答案！（这句话原本是我弟弟常说的，在本书中有过描述，它很重要！我认为它是交易艺术的基石。）

另外，在这里可能还有很多"玩"期货的朋友，首先资本市场的属性是一样的，理念是相通的，基本原理是相同的。自从 2013 年 3 月以来我一直跟踪螺纹钢品种，主要是为了辅导新学生的作业。我们可以翻开螺纹 RB1401 的图表，特别是 2013 年 5 月底到 6 月底这个阶段，我们能发现在关键的"突触点"上的市场变化，在这些点位上我都能提前给学生建议：创新低恰恰是开多仓的好时机！还记得书中有这样一句话吗？"真正的职业交易者，在这种市场情况、架构内，眼看正前方明明是火坑也要义无反顾地往里跳。当然，其重要的前提是考虑好你能不能承受此仓位的损失的问题，止损的设立是否严格、严谨的问题，执行力的问题。"

既然谈到看似"火坑"的问题，这里不得不多说两句。大家都知道自从新中国成立以来，在所有的对外战争中最难决策的就是抗美援朝。当时国家百废待兴，很多将领都不支持出战。但是，毛泽东同志在大会上发言，只强调了一个"入局"的问题，当然也包括了对可能失败的分析。最后的结果证明，这是一次极为伟大、英明的正确判断和决策，使我们一夜之间在世界上树立起大国形象，即便是经历十年之后美国再次发动的"越战"时，我们也保持着强硬的话语权和足够的威慑力。

回到正题。

当我们回顾完 RB1401 近期的市场特征以后，可能你也就不再难以理解我敢在架构的末端与市场反向做多的原因。当然，这一定是众多原因之一。从收盘来看，介入的部位、时间、价格都算理想，但是我从内心来讲并没有将它视为艺术。原因是在此之前，是详尽的思考、周密的计划帮助了我，我更加愿意将此列为"运气"的成分。还是古人的那句话：**战战兢兢、如临深渊、如履薄冰。没齿不忘！**

以上这段话不是我刻意写给大家看的，更不是为了出书而作秀，而是自己真真实实的感受。细心的朋友可能会发现，在接下来的交易行为中就体现了我的小心翼翼，以及对于市场的敬畏心理。

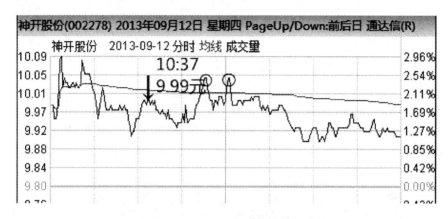

图 2 - 13 神开股份 2013 年 9 月 12 日走势

从图 2 - 13 的交割单来看成交时间 10:37，成交价格 9.99 元。

从图 2 - 8（日线级别）来看，在动态盘口中正如多数人看到的那样——市场还在向上。但是我却选择了部分撤出"战斗"，而位置恰恰还是选择在 9.99 元。更为巧合的是，上一笔交易恰恰是市场明明是在向下，我却与市场相反，做多。只要大家够仔细还会发现有很多巧合，但是我个人认为，**过多的巧合组合在一起就不是简单的巧合了。**

盘后的部分功课：

在今天市场向上跳空高开的情况下，**我没有相信自己眼睛所看到的**（日线级别图表），虽然下方留有明显的缺口，而我还是选择了与市场向上似乎相反的操作，但为了保险起见，还是缩小了运用"兵力"的规模。确切地讲，直到盘面运行到下午 14:30 以后，我才开始对今天反市场方向的操作增加了自信。回顾近阶段，交易次数虽然不多但是"运气"似乎一次也没有远离我，这恰恰是我最为担心的。第二天怎么办？具体的分析和思考的过程这里就不一一表述了。但是，只要第二天的开盘能够继续符合条件就坚决地预埋单，位置就在 9.76 元。

当天最后的一项工作（思考）是，要对 11:16 和 13:01 的两个高点 10.04 元作出重点标识。我对照着图表看了很久、很久，也想了很多、很多。

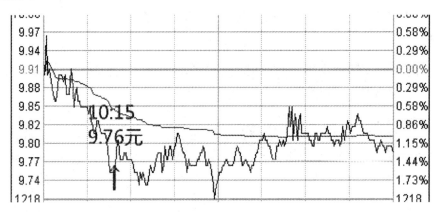

图 2 - 14　神开股份 2013 年 9 月 13 日走势

从图 2 - 14 的交割单来看成交时间 10:15，成交价格 9.76 元。

坦率地讲，当天预埋的单子虽然一下子就顺利成交，而且吃到了预期的差价，但是，我心里总有一种不祥的预感，全天都有一种莫名其妙的纠结。直到收盘后，我才把这种纠结归结于中午收盘前股价破掉了我的预期关键价位 9.71 元（最低 9.70 元）。我是不是该休息一段时间了？由于长期研究心理学的缘故，我相信此时的预感与我的"盘感"一样值得我信任。但这并不意味着在决定休息之前就没有任何工作需要做了，最后一项工作就是，再次评估现有仓位的风险底线，这可能是今后几个交易日的条件和标准。大约又过了一个多小时的时间，总算完成了。真的很辛苦！

到此为止，如果朋友们还认为交易是一件很简单的事。那么，我温馨提示：请你离开！越远越好！

在之后的三个交易日里我就如同睡着了一样（**在期货交易中绝不能这样**），什么都没有做，什么都没有想，眼睛里只有 13 日晚设定的"红线"。我甚至在实盘过程中看书，或者真地躺在沙发上睡一小觉，时不时地睁开眼睛看一下。有的朋友可能会批评我：你哪里像个职业交易者？真正的职业交易者在实盘中眼睛都不可能眨一下！我要告诉你的是：我这样是不对的，是自己的惰性使然。但在"交易心理学"中，有个重要的章节，就是心理能量的控制。另外，在接下来的章节"职业交易者交易技能形成的阶段性规律"中也有初步的阐述。等学习完以后，你自然会明白的。

不过，世上的任何事物都有其两面性。人在"休息"的时候对于外界的反应是趋于迟钝的。以至于 9 月 18 日的收盘都没有引起我的任何反应，我更没有作出像以往那样预判和计划。直到 23 日一开盘我才猛然觉醒，情况来得确实有点突然。

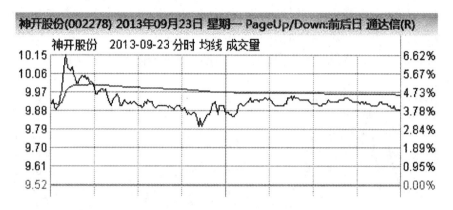

图 2－15　神开股份 2013 年 9 月 23 日走势

这一天的情况来得突然，我没有发生交易行为。但是，盘面上又出现了与 9 月 12 日相类似的情况。跳空高开，之后是横盘整理。是否需要再次减仓？这就引发了我的快速分析、比对。**细节！请注意细节！**这就是我在没有发生交易行为的情况下，还把这一天列出来的原因。**细节不仅决定成败，更是决定交易行为是否艺术的关键因素！**

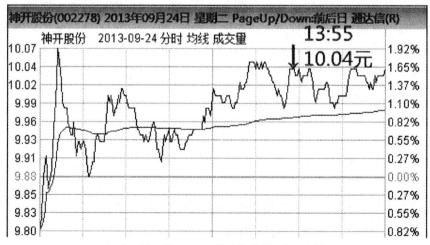

图 2－16　神开股份 2013 年 9 月 24 日走势

从图 2 – 16 的交割单来看成交时间 13:55，成交价格 10.04 元。

请注意！你对此时 10.04 元的价格还有印象吗？还记得 12 日那天我对它做的重点标识吗？况且这个价格已经是当天第三次出现了，这属于盘面最基本的细节。当然还有其他方面综合形成的交易判断依据，这一点我在实际的授课中曾经反复强调，大家也可以借鉴以上的分析思路进行开发，这里就不多重复了。总之，这一天所谓的交易依据概括起来就十个字：**阴在阳之内，不在阳之对。**或者是"**形态内破位**"，这两句话我相信大家并不陌生。

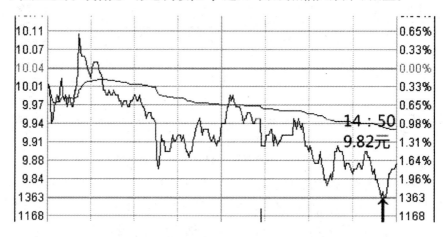

图 2 – 17　神开股份 2013 年 9 月 25 日走势

从图 2 – 17 的交割单来看成交时间 14:50，成交价格 9.82 元。

在当天的盘面运行中我们看到了什么？是否还记得在上文"职业交易者成长所需要经历的过程"一节中的一段话：我常常诫告我的学生，你要是想做到稳、准、狠，就必须时刻记住以下四句话，并在平时的训练中严格遵守，逐渐地将其融入到交易行为当中去，绝不能只是说说而已：

要有猎人般的沉稳。

要有狐狸般的狡猾。

要有狼一般的血腥。

要有虎一般的胆量。

如果大家还是想知道当天交易行为的依据是什么，我还是想用大家熟知的那十个字来概括：**阳在阴之内，不在阴之对！**

最后的事实证明，最后这笔单子（一进一出）都做到了所谓的先知先觉。但是，这并不重要，真正重要的在后面的问题中。

以上四笔（一进一出为一笔）的交割单都已介绍完毕，接下来的任务就是需要找出所谓"艺术"的蛛丝马迹。

由于个体间的差异问题，我们每一个人的认识、思路、见解都不会一样。所以，我在此将其称为"交易艺术的痕迹"，这样可能会使个别朋友更加容易接受。

在我看来，以上四笔交易中只有两笔可以称为具有交易艺术的痕迹。它们分别是：9月4日和9月6日，9月24日和9月25日。另外，在没有交易或者停止交易的时段也有闪光点，希望大家细心观察、体会。举个例子：在日线级别中，9月12日和9月23日的K线形态有极为相似之处，但就在这两天当中，却出现了发生交易行为和停止交易行为两种截然不同的现象，这体现出了对市场节奏性的把握。此外还有很多。表述过多恐有标榜、渲染之嫌。在这里我其实最想强调的是，交易行为中体现"艺术"最重要的是什么？那一定是在不违背"道"的原则下，一种对"神势"的理解，一种"心神"的运用，一种早已超越了一切所谓的"技术面"层次，达到了一种更高的思想境界。所以，我们在交易行为过程中不仅要融入思想，并且还要体现出思想的结构性、合理性、应变性，以及交易者个体的性格特征等，这些都是绝对的基础。否则的话，别想大概率地出现交易行为艺术。

此外，还有一个问题值得我们注意。在交易领域里，行为谨慎的人是容易建立思想的结构性和合理性的。但是，这些人的性格又普遍存在偏执的特点。所以，应变能力普遍偏差，这将是发展交易行为艺术化的一大障碍。要想解决此问题，我认为还是首先要在思想根源上入手。"解放思想"的口号我们都喊了几十年，如何解放？解放到什么程度？这又是一项艺术，又是一门学问。我记得《庄子》里有这样一句话：**为善无近名，为恶勿近刑**[63]。这便是做到极致的注解了，我想这用在资本市场里再恰当不过了。

提到《庄子》，不得不说我关于交易艺术的观点也是受到他的思想的影响和启发。在其《养生主》中，有这样一段关于厨师的故事（庖丁解牛），此故事将一个厨师宰牛的行为上升到一个艺术的高度，字里行间有很多问题使我想了很久很久。也希望朋友们能够从中得到启发，原文如下：

庖丁为文惠君解牛，手之所触，肩之所倚，足之所履，膝之所踦，砉然响然，奏刀騞然，莫不中音，合于《桑林》之舞，乃中《经首》之会。

文惠君曰：嘻，善哉！技盖至此乎？

庖丁释刀对曰：臣之所好者道也，进乎技矣。始臣之解牛之时，所见无非牛者；三年之后，未尝见全牛也；方今之时，臣以神遇而不以目视，官知止而神欲行。依乎天理，批大郤，导大窾，因其固然。技经肯綮之未尝，而况大軱乎！良庖岁更刀，割也；族庖月更刀，折也。今臣之刀十九年矣，所解数千牛矣，而刀刃若新发于硎，彼节者有间，而刀刃者无厚，以无厚入有间，恢恢乎其于游刃必有余地矣，是以十九年而刀刃若新发于硎。虽然，每至于族，吾见其难为，怵然为戒，视为止，行为迟，动刀甚微，謋然已解，如土委地。提刀而立，为之四顾，为之踌躇满志，善刀而藏之。

文惠君曰：善哉！吾闻庖丁之言，得养生焉。[64]

意思是：有一个厨师为文惠君表演肢解牛，他手所触及的，肩膀所倚住的，脚所踩着的，膝盖所抵住的，所发出的声音是多么得一致，下刀肢解时也发出哗哗的响声，就像有音乐伴奏一样。这种声音符合《桑林》乐章的舞步，又合乎《经首》乐章的韵律。

文惠君说：啊，太好了，你的技术怎么竟然会达到这样高深的地步？

厨师放下屠刀回答道：我平时所爱好和遵循的是"道"，这已经超越了一般的技术。在一开始学习杀牛的时候，我所看到的不过是一头整体的牛。三年之后，我就不再看到整体的牛了，而是脑子里有了牛的骨架和肌群的分布。到了现在，我只用"心神"去感悟，而不再用眼睛去看了，视觉中枢停止活动，而只是"心神"在作用。顺着牛身上自然的纹理，劈开筋肉的间隙，使刀锋导向骨节的空隙，顺着牛身上自然的结构用刀，使那筋络相连的地方都没有一点妨害，何况那些大骨头呢？好的厨师一年换一把刀，那都是因为他们没有将工具用到妙处；普通的厨师一个月就换一把刀，那是因为他们用刀去砍骨头啊。而我这把刀已经用了十九年了，所肢解的牛也有几千头了，可刀口还是像在磨刀石上新磨出来的一样锋利。因为牛骨节是有间隙的，而刀刃是没有厚度的，以没有厚度的刀刃去切入有间隙的骨节，当然是游刃恢恢而宽大有余了。所以这把刀用了十九年还是像新磨出来的一样。即便是这样，每当遇到筋骨盘结的地方，我知道不容易下手，我需要小心谨慎，神情专注，手脚缓慢，刀子在恰到好处之时微微一动，就哗啦一声解体了，如同泥土溃散落地一样，此时牛似乎还不知道自己已经死了呢！这时，我提刀站立，张望四方，觉得心满意足，再把刀子擦干净收起来。

文惠君说：好呀！我听了您一番话，得到了养生全身的道理了。

希望朋友们将这则小故事细细地多读几遍，文惠君能够从中得到养生的启发，那交易者能不能结合交易对自己的行为有所启发呢？会的，我相信交易者会得到的启发更多。

如果我们将以下图表看做是一头牛的话，我们将如何做到像庖丁那样"下刀"呢？特别是在市场大背景非常恶劣的情况下如何做呢？我们首先看图 2 - 18，这是市场的大背景，也就大家俗称的"大盘"。

图 2 - 18　上证指数（SHSE 999001）日线

首先，在以后的章节中我们会涉及交易模式化范本的学习。其中的第一项就是市场背景的分析与判断，这是任何一个品种在发生交易行为之前交易者必须要做的一项重要工作。

交易的基本原则与思路：

1. 交易的基本原则：

交易的基本原则一定是建立在对市场的基本分析与判断之上的。由于在 2011 年 8 月 30 日之前已经对"大盘"未来可能出现的大概率事件有了基本的认定，在这种情况下，只能阶段性地启用第二套交易模式，也就是市场中所称的"短线"打法。以此为交易的主导原则，在阶段内加以重点贯彻实施。在以后的章节中关于止盈与止损会有详细的介绍。即，**君子不谓小善不足为也而舍之，小善积而为大善。**[65]

2. 交易思路：鉴于市场背景不好，并且持续恶化的情况很有可能发生，强行发生交易行为就变得越发艰险。但是，越是在这种市场背景下越能真实有效地检验交易系统的可靠性、实用性。不过，交易者对强势品种的选择和把握的难度将会很大。另外，交易者期间会遇到市场背景极大的干扰，从而对交易心理技能是个极大的考验。鉴于此种客观的市场条件，除了将发生交易行为严格地控制在交易原则之上以外，还要考虑交易系统周期性的问题，需要再次评估系统交易周期的基本单位。最终确定以日线级别为大框架，以30分钟、5分钟为综合警戒标准，将即时成交状态加以细化，抢占优势部位。对筛选出的符合交易条件和标准的优势品种把握机会密集加仓，根据仓位比的情况控制止损。在仓位不是很重的情况下，允许在收盘前根据标准执行。

我深深地知道，世间任何一条"真理"的科学性、适用性无不是在最为残酷的环境中经受考验的，否则的话何以服众？既然市面上几乎没有人敢于用自己真实的交易案例，作为验证自己的理论、系统的可靠性、可适用性。那么，我不下地狱谁下地狱？

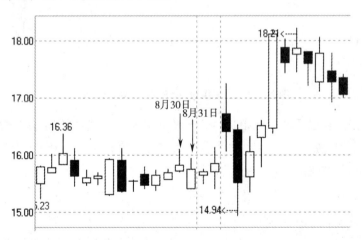

注：以下所有图中箭头及显示日期均代表买入日期。

图2-19　南岭民爆（SZSE 002096）日线

传曰：**两利相权取其重，两害相权取其轻。**

用这句话来形容第一个强势标的的选择再恰当不过了，因为在两市众多的标的中能够将它挑选出来，并且作为第一个主打品种我还是比较满意的。在发生交易行为过程中我们看到，在连续两天的密集加仓之后这个标的就停牌了。过去有句老话：**塞翁失马，焉知非福**。如果此标的再晚停牌几天的话我极有可能全仓介入，由此引发的结果是，虽然能使我安全地度过"大盘"下跌的风险期，但是更极有可能使我失去"大盘"下跌过程中，利用其他交易品种长时期检验交易系统的好机会。孰轻孰重？从长远发展的眼光来看我还是愿意选择后者。

接下来我们再看看我在这种恶劣条件下是怎么交易的：

表 2-2　　　　　　　**2011 年 8 月 30 日至 9 月 29 日交易记录**

查询日期 2011- 8-30 ▾ 至 2011- 9-30 ▾ 　确定　 常用汇总

成交日期	成交时间	证券代码	证券名称	操作
20110830	14:49:57	002096	南岭民爆	证券买入
20110830	09:38:31	002096	南岭民爆	证券买入
20110830	09:47:28	002096	南岭民爆	证券买入
20110830	13:37:09	002096	南岭民爆	证券买入
20110830	13:25:07	002096	南岭民爆	证券买入
20110831	11:13:29	002096	南岭民爆	证券买入
20110906	09:32:24	600727	ST鲁北	证券买入
20110907	10:39:50	600727	ST鲁北	证券卖出
20110908	10:39:19	600727	ST鲁北	证券卖出
20110908	11:06:52	600727	ST鲁北	证券买入
20110908	14:21:58	600255	鑫科材料	证券买入
20110913	09:50:38	600255	鑫科材料	证券卖出
20110913	10:16:15	600255	鑫科材料	证券买入
20110914	13:49:20	600727	ST鲁北	证券卖出
20110914	14:40:22	600255	鑫科材料	证券买入
20110914	14:45:13	600255	鑫科材料	证券买入
20110915	09:55:56	600727	ST鲁北	证券卖出
20110915	10:58:46	600255	鑫科材料	证券买入
20110916	10:10:08	600255	鑫科材料	证券卖出
20110916	11:17:52	600255	鑫科材料	证券卖出
20110919	11:18:26	600255	鑫科材料	证券买入
20110921	09:47:19	600255	鑫科材料	证券卖出
20110922	13:22:52	600255	鑫科材料	证券卖出
20110922	13:54:00	600255	鑫科材料	证券卖出
20110926	09:58:34	600118	中国卫星	证券买入
20110927	09:39:35	600118	中国卫星	证券买入
20110927	09:42:40	600118	中国卫星	证券买入
20110929	14:57:53	600118	中国卫星	证券卖出

接下来我们看之后发生的交易行为。

在前期的交易预案中将 15.44 元作为多空分界线，也就是止损点。唯一有变化的是，依据仓位的情况决定是盘中止损还是收盘前五分钟之内止损。在仓位超过 50% 的话在盘中就应该进行相应的止损行为，在仓位不是很重的情况下，一定要等到最后的时刻决定是否继续留仓。从走出来的 K 线图表中我们看到这笔单子一定是赚钱的，但是并不完美。不完美的具体表现为：

1. 进场时机有些粗糙、急躁。

很显然这只标的是从优中选优中脱颖而出的，正是因为如此第一天的进场才显得如此忙乱，并且有些急躁、冒进的现象。就如同社会上有人发现了一个好的项目，一下子将"摊子"铺得很大。这就造成了之后可回旋的余地不多了，交易的仓位布局也是如此。

2. 密集加仓点的位置未按前期的交易计划进行。

在前期很长时间的"表象预案"中我已经决定了最后的多空分界线，并且形成了最终的交易预案。而当时盘中的实际情况是，过多地考虑到交易的"或然性"，从而急于扩大进场点与止损点的空间。由此造成的后果是，由于考虑到市场"滑点"的存在，止损点的放大必然意味着仓位相对应地缩小。再之后我们看到，市场四次触及 15.44 元附近的位置，而最后的收盘都是收在 15.44 元的上方。面对这种情况，由于受到了仓位控制的约束只能眼睁睁地看着，而不能再发生任何交易行为。这是非常遗憾的！

此笔交易值得肯定的地方是：

除了交易系统自身的优势以外，我更多地想强调交易心理学在其间发挥的重要作用。我们看到，股票在 2011 年 10 月 20 日复牌之后，第二天股价就急速下杀，并一度击穿我设定的多空分界线。当时的交易情景是，由于仓位控制合理，坚持了自己的交易信念，在盘中运用交易心理技能规避了应激的出现，能够集中注意力于制定的条件和标准，对现实目标制定适宜的自信心等，使我在盘中没有受到心理因素的干扰，从而等到收盘。由于当初设立的条件和标准非常明确——15.44 元，继续持仓等待也就顺理成章了。

实际上离场点更是一门学问或艺术，它绝不是人们所想象的一定是卖在最高点，它是"适时"的行为体现。有机会的话今后再给朋友们详尽地阐述。

我们再来看看当时的 ST 鲁北化工（SHSE 600727）：

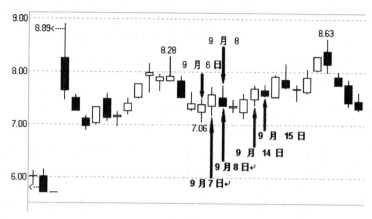

图 2 – 20　ST 鲁北化工（SHSE 600727）日线

首先，我们应该注意到在此阶段市场背景一直是在剧烈地震荡，在对此标的的操作上也是遵守了快进快出的基本原则，甚至属于"偷一把"就跑，跑完了回来找机会再继续"偷"的交易行为策略。我们应当注意的是，在此交易阶段除了交易系统的作用之外，更主要的是交易心理的重要支撑。我们可以回顾上一阶段的实盘案例，在 002278 的交易行为过程中有很多这方面的阐述，再结合今后所学习的内容综合思考，这里就不多讲解了。

接下来是鑫科材料（SHSE 600255）的交易，如图 2 – 21 所示：

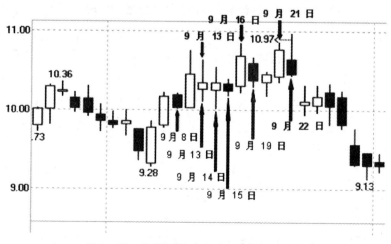

图 2 – 21　鑫科材料（SHSE 600255）日线

需要注意的是，从 9 月 8 日到 9 月 22 日，市场大背景是属于下跌状态。而筛选出的此标的分明是逆势上涨的状态。在此阶段的交易行为过程中我不否认交易系统、交易模式和交易心理的强大支持作用。但是，在这里我更加想强调的是中国古典哲学的作用和威力。运用中国古典哲学形成自己新的交易哲学，这种新的交易哲学在中国古典哲学强有力的支持下形成了新的交易理念，这种新理念在市场特殊的背景和条件下还是很起作用的。

有一句话朋友们目前为止应该不陌生：**阴在阳之内，不在阳之对。阳在阴之内，不在阴之对！**如果我们仔细观察和分析的话，就会发现此阶段的交易行为几乎都用上了这二十个字。虽然在进、出场的细节上还略显粗糙，但是这种新的交易哲学的创立是今后交易技能发展很好的开端，随着时间不断地推移，交易艺术化能够得到不断的提高。可能有朋友还是不理解，我可以给大家进一步的提示。9 月 8 日的阴线不是在 9 月 7 日阳线的对立面吗？9 月 9 日的阳线不是在 9 月 8 日阴线的对立面吗？还有 9 月 15 日与 9 月 16 日，9 月 16 日与 9 月 19 日，9 月 21 日与 9 月 22 日。总之，真实的交易行为说明这简简单单的二十个字高度概括了在市场中的先知先觉性。请朋友们仔细地、慢慢地体会。

还有《老子》的**"物壮则老，是谓不道，不道早已""天下之至柔，驰骋于天下之至坚"**[66]等。

曾几何时有朋友一度质疑和反对我在基础篇的内容中文言文用得太多，有沽名钓誉之嫌。甚至有高级的"文案"工作者也对此大肆地抵触和批判。实际的交易行为证明，我们老祖宗留下的东西好呀！只是我们的头脑太懒惰了。

难怪《孟子·尽心上》感叹道：**行之而不著焉，习矣而不察焉，终身由之而不知其道者，众也。**[67]**弗思其也！**在以后的高级篇中，"表象的机制"章节里会有详细的注解。

希望朋友们多一些耐心，多下一些功夫，首先在思想上完善和丰富自己，将来必然会获得你想像不到的收获。

接下来我们看中国卫星（SHSE 600118）的交易：

在整整一个月的时间周期内，最后这笔交易可以用"晚节不保"来形容，这种形容一点也不过分，并且对我今后的交易行为具有重大的警示和

图 2 – 22 中国卫星（SHSE 600118）日线

指导意义。此意义的积极作用远远大于系统测试的成功，我甚至一度庆幸自己在这个时刻犯下这种错误。

我先介绍一下此次错误交易行为的背景：

1. 受到先期连续成功交易的影响，特别是鑫科材料（SHSE 600255）的操作，在不知不觉中自己有点飘飘然了。

我曾经一再告诫我的学生：**在严格遵循交易原则、预案的基础上，市场运行到条件和标准时必须严格执行！**我感到万分地惭愧。而连续两天的进场点都远远高于后期才看到的多空分界线——14.24 元。这还不是"鬼使神差"。原因是，9 月 24 日的新闻联播报道了西昌卫星发射中心又成功地发射了运载火箭。之后我马上翻开图表发现 9 月 23 日的开盘价 14.33 元，最低价 14.28 元，经过了简单的表象预案后感觉它会有个冲高的过程，并没有像之前那样反复地分析和判断就去操作了。

2. 严重违背了此阶段的交易模式，甚至在进场之前没有做详尽的交易预案。

周一开盘之后我同样没有多想便在第一波回撤之后就匆忙进场了，接下来无疑是处处被动。幸好这次接受了上一次过早地密集加仓的教训，同时也预感到没有经过深思熟虑的交易行为不会有什么好的结果。之后的结果大家都看到了，对此在我的交易日记里曾经作了一篇深刻的检讨，只可惜有一次电脑被"格式化"了。万分可惜的是不仅仅是几年来的所有交易日记，还有长期的统计，大量的交割单、经典案例等全部丢失了，这张交割单还是因为发到个人微博中才得以幸存了下来。所以，从此之后我要求我的学生做统计、训练和交易日记一律手写，也希望朋友们以此为戒。

以上列举的两段不同时期的真实交易案例，目的不仅仅是强调交易心理技能和交易技能的重要作用。更重要的是，结合本章节启发朋友们在今后的交易行为过程中开发自己的"艺术"潜质。而"艺术"的潜质主要是基于思想层面的，特别是对中国古典哲学的理解，所谓的交易结果只是一种外在的体现，更加重要的是思想上的底蕴是否深厚、宽广。

我记得范曾先生在央视访谈节目中谈到尼采《查拉斯图特拉如是说》中提到的赤子之性格。**若狂也，若忘也，若游戏之状态也，若万物之源也，若自转之轮也，若第一之推动也，若神圣之自尊也。**他老人家是这样解读的：

"若狂也——这个人狂，讲范曾狂，哪儿狂了？我挺谦虚地对待我们的导演。不过孔子讲（自《论语·子路》）：狂者进取，狷者有所不为。一个真正内心有点狂进的人，他会勇猛奋进。这在孔子看来也无不是个优点。"

在交易上的"狂"可以理解为，在真实、强大的自尊心和自信心的指引下，没有什么自己不能克服的困难，没有什么自己不能理解和学习的问题，没有什么风险是可以凌驾于条件、标准和交易原则之上的。所以，在此基础上的"狂"，也可以理解为在一定标准的前提下思维活跃，个性张扬，行为乖张，这些恰恰是能够助长艺术的交易行为。

"若忘也——你一天到晚既患于得又患于失，一天到晚斤斤计较，那你会在痛苦中存在着。"这又与很多公众交易者在现实中的交易情境十分相似。这实际上还是属于心理问题，是你在交易哲学上出了问题，注意本书有专门的介绍。从积极的角度上讲，若忘我与无我属于同一种状态，是一种人体潜能和意识形态的共同作用。

"若游戏之状态也——你说中国画家要是拿起毛笔来就痛苦，就想自杀，又为什么要学画呢？拿起毛笔来是个快意的事情！"

这又是对本书"动机"的问题进一步的阐述，强调的是兴趣，是正确的动机、自我知觉，以及对现实目标的把握能力等。综合这些基础条件才会产生快乐交易，才会产生若游戏之状态也。

若万物之源也——这就有一点，画家画画，他眼中之竹，心中之竹和手中之竹是有区别的，这个手中之竹出来以后就是万物之源。

这与我在交易中所提倡的"心到、眼到、手到、力到"，"心神"、"神势"与行为的统一有异曲同工之妙。**如果你将全书细致地通读一遍以后你会发现，交易犹如浩瀚的宇宙，所谓的"顶级技术"只不过是万事万物中的一粒尘埃。交易的终极还是要回归到人的本质——思想！**至此，我们不应该忘记以前的章节中有这样一句话：**小成靠术，中成靠法，大成靠道！**这才是在交易中正确地理解"若万物之源也"。

"若自转之轮也——你的创造而不是自然里摄取出来的。"

在交易中的正确理解应该是：主张个性，强调自身固有的优势，也就是你的交易风格。主要显现出自己对交易艺术的运用自如、游刃有余的功夫。但在其中也一定不能违背自然规律，就像"庖丁解牛"一样，顺应"神势"的变。之后循环往复，无往而不胜。

"若第一之推动也——就讲你的绘画，你的行动是自己做主，不是依从一个范本，不是依从一个古人，说如此说，过去不讲这个作诗，我口所欲言，已言古人口，我手所欲出，已出古人手，不生古人前，偏生古人后，你怎么不生在古人前面？古人已经这样说过了，你还这么说，它不是万物之源。第一之推动也，你画出来以后，你能够开启人的视觉的审美，你不要老生常谈，别人听了有疲劳感。"

在这里我想强调的是：思想是第一推动力！交易是极具个性化的，这与画画极为相同。所以，交易不可或缺的是创造性，是建立在正确基本理念基础上的创造性。大家都知道齐白石，也都知道李英（李苦禅）。为什么齐白石最喜欢李英？齐白石一句话道出了真谛：人皆师我手，英也夺我心！这就是对正确理解基本理念上创造性极大的表彰，是第一之推动。那么，在交易中什么是第一之推动？那就是，**结合众多的非判断交易模式，达到一个理性的、判断交易的艺术高度。**这才是你交易艺术的第一之推动也！

"若神圣之自尊也——很重要！刚才讲座之前，你问我叫画家好，还是书法家好，还是诗人好？我说就叫范曾。在我心目中，比这些事情重要的是这两个字，就是体现范曾。就是你的诗，你的画，你的书法，最终不是体现李苦禅，体现齐白石。现在学齐白石的人不少，画出的虾米有一个超过齐白石的吗？只要你们在座诸位找出一个能超过齐白石的虾米的，我向他磕头。好不好？超过不了，对不对？古人已经说过了。我之所以讲范曾，神圣之自尊，也是童心的体现吧。不像那些老谋深算的人，一上中央电视台就谦虚半天，其实全是假的。"

若我们对以上章节中"交易者的自尊"还有印象的话，我们便能更好地理解范老以上这些话。实际上就是体现正确"自我价值"的观念，对这种正确的"自我价值"的追求能辅助你在一生的交易生涯中始终走在正确的道路上，而不会出现偏差，越来越接近"道"，越来越接近交易"艺术"。

我曾经不止一次地跟我的学生讲："师不必贤于弟子。"这样难道我就没有自尊了吗？不是这样的！任何人都不应该是这样的。建立神圣之自尊是所谓"正能量"中的一部分，所谓"至人无己"更不应该只是停留在口头上。

大家都知道，范曾是目前被公认的现代国学和艺术大师。我相信既然能够达到艺术大师的高度绝不是浪得虚名，其中必有更加深刻的因果关系。以此他山之石借鉴之，吾等仍需努力思考！

另外，请朋友们理解我不是个喜欢轻易"亮剑"的人，这样做也是不得已而为之。还是那句话：不这样做，何以服众？何以引起公众交易者足够的重视？何以弘扬正道，民陷乃去？我信奉庄子的话：**至人无己，神人无功，圣人无名。**[68]

当我们知道了上述这些以后，能不能问自己一个严肃的问题：你今天的思想"艺术"了吗？

第二十节　什么是交易技能

交易技能，就是**经过长期实践和操作最终形成的一种或几种综合固定的模式，在市场加以配合的情况下伺机加以实施。面对不同市场的不同应对方案越全面，你的技能水平越高、能力越强。**

从表面上看，大家很容易把它单一地归于行为范畴。这是不正确的，这是属于概念上的模糊。正确的交易技能首先应该是基于思想上的，属于意识的深层次结构。实际上，交易技能还包含着另外两个方面：交易心理技能和交易行为技能。

随着本人对交易的不断理解和研究发现，交易技能是完全建立在交易心理技能的基础之上的，尤其是在市场上下波动很大的情况下，一旦心理的平衡点被市场带动，它将直接影响你的交易行为。这是必须要最先讲述的一个概念。

何为概念？概念到底与我们的行为之间有多大距离？

早在 20 世纪中期，毛泽东同志就在他的《实践论》中指出：**"认识过程中的突变（即飞跃），产生了概念。概念这种东西已经不是事物的现象，不是事物的各个片面，不是它们的外部联系，而是抓着了事物的本质，事物的全体，事物的内部联系了。概念同感觉，不但是数量上的差别，而且有了性质上的差别。"**[69] 由此可见概念是多么重要！

如果我们不能够在交易技能完善的过程中不断地加入交易心理技能的完善，那一定是在某些概念上的认识模糊不清。这还是等于任凭自己在感觉上的发展而发展"技术"行为。而我们人的感觉大部分是没有科学依据的，往往是错误的。就如同我们的实际交易行为当中往往会出现一买就跌，一卖就涨一样。这样的话，你还会认为你具备交易技能了吗？

依上所述，大家又不难理解在资本市场什么是职业的交易。

职业的交易是两项技能的综合体，它不但是要你展示交易系统的完美，更多的是需要你在变幻莫测的市场中展示内在的心理平衡，从而达到一种相对的交易行为的稳定性。这句话恰恰凸显了上一个章节中的实盘操作。

当你处在交易当中，交易心理同时也保持一定的平衡状态，且"心理能量"充沛时，你的交易行为会达到巅峰状态，这就是传说中的"最佳交易状态"（在后面的章节会有详细的阐述）！

但是，在现实中，不管我们走到哪里，听到最多的一个名词是"技术"。甚至很多著名的讲师都习惯用"技术"来覆盖这个市场的现象，这是完全不对的。为什么呢？

交易技能与交易技术是两个有内在联系，而又有区别的概念（以上曾提示过概念是多么得重要）。简单地说：**一种是能力，一种是方法。**比如，在错综复杂、变化多端的市场中，我们面对一种复杂的变化时一定会以一种针对性的方法应对，当我们面对多种复杂变化的市场时就需要多种针对性的方法分别应对，如果我们应对不同变化的方法越多，实际上我们的交易能力也就越强大。所以，我们首先应当把"概念"上升到一定的认识和理解的高度，只有在思想上得到充分的完善，在今后交易行为的发展上才不会走弯路。

所谓方法是指，在一定条件、范围内的交易行为，按照一定的标准或者行为准则去从事交易任务，并能够较好地完成。在实际交易中类似于你简单的条件、标准、原则，升程开、平仓的依据。是属于初期的，在原则上禁止性的规定。

而交易技能是指，当环境、事件处在多维空间时，单一的认识方法已经不能够应对多种多样的情境变化，此时如果要想较好地完成操作就需要对多变的环境有极强的适应能力和应变能力。达到一种无招胜有招，甚至是上升到一种交易"艺术"的境界。而这种境界恰恰是职业交易者凭借多样的交易技术，以及丰富的阅历、经验，综合完成交易操作行为的能力。

请注意！只有综合在一起的多项技术，经过长时期的总结和验证才能升程为技能，并诱发"**最佳交易状态**"的出现。

如果大家都很崇拜"技术"，把它定义为"一览众山小"的话，那么，我更愿意把"技能"定义为"山高人为峰"。这是两个不同的境界与高度。这是我说的，到目前为止在这个行业我还没有听到有第二个人如此界定。

有人会问，在你看来"技术"真的是那么得不重要吗？在这里我还要引用以前我经常挂在嘴边的一句话："**在这个市场，没有技术是不行的，单凭技术是万万不行的**"。既然我们又离不开技术，我再把"技术"作一下具体的阐述。

第二十一节　什么是交易技术

以上提到交易技术是指完成交易行为操作的某一项单一的基本方法。

一、交易技术的概念

交易技术是指交易者基本掌握交易模式的方法，并需要继续充分发挥感官觉察的能力，快速地分析比对的能力，超强的执行能力。从而达到**心**

到、眼到、手到、力到的交易能力，它是通往交易技能境界的桥梁。

正所谓：**交易之道，攻心为上，手法次之，兼之者方可完胜。多为斯言者，岂易多得才仕。然必思于前，察相随，决手刃，力微毫。正谓：心到、眼到、手到、力到。求之不易得，参之即彰。**

所以，交易技术只是完成交易行为的基本方法，是塑造自身能力（交易技能）的初级环节。这里需要强调的是，高技术并不代表高能力。例如，我小的时候曾经问过父亲一个问题：听说某某同学的父亲是八级车工，有很高的技术，但是为什么他不能像您一样坐办公室？我父亲回答：因为他没有能力。我又问：他有这么高的技术难道不是能力吗？我父亲说：这只是单一的能力，我所说的能力是一种综合能力。从那以后我就知道一个道理：学点技术将来顶多是能混碗饭吃，要想干成大事没有综合能力是不行的。

不过，我们也不能因此看不起技术，毕竟技术是人的生存之本，是晋级高层次的阶梯。所以，古人将"术"也分上、中、下三等，就上等的"术"而言古书中也有记载：**见本而知末，观制而睹归，执一而应万，握要而治详，谓之上术。**强调这句话的目的在于希望大家不要放弃根本的东西，耐心地学习基础知识，从简单易掌握的理念、知识入手，逐渐掌握要领就能将交易行为治理详细（参见上述交易案例），古人将这种能力称为上等的"术"。

二、交易技术的特点

交易技术不仅有我们日常交易行为的共同特点，而且还有其自己的固定特点，主要表现在以下几个值得我们注意的方面，并多加以思考：

1. 相对性："**世间一碗水端平只是相对的，而不平却是绝对的。**"我们不断地改进和测试交易模式后发现，其合理性和成功率都只是针对阶段性市场相对而言的，而不同的时期存在的不足和不确定性是绝对的。因而，我们要不断地从不同的角度加以深化，以及进行自我修正。

2. 个体性：在众多交易类丛书中，书本上介绍的一些的交易技术往往是根据作者自己特有的"气质类型"带有指向性的陈述。除了实战的案例（以实盘交割单，点对点地依据自己陈述的系统检验交易模式的可靠性、实用性）以外，其他的均是具有一定理想化成分的技术模式。所以，它们对于我们每个交易者来讲并非都是最合理有效的。**只有结合自己的"气质类型"，与自己的个性特征相适应的操作习惯和特点，并以"群体技术"为依据（有的时候恰恰需要唱反调）的技术模式才是最合理有效的。**

3. 群体性：职业交易者大多采用的是封闭式的个体交易环境，目前很少出现在交易大厅或大户室里，其目的就是为自己创建一个相对安静和不受干扰的环境。但事实上，我们都无法摆脱群体性的干扰。如电视媒体的报道、网络信息的传播、亲朋好友的小道消息等。这些群体性的行为往往是改变你交易策略和诱发市场整体环境变化的因素，更是使你"思维指向偏离"的重大隐患所在。在以后的高级篇中会有这方面的重点陈述。

4. 时空性：首先这是个在各个交易周期普遍存在的现象，在古人强调的**"纵横"、"经营"**术中特别能高度概括"时空"关系的重要性。但这也是一般交易者极难把握的。比如，在日内的短线交易者最应该具备对时空性的把握。我弟弟曾经非常感慨地对我说过："**往往一天中最好的进场点、出场点只有一个，瞬间即逝。而职业玩家梦寐以求的是能打到曲线以外的点，而这个点早已经远远地脱离了众多的非判断交易模式。**"由此可见时空性的把握难度非同一般。

5. 目的性：以大众的角度来讲，来到这个市场的目的性毋庸置疑，一切都是为了盈利。但古人云：**君子爱财，取之有道；贞妇爱色，纳之以礼**。我们如何有理、有据、有节地得到市场中我们应得到的利润？在本书的高级篇中有一个很重要的章节—— 现实目标的制定，之后会详细地介绍给大家。

综上所述，大家是不是有一种以往对交易技术的理念被彻底颠覆的感觉？如果此时你的思想还简单地停留在对 K 线、均线或基本面等的认识上，认为只要掌握了这些就能够驰骋在交易领域，我可以很负责任地告诉你：你一定不会成为这个市场的最终赢家。除此之外只有一种可能，如果你运气好只做一笔就永远地离开这个市场，绝不回头。

第二十二节　交易中错误与缺点的正确概念

子曰：人之过也，各于其党。观过，斯之仁矣。君子之于天下也，无适也，无莫也，义之与比。[70]

意思是：人总是要犯错误的，但是有些错误可以演变为致命的结果，这都是源自于强大的利益驱使。在资本市场中，我看到过很多各式各样的问题，正如孔子所讲：斯之仁矣。而君子看待天下任何的事，无所谓行，无所谓不行。但是，这是建立在懂得其道理，并遵循道义的基础上。

在以前的章节中我曾经多次提到过：在交易技能的发展过程中，缺点与错误不是同一个概念，这很关键！所以在此要重点阐述。

在整个交易技能的发展过程中，任何交易者都不能够避免错误的出现。即便是你的系统很完善，执行和掌握得很好，或已达到自动化的地步，也是会出现错误的，就如同人在一生中不可能不犯错误一样，但是，**错误只是偶然发生的问题**。例如：一时的精力不能够集中，鬼使神差地没有按交易计划执行，突然地对盘中的一些信息发生兴趣等。

然而缺点就不一样了，**缺点是你交易系统环节中一个长期的问题或者缺陷**。出现缺点的原因是，你的交易模式有问题和存在不足之处，它能引起错误的反复出现，并始终难以彻底消除。所以，缺点是需要从根本上去解决的。

消除缺点的方法是：首先复习以前交易技能环节模式化的范本，根据以往的学习和模拟训练日记，将交易模式中所有的不足之处、多余的部分和不符合你性格特点的一一排除掉。在此过程中要注意逐一排除，逐一记录。这是一项非常烦琐和令人讨厌的工作，但你必须要这样去做。

消除错误的方法是：当你在模拟或实盘交易中出现错误时，"分析中心"应该认识到需要更加集中注意力（在以后的高级篇中会有详尽的介绍），坚决并彻底地将工作转移到"综合中心"（执行）。有些"分析中心"过于占优的交易者常常会倾向于这样的自我陈述：我做得很差，出现了问题，但是我能够纠正！（这种问题在交易中会常常出现）产生这种现象的原因是，除了市场不确定性因素以外，此时"分析中心"过多地受到账面是否盈利的干扰，"思维指向"没有正确地集中于前一天的交易预案上，错误地把错误当作缺点来处理了，并着手改变原有的系统程序（这还是停留在分析中心的工作区域，并没有有效地将其过渡到执行中心），后果可想而知。要想在交易中消除错误其实也很简单，你只需将所有的注意力集中于执行你已经熟练掌握的系统，或者前一天的预案，这样错误即可以消除。说到底，这还是《交易心理学》中思维指向的问题，这需要你在今后"思维指向偏离"的章节中好好学习。

通过以上的知识我们现在知道，认清错误和缺点的不同概念是能够区分不同问题的，这种区分能够帮助你知道什么时候该做什么事情，这对于你平时的模拟训练和实盘交易都是很重要的。

如果你曾经是一个很有成就的交易者，只是在平时进行了一次或几次不正确的交易行为，你就没有必要考虑对你的技术结构进行重大改变。因为这时你只是犯了一个错误，这一错误只是交易技能综合过程中不经意的失误，所以导致交易结果的不完美。

但是，缺点是一个非常严重的问题，因为它是出现在你的技术环节中，它会始终存在。它通常是藏匿于你的交易系统内部，是不易被人察觉的。

大家都知道，目前在高端的汽车产品中有"召回制度"，是因为它在关键的某一个部件或环节中存在明显的缺陷，这就会给它的运行带来很大的风险隐患。这与交易系统本身存在问题是一样的道理，它代表你在建立和分析自己的交易系统过程中就有问题。换句话说，是交易技能的操作结构（交易环节的程序）不正确，与市场总是出现**大概率的**偏差，这必须要改进和调整。

它的具体表现为，在实际的交易中，你可能会按照某"大师"级别的人物所使用的方法——突破跟进。结果会怎样呢？有输有赢，一定是必然现象。但是，输赢的概率大小就不见得是必然的。所以，我们要根据市场阶段性的特点来统计和分析大概率事件的可能性。如果你的系统总是面临市场小概率的事件发生，那么说明你的系统本身存在明显的缺点，你目前的首要任务就是改进它。

在目前的所有领域中，交易领域是具有鲜明的特点的。基本体现在，交易者基本上都是自行学习和训练。很少会有专业的人士进行专门的指导。所以，对缺点与错误的区分是很困难的，但区分这两点却又是极为重要的。由于交易者众多，且个体间的差异很大，因此我也不能一一详细列举。但是，我能给大家提供解决问题相应思路。在这种情况下怎么办？就要求你仔细地阅读本书，自己根据所掌握的知识、自己的情况加以判别。一定要认真仔细地判别，如果你盲目地针对某一错误在交易环节上采取大的改变，就会引起退步，甚至是推倒重来，丧失你以往辛辛苦苦劳动的果实。请记住：**错误只是需要"微调"的，而不需要在其根本上"动手术"**。要摆脱顾虑，仔细地表象（在以后的章节中会有重点介绍）和体会以往正确的交易行为，分析自身的系统与当时的市场情境是否存在巨大的出入等。

当你完成了以上功课之后，相信你的头脑是非常清晰的，并能自然产生相对应的解决方案。即便得出的结论是自己系统上存在缺点也不要紧，及早发现，及早解决是件好事。我们只需要知道，**缺点需要创立新的交易模式，也就是重新优化你的交易系统**。

练习：指出下列交易行为是属于错误还是缺点。

1. 当你依照你的系统下单后，市场总是与你预期的方向背道而驰。这是错误还是缺点？

2. 在市场的运行当中，你会阶段性地注意某些媒体信息，从而使你的执行力受到影响。这是错误还是缺点？

3. 当市场运行已经触发了你的进场信号时，你有时会犹豫不决，这会给你带来心理上的障碍。这是错误还是缺点？

4. 你在平时的模拟训练中交易成绩很出色，但一到实盘交易中就会与此前判若两人。这是错误还是缺点？

答案：

1. 是缺点。因为这种情况总是出现，或者是大概率事件。这明显是系统上存在缺陷。

2. 是错误。因为这种情况是偶尔出现的，在以后的实盘过程中，只要你能将与交易条件和标准无关的信息过滤掉，你的交易就会很成功。

3. 是错误。因为你只是有时会犹豫不决，这是属于交易心理上的错误，只要以后加强交易心理上的训练就能得到改观。但是，如果你经常出现这种情况就属于缺点了。**这属于在交易心理学上的知识严重缺失，这种缺点将产生的后果是，不仅给你实盘交易带来心理上的障碍，还会导致你交易行为上的障碍，最终出现心理耗竭，从而退出交易生涯。**

4. 是缺点。首先是由交易心理系统上的不健全而造成的缺点，从而导致你实盘交易与平时的模拟训练所执行的是两套完全不一样的交易系统，或者在程序上发生混乱。相对应的解决方法是，认真系统地学习《交易心理学》，从本质上加以认识和知识更新。

问题：造成交易者交易技能下降的常见原因是什么？

答案：大部分的交易者会在模拟训练中表现得很好，但是在实盘交易中总是会出现这样或者那样的问题，如上述练习中出现的情况。这是为什么呢？其实也有很多人具备一定的交易能力，在并未完全失去这种交易能力时，由于市场的不确定性而使他们在实盘中出现了一些错误，这原本是很正常的。但遗憾的是，由于不了解缺点和错误的正确概念，他们误将盘中出现的一些错误当作缺点来处理了。这种处理会将以往仅存的一些交易能力逐渐地吞噬掉，因为你此时的改变是针对以往较成熟的交易系统，你认为它存在缺点。改变了相对成熟的交易系统也就意味着你丧失了以往的交易优势。当你以新的、修改过的交易系统重新面对市场时，往往较以前有更多不确定性。何况新的、临时性的系统是没有经过统计验证的，这难免会出现一些新的、你还未察觉到的错误，或者是更加严重的缺点。你的本意是修改交易行为上的缺点，却在不知不觉中又把新出现的错误和缺点加入到进行中的交易行为之中，这种行为引起了对纠正交易问题的阻抗。

另外，误将错误看作缺点的一个最大影响是随后出现在盘中的过度分析，这实际上是思维指向的偏离（以后的章节会有介绍），造成了对以往好的交易程序自动化的破坏，减少了过去模拟盘通常出现的良好的交易行为。

练习：如何控制技能水平的下降？

本练习的目的是，研究自己如何能避免出现交易技能水平的下降，以及一旦出现如何对付的途径。

1. 写出能够帮助你避免出现交易技能水平下降的途径与方法。

2. 写出能够帮助你摆脱交易技能水平下降的途径与方法。

答案：其实有很多方法可以控制交易技能水平的下降，现提出以下建议：

1. 能够帮助你避免交易技能水平下降的措施：

（1）在任何时候想改变自己的交易系统之前，首先应仔细地观察市场状态与交易系统之间的契合度，分析自己在交易过程中出现的是哪种性质的问题。是缺点，还是错误？

（2）认真、仔细地再次确定、评估出现的问题是错误还是缺点。

（3）在实盘中，避免过度地分析自己的交易行为，将注意力集中在交易系统的条件和标准上。

2. 能够帮助你摆脱交易技能水平下降的措施：

（1）在实盘中特别要注意，采用积极的自我强化的方式，对自己的交易技能行为要有端正和耐心的态度。

（2）加强表象以往正确的交易行为，这也是一种很好的强化方式。

（3）清晰地表象前一天的交易预案，特别是市场符合预案行为的条件和标准。

以上练习并不要求大家立即着手深入，因为还有很多相关知识会在今后的章节中逐步展开。目前只是给大家一个初步的认识，但是，这些练习今后一定要做。

第二十三节　交易技术的基本结构

所谓的交易技术只是个总称，它如同一张桌子的桌面，是由交易者的技术基础、技术环节和技术细节三个不同层次的技术结构，如同桌子腿一样支撑桌子的平稳，缺一不可。

一、技术基础

它是交易技术的各个支点，包括 K 线、均线、量能、MACD 和 KDJ 等等。市场上有很多这些方面的书籍，我在这里就不一一介绍了。但是，还有更加重要的是交易理念，而交易理念是本书的重点阐述内容。

二、技术环节

技术环节，是指将所学到的技术基础，选出几个作为交易系统的"过滤器"，按自己所熟悉的顺序，加以优化排列。每一个"过滤器"都是系统内的一个环节，它们之间要有良好的链接，以此作为非判断交易模式的进、出场的依据，如 K 线、均线、量能、MACD 和 KDJ 在某种状态下你认可的共振。但这需要你做交易模式的数据分析报告，才能确定它们的环节之间是否有问题。

三、技术细节

如果你所做的交易模式的数据分析报告的结论是基本可行的话，那么你就会遇到细节的处理与把握的问题。对技术细节的把握是大多数交易者的瓶颈，很多人无法突破。如：在二类指标与一类指标之间的关系变化上，通常我们会遇到很多看上去似乎是一样的市场现象。比如将 MACD 的金叉作为我们进场点的依据，但实际上之后的股价却开始一路下跌，这是为什么呢？因为我们忽略了对**一类指标的仔细的观察**（当然还有其他方面的）。**细节！细节已经是决定你系统的再完善和交易成败最重要的因素！**

特别是今后在实盘的交易中，要求你对细节的把握程度更高。在前面我曾经提到过：**结合众多的非判断交易模式，达到一个理性的判断交易的艺术高度**。这一点是无法脱离技术细节给予的支持的。

值得我们注意的是，图表中的二类指标基本上都是从一类指标的某一个标准发展而来的，但它并不能顾及盘面所有方面的信息，这也是我们需要注意的和运用的细节。

物多类之而非，唯圣人知其微。[71]

意思是：事物有很多表面相似而实际上不相同的东西，只有圣人才能明察它们之间的细微差异。

总之，技术基础、技术环节和技术细节是交易者基本能力的体现，更是交易技能的基础。

最后，这里不得不再次强调：在实盘交易之前要细心，并多思考，这样在实施交易行为的时候才不会有可担忧的困难出现。若事到临头之时还没有细致的规划必然会有潜在的忧患，这样对交易行为的良好发展是没有什么帮助的。这是唐史上李绛曾经讲过的话，这句话对我们很有警示意义，我们应该有所启发，并可以将它写在座旁，时时提醒自己！

原文是：**忧先于事故能无忧，事至而忧无救于事，此唐史李绛语也。其警人之意深矣，可书以揭诸座右！**[72]

四、高度技巧

只有在完全把握以上三个基本结构以后你才有可能发展到十分熟练地交易的程度，并能够随着盘中的变化变换自如，稳定性强，形成一种特殊的对盘面变化的"感知"能力，我把它称为"盘感"。

以上几个结构还派生出了几个交易技术概念：

1. 技术风格——职业交易者在完成交易时所体现的时空性就表现出了他特殊的个体技术模式，他的模式能直接代表他的技术交易风格。

2. 技术关键——在各个技术之间起连接性作用的技术环节是很关键的，它直接关系到你的整套交易模式能否像一台机器一样正常地运转，只要有一个环节连接不畅，整套系统就不能正常地工作，它是提高系统稳定性的关键因素。

3. 技术难点——我们每一个人都会在交易中遇到这样或者那样的问题，最初是体现在各项技术之间无法有效地连接，后期会体现在整套系统无法有效地进行完善，或者出现执行能力的困难等。技术难点是根据交易者的个体因素而定的。也许有些难点对有些交易者来讲并不算什么，但对另外一些交易者而言却很困难，这因人而异，需要你在今后的训练和实盘中自我感受和认定。

需要重点说明的是，技术关键和技术难点不属于同一个概念。技术关键是属于我们需要不断学习去"认知"的过程。而技术难点是属于我们需要行动去解决的过程。所以，技术关键在先，技术难点在后。还记得我之前反复提到的**"知先行后，知行合一"**吗？通过我们不断地学习和发现，并掌握"认知"技术的关键所在，在交易过程当中才能不断地优化组合，技术难点是可以被攻克的。**没有一个理性的、深刻的认知，就不会产生行为上的爆发！**

总之，在一切的交易技术之初，除了认知以外，一定要逐步达到一个有科学依据的"模式化范本"。衡量技术的标准也要先服从"模式化范本"（详见后文"职业交易者交易技能形成的程序性规律"）的基本要求。

第三章　职业交易者交易技能形成的基本规律

交易技能与其他职业技能的形成是一样的，是有一定规律的，学习这些规律有利于我们更有效、更快地掌握交易技能，提高交易水平。

第一节　职业交易者交易技能形成的阶段性规律

职业交易者交易技能形成的阶段性的规律主要分为以下几个阶段，各阶段有其不相同的学习和训练任务。

第一阶段是泛化阶段，是新手学习交易理念、技术基础、初步掌握基本交易技术（包括学习仓位的控制）和交易心理学的内容，逐渐积累交易技能的阶段，也就是学习图表指标和对市场加强认识的过程。更加重要的是，此阶段是对将来出色的"盘感"的重要培养阶段。此阶段主要是以**"认知"**为主。

此阶段容易出现的问题：受市场客观氛围、人文环境的影响，以及还没有接受过交易心理学的训练，新手很不容易控制自己的"情绪"。具体"情绪"体现在市场的赚钱效应更容易吸引大家的注意力，特别是那些性情急躁的人。为了自己能更快地加入到其中，他们往往忽略了基础知识的学习，迷信"指标"才是他们打开交易之门的金钥匙，是成功的捷径。因此，他们更加愿意用自己辛辛苦苦积攒下来的真金白银去加入到市场交易中，结果更多的是大家要为此付出高昂的、没有必要的、毫无意义的学费。

我们的先人曾经言之谆谆、语之切切地教导我们：**天下之物，纾徐柔和者多长，迫切躁急者多短。故烈风骤雨，无崇朝之威。暴涨狂澜，无三日之势。催拍促调，非百板之声。疾策紧衔，非千里之辔。人生夭寿祸福，无一不然。偏激者可以思矣。**[73]

意思是：天下的任何事物，纾徐柔和者多长久，迫切急躁的多短促。

132

所以烈风骤雨，不会有持续一早晨的威势。暴涨狂澜不会维持三天的时间。快拍短调，不会是百种乐器奏出来的声音。用力鞭打、拉紧衔勒，不是对付千里马的办法。人生的寿夭祸福，没有一样不是如此的。所以，性情急躁的人要好好想想这个道理。

在我亲身经历的过程中，我深深地知道基础知识的学习，以及各种的分析、比对是多么得枯燥、乏味。我曾经某一段时间对自己要学习的知识深恶痛绝，宁愿花几千元购买所谓的神奇软件，也不愿意再回到令人头痛的学习当中去。经历了一段时期的弯路自己又终于醒悟，终于又回到了"老路上"（学习、学习、再学习），并能够做到"痛并快乐着"。

第二阶段是分化阶段，也是技术关键、技术难点和克服学习交易心理学所带来的枯燥所在（以上已有介绍）。此阶段首先是以单一市场"信号"为一个独立环节，然后将三个以上的环节进行有效链接，并形成较稳定的交易模式，我把它称为"交易模式定型"。同时，对手中头寸的控制与分配也要有合理的比例，以及详细的计划。另外，将所学习的《交易心理学》与市场发生的行为相结合也不是件容易的事，这需要大量的时间和耐心细致的工作。

此阶段主要是以**"认知"为先导，以技术、市场条件和心理技能为依据，以合理的资金比例为准绳，知行合一**的阶段。

此阶段容易出现的问题是：其一，由于新手对基础知识的学习可能还存在着这样或者那样的缺点和错误（缺点和错误是两个完全不同的概念，以上的章节已有详细的介绍），以及对整体市场和心理技能没有一个全面和深刻的"认知"，很容易在情绪上首先出现很大的波动。所以导致在各环节（信号）之间找不到连接点，在整体的交易模式运行中会有明显的障碍。其实它的主要原因还是各个基本功之间的联系尚不健全，这是其一。

其二，不知道如何运用心理技能辅助初期的交易和训练。不过，面对这些问题我们还是有解决方法的。除了再次加深基本知识的学习以外，你需要大量地结合图表，根据在不同周期、不同阶段的统计找出各环节之间的技术关键，明确技术难点，这是个反复对比，认真思考、细致研判的过程。同时运用交易心理技能中的交易行为矫正技术和交易行为塑造技术加以辅助，这样就会达到事半功倍的效果。

第三阶段是巩固和提高阶段，此阶段需要交易者进行大量的心理技能和市场交易练习，进一步地验证你的心理状态是否可以不受市场的干扰，交易模式是否基本上能够与市场同步，并发现细节上的变化，特别是是否存在"**缺点**"（再次重申：缺点和错误是两个截然不同的概念，这点很重要。复习以上的章节）。着重技术细节上的改进，确立自身的技术特点和技术风格，努力实现良好的**心理模式定型**和**交易模式的定型**。

此阶段主要是以小资金量的实盘交易为主，同时最好也不要放弃模拟账户的操作，保持平行账户的状态，只是在交易手法上加以变通，这样对你不断地产生新的"认知"是很有帮助的，前提是你必须要有良好的、正确的心理技能加以辅助。此阶段实际上是你高速发展的阶段。

此阶段容易出现的问题是：由于经历了一段时间的心理学习和交易模式的确立后，交易者很容易觉得自己已经具有了一定的水平，可以进行正式的、大规模的交易了，这是不对的。我们单从记忆机理上讲，此时你只是刚刚摆脱**粗略的学习时相**，在技能水平上还未达到**三级记忆机理**。在这种情况下过早地进行大规模资金的交易，极有可能会因为市场的变化和激烈程度丧失你多年培养的交易模式，包括打乱你的技术特点和技术风格，这是对自己以往辛辛苦苦积累下的经验极为不负责任的。这就是以上所提到的"小资金量的实盘交易为主，同时最好也不要放弃模拟账户的操作，继续保持平行账户的存在"极为重要的根本原因。

在利用小资金的实盘练习交易时，一定要遵循交易的"模式化范本"（在下一个段落就将介绍）进行，尤其是在资金占用比例这一环节，新手很容易在实际操作中失去控制。如在原本设定的单位周期内，在更小级别阶段没有控制地密集加仓，很容易造成操作上的对原有周期止损的放大，从而打乱了你原有的操作计划。

要注意！**市场的千变万化是我们无法控制的，我们唯一能控制的是自己跟随市场的变化而变化，万不能因为市场的变化带动你原有操作计划上的改变。**

这句话听起来很难叫人理解，我来举个例子。

比如：你有一百万元的资金规模，在此阶段你准备用十万元的资金进行场内交易练习。注意！十万元是你原有计划的一部分。在交易中，除了你预先设定的止损以外，不管你是采用 4321 还是 1234 的进场原则，你的资金使用量的顶值就是十万元。如果市场冲破了你的止损点（这也是你原有计划的一部分），你应该立即做"止损"操作，或者"停损转向"操作向市场认错，这才是**"跟随市场的变化而变化"**，决不能像市场上有些"大师"们所说的越跌越买。

第四阶段是高度技巧阶段，实际上当你完成了以上巩固和提高阶段的毕业考核之后，你就已经自动晋级到高度技巧阶段了。因为你在小规模的"战斗"中，尤其是经历了对平行账户的操作，面对市场的变化会使你形成**"猝然临之而不惊，无故加之而不怒"**的良好心理品质。你已经能够从容和客观地判断市场的变化了，并能够很快地融入市场的节奏。

还有一点，就是作为一名职业的交易者，我们或多或少地在某一区间内都出现过"最佳的交易状态"。但是，这种"最佳的交易状态"并不是伴随着我们每一次的交易的，总是有一段时间我们感觉很不顺手。但这并不意味着此时你已经脱离了高度技巧阶段，这是为什么呢？原因是人的心理包括生理周期也跟市场一样，也会出现巅峰和低谷，它是呈曲线波动状态（这一点女同志尤为明显）。当你的心理与生理周期处在低谷时，人的注意力难以长时间地集中，正常反应时会延长，敏感度会下降，造成你的交易水平也同时下降。甚至还会出现不间断的错误，这都是属于正常现象。在这种情况下，大家只有不断地学习交易心理学，全面掌握交易心理技能，完善自我监测，在相对的心理和生理低谷时期内控制自己的交易频率，从而能降低很多操作上的失误。

以上用文字概述了职业交易者成长所需要的经历，下面我们用一张图表更直观地体现在我们从事这个行业的过程中是怎样逐渐**"经营"**和成长的。

首先我要先给大家讲述一下何谓"经营"。还记得在关于"发展第一，盈利第二"的章节中我引用过《淮南子》的一段话：**浏览遍照，复守以全。经营四隅，还反于枢。**所谓经营：南北（上下）为经，是空间关系。东西（左右）为营，是时间关系。经营四隅：意思是要不断地"观照"东西南北，上下左右，四面八方。如果我们再结合图表想一想，这是不是很耐人寻味？

此外，既然谈到时间和空间的关系我不得不再提一位古人，他是时间关系和空间关系的鼻祖，纵横术的发明者——鬼谷子。

他的伟大思想集中于：**捭阖第一，合纵连横，无中生有。**何谓纵横？

即南北（上下）为纵，纵曰经，空间关系。东西（左右）为横，横曰纬，时间关系。如果我们再结合图表想一想，那些高智商的群体多少次制之以掉阖？多少次合纵连横？又有多少次无中生有？

综上所述，我们除了对古人的伟大智慧顶礼膜拜以外，真的要好好思考一下面对这个特殊的行业我们应该怎样去"**经营**"的问题。要知道"**天下有三危：少德而多宠，一危也。才下而位高，二危也。身无大功而受厚禄，三危也。故物或损之而益，或益之而损。何以知其然也？**"[74]我们还是先**还反于枢**吧。

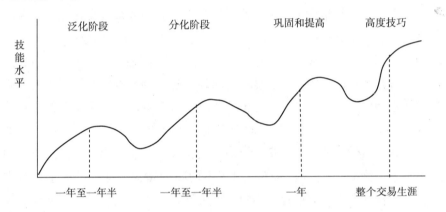

图 3 - 1 职业交易者成长的过程

从图 3 - 1 中我们可以看出，随着技能水平的不断提高，横坐标的时间也会延长。同时，纵坐标也呈现出螺旋式地稳固上升的态势，既然曲线呈现出上下波动状态，也就说明我们的成长不会是一帆风顺的。在每个阶段都会出现很多的起伏期，而不只是在每个阶段间有起伏。不知道大家是不是仔细观察了图表，有没有发现其中的细节。当然，这些问题的出现都是很正常的，只要我们提前做好心理准备，遇到问题才会不急、不慌，从容面对。

初学者首先在泛化阶段可能需要一年至一年半的时间，这对于你的耐心也是个重要的考验阶段。

在分化阶段，我见过极具天赋的自学者，不到半年的时间就把各个环节进行了有效的梳理，整合得像一台机器，迅速地进入到下一个试运行阶段。我相信，如果有人能够从中加以指点还能够更大程度地缩短时间，少走弯路。但是，作为一般的交易者，这个阶段的时间周期大约需要一年的时间。

巩固和提高阶段是要努力完成交易模式定型和心理模式定型之后提高自动化的阶段，由于在细节方面还需要不断地完善和加工，以及需要在市场的实战中积累更多的经验，交易者也需要在此阶段耐心地停留半年到一年的时间。

所谓高度技巧阶段，也就是你在经历过长期的磨炼，在千锤百炼之后可以正式地进入你的职业交易生涯。但不是当你进入到职业生涯之后就可以停止不前了，今后还有更高层次有待你继续探索、追求。比如稳定或大幅提高交易行为的艺术化，这也是相当具有难度的。

第二节　职业交易者交易技能形成的程序性规律

职业交易者最初交易技能形成的程序性是很关键的，因为从交易技术到交易技能的形成与提高都存在严格的逻辑顺序性——**程序化**。不了解它们之间的程序性联系和不按其固有的程序性发展规律学习和训练的交易者，是很难得到良好的交易结果的。

所谓：**大匠诲人必以规矩，学者亦必以规矩。**[75]

以上的章节曾经讲过，交易技能是属于"能力"的范畴，而交易能力的体现是由众多环节组成的，是属于各个环节的基本能力的综合体。所以，我们有必要先把交易技能形成的程序性规律搞清楚，在这里我把程序化称为"**模式化范本**"，如下（我们以股票为例）：市场的大背景—各板块的状态—板块龙头及相对活跃度—进场标准的确立—占用资金比例—止损以及止盈的确立—设定单位周期—发生交易行为。

从上我们可以清晰地看出职业的交易者在交易行为发生之前是需要经过多少环节进行处理和确认的，而每一个环节的处理和确认都是需要能力的。在交易行为发生之前缺少了任何一个环节都有可能给你的交易带来隐患。它带来的不仅是你资金上的损失，更重要的是会影响你在交易中的心理状态，由此将诱导你在不知不觉中进入"恶性循环的状态"（在以后的心理章节中会有介绍）。

还记得我在本书的开篇一再强调"预则立，不预则废"吗？希望大家能在交易之初参照一下交易的"模式化范本"，一定要养成一个良好的交易习惯，做一名真正意义上的职业交易者。

一、市场的大背景

这里所提到的市场的大背景分为两个方面，一是我们通常提到的上证指数或者深证综合指数，二是商品期货中的连续指数或国际市场方面的影响。它们分别代表了市场上的综合状态，综合状态的好坏是我们决定交易首先要考虑到的因素。从股票市场方面来讲，两市也存在着此消彼长的状态。比如在2010年5月深圳市场有明显要强于上海的势头，在5月中旬我选择进入的品种为华兰生物（002007），在之后的一段时间里它不仅跑赢了深圳市场，更加跑赢了大盘。在之后的8月初又重新杀回上海市场，进入建发股份（600513），可惜的是所占仓位的比重不大。这正所谓：**两利相权取其重，两害相权取其轻**。这就是对市场大背景的评估带来的好处。另外，对选定的品种也要进行大背景分析，它是在你所要执行的交易周期的基础上更大的周期中来判定它的方向性，以便你在小的周期里寻找更好的进场点。

二、各板块的状态

两个市场上的综合指数是由各个板块构成的，市场上虽然会出现普涨格局，但是，更多的情况下是由各个板块的轮动来推动指数上涨或下跌的。在这种情况下，对各个板块的监测就显得尤为重要了，也就是说此消彼长是市场的常态。既然这样，我们把这个市场比喻为一个战场的话，各板块之间的互换，则是你择机进入市场的关键。

板块之间的轮动其实是很难捕捉到的，除了突发事件之外，各个超级"主力"诡计多端，无所不用其极。他们就像用兵打仗一样，明明要发动一波行情，在盘面上却显示出很疲弱的样子。他们明明想把这个板块做起来，却在另一个板块上显示出很强。这样常使公众交易者因为利益受到诱惑。当你刚刚进入看起来很强的板块时，他们想做的板块立即"凶相毕露"，使你的交易心理陷入混乱。当然这里还存在着各个"主力"之间的斗争，而我们大多数公众交易者却沦落为不落任何好处的"帮凶"。

以上所强调的都是我们在看待和处理事务时所需要注意的细节，在这方面我们的老祖宗早就给我们留下了宝贵的经验和财富，我们不得不加以重视，思考！

兵法曰：**兵者，诡道也。故能而示之不能，用而示之不用，近而示之远，远而示之近，利而诱之，乱而取之，实而备之，强而避之，怒而挠之，卑而骄之，佚而劳之，亲而离之，攻其不备，出其不意。此兵家之胜，不可先传也**。[76]

意思是：用兵打仗是一种诡诈之术，明明能打却装作不能打的样子，计划好要打的，却装作不想打的样子。明明要向近处发起攻击，却装作攻打远处。即将进攻远处，却装作准备要攻打近处。对手贪图利益，就用利益引诱他。对手混乱了，就趁机置他于死地。如果对手的实力雄厚，就要处处防备他。对手的兵势强盛，就要暂时避其锋芒。对手性情急躁，就要趁机折损他的锐气。对手胆怯了，就要给他个"甜枣"使他骄横。对手精力充沛，就要想法使他疲劳。对手内部和谐统一，就要设法离间他。要在对手没有防备时发起攻击，要在对手意料不到时采取行动。所有这些都是军事家指挥艺术的奥妙，是无从事先进行呆板规定的。

三、板块龙头及相对活跃度

在每个板块中，都会有一两只起决定性作用的股票，它们不仅能带动整体板块上涨，也能够带动整体板块的下跌，我们把它们称为龙头。但是，龙头股在所在板块中并不是永远不变的，随着市场的变化，利益群体的"需求"，它也会随之转移。对龙头品种的监测是对板块异动，以及市场热点判断的依据。大家都应该知道，在底部盘整后突然爆发的标的在前期都是有征兆的，其中架构和相对活跃度就是判断它要起爆的一个重要特征。《菜根谭》里有这么一句话是：**鹰立如睡，虎行若病**。我以前经常挂在嘴边上的一句话是："形态内突破或者形态内破位。"话只能至此，希望朋友们自己感悟。

四、进场标准的确立

当你完成了职业交易者交易技能形成的四个阶段后，相信你会对不同的市场状态选择相对应的交易模式，或者耐心地等待时机。实际上你已经认同这种选择，确立了进场标准。但这个时机一定是符合你的交易系统的标准，在给你发出可以入场的信号之后，你才能果敢地行动。

在中国的传统文化中，我们一直将"礼（行为标准、原则或者是常规惯例）"作为重中之重，我认为其中荀子的一段讲述对我们广大交易者在其行为标准上是很有帮助和启发的。

《荀子·天论篇》曰：**百王**（在资本市场中大资金为王）**之无变，足以为道贯**（贯：古代穿铜钱的绳索，是贯穿整体的主线）**。一废一起，应之以贯。理贯，不乱。不知贯，不知应变。贯之大体未尝亡也。乱生其差，治尽其详。故道之所善，中，则可从，畸，则不可为，匿，则大惑。水行者表**（表：水中所立的标志，显示水的深浅）**深，表不明，则陷，治民者表道，表不明，则乱。礼者，表也。非礼，昏世也，昏世，大乱也。故道无不明，内外**（上下）**异表，隐显有常，民陷乃去。**[77]

以我根据资本市场的理解可译为：历年来的主力、庄家或者金融大鳄，他们都有一样从未改变的东西——不是主动做多就是主动做空，只要我们有标准在就完全可以作为自己交易原则的惯例来实施。市场的兴衰变化，应看作是一种正常的现象，顺应标准就可以了。以这个标准为主线，你的交易就不会乱。如果不了解这个常规的主线，你就不知道如何应付其中的各种变化。这个常规的主线在市场中从来就没有消失过。交易的混乱是因为在使用这个主线时出了差错，而你的交易稳定也是因为恰恰遵循了标准和运用好了这条主线。所以，要以你交易原则中所倡导的作为标准，如果符合的，就可以遵从，如果偏离了，就不能实行，如果违反了，就会造成交易极大的混乱。过去涉水过河的人要循着标示深度的标志走，如果这个标志不明确，就会使人沉入水底而淹死。改善自己的交易行为，如果标准、主线不清晰，交易必然混乱。"**礼**"制，实际上就是我们交易者的行为标准。违背了礼制，就是混乱的交易。混乱的交易，就会造成更大的混乱。所以，交易原则中的标准和主线都很明确，不仅是对内、对外，对上、对下都有不同的标准，看得见的和看不见的，有真的也有假的，都清楚它有一定的常规，这样交易者的灾难就可以避免了。

以上足以体现了古人对行为标准的重视程度。

五、占用资金比例

实际上就是仓位的控制问题，首先将家庭的所有财产一次性投入，以及借钱等都是大忌。其次就是账户现有资金的管理与分配问题。我们经常遇到这种情况，盘面在运行中不总是符合我们的交易条件和标准的，在这种情况下，就要坚决执行操作纪律。

另外，还有一种情况也会常常出现，根据你前一天做好的交易计划第二天盘中"信号"即将成立，但是，市场的运行方向恰恰与你要做的方向相反，并且恐慌情绪不断地蔓延。这该怎么办呢？还记得在倾听技能章节中《鬼谷子·反应第二》的这段话吗：**己反往，彼覆来，言有象比，因而定基。重之袭之，反之覆之，万事不失其辞**（这段话同样很适合于以下的交易的角度）。**此听真伪、知同异、得其情诈也。动作默言，与此出入。喜怒由此，以见其式。皆以先定为之法则。以反求覆，观其所托，故用此者**[78]（同样适合于以下的交易的角度）。这两段话是提示你运用"反诘术"去试探盘口语言的真实性，但是不可承受的是"赌博性"风险，要上升到可以承受的"商业性"风险的高度（在关于盈利第一还是发展第一的章节中阐述过）。这就意味着你此次执行的交易行为不能像赌徒一样把筹码全部压上去，要根据自己所能承受的程度，并在符合交易条件和标准的前提下试探性地介入，一旦成功你就占据了市场良好的部位，为下一步的确立、加仓提前做好优势准备。这也是在《与幽灵的对话》一书中所讲述的关于飞机失事的故事的深刻内涵。

有朋友可能要问：如果此次交易失败、亏损呢？首先我想反问：有谁能够保证每次交易都能够准确、盈利？其二，我曾经在"什么是成功的交易"一节里提出过建议：尽量将你的进场信号设置在离你最近的止损点位附近的位置。其三，也是本节最重要的资金管理问题，既然我们能够意识到，并付之行动地将交易上升到可以承受的"商业性"风险的高度，在这种情况下你就不可能全仓位地投入，运用"反诘术"进行试探性的交易最多也不会超过总仓位比的20％，这还不是个保守的数据。即便是这样，按市场常规行为情况下三十跳也足以使你从容止损出局了。请问：即便是20％的仓位，三十跳的亏损占你总资金的比例是多少？能承受吗？不能承受的话可以再次降低初次进场的仓位比，或者再次压缩你的止损点。如果有朋友还不能接受，梦想一招制敌，进场就必须盈利的话，我只能劝你离开了。因为我很赞同我弟弟说的一句话：**亏损是这个游戏当中的一部分，任何人都无法摆脱**。不管你信不信，反正我是信了。

是否还记得在前面章节中有这样一句话：**作为职业交易者，有的时候**

明明看到前面是"火坑"，也要义无反顾地往里跳。为什么要这样做呢？这不是自投罗网吗？我们要知道这个市场的属性是"或然性"的，既然是"或然性"的那就存在一种可能——**我们眼睛所看到的不见得是真的！** 特别是具有明显的平台突破或者阶段性破位。在这种情况下，市场往往会造成极大的恐慌，这是大多数人的心理特征。

在以上"什么是交易艺术"的章节中，我已经用了真实的交易案例表述过这种市场现象，并"言为士则，行为世范"亲身作出了表率。作为职业交易者此时应该注意的是，你的"信号"升程是否具有**严密性**。如果具备的话，就不妨派出一些"兵力"前去试探一下，或许会有意想不到的收获。

有朋友可能会说：你这是在逆势！常言道"顺势者昌，逆势者亡"。后半句我也很同意！但我并不认可我是在逆势交易。没错，我是喜欢在我准备做多的时候把单子预埋在阴线的位置上，这就形成了市场明明是在下跌，而我却在积极地试探性做多，甚至有重仓位的情况。难道只有符合大多人的看法，或者市场所谓明显趋势突破才算符合顺势吗？那我不禁要问：为什么市场上大多数人是赔钱的？为什么市场上有那么多的假突破？这些难道不值得我们认真、仔细地思考吗？再举一个实盘案例，如图3-2所示。

图3-2　白糖1305走势及持仓

我想请大家思考：一个方向的趋势难道永远没有尽头吗？朋友们是否

知道《道德经》里有这样一句话：**物壮则老，是谓不道，不道早已！** 其实我忘了是哪一次，在什么时候我突然想起这段话的。但它当时确实给我一种醍醐灌顶、血脉偾张的感觉。可惜的是，在如今传统教育严重缺失的情况下，我相信有很多人不知道这个道理。我讲这句话的目的是，为了加强交易行为的积极作用，而不是消极地等待，敏思彼言！

总之，资金占比这个环节相当重要。你要以对待建立交易模式一样的态度对待它，要小心谨慎地根据市场情况，仔细分析，认真布局，最后要坚决地执行。同时也一定要兼顾所能承受的压力，以及由于市场的不确定性给资金方面带来的风险和损失。

六、止损以及止盈的执行

《淮南子·缪称训》曰：**君子不谓小善不足为也而舍之，小善积而为大善，不谓小不善无伤也而为之，小不善积而为大不善。**[79]

以上这句话在交易当中我们应该如何去理解？首先，先谈谈止损的问题：

止损——在以前的章节中我们看到过交易原则、交易标准等内容，包括市场的属性问题。这就意味着我们每一次的交易行为都存在着与自己的预期相反的走势，在这种情况下不可避免地就要发生止损行为。很多朋友也都认可这是一件极为正常的事情，但往往在实盘交易中会出现临时放大止损标准的行为，而不去执行原来制订好的交易计划，这主要是个人针对市场行为报以幻想所导致的。我以前也是经常出现这种情况，并深深地知道这样做不仅不对，更重要的是对于以往辛辛苦苦统计出来的交易模式分析及数据报告而制定的交易模式是一种极大的不尊重。试想，一个人如果连自己的劳动成果都不尊重的话，又怎么可能得到市场的尊重呢？特别是由于小的止损没有执行而引发大面积的亏损，并造成局面相当被动的时候，我对我自己的行为感到非常地羞耻。直到有一次无意中翻看《鬼谷子》才对**"不谓小不善无伤也而为之，小不善积而为大不善"** 有了深刻的理解。

《鬼谷子·抵巇第四》曰：**巇**（险恶之意）**者，罅**（缝隙、小缝之意）**也。罅者，涧也。涧者，成大隙也。巇始有朕**（朕，作观察讲。也有征兆、迹象之意。《周礼·春官》曰：无目朕谓之瞽，有目朕而无见谓之蒙。），

可抵(抵，处理之意)**而塞，可抵而却，可抵而息，可抵而匿，可抵而得，此谓抵巇之理也。事之危也，圣人知之，独保其身，因化说事，通达计谋，以识细微，经起秋毫之末，挥之于泰山之本。**[80]

意思是说：所谓"巇"就是"隙"，微隙不管就会发展成小缝，小缝不治就会发展成中缝，中缝不堵就会发展成大缝，而使整体破毁。微缝刚刚出现征兆时，可以治理它，堵住它，控制住它的发展，甚至可以使它恢复原状。这就是抵巇之术堵塞缝隙的一条基本原理。依此可见，事物败坏的征兆刚刚出现时，圣智之士就能洞察一切，而且能独当一面地发挥应有的功用，寻找它变化的踪迹，并暗中思量琢磨，分析事物之间的联系，通盘筹划以找到产生微隙的原因，从而加以预防。任何事物常常如此，由于毫毛般微小的原因发展下去，也能毁掉泰山般大而坚固的物体。

不用再讲其他的道理了，该执行就执行吧。虽然也有刚刚执行完市场又发生相反变化的时候，但只要我们把握住大的原则，就不会出现"死人"的现象。

总之，"**昨日之非不可留，留之则根烬复萌，而尘情终累乎理趣。**"[81]

止盈——谈到止盈的问题不得不首先谈如何认定趋势的问题，因为它是你可能随时根据设定启动止盈的重要依据。如何认定趋势？这需要相关的步骤。其中的一个细节就是，首先要涉及设定**交易周期基本单位**的问题，这在下一个章节就有阐述。此外，它还牵扯到"**现实目标制定技能**"等，这项技能也是《交易心理学》中五项重要的基本技能之一，在以后的高级篇中会有大篇幅的介绍。在这里想强调的是，所谓的趋势并不是大多数公众交易者所认知的那样。举个简单的例子，我忘了曾经在哪本书上看到过有关趋势的描述，大概意思是（原话我记不住了）：市场价格以上升的形式出现，呈现一个高点比上一个高点高，并且长期与短期均线呈现多头向上发散的态势，此种现象可定义为市场的多头趋势成立。为了节约本书的空间就不给大家用图表展示了，大家可以随便打开一张历史图表去比对，并细心地观察此种定义是否严谨，以及在交易行为发生以后所带来的弊端。请允许我暂时留些悬念，我希望的是你能够通过自己的洞察力从图表中体会出一些问题，以这种方式获取的知识会直接提高你的"记忆机理"，它是形成技能最快捷和有效的方式。细节！请注意细节！

大家可能应该知道有半部《论语》可以治天下之说，其中有一则小故事，是孔子给予爱徒颜回的评价。

子曰：**吾与回言终日，不违，如愚。退而省其私，亦足以发，回也不愚！**[82]

可以说这是极高的评价了，同时也是对其他弟子的忠告：要善于思考，善于学习，才能善于进步。

可以给大家一个提示：在上文"占用资金比例"的章节中提到过老子《道德经》中的一句话：**物壮则老，是谓不道，不道早已！**根据这段话对照图表去感悟对你是很有帮助的。

我还可以用现代语言简单地再给大家一个关于趋势定义的提示：方向、运动、节奏、失败。

在现实中我见过真实的"场内交易"者，在几秒钟之内他能完成整笔（开、平仓）的交易，特别是他的止盈，设置得非常短。记得在第一次看到他的交割单时我有一种头晕目眩的感觉，不仅是手快的原因，最主要的是，这分明就是在"职业交易员所需要成长的经历"章节中的最高境界——无我的状态。他简直就是一台"机器"，心无旁骛的"机器"，并且用这种方法连续几十个月保持盈利，当然其中也有一定量的亏损单，但非常明显是"瑕不掩瑜"。这就是**"君子不谓小善不足为也而舍之，小善积而为大善"**的典型案例。我虽然没有与他交流过，但是我相信关于以上趋势定义的八个字他懂得，他一定是懂的。借用孔子的一句话：**虽曰未学，吾必谓之学矣**。[83]但是，据说这位朋友要改变自己的交易手法和风格，这期间一定会遇到挫折，在这里我衷心地祝福这位朋友！

总之，止损以及止盈的确立完全是技术细节、市场变化的需要，以及市场的交易心理的综合体，它不会有固定的通道、轨迹和目标，它会随市场突发性的事件而变化。

在这个多变的市场里，我们把它定为预计与现实目标的确立更为恰当。另外，这个环节还应该包括对选定品种市场变化的预案。尤其是遇到市场突发性的事件，进行坚决的止损、止盈，或者遇到利好的刺激做好准备追加仓位的布局和计划。

七、设定交易周期的基本单位

交易周期基本单位的设定完全是根据你的个人技术风格、习惯，以及对市场的理解和变化所定。

我看到市场上大多数人，甚至电视媒体中的"专家"经常习惯用长线、中线和短线作为区分和统称，这是很模糊也很不专业的。

比如，你要是习惯以月线为交易单位的话，跨月行情的交易即可称为短线。但是，相对以日线为交易单位的交易来讲这就如同中长线一样的漫长。据我所知，夸张地讲市场上有人以年线为单位做股票，有的人以一分钟为单位操作。大家有没有想过这个问题：年 K 线的振幅有多大？一年的周期内会发生什么样的事？一分钟的 K 线市场杂波有多少？在数不胜数的情况下，对于你判断的冲击是否过于强烈？除非你能像上一个章节中提到过的那位"场内交易"者那样，坚决地在交易周期内完成止盈或止损。至于大级别周期单位趋势的延续不在你的视线之内，就与你没有任何关系。

此外更重要的是，设定过大的交易单位周期很容易使人对市场发生的重大事件产生思想上的麻痹。目前还有几个交易日就接近年关了，我们就以上证指数的年 K 线来看，从 2478 点跌到 1949 点不可谓不惨痛。如果我们用日线级别单位来看，在 2012 年 3 月 13 日我的微博中特别以"**与刚柔卷舒兮，与阴阳俯仰兮**"作为结束语，是不是能够说明在设定交易单位周期上的重要性呢？根据现已走出的图表大家自己揣摩。但是，你如果用更大的周期单位就不见得能预判到年 K 线能有多大的振幅。

所以，长、中、短线之说极为笼统，属于概念上的模糊。在此强调的是，希望大家首先明确你的交易周期是以什么为单位的，以此为基数，否则，你无从寻找你的交易点在不同的却又相关联的周期之间所处的位置与环境。

八、发生交易行为

处巧若拙，处明若晦，处动若静。[84]

将则而能弭，当事而能救，即事而能挽，以之谓达权，此之谓才。未事而知其来，始事而要其终，定事而知其变，以之谓长虑，此之谓识。多记先圣格言，胸中方有主宰，闲看他人行事，眼前即是规箴。[85]

意思是：对于看似巧妙的事物，要以笨拙简单的方法来处理，身处顺势的高位，却更应该善于韬光养晦，虽然周边环境激烈动荡，却要像处在平静的环境中一样，不可慌乱。这样才能做到将要发生的事情随时能够让它停止，已经发生的事情及时能够纠正，事情发生以后能够挽回不利，这叫做通权达变，这就是技能。当事情还未来临时能够预知它会来到，刚开始时能够估计到它的结果，已经确定了能够知道它有多少变化，这叫做长虑，这就是远见。多记住先前所学的训辞，心里才会有正确的主见，看看周边其他人胡乱的交易行为，便可知道发生交易行为时应该遵守的法则。

如果此时你是处于"**高度技巧阶段**"，在你发生交易行为之后你的工作应是以交易基点为核心的盘中监测，此时除了要对市场背景的变化监测以外，还要监测自己所交易的品种的变化与市场背景之间是否同步，它的或强或弱，基本交易单位所形成的架构，以及关键位置的买卖单情况等。因为它很有可能随时会改变你刚刚作出的决策。

如何使自己根据市场不同的变化，成为运用自如地改变决策的人？我们再看看《鬼谷子·内揵篇》是怎样阐述的：

善变者，审知地势，乃通于天，以化四时，使鬼神，合于阴阳，而牧人民。见其谋事，知其志意。事有不合者，有所未知也。合而不结者，阳亲而阴疏。事有不合者，圣人不为谋也。[86] 希望大家认真领悟！

意思是：在行为过程中，运用自如地随时改变决策的人，必须要详细了解图表的架构和当前的形势，非常清楚市场的自然规律，能够随时根据情况改变策略，以及具有超强的应变能力，并能够符合和踏准阴阳的变化规律，观察主力的意图，掌握他的意愿志向。换句话说，如果我们的交易行为不能符合市场的走势，那是因为对主力的某种心思、某些情况还没有掌握。虽然前一天的交易计划做得很充分，但在第二天并不能实施交易行为，是因为你只是在表面上认同了道理，但实际上却与正确的思想还离得很远。如果交易计划不符合市场的走势，真正的职业交易者是很难实施交易行为的。

以上《鬼谷子》的这番话实际上是对职业交易者的衡量标准，其核心思想和关键点是对细节的把握，这些细节需要你有超强的记忆力、洞察力和快速反应能力，随时准备着接受你预定好的下一个交易预案，而再次发生交易行为，循环往复。

另外，大家是否还记得我在以上的章节中对趋势八个字的定义？这八个字我特意没有按照常规加以粗体，目的是考验一下朋友们阅读时是不是仔细、认真，或者是不是具备超强的记忆力。在这里重提那八个字一定是有很重要的道理，希望大家认真加以思考！

第三节　交易者的思维程序与交易行为程序的对应性

捭阖者，天地之道。捭阖者，以变动阴阳，四时开闭，以化万物。纵横反出，反覆反忤，必由此矣。捭阖者，道之大化，说之变也，必豫审其变化。吉凶大命系焉。[87]

何谓"捭阖"？捭阖是《鬼谷子》的开篇之作，在中国古典哲学中是一对极其重要的哲学概念。捭者，开也，言也，阳也。在这里可以理解为接纳、吸收和爆发，最终发生交易行为。阖者，闭也，谋也，阴也。可以理解为学习、思考和认知，或者蓄势待发的状态。捭阖也同时包含着阴阳，进退，开闭，刚柔，大小，上下，高低等多方面的行为含义，对于我们在一生的交易生涯中有很大的启发和指导意义。

意思是：捭阖之术，是万物运行的一条普遍法则，是各种事物运动、发展、变化的规律。捭阖就是灵活地运用"阴阳"，用现在的话讲就是：知道该在什么时候应该想什么样的事情，做什么样的事情。是以"开闭"之法促使万事万物的转化和升华，任何事物的偏离与复归，都是由于"开闭"的不同而引发变化的，纵和横，返和出，反和覆，反与忤，都是我们思考、操作事物阴阳的具体表现，都可以用阴阳来区别它们，说明它们。反过来讲，**使用捭阖之术使我们的交易向好的方面转化，知道什么时候我们该学习、认知，知道我们什么时候可以或该发生交易行为，这正是阴阳之道的关键所在，是"大道"**（市场背景）**的具体外在表现。**

交易者的思维程序与交易技能程序的对应性是很重要的，它是个**整体认知—交易行为，交易行为—认知，再认知—交易行为**的交替积累，而逐渐升级的过程。

思维程序应以市场的变化带动交易行为程序为主线，也要具备针对性和顺序性。我们不论是在交易或者思考判断中都会出现错误，但这并不可怕。可怕的是，我们不能遵循程序一步一步地进行针对性的思考，而发生跳跃式的判断。

如：在交易的"**模式化范本**"的第一项是市场大背景，我们经常遇到的情况是很多人不看或者只是粗略地思考就作出判断，就进入到下一个程序板块的分析，结果进入的标的被恶劣的市场环境带动下要不就不涨、不跌，要不就是按你判断的反方向运行。除了不认真细致以外，这都是你的思维程序与交易行为程序不对应的结果。

值得注意的是，除了**整体认知—交易行为，交易行为—认知，再认知—交易行为**的主框架以外，还要在各个细节上加以深化。哪怕是一个简单的"过滤器"，都需要对经过长期的统计、分析、比对后出来的结果加以定型，也就是**学习—认知—获得—巩固**的阶段。

我们回顾一下图2-1交易行为如同金字塔一样的结构，在这一结构之间哪怕只少一块砖，它很可能矗立一年就倒塌了。

总之，交易技能的培养和发展一定是离不开基础知识学习的，特别是目前绝大多数公众交易者更加缺乏的是思想方面的教育。只有先将思维程序有序化，才能够使之将来与交易行为的程序有机地对应起来，才能更好地在实盘中应用。

在这里给大家举一个真实的例子，我弟弟的孩子今年十岁，在2013美国哥伦布州立大学吉他艺术节的儿童组的决赛中与一个比她大，"琴龄"比她长的美国男孩同台竞技。最后七个国际评委给两个人的分数居然相同，不过其中有一个国际评委弃权，弃权的那位国际评委就是我们家孩子的"导师"，是大名鼎鼎的陈谊教授，也是历届GFA国际大赛中唯一的一个中国评委。最终以算小分的方式决出了胜负，我的小侄女屈居第二。回来之后我安慰她，没想到她却跟我说：大爷！你知道吗？通过这次比赛和回想以前的练琴我想出了一句人生的哲理。"**一个人要知道，做每件事想要做好其实并不容易，因为在成功的过程中找到正确的方法是很困难的。**"我真的一时间愕然了。这只是一个不到十岁的孩子呀！一个不到十岁的孩子思维程序是如何建立起来的呢？我马上反过来问我弟弟：这是不是你们教她的？我弟弟回答道：真不是！没人告诉她这些。或许是陈教授跟她说了些什么。

根据孩子这次取得的成绩，之后我们进行了一番关于教育的思维程序与行为程序结果的讨论。我弟妹的观点是：跟着大师学习的孩子将来最有可能成为大师。我弟弟的观点是：教育是否能够艺术化，关键在于教育的核心体系——思想，这种先进的思想是否渗透到了受教育者的思维内部。我的观点很简单：**跟着凤凰飞的都是俊鸟！**

第四章　交易技能形成相关的基础知识

在我们的生活中，各项技能的理论和基础知识都是相通的，交易技能也不例外。

所谓交易技能，**就是我们通过学习而不断获取新的交易技巧，最终综合在一起的能力，以及在今后的实施过程中加以应变和执行的能力。**

在交易技能的形成阶段和发展阶段，它很大程度上与心理等素质有关。如动机、兴趣、个性、思维、社会关系等，都对你的交易技能起着很大的作用。

所以，我认为交易技能并不是一门单独的主流学科，它是心理学和生理学，社会关系学等相交叉的一门边缘学科。

关于我们日常生活中各项技能的形成，也就是形成机制的问题，我们无法摆脱**学习—获得—巩固—提高**这一过程。巴甫洛夫曾经创立的条件反射学说就与学习和记忆有着密切的关系。而雷纳、马丁把人的大脑分为两个半球，以分析中心（包括分析、程序安排、运算和逻辑、理性思维、言语指导）和综合中心（包括执行、直觉创造性、空间定向、情绪、想象）的协调工作来完成技能。这些都广泛地阐明了技能形成的机理。总之，这些都是需要我们花费一些时间和精力去"体道"、"悟道"的。

故体道者逸而不穷，任数者劳而无功。[88]

意思是：领悟了道的人能够保持清净、安逸的态度学习，前途是无穷尽的，凭借一时的小技巧而急功近利的人，最终只能是徒劳而没有功效的。

所以，学习是获得的基础，也是"体道"、"悟道"的开始，而获得则是巩固和提高的必然过程，那我们就先从学习开始。

第一节　学习与记忆

夫内不开于中而强学问者，不入于耳，而不著于心。此何以异于聋者

之歌也？夫心者，五藏之主也，所以制使四支，流行血气，驰骋于是非之境，而出入于百事之门户者也。是故不得于心，而有经天下之气，是犹无耳而欲调钟鼓，无目而欲喜文章也，亦必不胜其任矣。故贵虚者，以毫末为宅也。[89]

意思是：没有认识到学习的重要性而勉强去学习知识，即使耳朵听进去了，但也不能达成好的记忆机理。这与聋子偏要学习唱歌又有什么区别呢？心，即大脑，是五脏的主宰，它能制约我们所有的行为，判断事物的是非曲直，并探究万物的根源。因此，如果没有思想上的正确认识和持之以恒的学习态度，只是嘴上说我一定要成为一名真正的、合格的职业交易者，这如同聋子非要给钟鼓调音色，而瞎子偏好于评判好文章一样，达到良好的目的是绝对不可能的。所以，崇尚学习的人，都会把注意力集中在学习过程中细微的本质上。

人们最先接触到任何一项事务的动机都是由兴趣而产生的，由于兴趣的原因才会逐步进入到学习、记忆以及获得阶段。学习和记忆是最基础的，它也是脑的重要功能之一，属于生理学的范畴。

如果有朋友认为交易学与生理学完全是风马牛不相及的，你可以跳过此章节不看，但是，我要告诉你的是：万丈高楼平地起。

所谓学习的概念是，**通过神经系统不断地接受环境的新变化，以及看和听而获得新的行为习惯（我们通常称为经验）的过程。**

记忆的概念是，**将获得新的、好的行为习惯和经验储存一定时期的能力。**

以上这两点恰恰都是属于生理学的范畴。

新手以前通常发生过这样的事，明明以前曾经学习过的东西在实盘交易中就忘了，导致交易行为反复失误。这就是很明显的学习不透彻，记忆不深刻，学习与记忆不能有效连接的体现。所以，在本章节要求你学会，并做到从基础起就能够进行自我监测和不断地自我完善。

在以上的章节中提到过这样一句话：**一名出色的教育者是要使受教育者学会自我教育。**请注意！我重点想强调的不是我有多么地出色，而是希望大家重视自我教育，世上没有什么能比"自我教育"来得更加便捷，更加有效地帮助你不断地进步。

一、学习与记忆是从哪里来的？

君子之学也，入乎耳，箸乎心，布乎四体，行乎动静；端而言，蠕而动，壹可以为法则。小人之学也，入乎耳，出乎口，口、耳之间则四寸耳，曷足以美七尺之躯哉？[90]

意思是：君子的学习，首先是进入到耳中，然后记在心上，灌注在全身，表现在行动。所以，真正的君子一般都轻轻地说话，行为举止和缓，这些都可以作为我们初学者效仿的对象。而小人的学习，仅仅是刚从耳朵听进去，就立即从嘴巴说出来，没有进行全面地思考和深加工，这怎么能形成记忆呢？要知道嘴巴和耳朵之间只不过有四寸的距离，怎么能够用它来完善七尺长的身躯呢？

所以，通过《荀子》的告诫我们还应该知道：人是有认识客观事物能力的，而客观事物本身又是可以被认识的。但是，我们必须要防止出现片面性的错误，用"虚壹而静"的学习方法正确地认识资本市场的自然规律，以及其中的交易之道。

我们先从简单的，已经经过科学研究和验证的基础知识学起。

马丁认为：分析中心（大脑的左半球）是进行连续的信息加工学习新的技术，并不断地改进技术上的缺点，预先制定战术策略的所在。

要注意的是，在交易过程中分析中心在加工信息时是一步一步进行的。首先，是通过受外界刺激（盘面的变化），然后口头自我语言指导。这种口头自我语言指导可以提示你所要进行的行为种类和次序（在之后的心理章节中还会涉及自我1与自我2，它是交易行为矫正技术的关键）。

在"新手"逐渐学习的过程中，分析中心帮助你初步确定该什么时候进行交易标准的确立，这是个缓慢地、粗糙地建立完善交易技能的复杂过程。然后随着交易者的不断练习，分析中心检查和完善交易程序，这就使分析中心成为学习交易技能的专门部位。

二、学习与记忆的四个阶段

学习是感性认识的过程，记忆是通往理性的桥梁。

世间的任何一项技能无不是遵循这个规律的。由于学习与记忆在交易技能当中不曾被人提到过，从而制约了很多交易者的发展和上升空间。所以，记忆能力在交易技能中所占据的位置是相当重要的。

我经常提到：**在图表中历史不会简单地重复，但又会出现惊人的相似**。在这种情况下，交易者对以往事件的记忆力往往是决定成败的重要因素。在以前的章节中，我曾经提出过这样的说法："**非标准的类似形态**"。当市场中这种情况再次出现时，你是否还拥有对以往市场所发生重大事件的记忆？尤其是关键位置、周期、盘口的细节上的变化。这种记忆有助于你作出快速和明确的判断，导致及时和正确的交易行为。

例如：2010 年 11 月 12 日上午 10 点 19 分"两油"突然起动迅速上拉，我印象非常清楚的是当时网络上有个比较有名的"大师"在麦上带实盘的原话是：你们看"两油"都起动了是什么意思？是明显地告诉我们主力都不怕，那我们散户还怕什么？我很理解他当时的心理动态，原因是就在几天前（11 月 6 日）的晚上，我们在一起吃饭的时候还争论 11 月 5 日的缺口问题。我当时的观点是：11 月 5 日的缺口对市场一点意义都没有。随着行情的延续，不用多说，历史给出了严厉的判决。但是，这并不是最主要的，重要的是，这个在当年著名的"两油事件"对你今后的交易行为是不是能起到警示的作用？这才是我翻出陈年老账例举这个案例的真实目的。随着时间的推移已经到了 2012 年 3 月 2 日，同样又是个周五，大家可以翻开历史图表。

我们需要自我检查的是，在这段时间和空间的跨度后，我们对曾经发生的重大事件是否还有清晰的记忆？是否还记得我经常提到过的"**在图表中历史不会简单地重复，但又会出现惊人的相似**"，以及**非标准的类似形态**的重要概念？如将图 4－1 的两张图进行对比。

就在 3 月 2 日下午盘中，随着"两油"的再次拉动我突然产生了一种强烈的预感，当我下令要减出一部分仓位时有些同学很不理解：老师呀！市场还在涨！说实话，当时我内心也很紧张。其原因是：第一，我的指令直接牵扯到人家的真金白银，万一判断错了心理上会受到极大的谴责——这是一种信赖责任。第二，市场是属于"或然性"的，"**非标准的类似形态**"到底能不能惊人地相似和简单地重复？严格地讲我并没有接收到市场方面的"信号"，完全是凭借自己在众多"非判断模式"和对以往重大事件的记忆所产生的"盘感"。在这种紧张的情况下我只能对他们讲：执行吧！盘后再给你们分析、解读。

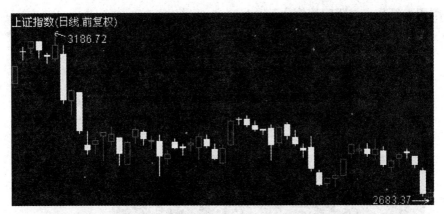

图中 K 线的起始时间为 2010 年 11 月 4 日，最后一根 K 线是 2011 年 1 月 18 日

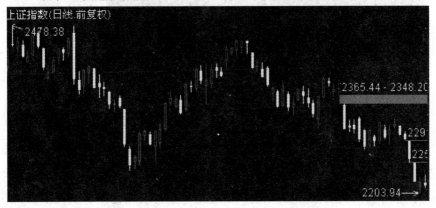

图中 K 线的起始时间为 2012 年 2 月 24 日，最后一根 K 线是 2012 年 6 月 27 日

图 4 - 1　两个时间段上证指数的对比

接下来我们看图 4 - 1 中的两张图，它们分别是上证指数 2010 年 11 月 4 日至 2011 年 1 月 18 日和 2012 年 2 月 24 日至 2012 年 6 月 27 日的结构状态。

在第二张图中，之所以压缩到以 2 月 24 日为起点，是因为 2 月 27 日同样也出现了向上的跳空缺口，在时隔一年多之后与第一张图出现了极为相似的结构状态。我在上文提到过：严格地讲我并没有接收到市场方面的"信号"，完全是凭借自己在众多"非判断模式"和对以往重大事件的记忆所产生的盘感。之后老实讲，直到 3 月 12 日收盘之后我的市场"雷达"都没有给出可以沽空的"信号"，只是盘中那种不祥的预感更加强烈，思考再三，才敢下决心于 3 月 13 日凌晨的微博上用白纸黑字的形式立言"与

刚柔卷舒兮，与阴阳俯仰兮"[91]。

正前方

其实早在今天的盘中我就用了《淮南子.原道训》的一段话来形容目前的市场状态告知友人，虽与以上老子的话在字面上相近，但其本质相远。曰：方今时兮，忽兮悦兮，不可为象兮，悦兮忽兮，用不屈兮。幽兮冥兮，应无形兮，遂兮洞兮，不虚动兮。与刚柔卷舒兮，与阴阳俯仰兮。

2012年3月13日 00:28   赞 | 转播 | 评论 | 删除

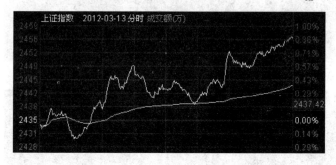

图4-2 相关微博内容

接下来我们就3月2日的盘感进行比对分析：

从架构上来看都有一个共同点，2月24日一根近似于光头的阳线，紧跟着2月27日向上的跳空缺口，这是我们很容易看到的。那么我们容易忽略的问题是什么呢？还记得以前所讲过的"交易模式化范本"当中的内容吗？这又体现了记忆机理的重要性，如果忘了自己回头寻找，我不想在这里重复，耽误其他人的时间。根据"交易模式化范本"当中的内容依次观察、分析当前盘运转的态势，并不难看出其与第一张图当中的运行态势还有很多相似之处，除了"两油"又开始蠢蠢欲动之外，从所谓的"技术"分析的角度讲"时空性"也受到了限制，此外大背景也体现出不积极的一面（虽然还未发出可以沽空的信号）。如果你对2010年11月12日的"两油事件"还记忆犹新的话，这种记忆会催生出你即时的"盘感"。而"盘感"是你今后晋升为"交易艺术"境界的阶梯。为了压缩文字篇幅，在这里只是简单地给大家介绍一下根据所观察到的市场动态与以往的行为记忆产生交易行为的过程。实际上，还是强调记忆机理在今后"交易技能"的培养过程当中是很重要的，希望大家不要忽略这看似与交易无关的问题。

以上的案例属于行为记忆，它是建立在感性记忆的基础之上的。那么我们如何发展感性记忆，从而达到理性行为记忆的高度阶段呢？首先，我们就要先清楚人类感性记忆的发生过程。

大家都有这样的体验，当熟知的事务不再作用于感觉器官时，熟知的事务在大脑形成的印象并没有随之消失。它常常能保留一段时间，以后在一定的条件下它可以再现出来，也可以不再现出来。所以，就形成了各种不同程度上的记忆。

人类的记忆过程分为以下四个连续阶段，交易者可以通过这四个阶段找出自己所在的能力和水平的位置，学会自我监测的手段。

1. 感觉性记忆。

是指在实际的感觉体验之后，接受的信号在脑的感觉区保留的时间很短，岁数大的人这种情况更为突出，如果没有经过注意和处理它就会很快消失。如果接受的信号在这个阶段经过了加工和处理，并且把那些不连续的和先后进来的信息整合成新的连续的印象，这样就可以从短暂的感觉性记忆转到时间较长的第一记忆机理中。

这个过程就如同新手刚刚开始学基础知识一样，新学到的知识是需要加工和处理的，然后再进行整合。比如，我们学习了 K 线，在知道了 K 线的五个关键价位后（市场上大部分的书籍只介绍四个关键价位），将它们进行整合，才能发觉它在市场的真实属性。经过一段时期的强化，你的记忆机理也在同步升级。

关于记忆机理，从神经生理学的角度来看，感觉性记忆和第一级记忆主要是神经元生理活动功能的表现。神经元活动具有一定的延续性，也就是说在刺激作用过后活动仍能存留一段时间，这是记忆最简单的形式，感觉性记忆的机理可能属于这一类。

那么如此说来，如果我们要是把学习过的知识，或者经历过的重要事情反复加以刺激，也就是复习和强化，是不是就能够使神经元活动存留的时间加长呢？答案是肯定的！你也就在不知不觉中加强了记忆机理，上升到一个更高的层次——第一级记忆机理。

2. 第一级记忆。

是指少量的、并不太清晰的信息（如交易者在动态图表中只能有还不是很清晰的正确信号带动条件反射）每次能持续不太长的时间的记忆。

例如：交易者在静态图表分析中，或者做预案时还能够记住的交易条件和标准。而在动态图表中，在面对很多新的不良信息输入时（尤其是未经过心理技能训练的人），旧的正确的市场信息迅速被替换。之后，我们经常能听到市场上很多交易者们的感叹："又被市场带沟里了！"

短时性记忆的一个重要特征是，在此种记忆中存储的信息属于即时应用性的，也就是说需要在静态中反复地分析、学习，逐渐一点一点地在动态中尝试，才可在第一级记忆中循环，从而延长信息的储存时间，这样就能够使信息更容易地转入第二级记忆中。

关于记忆机理，在神经系统中，神经元之间就像立交桥一样有许多的环路联系，而在任何一条环路上汽车的活动也是记忆的一种，形成第一级记忆的机理可能属于这一类。

我以前经常听到外地人这样讲：北京的立交桥太难走了，一上去就晕头转向，分不清东南西北，下次再去还是那样，找不到正确的出口。这可不是玩笑，我想告诉他的是：遇事首先不要慌，特别是在处理过程中，你可以首先降低车速，力求接近于静止状态，这样你将有较大的思考空间和判断的余地。而且眼睛不是用来协助呼吸的，它的核心功能是发现，仔细观察蓝底白字的路标和上边清晰的线路图，按照它指引的方向走一般是不会出错的。如果你害怕下次再来还是记不住的话，你可以按照正确的原路再走一遍，甚至多走几遍，反正又不是高速路，又不收费。这就等同于强化，等同于加深刺激，你还怕下次再来找不到正确的出口吗？不会的！因为通过不断地强化、刺激，你的记忆已经由第一级记忆机理上升为第二级记忆机理了。

3. 第二级记忆。

是一种由弱的和仅仅是稍强的记忆痕迹，经过反复地刺激和强化所储存的长时性记忆，此种记忆所能持续的时间为数天到数年。但是，也存在此种记忆内发生的遗忘，这种情况多半是先前或者后来的信息干扰所造成的。这种干扰被称为前活动性干扰和后活动性干扰，它可以是人为造成的，也可以是客观造成的。

例如，在交易者不断地学习和自我修正的过程中，对技术新的认知在不断地修改上级记忆。或者在动态图表中，市场面的变化所带来的干扰，也可以覆盖上级记忆，如果不加以重视及时修复的话，很容易造成前期记忆丢失，重头再来的局面。

关于记忆机理，从神经生化的角度来看，较长时间的记忆就必然与脑内物质的代谢有关，尤其是与脑内蛋白质的合成有关。人类的第二级记忆可能与这一类机制有关系。

比如说，喜欢练健美的人长时期依靠器械使自己肌肉的张力不断扩大，同时也使肌群越来越发达，达到一种美的效果。而长期卧病在床的人，虽然在饮食方面很好，但是你会发现他们的肌群逐渐出现萎缩的状态。由此看来，人脑内蛋白质的合成与脑内物质的新陈代谢与吃没什么关系，而是与"锻炼"有关系的。只有进一步地加强"锻炼"，才能使脑内物质的新陈代谢加快，脑内蛋白质的合成更加优化，进一步地提升记忆机理，从而达到第三级记忆机理。

4. 第三级记忆。

是一种深刻在脑中的记忆，此种记忆可持续终生，并且有很强的记忆痕迹，使得储存的信息在市场变化下能随时被应用。

上一节"两油"事件的案例就属于此种记忆机理，但这还不够。我们应该知道，市场上的交易高手们无不是自己有几套应对市场变化的方案的。他们根据不同的情况和时机，能在交易场上应对自如。但是，我们一般不知道他们在交易场下有多么地辛苦，他们经过多年来辛苦的学习和市场磨炼，用超强的记忆力和经验编织成一道抵御外界压力和干扰的保护网，甚至他们可以轻松地告诉你**我可以不知道市场明天怎么走，但是，市场明天走到哪里我一定知道我该怎么做**，尽情地享受游刃有余的交易快乐。

正如老人常说的一句话：台上一分钟，台下十年功！

在以上所述的四个记忆阶段中，前两个阶段属于短时性记忆，而后两个阶段属于长时性记忆。

根据目前我所接触到的很多公众交易者来看，绝大多数人顶多属于刚刚摆脱感觉性记忆，处在第一级记忆中。甚至很多人还不知道记忆是怎么回事，对交易会产生什么样的影响，这是个严重的事实。其中包括那些已经有了十几年交易经历的，并自认为是老道的、所谓的职业交易者。

在你看完此章节之后，当市场上再次有人发出"又被市场带沟里了！"的愤怒的感叹，你就知道此时此刻你该做什么了。

关于记忆机理，经生理学家研究表明，中枢递质与学习记忆活动也有关系。从神经解剖学的角度来看，持久性记忆可能与新的突触联系和建立有关。从动物的实验中研究者观察到，生活在复杂环境下的大鼠，其大脑皮层的厚度大，而生活在简单环境中的大鼠大脑皮层的厚度小。这说明学习和记忆多的大鼠其大脑皮层发达，突触联系多。我们人类的第三级记忆的机制可能属于这一类。

至此，我相信很多朋友都会明白健美运动员的道理，要认真、刻苦、细致地学习，这等同于人家的刻苦训练。我十分赞同一位教授说的一句话：**人生最有意义的投资是在脖子以上的部位，即心**（古人指大脑或思想），**而不是脖子以下的部位。**

三、综合与执行

心者，形之君也，而神明之主也；出令而无所受令；自禁也，自使也；自夺也，自取也；自行也，自止也。故口可劫而使墨云，形可劫而使诎申，心不可劫而使易意，是之则受，非之则辞。故曰：心容，其择也无禁，必自见；其物也杂博，其情之至也不贰。[92]

意思是：心是人一切行为的综合主管，更是人精神智慧的主宰，它只会发出命令而不会从任何地方接受命令；它会自行约束，自行驱使；自行放弃，自行接受；自行活动，自行停止。因此，嘴巴可以被迫沉默或者说话，身体可以被迫弯曲或者伸展，但是，心不可以被迫改变意志，它认为正确的就会接受，认为错误的就会拒绝。所以说：心在采纳外界事物的时候，它的选择是不会受到什么局限的，而是一定会依从自己的主张；它接触的事物虽然广博和繁杂，但它的精诚到来时是不会三心二意的。

在交易技能形成的过程中，交易者离不开分析中心和综合中心的协调工作，它们之间不断地进行着环路联系。分析中心起的作用是学习、分析和改正技术缺点等。而作为综合中心的脑右半球，是负责使交易者将这一技能的各个部分整合为一个整体技能过程。综合中心接受分析中心一步一步的指示，并将其变为一个单一的整体图像。**此时，大脑需要的是一个单一的整体图像，而不是一套复杂的言语指导**。因此，这一整体的图像开始指挥综合中心的工作。就像以语言自我指导指挥分析中心的工作一样，当综合中心工作时，要注意指向当前的技能执行情况。

所以，交易者学习这一技能是通过分析中心来完成的，而在实盘中完成这一技能，则需要综合中心的工作。**这就使分析中心成为学习技能的专门部门，综合中心成为负责控制习得技能和执行的专门部门。**

在交易过程中，当我们出现问题时，分析中心和综合中心都知道当前需要它们各自完成的任务，并可两部分顺畅地开通进行工作。分析中心帮助纠正错误和设计方法，综合中心随后自动地完成那些已掌握了的技能，并时而以新的和具有创造性的方式进行。这就是大脑皮层与小脑相互作用的募集，是交易技能形成的一个重要的机制上的原因。

当一名成熟的职业交易者，最关键的能力是要知道什么时候分析，什么时候综合，两者之间如何更好地转换。经过长时间学习和训练的交易者，在交易技能熟练和完善后，只要在盘中出现信号时就能迅速地从小脑提取出早已储存的交易程序，再通过综合中心的执行系统发动行为。此时，如果没有应激和其他心理因素的干扰，交易者的交易行为应该是非常自然、顺畅和完善的。而且，下单快速几乎不需要加以思考（完全凭借条件反射）。这就是我先前提出过的"**最佳交易状态**"。

现在大家知道了"**最佳交易状态**"是在什么情况下出现的，但是，你还不知道或者不太清楚"**最佳交易状态**"是在什么条件下出现的，这一点更重要。别着急，其实《交易心理学》这本书的目的就是要使你知道在什么情况下和在什么条件下实现自己的"**最佳交易状态**"。

后面还很长，有耐心你就能够找到。

巴甫洛夫的《高级神经活动学说》认为：人出生以后学习的一切动作都是条件反射。因此，交易者们在学习过程中掌握交易技能从本质上说就是在学习条件反射，而技能的形成过程也是建立条件反射的过程。

例如，**新手在刚进入交易市场时，一般都是先经过人家讲解、看书和对图表的观察，然后进行"表象"。经过人家讲解、看书和对图表的观察，我们的大脑皮层听觉中枢和视觉中枢产生兴奋，再通过自己的"表象"使自己的大脑皮层本体感觉中枢产生兴奋。在此过程中，讲解、看书和对图表的观察是条件，交易者的"表象"或者说是假设产生的传入冲动是非条件刺激。经过反复地讲解、学习、观察和假设，非条件刺激得到了条件刺激的强化，交易者在大脑皮层的听觉中枢、视觉中枢、本体感觉中枢与行为中枢建立了暂时性的神经联系，这样交易者就学会了交易技能。**

由此可见，交易技能的形成过程就是条件反射建立的过程。不过，这种条件反射与一般条件反射有些不同，前苏联生理学家克列斯托普尼科夫提出："**专业技能是复杂的、链锁的和本体感觉性的行为条件反射**"。这句话充分说明了交易技能的本质以及它与简单的行为反射的差别。

交易技能的形成，就是建立复杂的、链锁的、本体感觉性的交易条件反射。在我们学会了交易技能之后，**大脑皮层中形成一条按时间间隔顺序出现的定型化的，巩固的暂时性神经联系**。这就是我以前提到过的"**交易模式的定型**"。交易技能的形成，也就是"**交易模式的定型**"建立的结果。

那么什么是复杂的、链锁的本体感觉性呢？

所谓复杂的，是指在完成交易时有许多中枢参与活动，如行为中枢和各感觉中枢等，而且其功能也很复杂。链锁的本体感觉性就好比我们在准备交易时，由于以前学到过的（信息、信号和条件反射）技能，哪怕只是处于一级记忆也能使你的视觉中枢、本体感觉中枢和行为中枢建立暂时性的神经联系，同时非条件刺激得到条件刺激的强化，并产生兴奋，此时小脑积极提取储存的程序，让本体感觉性更加鲜明，出现我最初在本书中介绍的"**无我**"的高级状态。

所谓链锁的，是指在交易技能实施的过程中包含很多技术环节，一环扣一环地顺序发生。第一个环节的结束，自然地引发下一个环节的开始，而每个环节之间最初是靠非条件刺激作为传动。一旦前一个环节的非条件刺激失去其作用力，那么整体交易行为的发生就将终止——即交易条件失败。

例如，职业交易者对交易行为的发生有严格的标准，他们对市场所发生、传递的信息设立了多层"过滤器"，用于保护升程"信号"的安全性，每一层"过滤器"都是交易行为中的某一技术环节。当市场传递的"信息"符合第一层"过滤器"的条件或标准，作为条件刺激的传动启动第二层"过滤器"继续加以识别和分析，当符合条件或标准时，条件刺激的传动继续启动下一个技术环节，直到完全符合所制定的交易原则后果断地发生交易行为。如果其中在某一环节不符合他的交易条件或标准，说明他的交易条件失败，他将就此放弃此次交易。这就是为什么真正的职业交易者，特别是在大的交易周期内就像狙击手一样，能在很长时间内"潜伏"而不发一枪，特别能耐得住寂寞的原因。当然，对于"场内"交易者而言条件或标准的设立又是另一回事了。

所谓本体感觉性是，建立在以上复杂的、链锁的本体感觉性基础之上对每一个市场"信息"升程为"信号"并转化为交易行为——即视觉中枢、本体感觉中枢和行为中枢建立暂时性的神经联系的刺激和强化过程。在这个过程中由于传入冲动的作用，既对前一个刺激起到强化，又能引发后一个条件反射的发生，从而加固了对交易技能的"感知"，或者称为"盘感"。在上文"什么是成功的交易"一节中有对"职业高手"的描述，这些"职业高手"无不是从先学习简单的知识，到复杂的"感知"过程中慢慢地发展而来的。这也符合任何一项技能的发展规律：即**简单**（从基础的简单知识学起）—**复杂**（众多知识相结合）—**简单**（运用自如、无招胜有招）的过程。

第二节　条件反射

条件反射对于职业的交易者来讲到底具有多么大的意义，会给我们的交易带来多么大的影响？我们先从反射活动开始了解。

反射活动是中枢神经最基本的活动方式，它分为两种，即条件反射和非条件反射。

非条件反射是人先天具有的消极本能行为，也就是古人所说的"天性"，这里所指的"天性"是贪求利益，恐惧伤害的。趋利避害本身没有错，但错就错在人们没有节制。而市场"主力"恰恰利用了人这方面的弱点在市场上翻云覆雨，玩弄公众交易者于股掌之间。比如，交易者在市场中见到大阳线就会兴奋，见到大阴线也会不由自主地感觉到恐惧等。而任何法规、制度的建立恰恰是在人"天性"基础上的，这就迫使人们不自觉地接受，直到形成条件反射——**非礼勿视，非礼勿听，非礼勿动**。

关于对人先天具有的本能行为的定性问题，也是中国哲学史上最重要的命题之一。在我国古老的文化中一直存在着争议，最为典型的是荀卿与他的学生韩非之间的差异。在这里我们不去深入地探讨谁对谁错，只是重点强调他们的主要思想中都有一个共同点：**警戒人的行为观念**。

在这里我想重点跟大家强调的是，我们很多人都知道宋朝名相赵普有"半部《论语》治天下"之说。但是却很少有人知道近代学者章太炎有"半部《韩非子》治天下"之说。大家都应该知道韩非是"法家"的集大成者，在他的主要理论体系中"人性好利无须改变"，但要在"法度"的框架下。他的很多思想特别符合如今的资本市场，很值得我们重视、学习和借鉴！

另外，警戒人的行为观念有什么重要作用和深远意义？我给大家举个例子，在我们伟大的中国共产党与国民党反动派的长期斗争中，两党都各自形成了其鲜明的文化。五十岁以上的人都有这样深刻的印象，国民党将士讲的是"杀身成仁"，而我党的先烈们一直信奉"舍生取义"。首先"仁"与"义"在其概念和层次上是不同的，以前曾经简单地说过："义"之路也。而"义"的本意还包含行为合理，适时合宜等概念，是作为人一切行为选择的最高标准，最高层次。"义"是使共产党由弱小到强大，依靠小米加步枪打败美式装备的"蒋匪帮"，"义"是重要因素之一。所以，"义"在警戒人的行为观念上，在我们今后的交易行为中的作用和意义也就不言而喻了。

概而言之，行为标准、规章制度、法制、原则的设立，都为我们今后良性、健康的发展奠定了坚实的基础。这等同于我们初期学习时建立的"非判断交易模式"，是事物发展、认知过程中的必然产物，它同时也是标准、制度、原则等行为规范的具体体现。今后条件反射的形成也是在其基础之上建立的框架，是培养可以在今后的交易行为过程中不断地发展、优化良好交易行为的基础。

它分为两个方面：对良好的交易行为加以奖励、强化、巩固，不良的交易行为加以惩罚、禁锢。由此衍生出奖励制度、惩罚制度和禁止性的规定等。由此可以加速人的条件反射的迅速形成，这也是《韩非子》之后被尊称为"帝王之学"的重要因素，并使其在中国古典文学、哲学界中拥有重要的历史地位。

这些非条件反射限制条件的建立，能够使我们在长期的交易行为中积攒下丰富的认识和经验，为下一步形成条件反射打下坚实的基础。

条件反射，首先是人在处世时一种最高的精神状态的体现，是最直接、最有效地评判一个人综合行为能力的试金石。它是人经历了长期的肌体活动或对事物的感知，在其生活和行为过程中的一定条件下形成的快速反应。这种反应是在"求万理"的前提下逐渐形成的"应万变"的综合能力。但这种反应根据人不同的认知程度，具有很大程度上的易变性、差异性和适应性。

在交易市场当中，我们在长期不断地学习和积累下，对自己的交易行为设定了条件、标准和交易原则等。这些条件和交易的规章制度等同于为非条件刺激设立了框架、导航的灯塔，它具有一定的约束交易行为的能力。如果此时的交易者具备较强的自我约束能力的话，就不会因市场的阴阳起伏再给心理带来巨大的波动，导致交易行为的失误。经过长期科学严谨的学习，坚持不懈的交易者甚至可以做到先知先觉，防患于未然，做到真正意义上的趋利避害。当然，如果学习的态度不深入，不究竟、不严谨，只是走马观花流于形式地学习，这样的交易者自我约束能力必然很差。他们在今后的实盘交易中极容易受到来自各方面的冲击，原本脆弱的"天性"就会失去任何保护屏障，失去任何防范措施，其结果不言而喻。

应万变，索万理，惟沉静者得之。是故水止则能照，衡定则能称。世亦有昏昏应酬而亦济事，梦梦谈道而亦有发明者，非资质高，则偶然合也，所不合者何限。学者悟此，随事不败。[93]

意思是：想应万变，求得万理，只有能够保持沉静的人才能得到。因此水只有在静止的时候才能照见自己，称只有在不左右摇摆的时候才能称物。世间也有不求究竟趋于应酬便成功的事，也有不学无术夸夸其谈的人偶尔能讲出大的道理，但这些并不是因为他的资质高，而是偶然的巧合罢了，这样的人和事在如今的资本市场里数不胜数。善于学习的人看透了这一点，今后遇到任何事情都不会轻易地败下阵来。

所以，创立条件反射是一名职业交易者必须要做的工作。但是，在我们的学习过程中，都是先从非条件反射行为逐渐过渡到条件反射当中去的。也就是说，一开始由于"天性"的贪欲造成我们没有节制的交易行为，这期间必然会受到伤害。随着对伤害造成痛苦的反思，我们逐渐学会了如何避免下一次再受伤害。当然，反思到避免再受伤害并不是一个循环就可以完成的，这需要反复的、很长时间的一个过程。但是，我们的目的却是非常明确的。因此，谢灵顿认为：**人有目的的活动是建立在反射过程之上的**。所以，我们在掌握交易技能之前先要搞清楚反射的过程和本质，在今后的成长道路上方向才不会有偏差，不会走弯路。

在创立条件反射的初期我们会遇到的问题是，**条件反射会对市场上无数"信息"和"信号"发生反应，哪怕是一些无关的刺激一旦和非条件刺**

激结合，或者是条件信号成立就可能成为预示着交易行为即将来临的信号。在这种情况下，我们只要认真地进行条件比对、过滤、筛选就可以对即将来临的行为提前做好准备，这也是对交易行为产生预见性唯一的正确途径。

在中国的古典文献中，有很多都阐述了人有认识世界的能力，人可以依靠眼、耳等感觉器官和思维器官来感觉和思考客观世界。天地万物都有所以然之道（现代哲学的重要概念，与之对应的是或然性），所以然之理和事物的性质、形状，可以为人的这些器官带来感觉和思维。所以，《韩非子》发扬光大了《荀子》"制天命而用之"的思想。但同时他也强调：事物的道理是不容易被认识的，一定要深思熟虑。而思考时，又必须完全客观现实，这样才能认识客观规律，得到知识。

此时，人大脑的分析中心处于积极的工作状态，随时准备将最佳时机、分析、判断升程结果迅速传达到大脑的执行中心，最终敲击回车键完成本次交易行为。所以，信号活动不仅具有重要的生物学意义，它也是在生理学、心理学、行为学链条上的一个环节，牵一发而动全身。

早在春秋战国时期，荀子就曾经在其著作中大声疾呼："**从天而颂之，孰与制天命而用之？**"现在看来是多么伟大。

条件反射也分为两大类，即阳性条件反射和阴性条件反射。在我们今后的交易中，我们可以自己判定我们的问题出在哪里。

阳性条件反射：是指能够产生兴奋的条件反射。比如在股票市场中，当市场中出现大阳线时最容易引发阳性条件反射。此时，没有成熟和固定交易模式的交易者很容易被阳性条件反射带入市场，成为追涨和"抬轿子"的人，这是主力最喜欢看到的。

阴性条件反射：是指能够产生抑制的条件反射。比如，当市场中出现大阴线时最容易引发阴性条件反射。此时，同样没有成熟和固定交易模式的交易者很容易被阴性条件反射带入市场，成为杀跌和交筹码的人，这也是主力最喜欢看到的。

以上两种条件反射又是使人回归"天性"（即非条件反射）的桥梁，如果不加以重视以前的学习就将白费。

作为一名成熟和冷静的交易者，在这种市场状态下，我们能不能做一下反向思考？也就是说在市场呈现给我们的是阳性条件反射的条件时，我们可不可以反观阴性条件反射抑制一下自己可能产生的冲动行为。当市场出现大阴线时，同样如此。回顾一下"什么是交易艺术"章节中的内容。

注意！此种抑制在市场中并不会总是正确的，因为在市场特有的阶段也总是会出现一骑绝尘的大黑马，它根本就不回头。但是，这种现象在我们的市场里毕竟还是极少数的。所以，在特定的阶段内，我更加愿意执行我弟弟固有的，略带保守的，但是很安全的方法：**"不见大阳不买，见了大阳不买；不见大阴不卖，见了大阴不卖。"** 在前几个章节提到过这句话。**请注意！它具有鲜明的特定条件。**

此外，我们也应该注意到，随着交易者的经历不断地深化和自我不断地修正，当初建立的条件反射可能会随着时间的推移失去意义。此时，老的条件反射会被新生成的条件反射取代，这是很正常的。这说明交易者对市场千变万化的环境产生了较好的适应能力，尽管交易结果并非一定叫人满意，但这却是实实在在地进步，我们必须要认识到：**进步大于成绩！**

所以，条件反射也是具有易变性和适应性的。人的中枢神经系统凭借条件反射活动来调节我们大脑分析中心的活动，使我们交易者具有更加完善的适应性。这是因为由于脑半球功能的专门化，**当市场外部环境发生变化时，职业交易者会把新的条件刺激与以往形成的技能整合图像综合、叠加在一起，此时注意指向主体内部，不容易受到外界其他信息的干扰，重新检查交易行为程序，并规划下一个步骤。**

那么为什么有些交易者还是会在跌宕起伏的市场中屡屡上当受骗呢？除了思维指向性的偏差问题以外，还有就是上边所提到的条件反射分为阳性和阴性两大类，在阳性和阴性条件刺激作用下大脑皮层会产生兴奋和抑制状态，这种状态往往不是局限于它所产生的部位，而是或多或少地向四周扩散出去，这种现象被称为兴奋和抑制的扩散。

给大家举个例子，新手或者没有学习过系统交易的人，由于记忆机理的作用，在市场突然出现大幅波动时一时忘记了条件"信号"的作用，很容易被市场"信息"带动情绪，盲目下单（被动地追涨杀跌），这就是兴奋扩散的结果。随着收盘后的自我检查发现，此次交易行为并不符合交易条件和标准时，运用《交易心理学中》的"强化"和"交易行为塑造"加以修正。千万不要指望交易永远不出错，也不要指望出现错误一次就能彻底改掉，它是个循序渐进的过程。通过不断地积累，渐渐地你的交易就会变得从容不迫，思维敏捷，行动果敢、坚决，这就是兴奋的集中和条件抑制形成的结果。

以上只是给大家举个简单的例子，交易的失败不仅仅出于以上这些原因，仅从交易心理学的角度上讲它还有很多其他方面的原因。如控制"应激"技能、"现实目标制定"技能、"集中注意力"技能等，在以后的章节会一一向大家介绍。

条件反射形成的机制是属于生理学的范畴，这里我就不过多地介绍了。简单地说，巴甫洛夫认为：**暂时性神经联系发生在大脑皮层有关中枢之间**（也就是我前一章节提到的分析中心和综合中心）。在条件反射初期，不管怎样交易者只要长期地接受正确的信号刺激，请注意！"正确的信号刺激"，一旦条件反射巩固后，则大脑皮层就会起到更重要的作用，这就是我们常说的——**脑子**。

第三节　正确信号的作用

这是本章最重要的核心内容，因为任何条件反射都离不开信号源。而信号的升程则是建立在信息来源基础上的，这一点我们要特别加以区分。如在市场中，特别是小的分时级别的每一根 K 线的涨与跌的现象，在图表中既是信息反馈的体现，同时也是随时能够升程为信号的基本条件，它是最先给我们感官刺激的。

我们的条件反射就是对无数的信息发生反应，包括市场任何无关的刺激一旦与非条件刺激结合，就可变成预示本能行为即将来临的信号（朋友们能不能把这句话多复述几遍）。这样可对即将来临的本能行为提前做好准备，在人的行为能有预见性地产生反应时，分析中心会积极地投入到工作状态，仔细评估信号升程的真实性和可靠性。所以，信号活动不仅具有重要的生物学意义，在我们系统地了解它之后，它会使我们的交易更加具有针对性、预见性，这无疑对我们的交易行为具有更加重大的意义和良好的作用。这就是正确信号的作用。

什么是正确的信号？

在市场中，我们每天要接受大量的不同信息，不仅是出现在视觉图表上，还有更多的来自于声讯的传递。面对大量的信息我们需要解决的是如何分类、排除和过滤掉那些不良的信息，去接受正确的"信号"（注意这里我用的"信号"）。

我们先讲解一下"信息"与"信号"的不同。所谓"信息"是属于通风报信或者小道消息并没有被证实的一类，这种情况在市场很多见。信息的另一种体现形式是，在动态图表中价格的波动。"信号"则是在符合你交易条件的情况下，给出你明确发生交易行为的指示。就像过去打仗的冲锋号或者信号弹一样。"信息"与"信号"之间有着明显的概念不同，一个是需要你去分类、排除和过滤。另一个是需要你在条件具备了的基础上去执行。在分清楚两者之间的概念后，你就知道当你再遇到市场信息时该去先做什么，遇到市场信号你又该坚决地执行什么。这样才会避免别人一说什么标的有消息你不管不顾地追进去，结果高位被套的局面。

职业的交易者往往对市场"信号"的要求是相当苛刻的，他们不会以市场的单一"信号"作为进场标准，他们会选择三到四个"信号"共同发出指令，一旦这种情况出现，他们就会认定正确的信号成立（这里存在着概率的问题），他们唯一想做的就是尽可能快地下单，然后确认。

总之，"信息"可以升程为"信号"（为良性信息），在经过分析、过滤、比对后不能升程为"信号"（非良性信息）的仍属于"信息"类。请注意！**"信息"是不可以代替"信号"的。**

所谓正确的"信号"更多的是来源于"信息"的反馈，但它又独立于"信息"之上，两者之间有着密不可分的关系。所以，市场上"信息"和"信号"对于我们都是有用的，都不能忽视它们的存在。

那么，初期的交易者为什么会在实盘的交易中总是出现操作上的错误呢？除了制定的"信号"单一（未加以多重信号过滤保护）以外，主要问题还是出现在以上讲过的阳性条件反射和阴性条件反射上。在阳性或阴性条件的市场刺激作用下，交易者会产生兴奋或抑制的扩散。这种扩散很容易造成你原有"思维指向性"的偏离，也就是打乱了你原有的操作策略，使你跟随市场图表的变化而变化，造成失误，这就是扩散带来的结果。

另外，有资深一些的交易者也会出现这种情况，他们并非不具备严格的"信号"控制能力，但是，还是会在交易上出现技术上的错误。他们会说：在我的交易模式中，我已经设立了三重甚至四重的过滤保护。这种莫名其妙的错误是难以接受和想象的。其实这个问题很好解决，在今后的心理章节中对自我认识、集中注意力、应激的控制等都会有详细的介绍。而在此节中我们只是了解生理上的一些现象（生理现象可以带动心理的变化，而心理的变化是直接导致行为变化的因素）。所以，我只能在此告诉你们的是，**兴奋的扩散导致你"思维指向"的偏离，"思维指向"的偏离造成"心理能量"的消耗和降低，以及产生过高的"应激"等。其实此时你已经不能将所有的注意力集中在你的交易模式**（信号）**本身上了，而你更多地会在乎图表或者声讯上的一些"信息"。更加明确地讲，你还是缺乏对《交易心理学》的学习和实际的锻炼，还不是个成熟、资深的交易者。**

第四节　如何认识交易心理技能的训练

交易心理技能训练是有目的、有计划地对交易者的心理施加影响的过程，通过专门的训练安排使交易者掌握一定的心理技能，可以使其心理品质得到提高，心理健康水平得到改善，在交易中使心理状态达到最适宜的程度，是提高交易水平和培养身心健康的重要手段。

正确理解交易心理技能训练需要明确三个概念：

1. 交易心理技能训练不是为了应付交易的短期措施。有人认为心理会影响交易的胜负，所以临时才接受交易心理技能的训练，将其视为灵丹妙药，这是不对的。事实上，交易心理技能的掌握和交易技能一样，都需要一段很长的过程，甚至更加困难。

2. 交易心理技能的训练是要追求两个目标，一是促进心理开发、发展和适应交易，二是交易本身的需要，它们两者是相辅相成的。但就两者之间的关系而言，首先要承认培养健全的心理和提高心理素质更为重要，它是一种基础建设工程。它对你今后的交易生涯有着长期一贯的影响，所以必须要认真、严肃地对待。

3. 交易心理技能与交易技能相结合，在今后交易心理技能学习的基础上，还要将其与交易技能有机地结合起来，把交易心理训练的内容贯穿到交易技能的学习和实战，以及情绪控制等实践活动之中去，使交易心理技能的训练更具有专项的特点。

就像以上所讲的那样，心理品质的提高需要长期的磨炼，同时也需要系统地进行。

此外，它还牵扯到进程与目标的问题，从基础交易心理技能的训练开始直至最终要应用于交易。我们要注意到，交易心理技能的训练应是紧紧围绕技术训练和将来实盘交易情境的，需要逐步地展开，逐步地深化。

也就是说，交易心理技能训练是从交易者掌握某种初级交易模式的技术技能开始的，并逐步发展到习惯化的交易行为方式，最后发展为以心理能量为依托，达到**"艺高人胆大，胆大艺更高"**的艺术交易境界。因此，我们可以认为它是对职业交易者进行交易行为塑造的过程，也就是**学习—获得—应用**的过程。

第五章 发展交易心理技能的训练

武王问太公曰:"合三军之众,欲令士卒服习教战之道,奈何?"太公曰:"凡领三军,必有金鼓(信号源)之节(原则,指挥),所以整齐士众者也。将必先明告吏士,申之以三令,以教操兵起居、旌旗指麾(信号源)之变法。故教吏士:使一人学战,教成,合之十人;十人学战,教成,合之百人;百人学战,教成,合之千人;千人学战,教成,合之万人;万人学战,教成,合之三军之众;大战之法,教成,合之百万之众。故能成其大兵,立威于天下。武王曰:"善哉。"[94]

结合交易行为可以理解为,武王问姜太公:"所需要的资金已经筹划、集中完毕,如何使交易者的交易技能娴熟,训练方法应该怎样?"姜太公回答道:"凡是统帅资金账户的,一定要有信号源和相应的原则统一指挥。这是为了使所有资金的调配安全、合理、有效和统一。首先将帅必须明确知道应该怎样训练,并且要反复温习,然后再结合交易的基本技术,熟悉操作手法,以及根据市场上各种信号的变化而使适当的交易行为发生。所以,在训练的初期应该先从简单的基础入手,简单的训练达到满意的效果后,再结合稍微复杂的加以训练;稍微复杂的训练达到满意效果后,再多结合一点复杂的内容;多一点复杂的训练达到满意的效果之后,再提升复杂的程度加以训练;复杂程度的训练达到满意之后,再进入到更为复杂的训练内容中;更为复杂的训练内容达到满意效果之后,就要结合整体的、综合能力的训练;这样就能组成强大的指挥系统,立威无敌于资本市场。"武王说:"这是伟大的见解呀。"

姜太公认为:军事训练(等同于我们的交易技能训练),是为了切实提高作战部队素质而进行的一项专业活动,在今后的军事活动中其地位和作用是十分重要的。提高部队的作战能力必要的手段就是加强训练,如果部队没有经过训练就同敌人作战,无异于羊入虎口。因此,这是非常必要的。

资本市场是没有硝烟的战场,交易者的训练同军人的训练也没有什么两样，都必须以基础、从严、从实战，以应万变的原则出发，循序渐进。只有这样才能训练出一名合格的职业交易者。

请记住！**细节决定成败，性格决定命运，态度决定一切！**

现在的资本市场与交易心理学的联系越来越密切了，特别是当有些交易者过于放大交易结果的意义时，巨大的压力与紧张的氛围会对你交易的外部条件变得极为敏感。

比如，这次的交易必须要赚一笔钱的想法、市场面的突然变化、第三方的期待与关注、市场新闻媒体的"信息"刺激等，都会与你的内部条件（固有的交易模式、系统）发生交互作用、冲撞，易导致具有破坏作用的消极**"应激"**产生。此时，就会削弱你原本对市场"信号"捕捉的感觉和能力。因为你的注意指向、交易动机、交易信心等会随着接纳以上"信息"的刺激而产生偏离。即使是平时有着很高的业务能力以及训练水平的交易者也很难有效地控制自己的情绪。这就是我们在平时经常听到或看到的市场反应——"又被市场忽悠了"。

所以，"交易往往比的就是心理素质"已经成为了广大交易者的共识。在这种情况下，为了使我们能在交易中充分地发挥固有的交易技能，我们就必须要认真地对待和发展交易心理技能中每一个科目的训练。

为了能使交易心理技能训练在普通交易者中引起足够的重视，请大家仔细地分析和认识本人下述的观点：

1. 交易心理技能训练是科学化交易训练的重要组成部分，它渗透于平时的技术训练、战术训练之中，并对它们具有连接与相互调节的功能。应树立**"心、眼、手、力"**相结合的训练观点，而不应将交易技能与交易心理训练孤立地进行。这样才能做到在交易中**稳、准、狠！**

我先解释一下何谓"心、眼、手、力"：

心——首先，"心"就是古人对大脑的称呼，所谓：**非劳心苦思，不能原事，不悉心见情，不能成名。**[95]

意思是，如果不能费尽心神地去思考，就不能究查事物的本源，不能尽心尽力去考察事物的本情，就不能成就名业。

所以，我们应该做的首先是对《交易心理学》的学习和掌握，然后是对市场的全面分析、评估，以及前期交易计划的制订等。就如同打仗一样，对战场的格局，自己所处的位置，利弊关系等有个全面地了解。这也是所谓**知先行后**，才能**知行合一**的道理。

眼——是指对基础交易技能的学习和训练，以及发展超强的洞察力（大家习惯称为盘感）的关键环节。要根据自己设定的基础交易模式或系统标准大量地复盘、统计而得出结果（特别是后期跟踪的数据），是你通过看到、"听到"，并且能够升程记忆机理的必须过程。同时它也是提高你在动态盘口中"集中注意力"的指向，是导致交易自信和下单的重要辅助手段。如果朋友们还对"倾听技能"章节有印象的话，就不难理解"眼"在交易环节中所发挥的重要作用。

手——在交易领域中，手是执行行为的重要工具和关键，下单速度的快慢直接关系到你的进场部位。我经常发现有些交易者从打开账户到下单最后的回车非常慢，直至标的或股价都到了涨停板或者跌停板自己还没有追进或者平仓，并因此急得满头大汗，这也是平时缺乏专项训练的表现。为此，我弟弟曾经为机构交易员提供了一套提高"手"速率的训练方法，目的就是为达到心到—眼到—手到的快速反应程度。在今后"集中注意力"的章节中会给大家介绍。

力——关于力的描述比较复杂，它是一个体系，简称"力系"。从交易层面上讲，力系又分为两个方面：一是在初期的学习中需要有一定的力度。另外，在盘面的分析和比对中，通过盘口语言体会趋势的力度。二是在今后的实盘交易中，体现在仓位的控制上，也就是一次交易行为的发生应该运用总体资金量多大百分比的问题。

为了使大家能够更好地理解，我先将"力"的基本概念加以阐述，以此为基点启发大家对市场运行的理解。

所谓力系从基本概念上讲是由若干个力所组成的系统，当诸力的作用线位于同一平面上时称为"平面力系"，不在同一平面时称为"空间力系"。"平面力系"和"空间力系"又都可分为"共点力系"、"平行力系"和"一般力系"。"共点力系"中诸力的作用线相交于一点，也称"汇交力系"。这在我们看到的图表中常常会发生共振的现象。"平行力系"中诸力的作用线相互平行，彼此没有过多的交汇和冲突，盘面多数处于相对平衡的状态（极端事件除外）。"一般力系"中诸力的作用线既不平行，又不交汇，盘面上下起伏的幅度会体现得比较大，并很难体现规律性。还有一种体现形式大家仔细理解，我们换一个角度来观察在盘面当中这些力的现象的出现。如"平面力系"主要出现在图表的变化上，"空间力系"则更多地反映在信息渠道等。

此外，关于"力"的作用，在《交易心理学》中还有关于交易力度（仓位的控制）的阐述，请参见前面章节的"占用资金比例"中的内容，这里就不再重复了。

鉴于对以上内容的理解我们可以想象出盘面当中有很多不同的"力"在相互发生作用，包括心理的、视觉的、听觉的和交易行为的，还有交易系统上的。总之，"力"是**心、眼、手**的最终结合点，它是你是否能够达到交易艺术高度的最终体现，也是你总体决策执行能力的最终体现，如在不同位置的进退问题，仓位控制问题等。这又很像打仗在什么时候该用兵力，用多少兵力的问题。

在 2002 年我出版过一本关于运动心理学的书中强调过这三个字："**稳、准、狠**"。我还记得有一篇专门描写伟大的做手杰西·李佛摩尔（Jesse Livermore）的文章，在文章中有这样一段话：**好的股票做手和训练有素的职业运动选手没什么两样，必须维持生理、心理的完美状态。**

由此看来，交易又与运动有着极大的相通性。作为职业交易者，尤其是在关键时刻这三个字也尤为重要。而它的由来就是基于以上的"**心、眼、手、力**"，在动态盘口中随时要保持"**心到**"、"**眼到**"、"**手到**"、"**力到**"，才能做到"**稳、准、狠**"，从而诱发你"**最佳交易状态**"的出现。

2. 交易心理技能训练应从交易者一开始接触交易就开始，并伴随其整个交易生涯。但在不同阶段的交易技能、交易心理技能的训练应具有不同的内容，应树立阶段性与连续性相结合的方针。故有善言建之：**与时消息，与时同行，与时俱进！**

3. 要充分地认识到在交易技能的训练中交易心理技能训练的重要作用，要将平时训练中的心理成果与实际交易相结合，而不应把它当作交易时的应急措施。

4. 根据交易行业"个体性"极为突出的鲜明特点，**作为一名靠市场吃饭的职业交易者理应成为一名市场的心理学专家，因为只有专家才熟识这项工作的专项特点，明确在不同的阶段专项"技、战术"的心理要求和必要的心理准备，并了解在市场变化中公众交易者的心理变化。所以，交易心理技能是我们必须要掌握的，而不是"临时抱佛脚"。只有这样才能在**

今后的自我指导中具有发言权，以及对他人的指导权。

  以上也就是《交易心理学》在资本市场中的重要意义，以及深入发展交易技能训练的重要指导作用。它们是无法摆脱相互关系和相互实践的，充分认识到了这一点将是你交易生涯中里程碑式的进步。

第六章 影响交易心理技能 形成和发展的因素

太公曰：见善而怠，时至而疑，知非而处，此三者；道之所止也。柔而静，恭而敬，强而弱，忍而刚，此四者，道之所起也。故义胜欲则昌，欲胜义则亡，敬胜怠则吉，怠胜敬则灭。[96]

意思是：见到该做的事由于懒惰、懈怠而不去做，机会来临时却又犹豫不决，明知道自己有问题却还不求进取，这三种情况是古代圣贤们绝对唾弃和废止的。柔和的心态时常保持冷静，谦恭的态度时常保持敬畏之心，实力强大却给人以弱小的感觉，外表虽然隐忍而内心却十分刚强，这四种情况是先圣们所提倡和推崇的。因此，当你的行为原则胜过了贪欲你的前途必然光明，反之，如果你的贪欲胜过了基本的行为准则，必将是走向灭亡的开始。所以，当你有敬畏之心而胜过了懒惰和懈怠，必将是繁荣的开始。相反，懒惰和懈怠如果胜过了敬畏之心，你就等同于踏上了一条不归之路。

总之，姜尚的核心思想是：一方面应当正确认清和处理好道义与个人欲望之间的关系，敬畏之心与懈怠之间的关系，这样才能有资格去干大事，才能使一生的事业一帆风顺。

在我们的发展过程中，影响交易心理技能形成和发展的因素是多种多样的，除与交易者学习的积极性和个体差异有关以外，更重要的是与对《交易心理学》的认识及掌握程度有很大关系。

在前几个章节中，我已经反复强调了交易心理学与交易技能之间的关系，并且它们是一项复杂而又庞大的系统工程。作为初期的交易者，要想进入职业交易者的行列，学习无疑是必然的发展过程。包括积极正确地引导自我学习的自觉性和积极性，没有自我学习的自觉性和积极性也就必然阻碍交易技能的发展。

一、启发自我学习的自觉性和积极性

正如姜太公所提倡的，除了要符合道义、不能懈怠之外，我们更加应该倡导自觉性和积极性。当我们想要从事交易这一项工作时，一方面的原因是，由我们的兴趣而引发的，在以前的章节中曾经讲过关于动机的问题。由于兴趣能自动调动人各中枢神经的兴奋，所以我们初期在接受交易心理技能时会比较快。另一方面的原因是，初期接受的内容相对比较简单。另外，从生理学的角度分析，由自觉性和积极性而引发的学习和交易训练，能使交易者的各有关听觉、视觉中枢达到适宜的兴奋状态。在这种情况下，你会不由自主地学习精力特别集中，最容易建立暂时性的神经联系，条件反射建立得最快。并且对学习成果的记忆也是最深刻的，最有利于初期的交易模式定型。

但是，在没有经历过系统学习之前，就直接进入到实战交易的话，各神经中枢容易兴奋性过高，兴奋性过高则容易产生兴奋性扩散难以集中，兴奋性扩散难以集中则难以形成准确的条件反射。这无疑将使你进入到恶性循环当中。

相反，如果你不调动学习的自觉性和积极性，就会使各中枢神经的兴奋性过低，各中枢神经的兴奋性过低的情况下，则又不可能达到学习适宜的兴奋状态，达不到学习适宜的兴奋状态，则暂时性神经联系难以接通，使条件反射建立很慢。在长期条件反射建立很慢的情境下，人很容易产生厌倦感，并逐渐失去继续学习的兴趣。

要知道，条件反射的建立是交易最高境界的"桥梁"，而适宜的兴奋状态则是这"桥梁"的支柱。而自觉性和积极性则是"支柱""桥梁"内在的钢筋骨架，以及钢筋骨架之间连接的固定机构，或者是焊接点！

那么，如何才能建立学习适宜的兴奋状态呢？

交易者要树立明确的、基本的学习和训练目的，这又回到了以前章节的内容，从自我知觉抓起。如我是怎样一个人？我的现实目标是什么？我将要成为一个什么样的人？等等。由此引发正确的动机和良好控制源的再次出现。其次就是要制定一个先易后难的，现实的有可行性的目标。在此基础上，注意指向一定要固定在目前所学习和已经掌握的条件和标准上，而不是每笔交易的盈利或者是亏损上，更不是对第二天行情发展判断的对与错上。要深刻地认识到：**在可控范围内的小亏损只是整个交易游戏当中的一部分，是任何人都无法避免的。更要充分地认识到"失败是成功之母"这句话的深远意义，而并不是只停留在口头上。**在学习的过程中只有这样，才能不断地调动各神经中枢适宜学习的兴奋状态，才能使交易者既快又准确地逐步掌握交易心理这项技能。

此外，学习交易心理技能我们还要抱以积极的认识态度，只有当交易者确信交易心理技能对自己的发展确实起作用时，它才会见成效。如果你对交易心理技能的训练抱以怀疑的态度，那么它的效果就不明显，甚至根本不起作用。

另外，我们对交易心理技能的训练可以基于这样的假设：

我们是在尽其所能地要使自己达到最佳的交易水平，在任何情境中我们对旧的、不良的交易行为予以某些限制，同时注入一些新的学习内容，我们会尽可能地去做。如果认为自己还不能尽善尽美地表现，就假设我们还不具备所需的心理技能，或者还有哪些方面存在着不足。假如我们掌握了更多更好的，有利于交易行为表现的方法，那我们的交易行为表现肯定会更好一些。

这就是一种积极的、能够引发自觉性的出发点，假设所获得的技能恰恰是我们的不足和最需要的方面。

二、加强视、听、分析和执行各种感觉机能间的相互作用

交易技能形成的过程，其实就是在视、听感觉中枢共同参与下，与综合中心的执行系统建立暂时性神经联系的过程。特别是期间我们会不知不觉地建立起交易的本体感觉性，我们俗称的"盘感"。它对形成交易技能有着特殊的意义。

实际上，从生理学的角度上讲，人体的各种感觉都可以帮助大脑产生正确的本体感觉性。在交易领域，没有正确的视、听感觉就不可能形成交易技能。所以，在交易实践的初期，要特别注意视、听中枢神经与交易条件间的相互作用，相互作用的结果与执行各种感觉机能之间的相互关系。只有细致地体会，反复地实践摸索，才能建立交易系统精确的分化。区分正确的时机所发生的交易行为和错误的时机所发生的交易行为，为建立交易的"本体感觉性"创造适宜条件。这样才能增加正确的交易行为再次发

生的可能性，以及减少错误的交易行为再次发生的可能性（注意错误与缺点不是一个概念，特别是在交易领域不要混淆）。

还有一点我们应特别值得注意，也是目前许多公众交易者普遍存在的问题，那就是只注意"量"的积累而不注重"质"的突破。这不仅对于加强各个中枢神经之间的相互感知起不到良好作用，反而会破坏正常的人体神经环路，百害而无一利。

典型的例子是：很多交易者给自己硬性制定了工作项目、内容和时间，除了每天盘中看盘以外，收盘后还要大量地复盘多少小时。这样做很辛苦，也说明他们很努力。但是，他们看盘和复盘的目的与标准常常是没有的，或者含糊不清。以前我常常讲一句话：要注意我们看盘面看的是什么，是不是有明确而又统一的标准。否则的话，面对各种不同的标的所发生的不同的市场行为，给我们的视、听造成各种各样的冲击，最后造成自己产生一种错觉——看什么都好，但都拿不定主意。这都是因为失"礼"所导致的。

"非礼勿听、非礼勿视、非礼勿动"用在这里再恰当不过了。学习就是要大量地积累，这点没有错误，错误就在于没有"礼"，就不会出现好的"质"。这里的"质"是指：在交易条件和标准明确的前提下，执行力度的问题。这也是建立在前几个章节中强调的"礼"的基础之上的。礼为礼法、法度、法规之意。我们可以想象出在没有"礼""质"的前提下，在整个的看盘、复盘的工作过程中，分析中心是一定不会保持在定向工作状态的，一定是混乱的。此时我们只是在盲目地去完成"量"的积累（特别是长时间没有休息和调整，容易产生疲劳和厌烦的状态下），只是倾向于完成自己的硬性规定，这样综合中心完全处于被动的支配的地位，而得不到分析中心任何有科学依据的辅助与支持。这样会导致交易技能不仅没有提高，反而一些坏的，不良的交易信息会趁机侵入你没有意识的交易行为中去。最终会使你在不知不觉中进入一个漫长的恶性循环。

不仅仅是以上原因，如果一名交易者还不知道如何将交易这项技能的程序有序化，以及将心理程序进行完善，在今后的实际交易中，常常也会因"应激"等心理技能的原因使交易行为变得迟缓（许多人都有这样的体会），破坏原有的交易定型。这是一件非常可怕的事情。

所以，只有在有明确的交易模式的前提下，通过加强视、听、分析和执行各种感觉机能间的相互作用，有条件地分析（学习）它们之间成功的必然联系，失败的普遍规律。才能使心理程序首先得到完善，以及通过不断地了解交易技能程序的有序化，使交易技能更加完善、提高。

这就是为什么用大量的时间和精力最终熟能生巧的说法已被"**只有严格的标准、有针对性的思考和分析，才能形成完美的交易技能**"所代替的原因。

《淮南子·人间训》曰：**居智所为，行智所之，事智所秉，动智所由，谓之道！**[97]

意思是说：静处的时候知道应该做什么，行走的时候知道应该去哪里，做事的时候知道应该凭什么，行动的时候清楚因果的来由，这就是道！

此外，视觉、听觉与交易的本体感觉性之间的相互作用特别有助于强化交易定型。我不知道大家有没有过这样的经历，在一定的区域内，价格的位置与本体感觉性之间是有相互积极作用的，这种作用使我们建立起三维空间的感觉。我个人的感受是，在市场下压，越来越接近我的条件和标准的时候，我往往会产生一股强烈的做多愿望，并且下单非常果断，大多数情况下市场能够如期按照预计的方向运行（请参照"什么是交易艺术"章节中的案例）。当然，有时也会出现判断失误的时候。但是，只要你止损的位置离进场点很近，就不用怕。所以，即便是判断失误也不会给自己造成很大的伤害。我相信，这一切都是与平时注意加强视、听、分析和执行各种感觉机能间的相互作用有关联的。

三、如何加强交易的本体感觉性

在建立条件反射过程中，如果条件刺激离开了非条件刺激的强化，那么，即便是最简单的正确条件反射也无法形成。

在交易者的学习过程中，任何形式的讲解或者书本都是非条件刺激。而没有经过学习、认识，或者是学习初期产生的交易行为属于简单的条件刺激。此时绝大多数简单的条件刺激是不正确的。

比如，看到或者听到别人在资本市场中挣到了很多钱，由此而引发交易的冲动。我们必须要认识到，正确的条件刺激一定是建立在众多经过考验的非条件刺激之上的，并且需要不断地强化。我们还要清楚一点，初期建立的正确的条件刺激还处在朦胧的阶段，从记忆机理的角度上讲还未达到高级阶段。那么，此时就需要不断地加强非条件刺激行为，逐渐地向条件刺激转化，这也是记忆机理升程的过程。所以，如果离开了交易者自身的实践和反复的分析、比对，即使再好的书，讲得再清楚也无法使你掌握交易技能。同样，如果你每次的学习和实践不能积极地调动分析中心的工作，而只是盲目地去完成"工作量"，那么必然是徒劳而无功的。

那么，我们怎样做才是卓有成效的呢？我们可以运用两个信号系统相互作用的规律，这样可以加速我们交易本体感觉性的提高和发展。

发挥第一信号系统的作用，观察以往的图表或者交易模式分析、数据报告，注意对象一定是在交易原则许可的范围内。接受那些成功案例的形象刺激，复习当时交易行为的要领，并配合积极的"表象"，可以使你建立清晰的印象和正确的交易行为概念。其实这也是培育和发展"盘感"的过程。

同时，我们更加需要多观察以往判断失误的案例，细致地加以分析、比对、总结，并一一记录在案。这不仅对今后再次出现相类似的情境提供可靠的判断依据，更重要的意义在于，通过记忆机理的加强，你获得了真真切切的经验。这样才无愧于"失败是成功之母"这句话。

发挥第二信号系统的作用，当交易行为完成较好时，要以积极的自我谈话（运用自我1、自我2）方式进行肯定和加以鼓励。当出现问题时，自我1和自我2应立即进入分析和探讨状态。一个负责提出疑问，一个负责解答。这是借助语言信号进行强化的一种方式。

在我们每次做第二天的交易计划之前，都要复习一下成功案例的交易要领和交易标准的程序。为了使自己时刻保持对交易的谨慎态度，我们还需要复读一下曾经最经典的失败案例。当第二天的交易完成之后（收盘后的复盘），要加以认真地总结和评估。此时的评估最好以自我1和自我2的相互问话形式出现，多问自己一些为什么，什么原因，以及有没有相对应的解决方案。这样才有助于第一信号系统和第二信号系统之间暂时性的神经联系的接通，有利于"本体感觉性"和交易技能的迅速形成和巩固。

综上所述，交易技能之间相互影响的关系比较复杂，所以要求交易者应深入了解和分析交易行为的结构，在头脑中要有清晰的技能行为程序的表象，同时也要努力不断地完善交易心理程序。

上文谈了很多影响交易技能形成和发展的因素，并提到一些克服的方法和手段。但是，从中我们不难看出交易心理因素是占主导地位的，从而又引发交易心理技能训练存在的问题和障碍。下面就此问题展开学习。

四、交易心理技能学习、训练的问题和障碍

虽然这方面的内容很消极，但是我不得不再次提出来并作为重点加以陈述。因为如果不能解决这个障碍，你今后很难进行交易心理技能的学习、训练与发展。

当你遇到交易心理技能的学习、训练无法展开和继续的时候，首先，你要总结写出无法展开和继续进行交易心理技能的学习和训练的原因。然后针对每一种原因至少要找出一种你认为可以解决的办法。

目前，绝大多数公众交易者没有进行交易心理技能的学习和训练，主要有三个原因，或许你还能找出其他的一些原因。比如，只有那些认识到有心理问题的交易者才需要交易心理技能的学习和训练，或者是没有足够的时间，或者交易者对交易心理技能的学习和训练不感兴趣等。但是，由于目前所学到的知识，或许你已认识到了能够从发展交易心理技能中获益，至于时间和兴趣等问题，你只要真正地认识到了它的重要性就会减少这些障碍的作用。

这些障碍主要包括：

（一）不了解交易心理技能训练的重要性

有很多公众交易者还没有认识到，交易行为不仅可以检验你的交易技能水平，更重要的是可以检验你的交易心理技能。这些人平时更愿意将全部精力都投入到所谓的"技术"学习之中，而对交易心理技能的学习和训练只是停留在口头上。这种长时期只热衷于"技术"的学习和训练会导致过度劳损，降低学习、训练的效果，最终由"心理耗竭"引发身心耗竭。这种情况出现，等于在你职业交易生涯的路上亮起了红灯。

有些人可能会说：你说得不对！我见过很多交易者几年，甚至十几年还都在我们的视线范围内，并经常能听到他们的高谈阔论。是的，是有这种情况出现，特别是在网络平台上。我以前经常以开玩笑的方式说这样一句话：很多"大师"兜兜里的钱没了，但是，最使我们敬佩的是"嘴"还在。关键的问题就在这里——"嘴"。从心理学的角度讲，说话是排解人

烦恼、失落的本能反应和转化消极情绪的最佳途径。特别是在遇到难题而又找不到解决方案的时候，人通常会回顾以往成功时的情景，通过说话、聊天的方式来转嫁或平衡内心的消极影响。我就曾经在网络上遇到过很多这样的人，晚上10点多我关上电脑睡觉，第二天8点起来打开电脑听新闻，发现那位"大师"还在讲。有网友告诉我：这位"大师"整整说了一夜，到现在还没有要下去的意思。我当时的回答是：叫人家说说吧，说出来就痛快了，要不资本市场不知道会出现多少个"祥林嫂"。事情就是这样，过去有人讲：在现实生活中得不到的，就靠梦境去完成。现在更加方便了，在现实中得不到的，就靠网络去完成。

以上可不是笑话，更不是危言耸听。与其用谈话发泄的方式来维持自己"亚健康"的交易心理状态，不如脚踏实地地在看似枯燥无味的《交易心理学》中寻求帮助和答案。

实际上，当你将此书认真地读到这里的时候，你已经知道了上述现象的问题出在哪里了。重要的是，我们应该知道在目前阶段中，怎样做才是稳固、健康地发展？

答案：要适当地减少对专项"技术"的学习和关注度，从最简单的基础内容开始，要注意质量而不是数量。同时，增加交易心理方面的认知和学习，反而可促进"交易技能"稳固地提高。这并不是说交易心理技能的学习和训练就可以代替交易"技术"的培养，而是两者都是很必要的。只不过是要分清主次关系，轻重缓急。

（二）对交易心理技能的学习和训练的认识有偏差

这也是交易心理技能发展的一大障碍，有些交易者表示有兴趣进行交易心理技能的学习和训练。但是，由于认识上的不足和不知道如何去做，只能被动地接受市场上流传的所谓的"技术"。这主要是以下两个方面的原因造成的。

一是大多数人没有认识到交易心理技能是一种特殊的技能，而不是单一的素质问题，是综合素质的体现。

既然是特殊的技能，必然需要特殊的方式才能掌握。有很多的人更愿意相信市场上流传的话（我就亲耳听过有人这样说）：我才不去看那些乱七八糟的书，交易心理素质是靠自己实战中的锻炼、摸索，逐渐地总结出来的；我的交易心理学知识就是在市场中学习得来的等。我听完以后流汗，我可以肯定地说：这句话用在普通公众交易者身上是不对的！有以下七个方面的原因：

1. 良好的交易心理素质一定是建立在懂得并掌握交易心理技能的基础上的。这点毋庸置疑。当然，我也不能排除出现极个别的现象。可能会有万分之一，千万分之一人的不懂交易心理学，但是他的内心素质却很好，很强。难怪孔子也曾经感叹：**虽曰未学，吾必谓之学矣**。

2. 按以往科学研究的经验，不要说是个体，即便是集体研究心理学也是需要投入海量的时间和精力的。要知道心理学在我国已有将近三千年的历史。在国外，也就是俗称的现代心理学，从边缘学科到现今的主流学科也有百年多的历史，这期间都经历了漫长发展和演变。请你冷静地自我提问：自己有这么多充裕的时间和精力锻炼、摸索和总结吗？更直接地讲，你的生命周期还有多长？

3. 不要说摸索、逐渐地总结和研究交易心理学，即便是学习也需要逐渐地掌握海量的知识。请你冷静地自我提问：自己具备海量的知识吗？

4. 研究心理学需要大量的资金投入。请你冷静地自我提问：你具备大量的资金吗？

5. 心理学既然目前已经成为主流学科，必然是经过长时间的科学研究和论证过的，已具备相对成熟的一面。请你冷静地自我提问：你比那些科学家更加聪明、知识更加渊博、更有资金实力、更有充裕的时间和精力吗？

6. 交易市场本身是交易心理博弈的平台，并非是学习的媒介。请问！你的超级对手会告诉你这根大阴线或者大阳线是要故意给你制造"应激"的吗？他们的目的就是为了使你的思维指向偏离，你在没有专业基础知识时知道如何避免吗？或许此时你更应该冷静地自我提问：我到底在这个市场中学到了些什么交易心理技能？

7. 如果以上问题的答案为都不是，或者都没有的话，我就不知道你对"事半功倍"和"事倍功半"是怎样理解的。放着先人总结出来的经验和"巨人的肩膀"不用，只是因为学习起来太枯燥，而自己偏要用自己的"真金白银"在市场中边实战边学习和总结。我只能说：你对自己真够狠的，对自己这么狠的人在交易市场中还真不少见。这也是我流汗的原因，用上海人的话讲叫做脑子瓦塌了！就是坏掉了的意思。

以上七点是想奉劝和告诫朋友们，要想从事这个行业必须要从头认真学起，要耐得住寂寞，否则就离交易市场远一点。其实世界上本无平坦舒适的前进大道，即便是高速公路也是需要成本的。所以，所谓的"捷径"也是需要付出辛苦和努力的。

在这里还要说明一点的是，交易心理学不能说是我发明的，只是我学习并利用了先人总结的经验和知识。我是在 20 世纪 90 年代通过运动接触到运动心理学的，后来通过海量的学习和研究终于在 2002 年完成了自己的"处女作"。正是因为有这样的基础，我在随后的交易中发现它们之间有极大的共通性，因为交易也属于一种行为的体现。这不仅使我自己提高了对交易的认识，也使我的学生在交易技能方面有了长足的进步。所以，在经历过验证后想把这方面的知识与大家分享。

二是市面上真正从心理学角度谈交易的书几乎没有。我曾经发动我的朋友和学生帮我搜集有关交易方面心理学的书籍，不管是国内的，还是国外的。有的书甚至被冠以市场独一无二的交易心理学。但我看罢后遗憾地发现，最贴近交易心理学的书只是简单、少量地运用了一些心理学的专用术语，而并没有就此从科学的心理学角度对交易加以展开。市场上很少有人会有心理学的基础，所以也很难知道作者想阐述更深层次的问题，这对于绝大多数读者来讲就更难搞懂它的来龙去脉，前因后果。这就不可避免地造成了片面性的缺陷，这种片面性的缺陷很难使公众交易者了解和认识到交易心理技能是可以习得的。

在这种情况下，多数人只能通过这种片面的学习渠道，只能将所有精力都集中在所谓的交易"技术"上，就如同使一个正常的人失去一条腿，在本来就艰难而又不平坦的交易路上更加步履蹒跚。当一个人遇到困难的时候最初始的本能就是求助，此时恰逢市场中又充斥着各式各样的学习材料，其中不少冠以"一招制敌""稳定盈利"等充满诱惑的书籍，就不自觉地成为求助者的救命稻草。就这样公众交易者开始自己不断地尝试，不断错误地学习交易，不知不觉地进入了恶性循环当中，与职业交易生涯渐行渐远。

人一般还有一种鲜明的心理特征，那就是绝不轻易否定自己的能力，更加不愿意承认自己的无知。这都是缺乏自我了解和自我感知能力的体现，在以前的章节中我特意重点阐述了这两个方面，因为它们是心理学中重要的基础。如果你认真阅读此书的话，相信你会有很深的印象。所以，**聪明的人会明白"书山有路勤为径"这个道理，并且心里也非常清楚这条路上人烟稀少，而资本市场恰恰是少数人才能赚钱的。**

大多数人都认为自己有能力，够聪明，希望凭借"巧实力"来战胜市场，他们不断地寻找迅速见效和简便易行的方法，一种方法不行就再去换另一种方式，这就是为什么市场上有些书很畅销的原因。但是他们忽视了所谓的"流行品种"往往是大多数人的专利，再怎么学也是从最初的意识上已经把自己归纳到多数人的行列。难道这个市场不是多数人在赔钱吗？

我曾经在一个很大的交流平台上，以调侃的方式讽刺过这种行为方式："**交易—失败—再交易—再失败，直至灭亡**"和"**我们要把有限的资产，投入到无限地为资本市场的服务当中去**"。我为什么这么说呢？实际上就是为了能够引起这些人的思考，为什么就是不愿意多花些时间去正规地学习交易心理学呢？

总结：**学习和训练自己的交易心理技能才是最佳途径，才会"事半功倍"。**

（三）了解交易心理技能是如何发展而来的

有一些有志于成为职业交易者的人，经常在交易初期想进行交易心理的准备，但总不成功，随后也就渐渐地失去了继续学习的兴趣。究其原因虽然是多方面的，但总体离不开不了解交易心理技能发展的基本规律，以及不能很有效地将所学习到的知识有效地串联起来。下面就是专门帮助你了解交易心理技能过程的内容。我将交易心理技能的学习和训练分为三个循序渐进的阶段：学习阶段、获得阶段和练习阶段。大家要在每一个阶段内不断地思考和积累经验，经验的积累也就促成了交易心理技能的发展。

（1）学习阶段

实际上在以前的各个章节中我们已经进入到了学习阶段，我们已经了解到很多交易心理技能的相关基础知识。在此学习阶段中对以往学习的知识还要有记忆，这一点相当重要。否则，你就无法进入到下一个阶段当中去。

另外，就是认识程度上的问题。要知道：**通过学习并储存知识并不是目的，其目的是，要把学习到的知识转化为自己的交易能力**。这才是关键所在。

我们通过以上各章节的内容，能否认识到交易技能和交易心理技能的相通性，能否认识到这两者都是可以通过系统地练习掌握的？如果不能，建议你不要继续往下看了，还是回到第一章认真地再学习一遍。否则，今后你还是不能将交易技能与交易心理技能有效地串联，而发挥其应有的作用。如果是这样的话，我可以肯定地讲，你在此学习阶段是失败的。另外，在今后的高级篇中还会涉及更深的交易心理学知识，前期的基础不扎实，不用我多说你也应该明白结果不会好。我们还要把以后介绍的各种交易心理技能看作是一种特殊的技能，是一种按照交易心理学原则，以及与个人特点相结合创立的技能。特别是需要与人的特点相结合，因为我们每一个个体都存在着差异。所以，这项任务需要你自己去完成。不过你也不要着急，因为所涉及的具体指导性的内容会在以后的章节里有详细的介绍。

（2）获得阶段

交易者经历了学习阶段以后的第二阶段就是获得阶段，此阶段应该建立在学习阶段已经完善的基础上。在本阶段中，主要是通过综合练习、自我检查、自我监督和自我强化学习新的技能。有些记忆力较好的朋友对此段落会有似曾相识的感觉，可能会认为是老生常谈。但这恰恰是我的得意之处，我是故意将此阶段的内容"铺设"在全书的这个位置。教育是门科学，帮助他人完成自我教育更是需要技巧的，你很有可能在通读完全书以后才会理解我的苦心。

此阶段应该注意的是，不能放弃以上章节中的内容，特别是自我检查机制。在平时的学习和训练中，经常地自我检查有两方面的好处：

一是自我检查能促使你去积极地建立日常制度，而系统地练习、发展。请注意！建立日常制度并不是单一的交易心理技能的内容，还要将以往的技术学习内容串联起来，这不仅有利于及时发现问题，巩固和加强好的交易行为，更重要的是，你的交易技能每前进一步都是非常扎实的。

二是坚持记录下每一段时间的练习并自我检查，用手写文字的形式体现出来，这不仅有利于记忆力的增长，并且会为你日后进行比对、判断提供方便和依据。总之，这样做还有很多益处，这里就不一一阐述了。

我曾经见过一名国内顶尖高手，我发现他用手写的交易心得有几十本，摞起来有一米多高。因此，我对他所取得的成绩和能力一点也不怀疑。如果你想使你自己的交易能力和交易心理能力有所变化和提高，请现在就行动起来吧。

除此之外，你还要注意对自己的提高与努力要给予一定的自我奖励。在以上的章节中已经提到过自我奖励的尺度问题，要注意掌握。这是一种强化方式，知觉能力的强化有助于你保持继续坚持日常练习的动机。在此基础上，你才有可能在下一阶段的练习中发展这些技能。

另外，自我强化还能使你对所取得的进步有自豪感、自我价值感和良好正确的自尊，这些是你在良性循环体中的润滑剂。

在以后的章节中会有许多能使你获得交易心理技能的实际练习，一旦你了解了每一种技能是如何形成的，你就可以随意根据自己的要求去做，但关键是要通过系统的学习、练习和自我检查取得成绩。

（3）练习阶段

这是高级交易心理技能训练的最后一个阶段，是用于练习交易心理技能，并将其储存到你交易技能的储存系统之中。也就是说，最终要使交易心理技能在大脑中有序化，从而导致交易行为的有序化。

为了使这一阶段的练习获得成功，每一名交易者都必须坚持系统地长期的训练，这样才会使你的交易心理技能慢慢地有所提高。在获得阶段所用过的练习在这一阶段要继续使用。当然，你必须要进行不断的检查和修正，这一点更加重要。

有些交易者可能无法坚持进行交易心理技能的训练，只是想起来就练练，原因是太费时间和精力。这是错误的，是对自己的交易生涯极不负责任的态度。在你整个交易生涯的成长过程中，坚持交易心理、交易技能训练就如同一日三餐一样，否则就不能有健康的"体魄"，就不能身体力行。只有长期的、不间断地进行交易心理技能的训练效果才会显著，必须要每天坚持进行这方面的训练。

问题：如何能像学习交易技能那样学习交易心理技能？

答案：首先，交易技能必须要系统地进行训练，这是大家都知道的。而交易心理技能的训练也是完全一样的道理。你不应指望在没有一定的指导和练习的情况下，就能够掌握交易心理技能。说到底，这本书你是必须要看懂、看透的。想成为职业交易者，应该每天花上一些时间去专门进行交易心理技能方面的学习和训练。初期，交易心理技能的学习和训练应在没有人干扰的情况下进行。之后，当你学到的知识逐渐达到一定深度的时候，应当将练习逐步地结合到正常的训练之中。也就是说要逐步地、适当地增加"应激"度，增加一定的难度，目的是为了将所学到的技能最终运用到实际的交易当中去。

很可能会出现一种错误的现象应当提醒大家注意，可能有人看完这本书后会认为自己懂交易心理学了，已经是这方面的专家了，可以去指导他人进行学习和训练了，遇到比较重大的问题可以制定出具有针对性的拯救方法，可以根据交易者存在特定的某些心理障碍，去加以疏导和训练。这样想是不对的。首先，是认识上的肤浅导致概念上的错误。因为这类方法是着眼于交易者当前的问题去加以改变，而不是教他们如何避免今后的错误行为。要知道交易心理学也有两个分支（我自己定义的，沿袭了心理学的科学传统），而本书重点阐述的是交易行为心理学。正确的学习和训练方法是把重点放在发展和提高交易者的交易心理技能上，而不是把他们的严重问题作为病例（这属于临床的范畴）来处理，这种方法显然积极得多。因为，它把问题在未出现之前就加以解决了。

我给大家讲一个故事：在春秋战国时期，扁鹊医术高超，名扬四海。有一天齐国的 QGTV－1 的著名主持人采访他。

问：大家都称赞您的医术高超，并且都说您会像以后的雷锋一样名扬四海，您是怎么看的？

扁鹊答：我的医术不是最好的，并且雷锋精神我做得也不是很好。

主持人咬着手指，呈现惊愕状（此时镜头给了个特写）。问：那还有谁能比您还高、还好呢？

扁鹊答：我大哥、二哥的医术都比我高，并且雷锋精神也比我学习得透彻。

主持人继续咬着手指呈不解状。问：这是为什么呢？

扁鹊答：我大哥治病于未发。人刚有病情的征兆他就能叫人家预防，而不致发病。并且他不收钱，这不是雷锋精神吗？我二哥治病于微发。人刚刚患病的时候他就轻易地给治好了。并且冒着大雨将人家送回，这不是雷锋精神吗？而我治病于穷发。就是人已经病得快不行了我才去治。并且我还有六不治：一是依仗权势，骄横跋扈的人不治；二是贪图钱财，不顾性命的人不治；三是暴饮暴食，饮食无常的人不治；四是病深不早求医的不治；五是身体虚弱不能服药的不治；六是相信巫术不相信医道的不治。所以，我的医术远远不如他们，我离雷锋精神也还差得很远。区别就在这里。

以上小故事有艺术夸张的成分，请不要一笑了之，努力提高自己的阅读能力，揣摩内在更加深刻的含义。

（四）消极的态度

在交易者初期的成长过程中，能够对其产生影响的消极态度的种类有很多，它们就像"病菌"一样随时会侵入你毫无防范的交易技能行为当中，可直接破坏你交易模式的定型。而这些"病菌"有的是出自于交易者本身，有的是来源于外界或者平面媒介。所以，对消极态度的防范对初级交易者极为重要。

以下我们就学习和训练中经常出现的一些问题和必要的解决措施向大家进行介绍。

在我以往接触的所谓交易心理方面的书籍中，也有一些介绍交易者心理和训练的方法，它们认为：正确的反应与正确的交易技能是一种潜在的能力，它们通过一些途径以隐蔽和压抑的反应形式出现。这些方法注重的是，交易者应该停止进行那些错误的交易行为，这句话貌似一点问题都没有。但是，细节上我却发现它们没有积极地去建立新的行为标准的表述。

正如上文所讲述的故事那样，是治病于"未发"、"微发"和"穷发"的关系，是行为和临床之间的差异。

在多数情况下，我们看到的是，找出交易者所存在的交易行为障碍的方法主要表现为：

设计各种测量交易心理障碍的个性测验，以此来评定你交易本质的好坏。如交易者在《交易动机调查表》这类个性测验中，你的得分不在优秀交易者的常规范围之内，他们就会认为你是有"问题"的，就会建议你设法去改变这些个性，并试图通过这种改变来帮助你去争取交易上的胜利。以上就是一种典型的、消极的观点和处理方法。我知道如此认定可能会遭到有些"专家"的反对，在此我不作解释，如果你真是心理学专家的话。

另外，这种消极的方法在大多数情况下是不采取任何主动措施的，它也表现在很多交易者的学习和训练的指导原则上。这是由于他们往往认为交易者知道了错误的反应是什么。所以，只需要在做错时告诫或提醒自己

"别再这样"就行了。然而，交易者所真正需要的不仅是帮助他们限制其错误行为的反应，而是更加需要指导他们从一开始就走在正确的道路上，一开始就获得正确行为的反应，从而少犯没有必要的行为错误。就像扁鹊的大哥、二哥那样。

举个现实中常见的例子。在很多公众的媒体和信息平台上，我听到了很多这样的话："不要这样紧张""不要受盘面的干扰"和"不要这样消极地去想这些问题"等。这其实并没有什么不对，但是很不深入。在心理学中这是一种被称为"排除外界知觉"的方法，笼统地讲这是一种好的方法。如果用法得当，可以帮助自己巩固和加强交易技能与交易心理技能。但实际上，在缺乏明确的条件和标准的前提下，这就不是一种好的方法。因为，排除外界知觉的前提是，必须要强调什么样的知觉是应该排除或屏蔽的，什么样的知觉是必须要保留或者加强刺激的。当失去了这些条件和标准，交易者即使能够意识到自己可能正在犯错误，也无从下手解决。原因是，他们在之前所得到的相关信息是不完整的，不足以指明应如何去正确地执行交易原则。在他们当时的脑海中，只是初级地想在保留积极行为选择的前提下，摒弃某些消极行为。但是，可供给积极行为选择的信息却是一片空白。试想，如果不是有经验的心理学专家，又怎么可能作出连锁的正确判断呢？所以，不明确的积极行为的要求对大多数公众交易者是毫无意义的。

又例如，在实盘中，我们经常听到好心人提醒"放松""集中注意力"等。但是，却没有人能告诉你应如何放松，如何集中注意力，以及注意力的指向性等。所以，这些提示对你都是毫无用处的。

在目前的情况下，许多交易者已认识到过分焦虑和注意力分散的消极作用，我已无须再告诉他们"不要紧张"等这类的提示，交易者需要的是有人指明如何去放松。但是，很多人不知道如何获得和运用控制应激等技能，就只好采用以下的措施：

1. 运用"移情"，只"表象"以往正确交易行为后的感受，以此来缓解错误交易行为对自己所产生的压力，向自己提供今后可能克服困难的心理支持。这是一种过于简单的方法，这样做还会使你处在消极环路上。久而久之，保不齐还会向"阿Q精神"方向发展。

正确的方法是：运用"移情""表象"以往正确交易行为与你的交易

原则和条件、标准在盘中所产生的共振现象（需要翻阅以前的交易统计）。然后再回到此次交易行为过程中，分析其中的差异，再与大环境和大背景做比对，是否是此时非彼时？相信你只要有明确、严格的交易原则和条件、标准，用不了多少时间你就会找到问题的所在。然后再作为新的交易统计用书面的形式记录下来，这才是你每天收盘后所需要做的功课。在做的过程中没有人会给你"不要紧张"或"注意力集中"等的提示。但是，从你开始做起一分钟之内，你就会忘掉所有的紧张、焦虑和恢复到注意力集中的状态。这实际上也是在训练你的思维指向性（要注意它的功效），经过不断的盘后功课，你的思维指向性得到不断的加强，渐渐地你自己就会联系到实盘当中去。在今后的实盘交易中，由于此前不断地强化了思维指向性，盘中不相关的信息就自然不能对你产生冲击效果，当你的视觉中枢得不到相关刺激的时候，又哪里来的紧张和焦虑呢？我的学生曾经感慨地说过一句话：自从经历过一段时间的训练后，盘中紧握，并手心出汗的拳头终于松开了。这就是我一直所提倡的：**运用这本书中的知识，学会自我教育和完善**。

2. 选择另一名自己认为水平较高的"大师"代替自己交易，这是更为糟糕的，这种情况在如今的市场却很普遍。

首先，应该纠正很多人对于市场所谓"高手"的认识。在我看来，在公众交易者的范围内，每个人的水平其实都相差无几。只不过是有些人善于抓住时机，将盈利的交易或判断放大化，不断地加以吹嘘，将亏损的交易或判断深深地埋藏在自己心里，时间久了自然会在市场中形成"神话"效应。

在现实中我就看到过一件真实的案例，由于毕竟人家也是要吃饭的，在此隐去他的真实姓名。因为此类情况众多，我也是对事不对人，请勿对号入座。

在 2008 年我在网络上认识一位"大师"，此人曾经号称"北京第一短线高手"。有一次我的学生突然跟我说：有一位"女生"找她聊天诉苦，说她将账户交给那位"大师"打理，那位"大师"将她原本重仓的并不断上涨的股票卖出了，而"大师"亲自为她操作的几只票连连亏损，上个月亏得很厉害。我说：不会吧，上个月市场背景涨了将近 6%，那"大师"怎么会亏损呢？不会是诬陷吧？过了一天，那位"女生"将一个月的交割单发给我的学生，并转到我这里。我简直不敢相信自己所看到的，这样有名气的"大师"居然在市场背景不错的情况下一个月连续亏损 20% 多。这是很残酷的现实！

通过这个案例我想告诉那些认为自己没有交易能力的人，只要你们自己能静下心来学习，不见得比那些所谓"大师""高手"们差。只是因为你们不学，所以造成自己无能的状态。其实这样下去很有可能埋没了一名很好的职业交易者，这个人或许就是你自己！

3. 对自己施加更大的压力以求改变目前糟糕的交易状况，这实际上更能增加应激的出现。

在以下的章节中，我们马上就会学到构成交易心理学的五大重要因素。其中一个重要因素就是：现实目标的制定。它虽然排列在五大因素的最后一个，但是，并不是说明它不重要，相反，它在交易心理学中的地位是不可或缺的。只要你耐心地将这本书读完，以上的问题就会迎刃而解。

以上都是些普遍存在的问题，这些消极方法在很大程度上还被广泛运用着，要了解如何摆脱这些消极的方法而采取积极有效的策略，请继续耐心学习以后的章节。

第七章　构成交易心理学的五大因素

我不止一次地强调交易心理技能的训练与其他任何一项技能训练是一样的，不是一种具有魔力和见效很快的方法，而是一种旨在帮助你掌握已证明是十分有效的，能够帮助你提高交易成绩和交易乐趣的系统训练方法。同时，它也会因你交易的品种、规模和层次意义的不同，对你所应具备的交易心理技能的要求也不同。

首先，向大家简单地介绍交易心理学最基本的五大要素，以及它们之间的相互关系：A. 表象技能，B. 心理能量控制技能，C. 应激控制技能，D. 集中注意力技能，E. 现实目标制定技能。

一、表象技能

表象在心理学中是专用词，它是一种类似于感觉（看、触、听）的体验。就像我们经常回忆电影中的精彩片段一样，它是在缺少外界信号刺激的条件下，在脑海中所出现的一种情境亲历的再现。更加概括地讲，所谓表象就是人类的思想活动。

实际上，在交易者的盘后表象过程中，当时我们并没有看到盘面上的波动，也没有听到市场传来的任何信息，更没有触及和敲击键盘等。但是当你表象它们时，不论是成功的交易还是失败的交易，在你头脑中却能体会到出现这些迹象所涉及的各种感觉。好的、成功的会得到积极的强化，失败的会被引入到继续分析之中，从而发挥人体纠错的潜能。这些体验基本上是记忆中的一种产物，这是你清晰的回忆，重新建构先前外部各种环境条件下内心体验的产物。

在实盘中，当我们在看图表时，也随时会出现表象，此时的表象被称为视觉表象。尽管视觉表象通常是表象的一种主要形式，但"内在表象"是胜过了仅仅用眼睛而获得视觉化的一种体验。所谓内在表象，是关闭视觉、听觉中枢，完全靠大脑内部再现自己所需要的情景，属于单纯的内部思维活动。也就是说，用脑海中的表象能够涉及所有的与视觉完全一样的感觉，甚至要远远高于它。这一点希望引起大家足够的重视。

当你每次体验交易行为的时候，你会从这些体验中获得不同的情绪状态，以及心境。最初大多数人会一点不紧张，并从盈利中体会到快感，这是大多数交易者在初期不经意间运用了正确的交易行为的结果。但随着失误的增多，失败的增加也会使你变得越来越沮丧。总之，当你每次表象经历过的交易情境时，你仍能够体会到与情境相似的情绪反应，这就是表象的一个很重要的特征与功能。

另外，我们还应该认识到，表象还是发展其他交易心理技能的一个很有用的辅助工具。

二、心理能量控制技能

如果我换一个词，用身体能量大家就不难理解了，它是力量的代名词。在古文明初期，人们都是靠力量不断地换取物质和精神文明进步的。但非常遗憾的是，在当今的资本市场中可不是靠肌肉的收缩来创造财富的。在这里需要的是思想、心理的综合素质。为此，引申出心理能量的专用词。

心理能量与身体能量都有一个共同之处，就是动力的源泉。不同之处是心理能量来自于思想和心理构建的升程，身体能量来自于摄取的养分和生理条件，但是它们之间却又有着相互交叉的关系。

心理能量是思想和心理构建升程作用的能力，是以动机为基础，以自我知觉能力为依托，以强大的哲学概念为指导，从而产生对某种事物的冲动，这就是心理能量的产生过程，也是当今所流行"正能量"的由来。

在心理学中，传统上把心理能量界定为心理和躯体的活动——激活或唤醒。它们可以是积极的，也可以是消极的。我给大家举个交易上的例子（假设）：

交易者甲——他下单的冲动（心理能量）是源自于内部动机、良好正确的自我知觉能力（对自己的交易系统平时大量的统计、测试而产生真实的自信），经得起客观验证的交易哲学，以及对现实目标的制定等。不论最终的交易结果怎样，他都会加以客观的分析或修正，他始终把自己的交易行为控制在自己可控的范围之内，不去怨天尤人。无疑这种冲动（心理能量）是积极的，并且将此延续下去，始终保持在良性循环当中（以后的章节会有介绍），交易水平、心理技能的提高会呈现螺旋式的上升。

交易者乙——她下单的冲动（心理能量）是源自外界的媒体或股评等信息，什么低市盈率、低估值、未来成长业绩（外部动机）等。在不具备自我分析判断的前提下盲目跟进（没有自我知觉能力和自己的交易哲学），没有止盈、止损概念（不懂得现实目标的制定），结果是经常被动。并且，她会把这样的结果归结于运气不好、系统性风险等，祈求下一次的信息能够使她时来运转，反败为胜。无形中她将自己的交易行为和责任推向自己不可控制的范围。长此下去这种消极的影响会将她带入恶性循环，逐渐地产生心理能量的耗竭，从而永久地退出这个市场。

三、应激控制技能

应激与心理能量有着很密切的联系，它们又不是同一个概念。当交易者察觉到自己的交易行为与市场的走向之间存在着很大的不平衡，以及交易结果的利益对自己很重要时，心理性的应激就会出现。

应激是一个人消极思维活动的结果和以唤醒变化的形式对市场的反应，它具体反映在生理、心理和行为的变化。

在生理上的变化为——心率加快、血压升高、汗腺分泌加强、浑身燥热、冒虚汗和呼吸加快等。

在心理上的变化为——忧虑不安、优柔寡断、感到忙乱、注意力不集中等。

在行为上的变化为——说话匆忙、脚敲地、拍脑门、拧大腿、肌肉痉挛等。

在资本市场中，能给交易者造成心理性应激的形式有很多种。如基本面、政策面的突然变化、反向加速造成交易者被套或踏空等，这些都是诱发交易者心理性应激的主要因素，从而导致错误的交易行为，后果可想而知。

四、集中注意力技能

首先，集中注意是将我们的意识指向可感觉到的市场信息、信号变化的过程。因为我们是通过视觉中枢反射得到的感觉去感受市场图表的变化，在任何时候我们的感官都充满了市场的情境刺激。

比如,当你看盘时,特别是市场激烈波动的情境下,你会被市场价格的波动深深地吸引,从而感觉不到周围环境其他的刺激,你听不见窗外小鸟的叫声,甚至都感觉不到家人已为你披上御寒的棉衣。但一旦你将意识从盘口中转移开时,你就会注意到其他视觉、听觉、触觉等获得的信息。

以上就是注意力,一般来说,注意力的指向是相对单一的,古语说得好:一心不得二用。在交易时间段要求我们必须全身心地投入。因为,当你意识到了你的感官受到价格信号波动刺激的同时,也是你产生知觉的过程——认识市场变化和客观事实的过程。而知觉是你所有技能培养的重要因素,知觉的培养必然有注意的伴随,知觉只有在你注意到了你的感觉时才能发生作用。

所以,职业交易者在学习和工作时间是不允许分神的,特别是在平时的学习和训练中,仍然要高度保持你的注意力的指向。

五、现实目标制定技能

对自己今后目标的制定,我想所有的交易者都不应该陌生。从你最初准备进入资本市场的那一刻起,你的心中就已经有了你自己明确的目标。但遗憾的是,大多数交易者自己所设定的目标与现实存在很大的差距。

我并不是一定要修改或剥夺你制定宏伟目标的权利或利润。但是,我发现在初期入市的交易者当中,绝大多数制定的目标是模糊的、矛盾的、过于不现实的或者缺乏挑战性的,或者是在错误的诱导下盲目设置的。这些都是非常危险的,正如同我们在交易当中经常遇到的,市场明明正处于结构性压力的背景下,很多市场媒体继续大肆喊多甚至将预期盈利放大到N倍,这就属于不现实目标的制定。

现实目标的制定应该是科学的、严谨的,并有分阶段性的明显特征。它还包括设置目标的种类、目标设置的原则、目标进展与监测等。

我们必须要清楚一个事实,一名成熟的职业交易者是绝不会单纯地把盈利设置为目标的,他们会依据市场和自身的条件和需要,不断地变化和调整现实目标的设置。

以上五个方面是构成交易心理学的五大基本因素,也是职业交易者在实盘交易中发挥水平的重要因素。它们不仅缺一不可,而且还密切相关。其中一种技能的提高有助于另一种技能的发展,它们是相互依存的关系。

如图 7 - 1 所示：

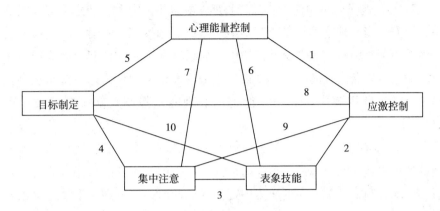

图 7 - 1　心理技能间的相互关注

五大因素之间的交叉关系及相互作用：

1. 心理能量与应激：好的心理能量控制技能可以有效地控制和可避免应激的产生，高应激会产生高心理激活，无端地消耗和浪费心理能量，这等于减少了对交易行为的有力支持。

2. 应激与表象：交易者为了获得好的表象效果就必须要消除应激，学会放松，这样才能为好的表象创立一个好的环境和基础。而好的表象对于学习放松，消除应激又是很有帮助的。

3. 表象与集中注意：通过表象交易者可进行集中注意力的练习，随着集中注意力技能不断地提高，所表象的内容也就越发地清晰和具有实效性。为了使表象的效果更佳，你必须能够将注意力集中在要进行表象的内容上。

4. 集中注意与目标制定：专注于某一特定目标是为了提高集中注意力的成效，是采取现实目标制定措施的先决条件。而确定一个现实的、重要的目标也有利于提高交易者的集中注意技能。

5. 目标制定与心理能量：具有相对挑战性和现实的目标可为交易者的行动提供积极心理能量的支持，以适合而有效的目标指导交易行为，可使你的心理能量得以更有效地利用，并减少其消耗。

6. 心理能量与表象：过少或过多的心理能量会削弱或损害人体进行表象的能力，通过对以前最佳交易行为的表象，交易者可以找到自己最理想的、积极的心理能量水平。

7. 心理能量与集中注意：随着心理唤醒水平的上升，注意力集中程度也在上升。当心理唤醒水平上升到某一点或者超过某一点时，就会损害最佳注意力的集中状态。在交易情境中，如果将那些对操作起积极作用的注意能力进行不断的提高，你控制最佳心理唤醒水平的能力也在提高。也就是说，通过利用集中注意力技能辅助心理能量控制技能不断地发展和提高。

8. 目标确定与应激：当应激被有效地控制时，交易者就能将其注意力更好地集中在现实目标上。当你的行为由明确的、现实的操作目标所指导时，追求盈利或其他方面的压力即可消除。此时，环境和生理性应激也就相对降低。

9. 应激与集中注意：当应激得到控制时，注意力的集中和灵活性都可以大大地提高。而集中注意力又有助于你从产生应激的消极思维中解脱出来。

10. 目标确定与表象：对现实目标的表象应该是职业交易者始终不渝地追求这一目标的极好方法，当你确定了每日进行表象练习的现实目标后，可更加促进这种积极的表象活动。相反，具有高超的表象技能又能够使你轻松地获得所需要的，对现实目标的追求。

到此为止本书上部——基础篇的内容讲述完毕。可能有很多朋友会想：基础篇终于学完了，终于可以进行更深一层次的学习和探究了。这样想是不对的！以我本人的读书和学习经验来讲，我还是推崇古人留下来的宝贵经验和谆谆教导。

过去说：读书和学习的方法最重要的是循序渐进，从而慢慢地达到精深的地步。所以，过去的君子们对于学习要求非常严格，务必做到精益求精，在掌握了已学的东西之后，再去学习未曾学习的内容。在完成了一个阶段的学习之后，再把学习过的内容融会贯通，做到左右逢源。这样才能巩固学业，学习新的内容，恪守信念。即使将来离开了师友的帮助和指导，做事（交易）的技能也不会退步。《兑命》篇说"对于那些研习的学业，能够认真、循序、及时地全力以赴，是会得到成就的"大概说的就是这个意思吧！此外，作为君子还要有一个显著的特征，就是君子知道学识的不全面、不纯粹是不足以称为完美的。所以，他们反复地学习以达到前后能够联系，用不断地思考以求得融会贯通，效法良师益友去努力实行，除掉身上不良的习性，培养和强化有益的学识。

这样说是有根据的，原文是：

读书之法，莫贵于循序而致精。故君子之于学也，藏焉修焉。夫然，故安其学而亲其师，乐其友而亲其道，是以虽离师辅而不反也。《兑命》曰："敬孙务时敏，厥修乃来。"其此之谓乎！君子知夫不全不粹之不足以为美也，故诵数以贯之，思索以通之，为其人以处之，除其害以持养。[98]

附录：学习心得范本

学习《交易心理学》基础篇之我见

风向标

交易之道，攻心为上；手法次之，兼之者方可完胜。多为斯言者，岂易多得才仕。然必思于前，察相随，决手刃，力微毫。正谓：心到、眼到、手到、力到。求之不易得，参之即彰。——自《交易心理学》，作者：正前方

以老师这段话开篇，是要提醒自己：要想达到交易的最高境界，即**"心到、眼到、手到、力到"**，交易心理学是学习交易更重要的一环。基于这个原因，我的交易技能学习过程也就从《交易心理学》开始。依照循序渐进的原则，我需要先花一些时间了解基本的概念和理论。经过这半年的学习，我对自己当初改行的选择以及对自己未来的道路增加了一些自信，犹如在黑暗中行走的人，看见了正前方的亮光，于是看见了希望。但那个亮光有多远，需要自己不断摸索前行才知道。

为了让我能更好且更加牢固地掌握交易心理学这个技能，老师的教学安排也是从浅及深慢慢过渡的。接下来将我对这门课程的理解一一道来。

在进入基础篇之前，老师特别强调了一项非常重要的技能，并且安排在了所有课程之前，它就是倾听技能。乍一听到这个名字，可能一般人会跟我当初一样的反应：听也算一种技能？确实是，在老师讲解之前，我也是抱着这样肤浅的理解。其实想想自己在跟别人交流时是不是会有这种情况：对方说的话都听见了，但事后却想不起来都说什么了？特别是在人高度紧张的时候，更容易出现这种状况；有时听别人说话，听着听着，脑子就不知去哪儿云游了；等等（在今后的实盘交易过程中对盘面的反应，也就是盘口语言的理解更加需要倾听，除了初期的学习之外，倾听技能还能

二次发挥其重要作用）*。当然，这些问题很多时候不是我主观造成的，因为人通常容易只对自己感兴趣的话题或内容倾注注意力，而对自己不感兴趣的话题不容易专注（专注也是心理学中极为重要的概念），时间长了，会养成不好的习惯。特别是，在不知不觉中我们会让这种不好的习惯影响到孩子。在和孩子交流的时候，我更不容易做到倾听，因为家长比较容易主观地认为大人总是对的，小孩子什么都不懂，因此根本不会听孩子在说什么。而这种行为久而久之会对孩子产生潜移默化的影响，孩子长大后，这种从小不经意形成的习惯将对她的发展带来很大的障碍。（很好！我曾经说过：受益的不应该只是你一个人）

掌握倾听技能正是要解决以上这些方面的问题。倾听是一个主动的过程，需要将全部注意力集中在某种特殊的事情上，需要有处理、判断事物的辅助功效。当然，正如不能指望一夜成名一样，我不能说学了这个就立马能做到很好的倾听。因为它是一项技能，需要不断地、有目的地练习，才能够掌握。

既然要练习，我们就需要掌握一定的方法。首先，要认识到自己的问题出在哪里（对自己今后的成长、发展有什么弊端），才能从根本上解决问题。比如：当对方说到我不理解的东西时，我容易纠缠于这个问题而忽视了接下来的内容（可能是更加重要的信息或知识）；有观点不符时，会分心考虑如何与对方讨论；对方陈述过程中，会去猜测对方的意图，试图判读他的真实意图；等等。这些问题大部分都是主观的问题，是态度的问题（正是由于这种态度和主观会使你失去接下来更为重要的知识或市场信号）。我如何从态度上来改变呢？

主动倾听，就是一个很好的方法。倾听的最基本的要求是耐心、克制自己的冲动，以及尽一切力量把注意力集中到听讲述者谈话的内容和中心思想上。而主动倾听则是在此基础上的提升。要做到主动倾听，首先在与人交谈时，态度要诚恳，要让对方愿意多说，多谈。这样才能获得更多的信息。其次，如果对方不愿意多谈时，要想办法让对方再次提起说话的兴趣，比如反引法和正引法就不失为两种很好的方法。当然，如果我在与重要人士谈话前有所准备，在谈话中能提出一些问题，就能更好地了解谈话

---

* 注：括号内为本书作者点评，下同。

内容了。

除了主动倾听之外，还可以站在对方的角度，力图理解对方。当然，如果我在听的过程中带着评价和判断，那是听不到对方的所有内容（或更加深刻的中心思想）的。最好的方法是，在进行重要的谈话之前，自己有所准备，才能更好地了解所需要听到的东西，才能专注于谈话者的中心意思。

有了这些方法之后，我需要做的就是练习。现在在和孩子谈话的时候，我会经常提醒自己引导孩子说出自己的想法，而不是一味地灌输我的想法给她。但在情绪激动的时候，难免有说教的冲动，还需要不断的加强练习。就如同观察盘面一样，在头天功课做得不仔细的情况下，盘面的异动容易让自己忘记标准，冲动操作。这也需要在不断地积累中强化倾听技能，判断什么是真的信息、什么是假象。当然，我还需要其他的技能来支持提高交易方面的倾听技能。

在学习完倾听技能之后，老师加了一个内容：盘后表象。主要告诉我平时如何高质量地完成每日作业。在学习这个章节之前，每天也会想要总结一下，但苦于没有什么好方法，收效甚微。通过老师描述的表象脚本的例子，可以看到这种方法的优势极其明显。

首先，它体现了思想方法的重要性。我需要考虑如何丰富自己的思想，只有知道了思想方法上的问题，才能看到被蒙蔽所造成的祸害，才能不被假象所迷惑。当然，这一切的基本前提是我有能力辨别什么是假象。

其次，它提醒我交易计划的重要性。只有事先制订了详细的交易计划，考虑周全，预测了盘面的各种可能，才能在盘口发生突发事件时，保持应有的冷静，沉着应对。之前我做交易，不知道什么叫交易计划，更谈不上每天做计划。总是收盘后，上各大论坛看看所谓的"大师"们都在说什么，"大师"们都看好什么，然后第二天跟着做。完全没有自己的分析，也不知道从何开始分析，每次的交易心里都没底儿。现在不一样了，虽然还处在很初级的阶段，但是每次的下单都是有依据的，及时的止损措施也能让自己保持良好的心态。

再次，它也告诉我交易计划执行力的重要性。再周全的计划，如果我没能很好地、坚决地执行，对实盘操作也没有任何帮助。所以，我应该忠于自己的交易计划，避免"应激"行为。

凡事预则立，不预则废！行成于思，毁于随！一个严谨的计划需要考虑到事情的方方面面，需要同时列出各种事物并根据一定的标准来进行衡量。有了这样的计划和准备，才能在机会出现时抓住它。就算是运气，也通常眷顾那些有准备的人。

这段时间以来，我都努力让自己保证每天的作业按时完成，虽然在分析问题时还是无法全面，但至少是个好的开始。（这种优势恐怕要两年以后才能真正地体现出来）

在正式学习各项技能之前，我需要先了解一下职业交易者成长所需要经历的过程。了解了成长过程，我才能知道什么阶段干什么事儿，才能有的放矢地完善自己。

一名成功的职业交易者要经过这些阶段：心理及基础的图表分析→仓位控制→交易模式的认知、开发→稳、准、狠（条件、标准与执行力）→无我。

"无我"是职业交易者的最高境界。处于"无我"阶段的交易者能够很好地顺应盘面的走势，能了解阴阳变化之道，能抛弃所有的主观判断。当然，这是我追求的目标，但绝不是一朝一夕可以达成的。

"稳、准、狠"是"无我"之下的阶段，要将猎人般的沉稳，狐狸般的狡猾，狼一般的血腥和虎一般的胆识融入到交易行为当中。要达到这个境界，需要长时间的努力。在这个过程中，要坚信科学，能吃苦耐劳。既然我知道了方向，知道了怎么做才会获得深远的意义和影响，就应该去实施它。

对于交易系统，我必须承认没有包打天下的一种交易模式，因为这个市场是变化无穷的，没有所谓的标准形态。"变"在这个市场体现得淋漓尽致。这个市场是人在运行的，每个人的想法不一样，可以想象捕捉别人的思维是难度多高的一件事情。既然市场是这样地多变，我又无法改变市场，那就改变我自己来顺应这个市场，做到"你可以不知道市场明天怎么走，但是，市场明天走到哪儿，你一定要知道怎么做"，这也是我应该追求的交易的最高境界。天上不会掉馅饼，要达到这种境界，不付出长时间的努力和不断地积累是不可能做到的。目前我还没有接触到交易系统，但人工对图表的统计和测算给我带来对市场更直观的感受。当然，目前的积累由于时间还太短，还是远远不够的，路漫漫其修远兮，

交易心理学

一步一步来吧。

仓位的控制当然也是很重要的一环，巧妇难为无米之炊，再高明的将领在没有弹药的情况下也无法打胜仗。所以我要知道如何运用手头的资金，才能在保存实力的同时扩充自己的资金。做到这点，需要交易者进行周密的筹划，把握时机和法则，运用得当的思路和方法。同时还要谨记"输多少资金是自己能够承受的"，还有"我不是在赌博"。（这很重要）

最后，是占整个交易比重最大的部分——心理学和一些技术图表的基础知识。这应该是我今后作为职业交易者的根基。交易心理学对于交易者的重要性是不言而喻的，对于瞬息万变的市场，没有良好的心理，是无法保持正常思维及判断的，情绪化交易就是这种状况下的产物。当然，良好的心理素质，一方面是老师的指点，另一方面还是需要通过自我不断地学习和改进，不断地自我修正来"完善自我"。

职业交易者所有的这些经历，其实都是为了能够修炼得如圣智之人那样，在处理事务时，总能发现事物的发展规律，把握住事物的关键，并考察事物的发展过程，研究事物的不变性和可变性，还要把握住事物应变能力的强弱，再比较技巧方面的长处和短处，有的放矢地处理问题。

圣智之人能够发现事物的发展规律，也是通过追溯世界上万事万物的历史过程，预测它们未来的结局，洞察世人的心理特征，观察世上的事物、人事变化的征兆来实现的（现在应该理解我为什么坚持叫你每天做人工统计了）。因此，对于职业交易者来说，也应该对历史数据进行统计，然后分析这些数据从而总结出规律。另一方面，从心理学角度，了解交易者的心理动态，交易者的心理动态应该反映在盘面（细节）的变化上。

祈求不如行动，接下来，就进入到交易与心理基础篇，来了解交易心理学的重大作用。

我一直在说交易，可交易是怎么定义的呢？通过学习才了解到，它是由交易目的（交易哲学）、交易原则（条件、标准的确立构成独立的交易系统）、交易能力（技术、技巧、技能的形成）等综合因素构成的。交易目的源自心理学的"动机"，同时正确的交易原则的设立以及交易能力的形成也是在不断地自我完善中实现的。因此，交易也是交易哲学的自我完善和自我对抗的过程和结果。（这点是最大的进步）

这么看来，每个致力于成为职业交易者的人，都应该发展自己的交易哲学。可什么是交易哲学，什么样的交易哲学才是适合自己的呢？

先说说哲学，我一直认为哲学是一门很玄妙、很高深的学科，一度还因为自己理解不了什么是哲学而苦恼。后来老师说哲学很简单，很朴素，它存在于我们生活的每个角落，它是指导人任何行为的依据，是由"内部"和"外部"刺激而引发的需要。可是这个哲学跟心理学是什么关系呢？书中说哲学是心理学的基础，哲学是从"自我知觉"中产生的，而"自我知觉"是学习心理学所要达到的一个目的。也就是说，交易哲学为我指出了运用心理学的方向，它包括用以指导交易行为的。如此看来，拥有一套正确的、先进的哲学，将能排除我在制定交易制度、交易风格、交易行为准则、短期和长期目标的制定，以及许多其他方面而产生的不确定性。（特别是在今后发生交易行为的过程中，交易哲学是你成败最重要的因素）

可是如何发展自己的交易哲学呢？首先我得清楚我要发展的交易哲学是什么。就像人在不同的年龄段有不同的人生目标一样，在交易的不同阶段应该也有不同的交易哲学，它应该随着我职业交易生涯的发展而变化。所以，在不同时期，应该制定不同的交易哲学。处于初级阶段的我，现在的交易哲学就应该是认知和对认知的自我完善。说白了，就是认认真真做好目前的统计工作，在统计过程中加深对市场的认知。清楚了自身的交易哲学后，我要考虑的是如何发展它。所谓"做事先做人"，良好的生活哲学能够直接影响到我的行为哲学，进而影响到所从事的交易行为哲学。所以说，要发展良好的交易行为哲学必须从基础的生活哲学认真做起，端正态度，从源头抓起慢慢积累。

客观端正的哲学来自于真实和理性的自我知觉，并且在《交易心理学》中，自我知觉是基础的基础。人都是有共性的，了解了自己才能更好地了解别人，了解对手盘的真实想法。这其中的重要性正如《鬼谷子》所说"故知之始己，自知而后知人也。其相知也，若比目之鱼；其见行也，若光之与影。其察言也不失，若磁石之取针，如舌之取燔骨"。同时，自我了解也是心理技能训练的关键步骤。交易者对自己在心理方面的长处与不足的了解，直接影响到能否获得最大的"自我控制"，这是区别优秀的职业交易者与一般公众交易者的重要品质之一。（很好）

交易心理学

客观地自我剖析是件难度很大的工作，特别是对我这种不感性且不愿表达自己的人。所幸，在老师的循循善诱下，我最终很好地完成了这个过程，清晰了目标，从而对目前自己在干的事情产生了更加强烈的动机。"吾日三省吾身"是多么重要的一件事儿啊！（"为人谋而不忠乎？传不习乎？"更为重要）

了解自我是为了能给自己一个定位，也就是要成为什么样的自我？理想的自我，公众的自我，还是真实的自我？当然，在初期，我在不断了解自我的过程中会在这三种自我中游离。比如，我有理想的自我，我有美好的愿望，期望自己成为一名好的职业交易者；我也有公众的自我，为了实现自己的目标，我每天都在努力地学习，以及坚持每天的交易统计；同时，我也有真实的自我，我能真实地自我评价，也有明确的交易行为标准（目前是认知的培养）。随着时间的推移，学习的深入以及经验的积累，我一定能形成一个适合我的，能辅助我在今后的交易生涯平稳、健康发展的自我。

为了更好地实现良性的自我，我必须要有正确的自尊。不止一个人说过：人最大的敌人就是你自己。如此说来，战胜自己就是最大的胜利了！放到交易中也是一样的：自尊不可通过击败他人来获得，而是要以实现自己的目标，实现自我价值来获得（这也属于你初期建立的哲学）。由此可见，正确的自尊对发展自己的交易哲学有着非常重要的作用。具有高度正确自尊的交易者，才能坦然面对批评与失败，从中找出所存在的问题，并坚持自己的交易原则；同时，也能勇于直面自己的错误，并有计划地改正自己的错误。

自我知觉能力改善以及具备良好的自尊的交易者，眼界一定是开阔的，思想上的格局一定是高尚的，他不会纠缠于眼前的利益，更注重的是长远的发展。一个交易者要想走得长远，必须把发展放在第一位，而不是短视地只盯着眼前的利益。急功近利，只追求眼前的利益或许能满足一时的心理需求，却养成了不好的交易行为习惯。长此以往，将很快被资本市场的洪流淹没。你见过几个"赌徒"有善果的呢？所以说，要想在资本市场上存活，我必须看长远一点，不断发展和完善自己的交易哲学，以适应这个变化万端的资本市场。

我花费了很多心血的交易哲学需要运用到实践当中去，用交易进行检验。也就是说"交易哲学实际上并不是自己口头上的原则，应该是实际行动上的原则"。在实践过程中，我会遇到很多的挑战，会不断地有要发展还是要盈利的冲突，这会是一个很痛苦的过程：要发展，账户在缩水；要盈利，之前的努力白费。这个过程有点像长跑。

我有一个朋友，是一个马拉松爱好者。最近，她跑了两次四环（他们称为刷夜，就是晚上跑），60多公里花费六七个小时跑完，这在一般人看来是不可思议的事情。我问她怎么坚持下来的，中间有没有想过放弃？她说第一次跑到一半的时候就觉得不行了，熬不住了，但咬咬牙还是坚持下来了；第二次是在跑到2/3的时候觉得支撑不住了，但她还是鼓励自己坚持下来了。她说其实那样一个极限临界点熬过去之后就不觉得那么累了。我相信我们的交易发展过程也是一样的，只要坚持信念，最终会实现自己的目标。（案例举得很好）

当然，这里我们要坚持的是正确的交易信念，这种信念来自于对交易专业知识的了解和交易技能的认知，并且是贯穿我整个交易生涯的重要支柱。"知先行后，知行合一"，"知"是我信念的基础，不断地学习和深化信念又是"行"的基础，它们是相互作用的。就我自己而言，从一个没有任何交易经验的人，到今天通过学习和统计有了一些基础的认识。在这个转变过程中，任何的一点进步都是对增强自信心的最好的帮助，也是让自己得以坚持的最大动力。

这里提到了动力，心理学里的专有名词应该称为"动机"。（在以后的高级篇中还会介绍它与心理能量有密切的关系）。动机可以以多种形式出现，从交易者的角度出发，我要解决的问题是明确的，就是如何改变不良的交易行为，增加良好的交易行为的"量"，提高良好交易行为的"质"等。动机包含两个方面：心理强度与心理指向。心理强度是指为了能够达到某一个目标，我心里十分清楚需要付出多大的努力和代价。心理指向与我选择的目标有关，比如交易品种，学习的主攻方向等。只有在心理强度上有充分的准备和明确的心理指向的人，才可以在这个市场生存下去。（很好！说明书中的测试题起作用了。）

动机的来源分为内部和外部。内部动机是指交易者经过客观地自我了解后从内部激发起来的一种动力。具有内部动机的交易者注重的是自己的行为过程与市场结果给与的评价，预判和交易行为得到实现是对他最大的鼓励。即使错了，我也认识到：一定是自己忽略什么方面的东西？而重新回到枯燥的分析和对比中，我会在不断地发现细节中得到新的乐趣，一步一步逐渐地茁壮成长。从性格上看，我是属于具有内部动机的人，愿意自己闷头苦干，也耐得住这种孤独和寂寞。刚开始的时候，由于不懂，我的心理指向有所偏离，不自觉地会更多地关注自己的预判是否正确，关注止盈止损点在哪儿。后经过老师的不断指点，我现在能将注意力更多地集中在统计本身。对于每天的策略，也是关注第二天能否满足交易条件，自己能否按条件下单等执行力的问题。我很高兴看到这样的变化，正如老师书中说的：当别人看到盈利而鼓掌、叫好时，你应该看到自己是因为有了现实可行的目标、严格的条件标准、超强的执行能力导致的交易行为才鼓掌、喝彩。这就是我追求的目标，我希望自己最终能发展成受"内部机制"控制的交易者，能更加专注于自我检查、自我检测和应对的策略上，更加坦然地面对市场的变化以及交易行为的结果。（这些是所有的职业交易者必须具备的基本素质）

要实现以上的目标，必须是基于正确的交易行为。如何做到保持正确的交易行为呢？这需要运用交易行为的矫正技术。所谓"行为矫正"就是在你的交易技能中不断地去强化你正确的交易行为，消除非计划、非初期模式化的交易，最终达到一种定型（固定交易模式、交易系统、交易风格）。而交易行为矫正技术的作用就是使我的交易定型化。在这个过程当中，我还要清楚地知道自己需要强化那些希望保持的交易行为，消除或优化那些不良的交易行为。那么该如何强化呢？对好的交易行为，我可以按书中所讲的以多种形式加以鼓励，就是所谓的积极强化；对错误的交易行为还要进行惩罚，这属于消极方法（但也能达到一定的效果，要注意适当）。不管选择哪种方式，我都应该清楚它们各自的指导原则，否则达不到预期的效果。（很好！）

不断地强化良好的交易行为，以使交易行为逐步地接近所希望达到的交易标准，这就是交易行为塑造。交易行为塑造需要有完整的计划，这个计划是交易模式的组成部分。我目前在做的统计工作，对 K 线的数据库的不断积累、加强，就是其中的一部分。这项工作有对数据的统计，也有根据统计结果作出简单的预判及虚拟交易策略，总体还是比较完整的计划。由于目前涉及的就是 K 线数据统计这一种行为，也符合书中所讲的一次仅塑造一个过滤器的要求。对于每天结束时给予自己的交易行为积极的评价，是我目前所欠缺的，经过老师的指点，虽然无法每天都看到自己的闪光点，但是已经能够就一些好的行为及时地给予肯定。这就是进步。（不足的地方尽快加以改进）

我所要塑造的好的交易行为，都是符合我交易原则的行为。目前我已深深地知道，任何对这些原则的偏离都会造成对交易系统、交易纪律的改变和违背，是逐步走向科学、规范反面的开始。

要想成为一个职业交易者，我必须具备相应的交易技能。交易技能是经过长期实践和操作最终形成综合的特有模式，它包括交易心理技能和交易行为技能。交易技能和交易技术是既有内在联系又有区别的两个概念。交易技术只是一种方法，是完成此项操作的基本方法；而交易技能是一种综合的能力，是职业交易者能够按照一定的交易技术综合完成复杂多变情况下的操作的能力。在书中重点强调：只有技能才能诱发"最佳交易状态"的出现。在刚接触交易时，我就错误地认为拥有好的交易技术就能实现我的目标，通过学习才明白，光有技术是不够的。但我也必须承认，在这个市场，没有技术是不行的。

交易技术是交易者基本掌握交易模式的方法，并且是充分发挥感官觉察能力，快速地分析对比能力，超强的执行能力，从而达到心到、眼到、手到、力到的交易技能境界的桥梁。交易技术是完成交易行为的基本方法，是演变自身能力（交易技能）的初级环节。（很好）

交易技术包括技术基础、技术环节和技术细节三部分，缺一不可。三者是交易者基本能力的体现，更是交易技能的基础。完全把握以上三个基本结构以后才可能发展到十分熟练地交易的程度，并能够随着盘中的变化而变换自如，稳定性强，形成一种特殊的对盘面变化的"感知"能力，即盘感。这是高度技巧阶段。具备较强的感知能力，才能做到先知先觉，从而能有正确的预判。而这一切，又是源于对盘口细节变化的观察、判断。而这种细节处理能力又是源自于长期的统计积累，不断加深认知，对各种变化种类的认识基础上培养的（敏感性）。目前我还缺乏这种感知能力（和敏感性），这是因为积累的数据还不够多，经验还很欠缺（注意指向），对市场变化种类的认识还有很大的局限性，技术上的欠缺等。不管怎样，我要不断加强对细节的观察能力（还要重点培养对市场的敏感性），加强比对分析自己的预判和市场走势背离的原因等。

是人总会犯错。交易是由人来完成的，所以交易技能发展过程中，不可避免地会出现错误。但是，在学习之前，我从没有考虑过错误和缺点在发展技能过程中有什么区别。其实区别是本质性的。错误是偶然性的问题，只要盘中集中注意力，集中于自己的条件和标准就可以解决。而缺点却不一样，缺点是技术环节出现问题，不解决会始终存在，而且它要求从根本上去解决，也就是需要创立新的交易模式，即优化你的交易系统来解决。当然，在做这项工作之前，需要经过一段时间的测试来认定是不是缺点。

错误不及时解决也可能会发展成为缺点的。比如，市场运行触发你的进场信号时，你有时会犹豫不决。这种情况偶尔发生是错误。但如果不加以重视，导致这种问题经常发生，那就是缺点了，就是交易心理学知识严重缺失。这会导致严重后果，不仅带来心理上的障碍，还会造成交易行为上的障碍。所以说，当我发现问题时，应先判断问题的性质，然后采取相应的措施，避免问题严重化，避免交易技能的下降。我还应该时刻谨记：盘中要集中注意力，只相信自己眼睛看到的，盘中应该注意什么，想什么，不想什么，避免思维指向偏离，这可以消除错误的发生。如果判断是缺点，则应该将交易模式中所有的不足逐一排除，逐一记录。如果能在曾经的经验、教训之上，从缺点上升为错误，这也是一大进步。（不错）

前面的章节曾提到"只有技能才能诱发最佳交易状态的出现"。那么职业交易者的交易技能是如何形成的呢？形成的基本规律是什么呢？

书中强调，职业交易者交易技能形成分为四个阶段：泛化阶段、分化阶段、巩固和提高阶段、高度技巧阶段。泛化阶段是对将来有出色的"盘感"的重要培养阶段，此阶段以"认知"为主。这个阶段很容易受市场影响，迷信"指标"，忽略基础知识的学习。解决方法就是鼓励自己学习、学习、再学习（应当注意学什么，怎么学，这很重要）。分化阶段是交易模式定型阶段，此阶段主要是以"认知"为先导，以技术、市场条件和心理技能为依据，合理的资金比例为准绳，知行合一的（初级）阶段。此阶段因为各个基本功之间的练习尚不健全导致各环节之间找不到连接点，使得整体交易模式受到阻碍；另外，不知道如何运用心理技能辅助初期的交易和训练。解决的方法是加深基础知识学习，大量结合图表，根据不同周期、不同阶段的统计找出各个环节之间的技术关键，明确技术难点，反复比对（逐一攻克、排除）。同时运用交易行为矫正技术和交易行为塑造技术加以辅助。巩固和提高阶段主要是努力实现良好的心理模式定型和交易模式的定型。此阶段以小资金实盘交易为主，同时保持模拟账户的操作。此阶段交易者容易觉得自己已经具有进行正式的、大规模交易的水平（从而产生冲动）。解决方法是利用小资金，遵循"模式化范本"进行实盘练习，同时保持模拟账户的操作。这里我必须要记住的是：市场的千变万化是我无法控制的，我唯一能控制的是自己跟随市场的变化而变化（如果做不到这一点，或者前期的预案没有预计到市场的多种变化时，必须停止一切交易行为），万不能因为市场的变化带动你违背自己制定和长期以来验证的交易原则。当我完成巩固和提高阶段的毕业考核之后，就已经自动晋级到了高度技巧阶段了。此时我相信能够从容和客观地判断市场的变化，能很快地融入市场的节奏。

以上是交易技能形成的阶段性规律。交易技能的形成存在严格的逻辑顺序性，即程序化，也称为"模式化范本"：市场的大背景→各板块的状态→板块龙头即相对活跃度→进场标准的确立→占用资金比例→止损以及止盈的确立→设定单位周期→发生交易行为。由此我可以看出交易行为发生之前是经历了很多环节的处理和确认的，缺少任何一个环节都会给自己的交易带来隐患，从而影响到交易中的心理状态，进而诱发"恶性循环的状态"。就目前的经验而言，我只是对进场标准的确立，止损、止盈的确立，设定单位周期，发生交易行为有些肤浅的体会。作为进场标准，我目前的依据是单一的，但就这个单一的标准，我还是没能把握好，认识不深。更主要的原因还是考虑问题不全面，可是怎么才能考虑全面呢？每次我都觉得自己能想的都想了，可是盘中一看，还是背离。只能说明想得还不够多，好好学习吧（是因为经历太少，也可称为经验不足所致）。止损、止盈的确立，在目前的阶段，我只能说大部分时间我能按条件止损、止盈，但是，拿不住单子。这是对留隔夜单的条件不清晰（正常，这些我还没有给你讲，你怎么会清晰呢？），没有自信造成的。对此我要根据老师指点的，继续对照统计数据分析。设定单位周期，对于这一条，我还不是很确定。我的计划是以日线作为单位周期判断方向，以小周期寻找进场点。

可这个小周期是以 5 分钟、15 分钟、30 分钟还是 60 分钟，因为经验的限制我还无法确定（慢慢来，以后这些问题都会涉及）。之前我一直看到是即时成交与 5 分钟的数据，现在刚加上 15 分钟的，需要继续摸索。发生交易行为是基于以上的所有准备之后自然而然的行为（这句话说得很好），但是，交易过程当中也会因为市场的变化改变策略。如果在自己上一天的计划内，还能比较快速的反应；如果是上一天做计划时根本没想到的，这个时候我就会手忙脚乱，其实这种时候应该不操作，因为大部分时候慌乱之中的判断是没有把握的。（有这样的认识很好）

总结下来，经验的积累、知识的学习是需要进一步发展的，这样才能使得整体认知得到提升，才能使自己的思维程序与交易技能程序相对应。

了解了交易技能形成的阶段性规律、程序性规律之后，我需要考虑的是：我如何获得这样的技能？万丈高楼平地起，首先还是得从基础开始，那就是学习。对于学习这件事儿，我认为自己还是保持着比较好的状态的，每天的工作量其实还是不小的，但我到目前为止没有想过放弃，这说明我是发自内心地想做这件事儿。老师书中提到：学习是感性认识的过程，记忆是通往理性的桥梁。由此可见，记忆能力在交易技能中所占据的位置相当重要。而我的硬伤就是记忆能力差，我迫切地需要提到自己的记忆能力。我感觉很多时候我的记忆不容易上升到第二、第三级记忆。比如说上一天制订的计划，第二天我必须打开放在眼前才能确保不出错。看来条件刺激得不够，没能建立良好的条件反射。作为初学者，我目前所有的行为都不是条件反射，所以现阶段的解决方法还是继续学习，逐渐积累，增加对事物的清醒认识，使之记忆深刻了，就能积累形成条件反射。当然这个条件反射不是一成不变的，当外部市场环境发生变化时，交易者会把新的条件刺激与以往形成的技能整合图像综合、叠加在一起，此时注意指向主体内部，不容易受到外界其他信息的干扰，重新检查交易行为程序，并规划下一个步骤。这里提到注意指向主体内部，是职业交易者的一个重要特征，它是指注意完全集中在大脑内部的分析、判断、比对（条件标准和信号）上，不在市场的一些信息上，属于内部刺激导致交易行为发生。此时，我只相信我眼睛看到的。（这是我经常说的话。很好！不过不要忘记我还经常说过另一句话：你眼睛看到的不见得是真的！两句话是有矛盾的，在什么阶段用很重要。一个是初级阶段用，一个是高级阶段用。你目前还是属于初级阶段，不要着急。）

前面讲过，交易技能是完全建立在心理技能之上的。所以，我在发展交易技能的同时，不能忽略了心理技能的培养。那么我如何发展自己的心理技能呢？当然还是通过学习以及训练。心理技能训练是从交易者掌握某种初级交易模式的技术技能开始的，并逐步发展到习惯化的交易行为方式，最后发展为以心理能量为依托，达到"艺高人胆大，胆大艺更高"的艺术交易境界。心理技能的训练不是独立于技术训练之外的，而是渗透于平时的技术训练、战术训练之中，并对它们具有连接与相互调节的功能，做到"心、眼、手、力"相结合的训练。交易心理技能的训练应该从我一开始接触交易就开始，并伴随我全部的交易生涯。在这点上，我是多么地幸运，一开始就能够跟着老师学习交易心理技能，这是很多交易者可遇不可求的事情。如老师所说：作为一名靠市场吃饭的职业交易者理应成为一名市场心理的专家，因为只有专家才熟悉这项工作的专项特点，明确在不同的阶段专项"技、战术"的心理要求和必要的心理准备，并了解在市场变化中大众交易者的心理变化。所以，心理技能是我必须要掌握的，只有这样才能在今后的自我指导中具有正确的发言权，以及对他人的指导权。

我已经花了很大的篇幅来从各方面说明发展交易技能的重要性以及相关的方法，但在这个过程当中有没有什么影响交易技能形成和发展的因素呢？

通过学习才知道，就我个人而言，真正的影响因素是掌握方法本身。我不缺乏学习的热情和积极性，也能深刻认识到发展交易技能、心理技能的重要性，我也愿意花时间来学习，并且也确实花了很多时间学习，那我要做的是如何加强非条件刺激行为逐渐向条件刺激转化，寻求量到质的转变。（很好！确立了自己明确的目标）

以上我学习的只是交易心理学的基础知识，这些基础的知识还不能完全帮助我成就职业交易者应具备的交易技能，我还需要结合它的五大要素来完善自己的交易技能：表象技能，心理能量控制技能，应激控制技能，集中注意力技能和现实目标制定技能。看着这些名称都是让人激动的，我期待着高级篇的学习，期待自己的交易技能越来越完善！

　　（总体不错，看的出来你已经尽心了。但是，就我们所学习的内容上你仍有不少遗漏，希望自己加深认识和记忆，为将来打下坚实的基础。）

学生：风向标
于 2013 年 9 月 10 日

第二篇　交易心理学高级篇

**　　古之学者必有师，师者，所以传道、授业、解惑也。人非生而知之者，孰能无惑？惑而不从师，其为惑也，终不解矣。生乎吾前，其闻道也，固先乎吾，无从而师之。生乎吾后，其闻道也，亦先乎吾，无从而师之。吾师道也，夫庸知其年之先后生于吾乎！是故无贵无贱，无长无少，道之所存，师之所存也。**[99]

　　意思是：在古代求学的人也必定是有老师的，老师，就是来传授圣人的学说、讲授学业、解答疑惑的人。人不是生下来就懂得所有问题，谁能没有疑惑呢？有了疑惑而不虚心地跟随老师学习，这些作为疑惑的问题就始终得不到解答。出生在我以前的人，听到、学到圣人的学说本来就在我以前，所以我要跟随他们，并把他们当作老师。出生在我之后比我小的人，他们听到、学到的圣人学说也在我以前，我也要跟随他们，并无条件地把他们当作老师。我是以圣人的学说为师，哪里需要知道他们的年龄比我大还是比我小呢？因此，无论是地位高的，还是地位低的，无论是年长的，还是年轻的，圣人学说所在的地方，就是老师所在的地方。

　　之所以引用这句话作为第二篇《高级篇》的开篇，目的是提醒大家无论是多高级的学问都要时常报以虚心求学的态度，一步一个脚印，踏踏实实地进行。过去说：求取学问如同登塔，要一级一级地登上去，虽然上面的一层与下面基本雷同，虽然你不用去问别人也能大概想象出是什么样子，但是，如果你自己不去实实在在地探究、踏过一番，只是站在那里凭空想象，纵然是你经历过最下面一层的模样，你也不可能得其究竟。

故此有说也，《菜根谭·治学》曰：**问学如登塔，逐一层登将去，上面一层，虽不问人，亦自见得。若不去实踏过，却悬空妄想，便和最下底下层，不曾理会得。**[100]

第八章 表象技能

第一节 表象技能

公都子问曰：“钧是人也，或为大人，或为小人，何也？”孟子曰：“从其大体（为心智，大的志向）为大人，从其小体（为简单地道听途说，不费心智）为小人。”曰：“钧是人也，或从其大体，或从其小体，何也？”耳目之官不思，而蔽于物。物交物，则引之而已矣。心之官则思，思则得之，不思则不得也。此天之所与我者。先立乎其大者，则其小者不能夺也。此为大人而已矣。[101]

意思是：公都子问道：“同样是人，有的人是君子，有的人是小人，这是为什么呢？”孟子说：“从大的志向上下功夫的人，就是君子；只在简单地看和听上下功夫的，就是小人。”公都子又问：“同样是人，有人从心智上下功夫，有人从听到或看到一类的小体上下功夫，这又是为什么呢？”孟子回答道：“耳朵和眼睛这两种器官是没有思考功能的，外界给出的什么信号就是什么信号，所以容易被外在的表面现象所迷惑、蒙蔽。耳朵和眼睛只不过是身体上的器官之一，它们能感受到外界事物的刺激，但聪明的人知道它们只能起到引导的作用。而心的功能在于思考，思考了才会真正地有所得，不思考还是一无所获。这是上天赋予我们人类最宝贵的天赋。所以，先把心智这一大的志向树立起来，那些小的、不良的信号就不会侵害它了。这样就成为君子了。”

之所以将这段对话作为本章节首语，是因为孟子是世界历史上最早推广和善于运用心理学的人。其中有大家熟知的“鱼，我所欲也，熊掌，亦我所欲也，二者不可得兼，舍鱼而取熊掌者也。”[102]这实际上就是告诉我们后人在内心自我 1 和自我 2 的激烈斗争中的舍取问题。他还强调：“权，然后知轻重；度，然后知长短。物皆然，心为甚。”[103]这都是不断地加以思考、比对所产生的心理变化过程。

在变幻莫测的资本市场当中，甚至不乏所谓"乌龙指"事件的发生，我们应当如何去面对？他老人家又谆谆教导我们说："**操则存，舍则亡。出入无时，莫知其乡**。"[104] 惟心之谓与？如此超前，果然精辟！超超乎鉴无遗照者也！惑起，先圣之言何以镜鉴之今？看来觳觫之余，盍不近庠序之要！这也同样符合《大学》里的八条目"**格物、致知、诚意、正心，修身，齐家、治国、平天下**"[105] 的人生进修阶梯。一旦做到了这一点，即"**天下可运于掌**"。再遇到资本市场的猝然冲击还有什么不可以应对的呢？还是需要好好地反省自己的所作所为。

所谓的反省，就是需要多花一些心思作深刻的检讨。这也是孟子的主要核心思想"**心之官则思**"。此章节我们主要学习的内容是表象。

所谓表象的基本概念是：启用大脑的分析、比对等功能，是思考问题的具体体现。表象除了有分析、比对的功能外，还有一个更加突出的积极作用——强化。在以后还要学习心理能量的控制、应激控制、集中注意力和现实目标制定技术与之相辅。

作为一名职业交易者，这是在交易心理技能方面必须具备的五个基本技术。只有将这五个基本技术在实盘交易中完美地结合和应用，才能成为一名真正的成熟的职业高手。以下我们先介绍什么是表象技能。

第二节　表象技能训练的必要性和重要性

大家也许会问，在这五项基本技能中为什么先介绍表象呢？其实很简单。因为人类的一切活动都是由视觉、听觉、大脑，然后反应到"行为链"来完成的。在交易者通过视觉观察到盘面图表中的变化后，大脑便自动地出现想象（即心理学中的表象）。遗憾的是，大部分交易者是随着市场的运动方向跟随其产生想象的，而忽略了其过程中的思考和比对。随着想象的发生交易者会进行行为上的效仿，在效仿的过程中又是按照想象中的情境去完成自己的交易行为。应当说我们除了观察到的动态图表以外，想象（表象）是决定我们今后交易行为的基础和关键。所以，表象是在一切行为行动之前发生的，我们就必须要先从这一点讲起。

如果问问那些真正的职业交易者，他们肯定会回答你：**在平时做第二天的交易计划时，或者在实施交易计划之前，他们会去想象自己将如何严**

格地按照交易计划发挥好自己的交易水平。他们会把计划中的市场信号作为重点来表象，而不会有一名交易者愿意去做交易失败情境的表象。这无疑更加肯定了表象技能在交易行为中的重要作用。

在以上"发展交易心理技能的训练"的章节中，我曾经提到过伟大的作手杰西·李佛摩尔（Jesse Livermore）在他的书中有过这样一段话：**好的股票作手和训练有素的职业运动选手没什么两样，必须维持生理、心理的完美状态。**既然如此，我先举一个例子说明职业运动员在重大比赛之前所做的工作是什么。

例如，一名滑雪运动员站在山顶的起点上，准备在即将开始的大赛上夺取金牌。而在此之前，他已在内心无数次地演练了技术动作以及比赛的线路等。就在他准备出发的片刻，他又最后在头脑中进行了一次演练，在演练中他通过表象能"看清"比赛线路中的每一个障碍，什么时候障碍的标杆会出现在什么位置，以及能清楚地感觉到自己身体的反应和所要移动的方向。最后，他成功了。

以上只是列举了一个运动项目的例子，那么在我们的交易行为中需不需要表象的帮助呢？在以前的章节中曾经也提到过：交易也是一种行为的体现。同理，运动专家的研究试验表明，任何运动技能的形成都离不开表象支持，当然交易也不会例外。尤其是初期学习和训练的新手，更加离不开正确表象的指引，只有在今后系统地练习和应用表象，你才能在实盘中最充分地发挥真实的交易水平。值得注意的是，在表象的过程当中离不开条件和标准的设立，它就如同滑雪场地中设立的障碍杆一样，如果失去这一点，任何的表象将毫无意义。

孟子曰："**周公思兼三王，以施四事。其有不合者，仰而思之，夜以继日。幸而得之，坐以待旦。**"[106]

意思是：周公想要学习夏、商、周三代王身上的优点，来实践禹、汤、文王、武王所行的勋业，当自己的言行与他们不相符时就仰天思考，白天没有想出来，晚上接着想。侥幸想出来结果，就坐着等待天亮去付诸实施。

在这一点上我本人，以及我的学生都有了深刻的体会。

上文的例子说明滑雪运动员借助表象使他可以避免失误，在其他运动项目方面，高尔夫运动员也可以借助表象完成标准杆数，射击运动员利用表象可以帮助自己更合理地完成整个的动作环节，从而稳定地打破世界纪录。更加夸张的是，在20世纪80年代，西德尼·谢尔顿写的小说中还有这样详细的描述：一个偷盗国际画廊的国际大盗团伙，在偷盗前心里反复过滤演练计划中的每个步骤。最后不仅成功了，而且在每个步骤之间的联系和衔接非常稳定，从而不慌不忙地没有留下丝毫的痕迹。那么这种神奇的力量到底是什么呢？这就是表象。

实际上表象一点也不神奇，它只是我们大多数人一直寻求但又不经意，没有利用到的一种人体潜能而已，它是一种技能。

要知道在人类语言、文字没有产生之前，人类进行思维的唯一方式就是表象。但是后来随着语言和文字的广泛应用，人类开始变得文明起来，于是我们大脑的表象容量就渐渐地开始萎缩。不过，在现在的儿童身上常常还能显露出应用表象进行思维活动的很多迹象。但是当他们进入受教育的年龄时，人们开始强调发展左脑的功能，即我们的分析中心和语言中心，这同时也开始让他们形成忽略利用表象进行思维的习惯。所以说凡事必有一利，必有一弊。

然而，我们的表象中枢——右脑半球依旧负责着我们的行为活动，只是由于长期地被淡化，初期应用起来比较困难。我们可以想象一下，当我们学习到了交易技能之后却常常在实盘中遇到执行障碍。如果我们能够注意到和加强这方面的练习，我们可以像加强肌肉力量那样，通过不断地表象，重新获得由于缺乏使用而趋于消退的表象技能。

第三节 表象的定义与用途

表象是一种类似于感觉（看、触、听等）的体验。但它是在缺少外界刺激的条件下，通过大脑本身的工作所出现的一种体验。也就是说，在你没有看到或者听到任何盘口变化和信息时，在你脑海里呈现出当天盘中的情境，或者表象出来第二天可能会出现的走势状况。实际上，你此时是没有受到任何视觉和听觉刺激的。

在生理学中，表象可以产生微电效应，这种微电效应能够刺激你的感觉中枢，从而使你能够感觉到盘中的变化与你的交易计划渐行渐近，或者渐行渐远。

在表象过程中，在你头脑里能体会到出现这些迹象所涉及的各种感觉。这些体验基本上是记忆中的一种产物，这是你清晰的回忆，重新建构先前外部环境条件下内心体验到的产物。请注意，**这是人类思想进步最重要的一环。**

在资本市场当中，大部分公众交易者的表象会以另外一种形式体现。**即，看到什么才会想到什么。这种现象被称为"视觉表象"。尽管视觉表象通常是表象的一种主要形式，但它在失去其前期计划和分析、比对的前提下，就是被动的和消极的。如果你再错误地将其作为交易信号来处理的话，你就会轻易地被市场牵着鼻子走。**

表象的应用条件与视觉表象恰恰相反，它不仅胜过了仅仅用眼睛获得视觉化的一种体验，更重要的是在内在感觉的深化上更能加深刺激，提高你的本体感觉性，也就是我们常说的"盘感"。所以，**表象是能够涉及所有的与视觉完全一样的感觉，并且还能够获得视觉以外的本体感觉性。**它的出现是在长期分析、比对的基础上得来的，也就是我们俗话说的：动脑子！

每当你在盘后表象当天的交易行为时，你会有很多体验。你会从这些体验中获得不同的情绪状态及心境。

比如，初期你会感到很紧张，但只要你能够及时地将交易计划在脑子里调出来，进入**积极地表象，**你的紧张感就会瞬间消失。**这就是思维指向性的修正。**

职业的交易高手会在此时此刻知道自己应该做什么，应该想些什么。他们从不关心与交易计划无关的事，或者是市场信息。在这种情况下，当你实施交易计划成功并且能够顺利盈利时，你会体验到很快乐，有更加强烈的自豪感和自我价值感。即使是交易失败时，你也不会感到过于沮丧。当你再次清晰地表象经历过的这些交易行为的情境时，你能够体会到交易行为与此事物相似的情绪反应，即时地从中发现问题，为下一步的修正方案提供依据。这就是表象的一个很重要的特性。另外，还应该认识到表象还是发展其他心理技能的一个很有用的工具。

表象的用途

如果说表象是一种很有用的心理技能的话，那么为什么交易者以前没有发现并运用它呢？其实不是的。实际上，你自从第一次参加交易时，就已经在交易中不经意地使用了表象技能，以上曾经讲过这是人的一种潜能，只不过我们以前是在不经意间利用和不重视它罢了。系统地学习和应用表象是发挥表象效力的关键，是为了帮助你挖掘潜在的心理能力。所以，必须有规律地学习和正确地练习表象。

在目前的金融交易领域，表象之所以没有得到广泛地提倡和应用，其中一个原因就是太缺乏专业的交易心理学家。最起码到目前为止我还没有看到或者听到有关报告或阐述。我个人认为造成这种现状的原因是，真正懂心理学的专家们没有介入到交易领域。而在交易领域里，经过多年摸爬滚打的交易者却又无暇顾及此方面的内容。另外，有些心理学技能所导致的行为在研究行为方面的科学界至今也无法解释。他们只能以大多数行为结果作为判断依据，没有给予它足够的重视。直到 20 世纪 70 年代，少量的心理学家通过做梦的现象逐渐认识到，梦是塑造他们的过去、现在和将来行为的表象。**正像科学家们了解的那样，不知道人类表象的力量也就等于不知道人类的具体行为。**

目前表象已是人们研究和学习的重要领域，也是许多临床心理治疗专家的重要工具，更重要的是它即将成为我们交易技能训练的一个重要的组成部分。

第四节　发展表象技能的主要作用

（1）可以帮助交易者练习和掌握复杂的交易技能。

（2）可以最直接、最真实地演练准备在实盘中采用的交易行为方案。

（3）有助于练习和掌握其他的交易心理技能。

总之，表象能帮助你发展较好的自我知觉能力，或在实盘交易中能够意识到自己真正所感觉到的市场真实状态。

在目前的交易领域中，我相信会有许多人对表象能够帮助你获得交易以及交易心理技能的提高表示怀疑。甚至包括一些知名的专家也是如此。但是，我和我的学生经过亲身的实践后，就很快地感受到了表象在交易技能中具有不可低估的作用。以下就简单地介绍一些相关的训练例子，来说明表象在交易心理技能中的地位，尤其是在交易技能中它的作用。

第五节　交易计划的表象脚本

在每天收盘后的工作当中有一项必不可少的学习和训练项目，那就是表象。为了能更好地连续表述，以及给大家提供更深一层的启发，我继续选用在以上章节中"什么是成功的交易"中的案例（SR1305），也就是我在 2012 年 11 月 26 日收盘后的部分工作。

在做这项工作之前，首先你要把前一天的交易计划摆放在你的面前，当然还有你交易的品种以及之前统计过的相关数据（这一点很重要）。在你对这两项准备内容心里很清晰的情况下，表象训练就可以开始了。不过，这需要在一个相对安静，没有外界刺激的环境下进行。首先从集合竞价开始。一般情况下你的交易计划都会有对第二天涨、平、跌和高开、平开、低开的预案。

25 日交易预案的排列顺序是：A 涨、B 平、C 跌。

A 低开、B 平开、C 高开。

我们先看一下图表，图 8-1 是日线与当天即时成交状态图：

图 8-1　SR1305 日线与即时成交状态

现在开始闭上双眼，表象正式开始。

按集合竞价所显示的是——低开，符合交易计划中的 A 项（我习惯将自己认定的大概率事件设为 A，排在最靠前的位置）。如果按照昨天所做的计划目前的形势属于极为有利状态，已经超出了昨天表象（升程交易计划）的范围。此时视觉的刺激立即以微电的形式冲击大脑的执行中枢（上周的交易都是以 1/3 的仓位进行的），仿佛有一口气堵在喉结，不上不下的，我知道那是纠结。紧接着今天我一定要找机会把仓位加上去的思维占据了大脑的主要位置，好！完全可以。我给予了自己这方面的肯定。不过，马上要查看前几天的关键数据，确立理想的狙击位置（这是我惯性思维的优势）。突然，上肢明显地抖动一下，伸手想拿交易计划，把我从表象情境中"惊醒"。

这种现象并不奇怪，在生理学中称之为微电效应。当人处在深度表象之中，大脑的执行中枢会把人表象的内容以微电的形式瞬间传递给需要的做功肌群。我稍微调整了一下半躺的坐姿，继续进入表象内容。

这需要有个重新连接的过程，直到自己能感觉到像上午一样看清交易计划，并找到了上周的几个关键数据，马上估算出目前价位与隔夜仓之间的安全空间。与上周四（11月22日）收盘价5345点，结算价5346点，最高价5358点之间的关系（很明显这一天主力是说瞎话了，我原本拿到了一个很好的部位，我是被欺骗了），与仓位之间的关系。我不知道盘面下一步会如何变化，时间太紧迫了，我现在最应该做的是，舍弃一个原则，把握一个原则。

自我1（脑海里）问：此时加仓的利弊是什么？

自我2（脑海里）答：如果市场一直向下自然是利，但向上反抽的可能性并不是没有，市场完全有可能先向上完成当日振幅。但最关键的是，此时急于进场一旦形成反抽就会失去总仓位的优势部位，对于重要位置的止损空间就会拉大。就像打仗一样，兄弟部队本来很有优势，如果你贸然出击他不可能不下来营救，这等于是在拖后腿。另外，你能看到上周四它的表现，今天完成的1%的振幅恰恰是我受骗的位置。我目前初步判定它是在说瞎话，但到底是不是还需要进一步的确立。我希望我能有好运，我希望老天不要辜负我的费尽心思。

自我1：那你就等吧，你别忘了你只有1/3的仓位，一旦市场按照你的预期下去，你将失去很大的利润。

自我2：这正是我一开始集合竞价就纠结的地方，一切皆有可能！天不欲与，谁与其争？市场上不是每一分钱都是我必须要赚到的。能够站到市场有利的部位已经是我最大价值的体现了，说到底还是要敬天爱人！

自我1：你现在还纠结吗？

自我2：没有了。我现在可以打开交易跑道一边等一边再思考些东西了。

接通交易跑道后，立即回到交易计划当中审核加多少仓位，在哪里加，一旦触发止损（还要上浮最少 30 个波动单位）如何才能使总资金不损失 0.6% ~ 1.2%。而这个位置离上周四最高价 5358 点越近越好。随着盘面不断地运行，在即时成交状态的界面上果然出现了反抽，并且只要不失败，还有蓄势状态的可能性存在。我继续坚守着希望，眼前跳动的红绿数字似乎已经跟我没有多大关系了，我也不知道我在想什么，甚至小节休息都没有离开座椅，心里隐约在暗暗地发狠（这是一种直觉能力）：上周四 5348 点的好部位在尾盘 5347 点平掉了。盘面走得平淡、规矩，甚至无聊。不符合自己交易条件和标准的盘面真是看着很无聊，只有偶尔想一下可能发生的突发事件，才能感觉到自己的心脏"砰"地跳动一下。11 点 24 分，用"血脉偾张"一点也不过分，这是真的吗？我立即下意识地移动了一下专属"下单"电脑的鼠标。由于经过了过于平淡的一段时间，甚至忽略了 11 点 22 分的迹象，这个时间对于我来讲显然有些仓促。脑子就像飞速运转的计算机一样在权衡计划中的位置是不是需要稍加调整，已经没有时间了，价格就像一根针一样直直地戳向设定好的多空平衡点——5348 点上。这是离我最近的止损点，这正是我前一天计划中最好的结果，没什么可犹豫的。凭借长期的训练已经养成了对执行交易计划的忠诚——提前填好并预留了五个波动单位——回车！之后好像一瞬间就中午收盘了，我心里还继续盘算着 60% 的仓位，我的"兄弟们"，这里边的全部人马胜败都在 5358 点一线。收盘来得正是时候，给了我一段喘息的机会，按照涨停板的价位下午一旦向上穿越立即启动止损机制，全体撤退！绝没商量！

在下午的盘中除了眼睛死盯 5358 点一线之外，我心里没有任何的波动。但是，在 14 点 20 分之前手也几乎没有离开过下单的回车键，直到接近收盘的二十几秒继续留隔夜仓的标准基本确立。

我还需要把上午盘中的心理状态与下午的状态做个比对，必须要找出问题所在。

自我 1：为什么在上午一度出现"如鲠在喉"的纠结？而下午在空单仓位加大的情况下，并且市场强烈上攻之后，"命悬一线"之时心理状态却反而平静？

自我 2：我知道我犯了一个明显并且严重的错误，在昨天的交易计划 A 项当中，对于低开的幅度没有做好充足的设想。原因是，过于相信自己对于前期架构导致今天 K 线的运行状态的判断。在昨天交易计划中的 A 项表象为：集合竞价略微低开就向上攻击 5358 点，给今天尾盘开空单或者留隔夜仓的人"迎头一击"，迫使他们缴械投降。除了"空平"的市场作用力以外，多单的跟进量不应该是有强劲的表现，否则当日振幅会明显放大，市场的不确定性陡然增加。如果出现此种意外，就证明今天市场的行为表现为主力还是在说"瞎话"。我的应对策略是，5348 点应该是一个很好的"狙击点"，这个位置应该再加进 30% 的仓位，顺利的话市场在 15 分钟之内就应该完成。这个点位正是此前（上周三）我界定的重要的多空平衡点，向上浮动 10 跳为止损实属正常范围。如果市场继续向上攻击，穿越了 5358 点，我应该"斩立决"，全体撤退！这正如我弟弟说的一句话：**从离你最近的止损点进场，市场会以最快的时间告诉你此次交易行为是否成立、正确。你的市场成本、时间成本都是最小的。这是一笔多么划算的"买卖"！**

自我 1：然后呢？

自我 2：然后我没再多加思考就"相信"了，并且将 A 项计划定型。所以，由于之前考虑得不充分，过于简单，今天开盘的集合竞价就给我造成了位置判断错误的冲击。随之"唤醒度"加强，当然这属于人的正常生理反应，我幸好还没有忘记关键位置和市场的属性。

自我 1：你已经很不错了，最起码在别人看来你是很沉稳的。

自我 2：我可不这样认为，我是真的不敢这样认为！首先交易不是做给别人看的，是真实的自我价值的体现。如果我想叫别人知道、看到我如何如何，就是我迈出"思维指向偏离"的第一步，接下来还会有第二步、第三步，直到进入恶性循环中难以自拔。我今天遇到的问题很严重，是在关键的思想上。我平时总跟自己的学生说：**凡事预则立，不预则废！行成于思，毁于随！** 这些话说得多么地漂亮。不过自己做到了吗？我还是有考虑不周全的地方，我目前其实很惭愧。

自我 1：我倒是觉得你应该骄傲一下，你下午不是做得很好吗？

自我 2：是的。但是我不能因为一点点优点就将严重的缺点掩盖。《荀子·解蔽篇》曰：**圣人知心术之患，见蔽塞之祸，故无欲、无恶，无始、无终，无近、无远，无博、无浅，无古、无今，兼陈万物而中县衡**（悬挂的天平，指根据一定的标准进行衡量）**焉。是故众异**（差异，这里指事物的对立面）**不得相蔽以乱其伦**（规律）**也**。^[107]意思为：圣人能知道思想方法上的问题，能看到被蒙蔽所造成的祸害，所以既不是片面地高兴，也不是片面地厌恶；既不是片面地强调开始，也不是片面地强调结束；既不是只看到眼前，也不是只想着将来；既不是只求于广博，也不是只安于浅陋；既不是只了解过去，也不是只知道现在；而是要同时列出各种事物并在其中根据一定的标准来进行衡量。因此，众多的差别和对立面是不会因相互蒙蔽而搞乱事物固有的规律的。我目前思想上的严重缺点就是主观成分的比重过大，片面性、不够严谨，在重大"战役"面前这些都是导致失败的重要因素和隐患。我现在特别能够理解老一辈的无产阶级革命家、军事家在策划一场战役之前为什么几天几夜不合眼，面对军事地图反复地表象、思考各种可能性的出现，并一一制订出具体的方案。我应该告诫自己：**今天如果没有时间或者犯懒，不能将明天的交易计划做得充分和完善，那么，你明天就不要交易！**我将这句话写在电脑前最醒目的位置上。

自我1：很好！你值得鼓励。那你说说为什么下午你的心理就会变得平淡了？

自我2：这得益于上午很快就收盘了，中午给了我两个小时喘息的机会。我有时间充分地检查和调整自己，首先我感谢市场对于我的眷顾，我的运气不错。其次根据自己能掌握的交易心理学知识把集中注意力的指向明确于5358点一线，这一点对于我来讲并不是难事。为了保险起见，在14:20之前只需要看着盘面将手放在回车键上就可以了。其实这是最笨的方法，但好处在于"我还在"。

以上就是我盘后利用表象复盘功课的一部分，希望大家能够有所启发。为了给大家留出自主思考和自我开发能力的空间，我暂时不把更深一层次的重要作用公布。我给大家留个思考题：

通过以上的表象脚本，你能够认识到其作用体现在哪几个方面？

答案：请你自己用笔写下来。

表象技能不仅能够提高你盘中的思维指向性，此外，还能够帮助你发展心理能量和应激控制技能，也能够帮助你集中注意力，还能帮助你通过"**看到**"自己达到了预定的目标而建立自信心。

提到"看到"，实际上就是开发人的"心灵的眼睛"。像过去的神话小说中传说二郎神有三只眼，这并不是空穴来风，凭空杜撰的。要知道在人类语言没有产生之前，人类进行思维的唯一方式就是表象。表象不仅是思考和分析过去行为的一种方式，也是呈现未来事物的载体。表象能力越丰富的人分析事物的能力就越强，判断未来事物发展的准确率也就越高，这等于又比正常人多了一只眼睛。就如同上述的表象脚本所阐述的一样，前一天的交易计划实际上是依据表象提供的。经过长时期的训练，交易者接触过的盘面变化种类越多、越丰富，其经验值也就越高。而表象出第二天大概率事件的排序也是依据经验值给出的。如此说来，有些看似神奇的预判，实际上一点也不神奇，只不过是普通交易者平时没有注意到人体潜能的存在，更没有好好地加以利用罢了。

所以，作为职业交易者，要在平时训练中加强表象技能的练习。在今后的实盘交易中，要尽可能地应用表象。但这是一个需要逐步完善和提高的过程，因为这种技能不是通过一两次练习就能完全掌握的。

第六节 表象的机制

为了方便我们更加认识和利用表象技能，我先从表象的机制谈起。由于这一段的内容主要围绕基础原理进行阐述，可能很多朋友会认为枯燥，并与实际交易行为没有多大联系。这是不对的。我们先看看古人是怎样认识这些问题的：

行之而不著(彻底明白) **焉，习矣而不察焉，终身由之而不知其道者，众也。弗思甚也！**[108]

意思是：其实每一名交易者都是有思想的，但是并不是每一名交易者都能明白思想与行为之间的关系，常常这样做了却不知其所以然。众人都随着这条路糊涂地走，却不知道这是条什么路，这样的人在目前的交易者当中占大多数。实在是太不愿意动脑子深入学习了！

在黑格尔哲学中，这样的人是处于"自在"状态，尚没有达到"自为"的高度。所谓"自在"状态，就是缺乏"自觉"的主体意识，不能自己认识自己，认识周边事物。所谓"自为"，就是具有独立的主体意识，凡事都要问个为什么，做任何一件事都要知道自己为什么做，怎样才能做得更好，在生活中不断地反省、提高和认识自己。

孟子的一生曲折坎坷，但他一直追求活得明白，并将其立为终生之志。他虽然说不出现代心理学的一些专用词汇，但他以突出的思想，言传身教做到了"自为"，无愧于"**言为仕则，行为世范**"。

我们后人应以这样的精神面貌进入到学习状态。

人类大脑做表象的工作情况相似于上个世纪的录像机系统，而不是用胶片拍摄的摄影系统。它储存实际画面的方法是以磁粒的有序安排来储存电子信号，相当于磁带放进录像机时磁头重新扫描这些粒子，把它们转换成图片，重新制造出这些画面。当你认识到新的事物而不再需要它时，新事物的情境以磁粒重新排序的方式覆盖原有的记忆模式。

我们的大脑基本上也是以与录像机相同的方式工作的，它是以一定的序列不断储存着感觉的输入，而不是只停留在储存画面上。而这种感觉恰恰是从不断地表象渐渐地加固本体感觉性的过程。

例如，交易者在收盘后的工作表象当中，能清楚地感知到今天实盘中的细节，特别是符合自己先期的交易计划而发生的交易行为。此时，在你的大脑中就会重新扫描储存过的那种以前感觉良好的初始序列，这是对正确的交易行为进行加固的基本方式。为了重新复现这些特殊的"盘感"，你就需要在脑中不断仔细地反复，最好此时的表象就像光盘的刻录机一样，把这些"最佳交易状态"永久地记录在脑中，这样才能形成三级记忆机理。

在你做表象时，不管是盘中表象还是盘后表象，都存在清晰度的问题。往往在你表象最清晰的时候，表象的作用和功效也是最为显著的，它能使你的交易有序化，交易系统的运行更为顺畅。然而，由于人与人的大脑有所不同，它们在储存这种序列的容量上也有空间很少的情况。不过不要紧，这只是你在平时忽略了做表象的练习造成的。在你今后的职业交易生涯中，多注意表象的练习，大脑就会慢慢地被开发。

我们需要的所有信息在储存与复现时，不仅仅局限于视觉的输入，而且还涉及到我们所有的感觉。因此我们的大脑不仅仅是一台录像机，确切地说应该是一台多功能的录制器。**在可以表象的范围内，我们能够重新安排回忆在多感觉道的输入信息，以产生强烈的内部体验**。如果长期地进行表象的练习，还可以加强交易的本体感觉性。

第七节　交易技能的表象

表象是怎样帮助交易者在实盘中更好地作出更加规范的交易行为呢？很遗憾！到目前为止在交易领域还缺少这方面的专家来进行科学的数据论证。不过，本书上述的一些观点，以及国外其他领域专家的研究报告表明，了解表象的应用对于人的行为发展是很有帮助的。

马尔茨早在 20 世纪 60 年代就通过他的畅销书《心理控制论》阐述了应用表象的方法，并推动了表象技术的普及。马尔茨认为，我们的大脑和神经系统是一个非常复杂的反馈系统，可以将它描述成一个自动寻找目标的机器。通过反馈和内部所储存的信息，可以对一个目标或多个目标筹划一种行为方案，当需要时它们可以自动地更改这种行为方案。

马尔茨断言：**只有目标明确时，这种伺服机构**（建立起来的交易系统与各神经中枢发生暂时性的神经联系）**才会起作用**。他提倡：无论想象的目标是什么，都要"**程序化**"到伺服机构中（在这里又一次地强调程序化的重要性）。他还强调：**要让伺服系统接受，让伺服系统推动你执行目标，而不是让意识的努力和意志力来推动**。请注意！最后一句话恰恰点中了现在广大公众交易者的要害。大家不妨回忆一下，有多少人在平时所谓的"学习"中重视伺服系统？有多少人是靠伺服系统推动交易行为发生的？而又有多少人是靠"死了都不卖"的坚强意志品质死扛的？

另外，在实盘交易中，我经常遇到有人强调"感觉""意识"好与不好。他们在"感觉""意识"好的状态下，交易往往顺风顺水。此时，他们更加愿意强调的是，自己的能力和水平如何如何。但在不好的情况下，大多数人会归罪于运气不好，并认为"自己的运气不会永远不好"。所以，常常激励自己要有所谓的坚强的意志品质，包括不惜牺牲一切（这里所讲的"不惜牺牲一切"是一种消极的强化）。**此种想法恰恰掩盖了"赌徒性"交易的本质，这已经不是危险的问题了，而是离"死亡"只差一步的问题。**

作为职业交易者，有坚强的意志品质是无可非议的，但要注意指向。要用表象的方式发展"感觉""意识"，而表象的内容必须是要与你的交易原则紧密联系在一起的。所以，**"感觉""意识"好坏要看你交易系统**

"程序化"是否在脑中已有固定的模式，而不是暂时性地误打误撞连续取得的一点点战绩。这种"程序化"的模式是你是否在平时对表象加强训练的结果。如果平时不加强基础训练，在今后的实盘交易中，你的意识努力就真的要看各占50%的运气了。

以上是对表象工作的一种粗略的解释。另外还有一种相对适宜的解释得到了不少科学证据的支持。它是由马克经过大量的事实验证后，在1977年提出的：想象的刺激与真实的刺激，在我们的意识心灵生活里存在某种性质相同的状态。这是一个非常具有实际意义的结论。通常我们通过感官从外界接受各种信息，然后在大脑里进行加工。实质上，这就是我们的大脑里产生出我们自己需要的环境（盘面的运行逐渐符合我们的交易条件和标准），我们也能够在自己的记忆里产生这种信息（加固正确行为的印象）。我们的大脑真实地体验进行同样的加工过程（使正确的交易行为向更高一级别的记忆机理迈进）。因此，想象某种特定的交易行为，就能够在我们的神经系统里、大脑里产生与实际的体验一样的效果。当然这种体验需要你在一条正确的途径上。

表象是通过帮助你发展如何行动的内容方案而起作用的。

比如，当你依据表象做第二天的交易计划时，不管你是想象涨、跌、平，还是想象因为计划还是有不足之处而感到生气，或是想象在准备交易时所感到的焦虑，此时，在你的神经系统里得到的影响与实际所体验到的是一致的。它作为一种"内隐"行为同样起到了强化的作用。如果对于某种行为给予积极的强化，会加强这种行为再次出现的可能性。换句话说：表象成功就意味着你可能获得更大的成功。所以，表象是一种极好的方法，它可以帮助你从失败的体验而引起的丧失自信心和焦虑的增加，进而造成操作更差的恶性循环中解脱出来。

具体的方法是，通过让自己在脑海里清晰地看到自己操作得很好，就像战士一样严格地遵守交易纪律，而给予自己以成功的强化。这是因为你能够控制自己"程序化"的成功表现。那么，清晰的表象所得到的是与实际体验相同的行为效果。所以，积极地表象不仅在交易技能行为上能起到良好的效果，在其他方面也同样是对你有帮助的。

综合上述论述，我们可以得出一个重要的结论，就是哪怕大家平时花费很少的时间积极地发展表象技能，表象都能对交易的提升和发展起作用。因为，表象能以一种或另一种方式，帮助你发展执行交易技能的行动方案。

孟子曰："**不用贤则亡，削何可得欤？**"[109]

意思是：不用先进的思想武装自己的头脑，想要勉强地支撑都是做不到的。

第八节　基础表象的训练

基础表象的训练主要由以下三个部分组成：感官觉察的训练、清晰性的训练、控制能力的训练。

一、感官觉察的训练

在交易领域中，交易者所表象的交易行为来自于自己盘中的体验。你做表象的目的是要得到储存在记忆中的满意的体验，利用这些体验产生自己所要塑造和控制的表象。这就意味着我们要将过去的经历体验变为将来要再次出现的事实，然后再努力地去完成。交易者要想提高表象技能，首先要能够查寻到自己在交易技能中的各种体验。看到、听到、感触到的越多，寻查到的情绪和心境越细，就越可能产生这些满意交易体验清晰的表象。

也许有些交易者会说：我能够察觉到自己交易行为中的体验，并知道已经做过的交易行为哪些是积极的，哪些是消极的。但我要告诉你的是，这并不说明你已具备了表象技能。因为你还不能将你所知道、听到和看到的事物融入到你即将进行的交易行为当中去。

例如，在你实盘进行交易时，之前你已经做好了充分的预案，准备将制定好的交易原则完全地应用到盘面的变化之中去，并且在开盘之前也做了充分的表象练习。也许在盘面运行的初期，你还能够按照预定的计划实施。但随着盘面进一步地变化，你就不知不觉地在心理上产生了偏离。也就是说，你可能会把大部分的精力从交易原则上转移到能看到、听到的盘面波动上去，从而忽略了交易信号的重要性。由于思想环节慢慢脱离了之前的程序，这样的过程往往会越来越糟糕。特别是在期货的交易中，盘中摆动的幅度和突然性不仅大，而且速度快，这也是使你不知不觉地脱离正确地思维指向的一个主要原因。更重要的是，这种情况必然导致你的应激越来越高，思维越来越不流畅，最终导致大脑思维"停顿"现象。在这种情况下，你的交易想不出现错误都很难。

我再举两个生活中的例子：我们每个人都会遇到这样的情况，当某人正在与你讲话时，你也知道他在讲话，但是你也许没有听清楚他说话的具体内容。因为，此时你正在想着其他的一些事情。这样你必然忽略了其中可能对于你来讲很重要的信息，这就是思维指向偏离造成的。还有，当你正在读书中的某一页时，你确实不知道你打开着的是第几页，因为此时你正在获取所读内容的中心思想。这种专心致志的行为使你尽可能多地汲取知识中的养分，这是你集中注意力指向所得到的良好结果。

以上所举的生活中的两个例子是你在从事某项行为时，思维指向偏离与注意力集中所产生的两种截然不同的结果。很显然，它们一个是消极的，一个是积极的。在以后的集中注意力技能中我会详细地介绍。

实际上在运用交易技能方面也会发生同样的情况。我主要阐述积极的一面是怎样在不知不觉中向消极的一面转化的。

经过长时间的练习，可能有些交易者对自己所掌握的交易技能已达到自动化，以至于不需要注意正在运行中盘面的一些特殊变化，只需要看到触发条件、标准作出相应行为就能够轻松完成交易。交易达到自动化看似是一件好事，但实际上盘中表象功能在退出，这就使你无法体验盘面不同以往的变化。此时稍有松懈注意力就容易放在其他的事情上。请注意！思维指向的偏离已经悄悄地占据了你的头脑，消极面一旦产生，恶性循环即将开始。还记得在以上表象脚本中我的最后一句话吗？"为了保险起见，在 14∶20 之前只需要看着盘面将手放在回车键上就可以了。**其实这是最笨的方法，但好处在于'我还在'。**"《易经》上说：**危者所以安其位者也！**[110] 意思是说：安于其位的人是很危险的。《正经》上说：**居高坚自持，勉思鄙言**。[111] 这不是说自动化不好，我们不需要，而是在有的时候当你的交易变得如此自动化之后，就等于丧失了觉察盘面的这种体验能力，你就有可能丧失在操作技能中所涉及的某些关键环节上的感觉。为了避免这种情况的出现，我们还是不能放弃有条件依据的盘中表象。

为了提高我们的表象能力，关键的一步是，让自己更能觉察到在自己交易时所出现的所有感觉。你需要捕捉大脑中各个神经中枢的变化及感觉和节奏，还有在整体环节中，特别是"下单"的流畅性等。你还更加需要觉察到自己在操作过程中所出现的视觉和盘中表象，与之后变化之间的差异。

能够产生比较强的觉察能力的最好技术是著名的专注技术，这个技术要求交易者将注意力完全地集中到盘面变化与交易原则上。通过放慢节奏更好地专注运行环节，并使这种觉察更细致、更清晰。

运用和实施这种专注技术还需要辅助手段——专注脚本。

（一）关于专注

在资本市场中我接触过很多交易者，十有八九言之汹汹、自命不凡。面对少言寡语、勤而好学的人常常以"傻""书呆子"等轻视人家，我是极不赞同这样的。这里所谓体现出来的"傻"或"书呆子"在古语里称之为"性痴"，也是专注的意思。有文字记载：**性痴，则其志凝。故书痴者文必工，艺痴者技必良。一世世落拓而无成者，皆自谓不痴也。**[112]

意思是说：一个人如果极度迷恋某一事物，那他的志向必然专注。所以迷恋于读书的人必然善于表达，善于写文章，迷恋于学习技能的人必然会练就一身的好手艺。世界上那些放浪散漫喜爱表白一事无成的人，都是自称"不痴""不傻"的人。

所谓专注脚本，就是通过文字的形式把所需专注的内容以及盘面的运行环节详细地记录下来，并按其仔细地体会和实施。

下面列举专注脚本，为 2013 年 3 月 12 日帮助新学生做的 RB1310 的盘后功课：

首先，**"读书切戒在慌忙，涵泳工夫兴味长"**[113]

意思是：学习和思考最需要防备的是慌张，而深入细致地阅读、探究、领会，那兴趣、味道是很深长的。

又到了今天训练的时间了，那么我今天该做些什么呢？先整理一下。今天的主要训练项目是专注的练习，要求是要严格地按照设计的方案进行，目的是加深盘面对交易的各个环节刺激的体会，尽力去觉察细微的感觉。

（二）自我专注训练脚本

下面开始表象：

首先需要把昨天的交易计划仔细地回想一遍，特别是形成"信号"的

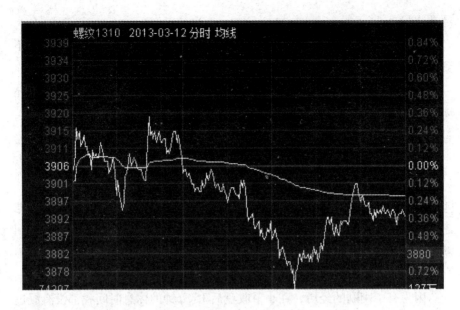

图 8 – 2 螺纹 1310 分时均线

关键位置。为了不使自己在当天的盘中受其他因素的干扰，我清晰地记得我将交易计划中的关键价位写在小纸条上，并贴在眼前最醒目的位置。它们分别是 3887 点和 3918 点。

在脑海中自我 1 反复地提问：记住这两个关键价位了吗？

自我 2 不断地回答：3887 点和 3918 点，3887 点和 3918 点，3887 点和 3918 点。我记住了。

自我 1：好！那我们开始用走势回放的方式进行盘中表象，目前集合竞价已经出来了，是 3903 点。你只有不到一分钟的时间做决断。你该怎么办？

自我 2：在昨天的交易计划中，判断向下是大概率事件，既然如此我应该在 3918 点附近预埋空单，止损上浮 10 跳。可是已经来不及了，由于考虑到昨天盘面的空间性，我将单子埋在了 3918 点，没有能够成交。目前盘面已经趋于向下，我突然感觉有些沮丧。

自我 1：目前盘面是什么状态？运行到哪里？

自我 2：刚才瞬间击穿 3900 点整数关，有可能还要向下延展。看来今天很有可能理想的部位与我失之交臂了，目前只有看 3887 点一线的市场状态了。如果向下趋势真的成立，这个部位也不是最理想的，很有可能尾盘还要出局。

自我 1：期货的盘面瞬间变化很大，就像你经常说的：**只有我们想不到的，没有"主力"做不到的。一切皆有可能！**

自我 2：是的。所以我没有把 3918 点的单子撤掉。一旦出现反向我还要随时准备止损，这完全都是瞬间可能发生的事。09:38 真的有可能发生，马上检查一下交易跑道。电脑里传出声音并不大但对于我来讲非常清脆的一声响，我知道发生了什么。真的是瞬间的事，最高已经打到 3925 点（但这是曲线以外的点），我甚至都没有反应过来，一切都已经发生了。从09:53 一直到10:09，我不知道我口中念了多少次 3925 点，就这样一直地念着，眼睛死死地盯着盘面，手就在回车键的上方，3925 点只要再次见到就坚决地回车！这时候的世界仿佛除了盘面的跳动和 3925 点以外一切都不存在了，直到小节收盘，刚才的经历就像梦一般。

因为有了刚刚的经历，在小节收盘后 15 分钟的休息时间我都没有缓过劲来，在上午之后的盘面当中依然心有余悸。直到 11:23，3887 点被击穿后我悬着的心才终于放松了一下，这主要得益于昨天做的交易计划对这两个关键价位充分的评估。我知道，今天优势部位的成立已经是大概率事件了，下午我能有充足的时间和空间应对盘面的变化。

自我 1：在中午一个半小时当中你都想了些什么？

自我 2：老实讲，我什么都没想，即便看到 3887 点被击穿我也什么都没想。太累了！整个上午，特别是后半段我就像经历了一场极限运动，这是常人所不能理解的，我的"心理能量"耗光了。

我主动讲一下我下午的真实状态。为了能使自己看盘更加轻松一些我在图表上画了两条线，一条是 3925 点，另一条是 3905 点。3925 点是我空头最后的防线，只要下午收盘之前结算价和收盘价依次在 3905 点下方留隔夜仓的条件就成立。画这两条线的目的是，使我更加专注于我应该专注的事，起到提示自己的作用。

自我 1：现在看来你下午依然犯了一个重要错误，这个错误也是你以前经常提到的，难道你没有发现吗？

自我 2：我知道你是想说 13:44 到 14:25 这一段结构，我也非常清楚我弟弟常说的那句话：不见大阴不卖，见了大阴不卖。老实讲我是看到了，也想到了，但是当时我就是很麻木。我是专门研究心理学的，我非常清楚此时我的"心理能量"已经不再支持我进行积极的交易行为了。这也是我以前经常讲的一句话：市场上不是每一分钱你都必须要挣的！

自我1：结果我们都看到了，按照你的条件和标准你应该留隔夜仓了。但是我想这并不是你今天最大的收获，你今天最大的收获是什么？

自我2：我今天最大的收获有两个方面，一是市场的关键价位得到了进一步的强化，这与前一天所做的交易计划是分不开的。二是盘中对关键价位的关注度，没有受到任何外界的干扰，虽然"唤醒度"偏高，但是指向性非常清晰、明确，始终保持在高度关注状态。这两点是我今后在盘中必须要保持的状态。另外，我还知道我今天存在明显的不足之处。就是在14:25失去了让利润奔跑的绝佳时机，这种形态、架构是我多次跟我的学生重点强调的。而我今天由于"心理能量"的不足自己反而没有做到，惭愧！**由此看来，近期我对"心理能量"的积累明显不足，平时"分心"的地方太多了，今后要多加注意！**

自我1：你上午的表现不错，当然也有一定的运气成分。总之，为了表彰和强化良好的交易行为，使之今后再次地发生，你可以奖励一下自己。比如，今天的天气不错，骑上你心爱的摩托车出去兜兜风，找一家烤肉馆美美地吃上一顿，然后去打羽毛球，这很不错。

自我2：是的，我当然知道，我还应该在我最高兴的时候想一想这完全是由于我今天**良好的交易行为**所带来的奖励，但愿我今后每天都能获得如此的奖励。但是现在还不行，我还需要把上午盘中的心理状态再复习两遍，最好能像"刻录机"一样把这良好的交易行为深深地刻在脑海里，并且应该是非常清晰的。

以上就是专注练习的脚本，大家可以根据自己的实际情况加以修改。有朋友可能会说：这不还是表象脚本吗？是的！但是，在此基础上增加专注的意识可谓一箭双雕，一石二鸟。这岂不更好？如果你每天都能抽出一些时间，刻意加强自己的专注度，做此方面的练习，相信以后在实盘的交易中好运、机会就会更多地光顾你。我们都知道有这样的一句话：机会总是留给那些有准备的人的！我们更应该知道，我们的老祖宗早就给我们留下更加深刻的一句话：

"学有思而获，亦有触而获，思而获，其覼（相与、接触）**亲，触而获，其诣**（学业的进境）**速！"** [114]

意思是说，学习需要不断地思考才能有所得，并且要进行相关的训练，不断地与实际情况相结合。坚持长期不断的思考和练习，一旦碰到机缘，就一下子全领悟了。

做此练习还应该注意的是，要不断地给自己增加难度。所谓不断地增加难度是指，在初期，你应该在相对安静、没有干扰的情境下进行练习。在练习的过程中，你如果能够做到不分心，非常专注于此事，就应该人为地给自己施加一些干扰。比如，把电视机打开，音量开大一点。看看电视的声音能不能干扰你的练习？还可以请你的家人帮忙，在你做练习时，故意来跟你讲一些其他方面的事。直到这些外界刺激今后都不对你起作用以后，你的专注技能就可以过关了。

二、清晰度的练习

朱子曰："**思之思之，又重思之，思之不通，鬼神将教之。非思之力也，精神之极也。**"非妄语也。此言读书熟思之精，自有通悟时也![115]

朱熹曾经说："遇到问题思考了又思考，思考了的问题又重新思考，如果思考了问题还不能清晰，鬼神将来教诲你。这不是思考的作用，而是自己的精神境界达到了最高的程度。"这不是在胡言乱语。这是讲学习只要专心致志，不懈地用心，自然有贯通领悟的时候。

在表象中，清晰性并不意味着只是清晰的盘中走势的视觉表象，而是指在表象中，所有涉及到的，还有盘面波动造成的心理感受都要很清晰，有清晰的心理感受才知道哪里存在着问题，哪里是良好的心理状态。这样才有助于交易技能水平的提高。

以下我们做两种有关清晰度的表象的练习。首先要读懂指导语，然后按指导语的思路进行表象练习。你也可以按照你儿时的记忆，选择你认为最记忆犹新的情境进行表象。每次做完表象练习之后，有 1 至 5 的数字分别对此表象所体验到的各种感觉打出清晰的分数。

（一）卧室练习

我们大部分人都还能够记起自己 12 岁时卧室的摆设，因为 12 岁正是我们能够准确辨别事物的年龄。回想一下你 12 岁时卧室的情况，你还能够想象得出是什么样子吗？现在用你心灵的眼睛去看一看原来卧室的画面。

表象开始：

你推开家门，站在门槛往里看。你注意到了周围的颜色，再看看地板，你是否看清了地板上的纹路和色彩。现在你走进了房间，观察你房间的四周，看到了衣架、书桌、椅子和窗户，看清了墙上挂的照片和一切你喜欢的东西。现在将注意力集中在你的床上，看看床罩或床单，是平滑的还是绣花的？是蓬松的还是平坦的？现在回到门边最后观望一下四周，窗户是开着的，凉风将户外的气味吹进了房中，你下意识地环抱了一下自己的双臂。这引起了你的注意，你深深地吸进一口气，集中嗅一下这种春天特有的气味。这时你还听见了家人和朋友们在一起时发出的声音，他们在呼唤你，你径直地走过去，坐在他们中间松软的沙发上。现在你的注意力集中在你住过的这个房间时所出现过的所有情绪上的变化。

尽量地去想象和回忆。

（二）交易情境的练习

以上的卧室练习只是基本的启发性的练习，你现在应该知道如何更加清晰地去表象过去经历过的一些事了。下面我给大家介绍的是我在 2012 年 11 月 30 日对 SR1305 最后一次盘中练习的表象，关于表象在实盘交易中的指导语。

我们看这个盘中表象脚本：

沏好的茶和香烟已经摆放在自己面前，当然还有更重要的交易计划。离开盘还有一段时间，我习惯性地点击了一下财经频道。耳边传来女主播清脆并熟悉的声音，没过多久这种声音渐渐地仿佛离我越来越远。但是它依然还在。我又一次沉浸到昨天冥思苦想的交易计划当中。集合竞价的三种状态、与关键价位之间的关系、符合哪一项交易预案、会不会有市场极端行为的发生，一旦发生违背了大概率事件的基本条件，我该怎么办？这是交易计划所有选项当中最重要的，我不断地提示着自己。"嘟、嘟、嘟"设置好的闹钟发出急促的提示，我没有时间了，目前已经进入到了开盘前三分钟的准备。此时我脑子里突然有种不祥的预感：这会不会是我今年和明年的最后一次交易了（这笔空单做完之后就彻底放弃期货交易，专心撰写《交易心理学》）？不对！这不是我盘中应该想的问题，这是典型的思维指向偏离。我要立即修正！我感觉我的目光就像"电"一样，狠狠地盯了一眼贴在眼前的关键价位（5258 点和 5264 点）和今天需要的重要提示。心里暗暗地嘟囔一句：开吧，我已经准备好了。小样！我虽然不知道你今天最终怎么走，但是，你走到哪里我一定知道我该怎么办！我做到了心里有底，遇事不慌。我突然感觉我有点期盼大战的开始，除此之外，心里很平静。一行鲜红的数字显得格外刺眼：5282 点！完了！此前的预感可能真的会成立。此时数字已经分明告诉了我——现实已经违背了我昨天对大概率事件的预判。要不要等它回撤 5258 点和 5264 点？它会不会回撤？脑子里一时间有点乱，以我多年的经验来看，当脑子里理不出个头绪时一定要**"按预定方针办"**！时间太短了，我迅速检查交易跑道，找到涨停板的价位，填单。在不超过 5295 点的前提下最多等一分钟，之后发生什么也与我无关了。"叮当"，随着一声清脆的声音，成交价定格在 5275 点。可是市场还在往下运行，回撤到 5258 点和 5264 点真的有可能，可是我只等了不到一分钟。或许将 5258 点击穿还有向下的空间，我有点悔恨自己的莽撞和草率。或许此时我该细细地品味浓茶中的苦涩，我其实很想完美地结束这最后一次交易，将交易完美化，将收益扩大化。如果市场将 5258 点击穿或者回撤，与上一天的图表相比较不仅是不完美的，并且还没有遵守交易原则，但这是交易行为与市场运行方向相悖的想法。或许最后的一笔交易市场就不允许我做得完美。况且我也并不是每一笔单子都做得很完美，我应当承认我不是个完美的交易者。但是，这并不能影响和损害我的自我价值。有道是：**言大利而反为害也！孔子读《易经》至损益，未尝不愤然而叹曰：益损者，其王者之事与！**[116]（意思是，为了贪得丰厚的利益反而会受伤害！当初孔子读《易经》读到"损""益"的时候，也不由得愤然感叹说：对待损和益，难道只是君王这样有权威的人的事吗？）

之后发生了什么？最低 5256 点，最高 5350 点，收盘 5339 点。如图 8－3 所示。

以上是提示大家在交易实盘中确立清晰性的指导语，你也可以根据自己的情况进行编写，**但要注意多添加一些感觉性的词汇和种类，越丰富越好。**

请注意！过去的圣贤之人，之所以是充满智慧的，不过是因为他们在思考问题时，总是结合自己的所见所闻加之丰富的想象。**"故夫圣贤之所以为知者，不过思与见闻之会而已。"**[117]

具体步骤是：

（1）在开盘前以唤起视觉为整个盘中表象的开始，这一点需要一开始

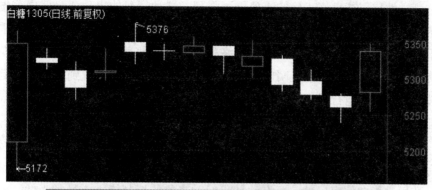

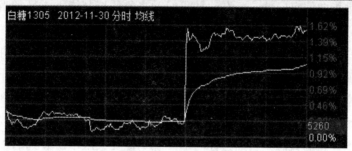

图 8 – 3 白糖 1305 走势

就清晰，如果不清的话不能开始做表象，直到能够感觉到清晰为止。

（2）逐步地增加所唤起的感觉种类。

（3）先以静态的表象开始，再逐渐地过渡到动态的表象当中去。

（4）先以简单的交易条件和交易原则开始，再逐渐地过渡到更为复杂的交易技能当中去。

练习题：

你需要编写符合你自己特性的表象脚本。

（三）控制性的训练

当我们的清晰性能力得到提高后，交易者就需要提高控制自己表象的能力。通过此项训练我们所要达到的目的就是操纵、塑造和推动表象。在以往的实盘操作中，我们常常会有一种清晰但不可控制的表象，它是一种阻碍，它会使操作无法顺畅地进行。例如，当我们发现交易信号被确立之时，我们很需要表象整体交易环节顺畅地继续。但是，此时脑子里往往会出现"别错了""这会不会是一种假象"等念头。这种念头不仅清晰，并且刺激性比以往良好正确的表象更为强烈。这种情况的出现，会使之前做的一系列准备工作突然停顿，曾经正常顺畅的表象进行不下去了。手似乎不听使唤一样悬在回车键上方，始终犹豫不决。大家都知道，特别是在期货交易中，好的机会总是瞬间即逝。就这样，当我们重新看到盘面真的是按我们的预期运行时又后悔不已，因为此时价格早已远远地脱离了我们最佳的进场位置。

为什么往往在关键时刻我们的成功表象会突然停顿，本该进行的交易行为进行不下去？这除了是因为对信号作用的认识不够深刻而受视觉刺激导致思维指向偏离以外，还有就是我们对表象的控制能力不足。当然，还有其他方面的因素。比如，"应激"的控制能力，"集中注意力"的能力等。这些问题需要在以后的章节中逐一地解决，这里我们先主要讲述表象的控制能力。

在交易领域，在盘中表象还是在盘后表象，它们之间是有区别的。一个是"内部表象"，一个是"外部表象"。

内部表象的概念是：通过你的本体感觉性在大脑中所看到的市场发展状态（以静态图表为主）。它的核心目的是围绕交易信号而展开的。应该提醒大家的是，内部表象具有强烈的主观成分，只是对未来走势的预判。内部表象的运用可以是在盘中，也可以是在盘后。

外部表象的概念是：通过盘中的动态图表，对你所看到的市场发展状态加以判断。在判断的过程中，客观成分（条件和标准）占主导地位。它的主要作用是靠视觉帮助你了解到市场的真实动态，给你提供下一步交易行为的依据。它是根据客观事实的存在和发生形成新的思维的结果，是"暂时性神经联系"的纽带。它更多地是运用在盘中，也可以运用在盘后。在盘后的运用主要是靠当天的走势回放帮助实现，以此加强对错误和正确的交易行为的修正与强化。

当我们做交易表象时，不管是内部表象，还是外部表象，控制表象都涉及到了"透视"的参与。虽然目前还没有从研究上得到这方面的证实，但是一般来说，内部透视通常是良好行为的开始，并一步步地进行深化。因此，内部透视更加有利于交易者对盘面的各种变化提前做好实际操作的准备。但在实盘动态的情况下，外部透视也是我们必须要采用的一种重要方法。

内部透视的概念是：通过内部表象，尽可能地通过你的经验，或者大量翻看以前的图表，尽量地想象出第二天或者盘面即将发生的一切变化，并确定出大概率事件发生的可能性。在此基础上，制定出相对应的交易行为策略，并且总结出成功，特别是失败的经验教训，还要在记忆机理上特别强化。

内部透视的使用一般是在收盘后的静态图表中进行。

在任何社会行为，特别是在资本市场的交易中，之所以有人料事如神、未卜先知，都是在内部透视基础上发展而来的。古人在这方面早有阐述：**懵者暗于当事，智者烛于先机。如鉴斯悬，维高莫掩矣。夫前人已事，卓尔有立，其辩妍媸、规得失、料成败，超超乎鉴无遗照者也！**[118]

意思是：没有透视能力的人不明白当前要发生的事物，懂得并运用透视能力的人却能够明察即将发生的情况。就像明镜一旦高悬，是无法掩盖它所折射的事物的。在前人的经历中，其中有不少突出的事例，他们辨别好坏、区分得失、预测成败，高超得像一面镜子一样一览无余！

如此看来，内部透视在培养我们今后的交易技能方面是非常重要的。根据以往所学习过的内容给朋友们出一道思考题：

如何进一步细致地培养内部透视的能力？

外部透视的概念是：根据动态图表的变化和走势，通过外部表象与内部表象相结合，依据自己的条件和标准，深刻地判断目前市场所处的位置以及其走势的真实意图，并迅速评估条件和标准的可靠性，只要是适宜的对应方案，就果断地加以实施。这也是外部透视的关键作用所在。

另外，外部透视是建立在内部透视基础上的，也是依据大量的静态图表分析获得的经验，作为动态图表未来大概率的走势的判断依据。特别是对于**"非标准的类似形态"**，古语里称为**"神势"**的判断，更加是交易胜败的关键。

在姜尚的《六韬·龙韬之奇兵第十》中有这样一段经典的阐述：

古之善战者，非能战于天上，非能战于地下。其成与败，皆由神势。得之者昌，失之者亡。将不精微，则三军失其机。将不常戒，则三军失其备。[119]

意思是：古代善于指挥作战的将领，并不能上天，也不能入地作战，他们的失败与胜利，都取决于能不能创造或识破神妙的态势。能创造或者识破哪怕是细微的变化就能取得胜利，不能就是失败。做将帅的如果不够做到精明，自己所指挥的军队就会遭到重大失败。做将帅的如果不够精细，就会失去好的战机。做将帅的如果不能够时刻保持警惕，你的军队就会有空前的危险。

所以，以"**审时度势**"这个词来形容两种透视之间的关系是最为恰当的了。这也就是细致地培养内部透视能力的关键。

其实以上两种"透视"方法实际上是在强调"**知先行后，知行合一**"的道理。如果你在某一阶段内频频遇到操作失败，或者某个疑难问题，就可以将外部透视和内部透视进行对比，找出失误的环节和问题所在。但是，目前大部分交易者只会着重于眼前的即时交易行为，而忽略了内部透视的培养和发展。一个主要的原因就是，不能承受盘后枯燥的统计和长时间的对比分析以及对学习的抵触情绪，更有甚者，会认为学习对于他们来讲不亚于一种"硬伤害"。我深深地知道，一名脑力劳动者的辛苦要远远大于体力劳动者。但这是没有办法的，你要知道资本市场就是"玩脑子"的地方。静不下来，心里总像是长草了一样，不喜欢动脑筋的人，是绝对不会在这里有所成就的。

此外，大家要注意的是，此时不要急于给"外部透视"的成效下任何定论，它就如同你事业初期的哲学永远不如结束事业时的哲学那样完美的道理一样。

对以上两种透视的使用以及重要性，古人早已特意强调和指出。最具有代表性的是《鬼谷子》。其中，涉及的有第七章的《揣》、第八章的《摩》。《揣》篇的重要指导思想是，因势利导、揣度实情。《摩》篇的重要指导思想是，谋之于阴、成之于阳。经过后来的发展便有了"揣摩"一词，再后来的现代词语里又有了"分析"。我们简单地从字面上看两者有些相似，都是需要揣摩实情，但两者是有区别的。《揣》篇的要求是要根据盘面的情况从外部即时调整策略，揣摩"主力"的内心，最终获得真实的情况。而《摩》篇主要讲的是要根据事物的性质，作出符合事物性质的行动，是属于"内部"的隐秘活动。所以，两者之间既有区别又有联系，一个讲究"外"，一个讲究"内"。其中最具有启发和教育意义的语录除了"**圣人谋之于阴，故曰神乎其神；成之于阳，故曰光明正大**"之外，还有"**夫事成必合于数，故曰道数与时相偶者也。**"[120]意思是：交易要想成功，一定要遵循合适的法则。所以说，规律、方法和时机三者要紧密地结合才可以。这些都是要求职业交易者重点向内"观照"的。

另外，在向外"观照"（即动态图表）方面《鬼谷子》同样强调：在古代善于治理天下（交易）的人，一定会度量天下（市场）的形势，揣摩诸侯（所谓主力）的实情。如果度量天下形势不够周密、详细，就不知道诸侯势力的强弱虚实。如果揣摩实情不够细致，就不知道天下的时局（市场格局）变化。

即：**古之善用天下者，必量天下之权，而揣诸侯之情。量权不审，不知强弱轻重之称，揣情不审，不知隐匿变化之动静**。[121]

希望朋友没事多读读古代的书，办起大事儿才不会糊涂。

通过以上的学习，我相信朋友们已经知道了如何在控制方面下功夫了。不过，为了在实际交易中更加熟练地应用表象，我们还需要另一种类型的控制技术。那就是要学会在需要时打开和关闭内部或外部表象的能力。

当我们进行到能够很容易地做表象时，这对于实际交易中应用表象来说，还存在着适当或不适当的时间问题。不能随意启动或关闭内部和外部表象的交易者，也就等于不能在真正需要时进行内心的演练和决策。

下面我就介绍一下能够改善控制能力的练习方法，在每次做完以下练习之后，用 1～5 的数字，给打开和关闭表象以及主观控制表象流程的控制能力打分。

第九节　练习题

一、比率变化练习

为了获得更好的表象控制技能，我向大家介绍一种非常有趣和好玩的练习方法。

首先，你可以从一位非常熟悉或者很好的朋友那儿开始。我将这种练习用在"贱内"的身上，情况是这样的。

有一天，我忘了是什么原因，她非常生气。在我面前喋喋不休，我跑到另一个屋，她就追到那屋，我躲到书房，她就追到书房。后来我干脆不跑了，坐下来端详她生气时的表情变化。根据她生气的样子在脑海中试图勾画出她另一种夸张的形象。先从简单的比率变化开始，随着她的发怒，她的身体渐渐地长高、膨胀，越来越高，越来越大。她站在我面前简直就像个巨人。双手像蒲扇一样不时地在空中挥舞，声音在我耳边嗡嗡作响。我甚至可以看清她衣服面料的细纹和她挥舞手臂所带动气流的变化。我用心灵的眼睛继续仔细地观察她，观察她身上每一个细微之处。突然听到"砰"地一声巨响，随后屋子仿佛也随之震动了一下。我看到随着暴怒，她的头不断地撞击着天花板，每撞击一下房屋就随着震动一下。并且她的身体还在越长越高，越长越大。这样可不行，太危险了。我开始试着把她变小，渐渐地她的头已经顶不到天花板了，耳边的风声也渐渐地小了，声音也逐渐地恢复到了我熟悉的腔调。我继续把她缩小，我忽然感觉这样越来越能使我接受，虽然还是处于发怒的状态，但是她的体态越娇小，声音也越来越发地细嫩。她在我心灵的眼睛注视下已经变成了小孩子的模样，我感觉越来越好玩了。我决定把她继续无限制地缩小，缩小到犹如"喜羊羊"的大小。此时她的发怒显得很滑稽，不断地引发我哈哈大笑。她还在继续变小，已经变得像啤酒瓶一般高了。为了能够看清她，我不得不弯下身子，就像在地上找东西一样地专注。

突然，我感觉后背重重地挨了一巴掌，并听到了她正常的声音：我这么生气地跟你说话，你趴在地上找什么呢？还哈哈大笑。我起身将刚才对她的表象过程并配合肢体语言进行了描述，听罢她也不禁笑出声来。就这样在不经意间我既得到了练习，同时又化解一场家庭矛盾，双赢。

二、木制方练习

这是一个古老的练习方法，它的由来很可能是受《易经》的启发。首先，《易经》分为三个阶段：在上古时代，伏羲氏推演了二的三次方——八卦。中古时代，周文王和他的儿子周公旦把二的三次方变成二的六次方，推演出六十四卦。在近古时代，孔子和他的弟子们把六十四卦做了系和注解形成了《周易》。木制方的练习与此非常接近，目前很少有更先进的练习能测试你控制表象和操作一个物体的能力，但木制方练习法就是这样的。下面我们就开始做这个练习：

首先，我们表象有一个六面涂有黑漆的正方体，在脑海里将它上下左右翻滚移动，检查它六面是否都涂有黑漆。当完成了这个清晰的表象时，我们进行下一步的练习。想象有一把木锯将它均匀地切割成两半，现在，在你的表象里有两个大小一样的物体，每个物体上都有涂漆与没有涂漆的面。你试图注意到每个物体的涂漆面和没有被涂漆的一面，以及它们被摆放的位置。下面就向更为复杂的画面推进，再次将两个物体分别均匀地分割为两个部分，现在，在你的表象里就有了四块物体了。数一下有漆与无漆的面，这对于控制集中能力和改善清晰性是一种很好的练习。

还可以进行更多的分割，可以再次将四块各自进行均匀的分割，产生八块。再分割成十六块，再分割成三十二块等。在每一次的分割中都要注意到每块的位置，以及注意对有漆面与无漆面的观察，并把它们分别放在表象的不同位置上加以记忆，然后任意挑选一个，数数这个有漆与无漆的面，最后再颠倒次序地放回去。

以上介绍的两种练习方法，目的是使你加强表象环节的连续性和开启与关闭表象的能力。只有经过长期的练习，你才有可能在关键的时刻随意地进行内心的演练和执行。

请自己给出以上两道练习题所得的分数1、2、3、4、5，要注意做表象时的清晰度、本体感觉性、控制性等的综合表现。

第十节　表象练习的必备条件

经过长期的摸索实践证明，遵循下列条件可以最好地练习表象的清晰性和控制性的能力：

1. 适宜的条件和环境。
2. 放松的注意状态。
3. 渴望训练的动机。
4. 正确的态度或期望。
5. 系统性的练习。

（一）适宜的条件和环境

在任何情况下运用表象技能，对于常人来讲似乎是不可能的，只有那些具有高超技能的"瑜伽"师才能做到。在交易领域当中，即便是我学得最好的学生，也不能在实盘交易中完全地运用表象。因为这种技能不是可以在比较复杂的环境下轻易运用的，它是需要在平时的训练中慢慢地积累形成的。因此，交易者起初要在一种不受干扰的环境中进行练习，当你的表象技能得到发展以后，你就可以在实盘中慢慢地尝试，并逐渐地在一定的干扰下使用这种技能。当你能够在特殊的环境下进行内部表象时，也就等于你能够将外界的干扰排除在自己的意识之外，同时它也能够起到辅助你提高集中注意力技能的作用。

　　（二）放松的注意状态

　　在练习表象技能之前我们一定要注意放松，放松技能是表象训练中的一个重要组成部分。在我们每次做练习之前，要尽可能地放松，但也不要过于松弛。我们只需要做到让心灵和肌肉安静下来即可，在同一时刻还要注意我们将要做的事情。换句话说，**我们要处在一种放松性的注意状态。**

　　放松对于练习表象的效果是很重要的，因为如果此时你有很多脑活动存在，如分析过去的失败或想一些无关的事情的话，那么你的右脑，即表象中枢就没有多大的空间了。紧张或其他的一些想法会抑制表象，而放松注意力可以使表象得以解放。

　　另外，只要身体有生理性的紧张或活动，那么内心的事情就会干扰你的注意，没有相对的注意力就不能够较好地集中于表象。一种相对安静的状态可以使表象在神经系统内产生比较理想的效果，表象的内容不需要与其他事情相竞争。有许多科学研究都支持了这样的推断，即当脑电图处在一种被认为是安静状态的 α 节率时，做表象的效果是最好的。除此之外，其他一些研究也发现人在表象的训练中，将放松与表象相结合，比单独进行表象或单独进行放松的效果更好。

　　在初期练习时，你首先要选择安静的环境，用表象辅助放松，用放松提高表象的清晰度。这是良性循环的开始，然后渐渐地进入你所要表象的内容。这一点并不难理解，就不做过多的解释了。

　　（三）渴望训练的动机

　　在以前的章节曾经提到过，世界上最优秀的运动员，是那些由内部动机驱使自己去拼搏的人，这种驱使力使得这些优秀选手们为了准备大型的比赛而进行长期的艰苦训练。同理，作为职业交易者就必须要有决心发展自己的交易技能和交易心理技能。交易心理技能训练的一个最大特点是，让你作出坚持系统训练的承诺，因为这对表象训练的实施是非常重要的。

虽然目前表象训练的效果还未得到广大公众交易者的普遍认识，但是目前已经有很少的人开始认识，并注重到了这一点，通过正确地理解动机的问题，他们已经能够长期地、系统地进行这种训练了。这也就是为什么在这里还要强调动机的重要原因。

（四）正确的态度或期望

在交易者的日常训练中，要把表象训练看作与其他训练一样，首先你要充分地相信它。只有当你认为它对自己有帮助的时候，做起来才会更加有效果，更加清晰和更加稳定。如果你抱有否定或怀疑的态度，所做的表象就不会有太大的效果。另外还要注意，在你做表象的过程中，应避免对表象所产生的体验给予任何评价。

在另一方面，这也许是大多数交易者可能普遍存在的心理，就是渴望通过几次表象练习就能够达到一定的水平，而迅速地应用到实盘交易上去，这是绝不可能的。以前就提到过，任何技能都是经过渐渐地完善的结果，表象技能更是如此。当然，不排除有些人常常通过几周的练习就能够显著地提高自己的表象技能。这是因为你原来的表象技能水平很差、起点很低，所以一开始就显得进步很快。但后来的进步速度就可能渐渐地像蜗牛爬行那样慢下来，这种情况并不奇怪，它与我们刚开始学习交易技能时的进步情况是一样的。因此，你对表象训练的期望必须要坚持现实和客观的态度，既不要期望过高，也不要不抱任何希望。

（五）系统性的练习

现在我相信我们每一个交易者都知道了系统训练的重要性，但并不是每一位都能够知道或记住这样的道理：**练习的质量比练习的数量更重要**。这也就是我以前一再提倡的要在训练中注重效果，而起初不要过于强调马上运用到实际交易中去。

在实际的训练中，往往有些交易者所练习的表象内容并不是他们自己所需要的（这一点一定要加以注意）。或者由于自己没有完全地注意到，而将错误的信息无意识地带到表象训练当中去。这样在训练中完成的数量越多，越有可能破坏你正确的交易模式定型。所以，只注重数量而不注重质量和标准的表象练习，是不可能获得你将来所需要的交易技能的。

在上一章的心理技能训练过程中我曾经提到过，要连续地记录所有的训练情况。这对训练的系统性、计划性、训练欲望的维持与提高，以及方法的改进和提高都是有帮助的。

你的心理技能方面的训练日记和记录，应当包括你如何产生表象等方面的重要内容。如表象的清晰性和控制性如何？表象练习所花费的总时间和内容是什么？在什么地方进行表象练习的？对此练习的主观评价是什么？以及对下次练习所需要注意的和建议是什么？等等。另外，**你还有一个重要的任务，就是要解决如何最好地编码表象内容中的各种信息。**

第十一节　应用表象训练的优点

目前，绝大多数公众交易者还不知道表象能够帮助自己学习一套完整的交易技能。而仅仅朦胧地意识到它可能，或者是应该能够帮助我们提高和促进学习。在这里想强调的是，单靠表象是无法完成交易技能的学习的，因为在交易心理学中表象只是其中的一项技能，单靠它去完成复杂的交易技能行为是不现实的。但是如果能利用好和发挥它的作用，那又将是"事半功倍"的。

科学家在其他行为项目上的研究表明：**当人对某种复杂的行为技能有了技能样式和感觉的粗略印象，而且操作的活动已模糊地刻画在他们的大脑时，此时利用行为表象学习这种技能是最有帮助的。**

交易者通过观察自己的操作技能，或者通过书本讲述的操作技能的要点，自己已能够部分地获得如何操作交易技能行为的蓝图。表象技能的行为就是一种契约和有效的方法，它能够帮助你对行为蓝图更加精益求精，并逐渐在脑中形成**交易定型**。

刻画行为蓝图的过程——也就是表象，实际上就是要使你在不断地练习中，将这种技能由初期似乎艰难的工作，逐渐发展达到一种超量的程度，这是一个必将经历的过程。超量地学习此种技能的目的，是使你的操作程序更快地达到自动化的程度。**而我们通过表象的练习，能够最大限度地帮助自己将已发展起来的，原本薄弱的交易技能，发展成为一种自然、顺畅、完美，达到并超过极限和高质量的自动化技能。**

职业交易者经常运用表象练习的优点：

一是它具有很高的效率，且使你不会产生极度的身体疲劳，或者规避过多地进行实盘交易而导致破坏原有"交易定型"的危险。

二是在无条件或无法进行交易训练的时候，为了能够保持这种技能，交易者也就可以应用表象的方法进行练习，以及巩固本身已经具备的交易技能。可以这样说，表象技能水平如果达到了一种高度，表象的练习是不受任何条件和时间限制的，它随时随地都可以进行练习。

另外，经常做表象练习还有一个不被人知的好处。为了及早地达到高自动化的程度，交易者往往需要长时间地、反复性地练习如何交易。特别是在模拟盘的练习中，这样时间久了就会产生厌烦和枯燥感。当此种感觉出现而你还在继续进行不断的练习时，极有可能在行为上只是机械性地交易，但在心理上已经渐渐地开始出现漂移，也就是不能全身心地投入，这样的练习一定是没有质量的。我相信这种情况在大多人中都曾经出现过。在这种情况下，由于不能将注意力集中到自己所做的交易行为上，你也就不可能加强行为蓝图对交易行为的约束力。此时，不良的习惯或者对市场信息的过滤、处理的警惕性和防护能力就会降低，危险就会乘机而入，渐渐地使你在不知不觉中破坏了自己以往好的交易定型。因此，在交易技能训练的同时我们应该多加入一些表象的练习，不仅可以避免上述所出现的问题，还能够调节由于过多的模拟练习而带来的烦躁心理。

还有一些交易者为了摆脱枯燥的模拟训练，就以各种借口积极地参加实盘交易，试图用这样的"刺激"来加强自己的训练兴趣。这是极为不正确的，它会给你带来的危害有以下几种：

1. 在实盘交易中一定需要各种的能量支持。

其中包括身体能量和心理能量，人的"精力"是有限的，这句话相信大家都知道。而长期地或过多地参加交易，只能是不断地消耗其能量——包括身体、心理能量。交易者在初期都会有极为强大的积极的心理能量，它支持着我们的交易行为技能迅速地提高，并支持着我们学习、训练和实盘交易的积极性。经过了一段时间以后，如果你发觉学习和训练已没有什么意思，这就是一个危险的信号（积极的心理能量快耗尽了，我们应当注意就像电池亏电一样要加以充电）。如果此时转向用实盘交易来刺激自己作为一种所谓"积极"的方法，那么过一段时间后，你一定会遇到在某一阶段市场大大出乎你的预料的情况，此时你所谓的"积极"刺激就像突然坠下悬崖，摔得粉身碎骨。在这里想重点提醒大家的是，人的一切行为无不处在危险之中，我们不能忽略各种危险信号的提示。正如《诗经》里所说的：**战战兢兢，如临深渊，如履薄冰**。这都是教我们做人、做事的一些基本道理。我们不能单纯地认为，只要是能够达到"刺激"作用就一定是积极的，也不能够任凭"刺激"无限制地发展下去，忽略了这一点就等于在你的交易生涯中已亮起了红灯，我相信有许多交易者都不会有这种感受和深刻的认识。

我们打个比方，这样大家就会容易理解。初期交易者犹如汽车加满油的油箱，经过长期的跋涉后，油料用尽，指示表就会闪亮红灯来提示你需要加油了。此时正是我们需要放慢速度，停下来加油的时刻。如果一味地"快马加鞭""只争朝夕"，不采取正常的方法来为自己补充能量，而是运用其他的方法刺激自己再多跑一程，那么后果就会像汽车一样只有在不远的地方抛锚了。最终，只会导致"事倍功半"的结果。

那么如何避免这种情况的出现？表象！首先，在心态上要达到"至虚""至极"，这样才能产生积极、正确和细致地表象！任何时候要勤于和善于表象。在以上的章节中，我反复强调表象实际上就是人分析、思考的过程，就是我们常说的"脑子"。是自我监测、自我监督和自我完善的重要核心所在。古人常讲：**"禅定、观照""致虚极，守静笃""朝彻见独，心斋坐忘""自省""慎独""自觉"** 等说的就是这种情况。

2. 交易中的问题以及必然的结果。

我们先把所有的交易者划分为两个档次：一部分是在训练或实盘交易中只注重结果（目前有95%甚至更多的公众交易者是处于这种情况）；另一部分是在训练或实盘交易中，知道应该注重自己交易行为的把握，但往往又不能按计划地去把握（这种人占总体比率的3%）。

下面先说说表象只注重交易结果的危害性：

初期的交易者在训练和实盘交易期间，由于对交易心理技能的基本技术环节不太了解，不自觉地会根据交易结果的成绩，或一时的感觉进行不规则的交易行为。随着市场运行激烈程度的加大，视觉中枢占据了主导地位，集中注意的"定向"越来越集中于眼睛所看到的图表变化，脑海里不断闪现账面上的盈亏变化。因此，思维指向变得越来越狭隘，致使"唤醒度""应激"等不断地加大。这在很大程度上干扰和限制了交易条件和交易原则的作用。此时，就会出现"追涨杀跌"等盲目的交易行为。

当然，初期的交易者并不是都有模式化的交易范本，在这种情况下交易的行为错误会更加严重。即使有，按照如此训练也未必就能够达到职业交易者的标准，这还需要通过以后所学的其他心理方面的技能进行综合训练。但是，如果我们能在初期加大表象训练的强度和时间，这无疑有利于你在意识以及交易行为上得到进一步的深化，从思想根源上得到重视。

虽然目前有极少数人能认识到在交易中要注重交易行为效果，不要注重成绩结果，但往往一到实盘交易中就不能很好地贯彻和实施，其中有两方面的原因。

一是初期只是经过了短期的训练，在心理和技能水平上还处在或未能摆脱粗略的学习时相。而这种感觉性的记忆是极不稳定的，哪怕是在毫无压力的模拟训练条件下也会常常起变化。

二是有些交易者，虽然在交易之前知道要把注意力集中到交易行为的条件和标准上，但是在盘面运行的过程中由于对获利的渴望，或者是对亏损的恐惧，加之其他方面的压力，很容易因为盘面或自己造成的因素导致心理偏离，渐渐地出现应激过高等不利的因素，从而忘记之前包括心理上所做的一切准备。

综上所述，初期交易者在平时的学习和训练，应像其他社会行为的启蒙训练一样，多加强基础方面的认识，用大部分的时间去做类似于表象的、有助于技能行为的基础训练上。这样才能避免上述危害的发生。

摆在我们面前的还有一个重要的训练问题：

在我们交易技能发展的阶段，应当如何确定交易训练与表象训练的比例和时间呢？目前我还不能准确地回答这一问题，因为每一个人情况都不太一样，但大家可以根据自己推断出一个适当的答案。

如果我们是学习期在三个月以内的交易者，在平时的训练中，只要能清晰地产生出某位"高手"是如何很好地操作的表象即可。你可以寻找或索要其交割单，针对其标的逐步地分析，将其结果进行清晰的表象。

子曰：**不践迹，亦不入于室！**[122]

这个过程需要多久我不知道，需要你自己判别。**在此阶段，做表象练习要占据整个训练的最高比例。因为此时我们的目的首先是要对他人好的交易行为形成记忆，然后通过自己的表象加以体会，逐渐地模仿练习，想尽办法"移植"到自己身上，因此获得此技能的"感觉"。**一旦我们有了"感觉"，此项目的表象练习就应该逐渐减少，相反交易技能的训练时间应该按照形成的"感觉性记忆"加大，成为我们训练中的一个重要的组成部分。

当你能够较好地掌握此项交易技能时，你就可以开始减少模拟练习的比例。在这一阶段一定要注意强调练习的质量，而不是练习的数量，最好是交易技能训练与心理技能训练所占用的时间是相同的，或者心理训练所占用的时间比交易技能训练所用时间还要多一些。

第十二节　其他辅助方法

一、表象成功的市场走势情景

以上介绍过的大多是交易者表象好的交易技能行为完成的过程，而在我们先期做交易预案的时候还需要能够表象出市场行为的结果。例如：在我们做第二天的交易计划时要做出涨、平、跌的三种预案，不管市场的结果如何，必然会有一种基本符合你前期的预判。此时，你就要有针对地对成功的市场走势情景多次表象，直到你能够感觉到表象很清晰，并似乎再次融入到了市场的走势当中去。再反复几次，尽可能地将记忆深化。然后再去对比现实与你认为的大概率事件的不同之处。当然，如果吻合你上一天对大概率事件的预判更好。如果不是，那么这次判断失误是很有价值的。你应当认识到，市场帮助你找出了你存在的不足，虽然这种机会在初期并不难得，但是请你不要放弃机会。尽可能地早些解决遇到的问题，因为在以后可能还会出现不同的问题需要你逐一排除和解决。

在整个交易生涯的初期，遇到的问题越多实际上对你今后的发展越有利。只要你能够把眼前的问题解决掉，今后再遇到同样的问题时这种问题就不再是问题。当你完成了以上这些成功的表象和分析对比之后，你应当告诉你自己：**在今后判断和问题的控制能力上已经得到了很大的提高，你已做了一件非常了不起的工作，即积极的自我强化。**

二、走势回放的表象

在我们发展交易技能的过程中，困难之一就是要获得初始的正确交易行为蓝图，以及得到更好的操作技能的重要信息。为了在记忆中准确地记录完美的交易行为蓝图，就必须要经历长期的实践和学习过程。即使经过了书本的指导，或者自己长期无数次地尝试，结果也可能常常并不见效。此时，为了要在记忆中刻画交易行为蓝图，或者加强它，并不让无关的信息进入到规范的交易技能行为当中去，我们就需要捕捉到某种操作极好的交易行为过程，把它锁在记忆里。这样你就能够在内心里随时地练习它，以及在今后的实盘交易中稳定地运用和操作它。

有助于我们达到以上目的的一种好方法，是借用走势回放的功能多次捕捉、再现那些极为少见的完美的交易。一旦此机会出现，你要经常反复地看和表象它，作为表象的内容来练习。甚至在近一阶段内，你都要将它作为首要工作来做，努力地加深印象。

在这个过程中需要注意的问题是：你通过视觉看过一段自己或者他人（表象为自己）的完美交易之后，闭上眼睛反复做操作此交易行为的表象。**此时，你表象的重点应该是，在按照交易条件、标准和原则的框架内，完成交易行为过程中的内在感觉，而不再是通过视觉看到的，更不是将注意力集中在账面是否盈利上。**这样有助于你建立信号与执行之间的暂时性神经联系，这是内在能力的一种强化。因为在内心演练时，对信号的观察有助于你反复体会到与实际执行相关联的感觉。这一点要特别注意！否则，你用回放这种方法的有效性就会降低。

作为一名成功的职业交易者，我们应该学会发展这种非常有用的表象技术。那就是，通过走势回放在大脑中加强正确交易行为的表象技术。因为当你需要增加正确交易行为再次发生的可能性，就必须要从加强记忆机理入手，而回放这一过程是最好的加强手段。

另外，在分析自己的操作时，如果你想在某些环节上加以改进的话，或者需要再次展现自己的技术环节中的薄弱环节想加以改进时，你就必须要采用放慢交易环节的视觉表象。这样你才有可能分离出需要改进的薄弱环节，一旦你能够产生整个盘面走势和交易信号升程环节的慢放表象，你也就能够在内心中作出市场加快节奏的表象。这样做的目的是为了更好地适应市场的节奏和反应能力。就像操控战斗机一样，要想具备战场上的生存率，就需要更加灵活，而急加速是其基本手段和条件。另外，这样还有利于你从中分析出在信号出现环节上所可能面临或实际面临的问题，也更有利于你找出更好的、更有效的办法去解决这些问题。

三、纠正和预防错误行为的表象练习

在交易市场当中我们不可能不犯错误，但是我们可以做到使自己尽量少犯错误。这是需要方法的，下面我就展开这方面的论述。

当交易者可以视觉到自己将注意集中到市场信号升程的积极方面时，特别是能够成功地表象在整个盘面的运行中，你是如何控制自己的欲望和恐惧时，你就可以将表象的注意转移到自我知觉的功能，去寻找那些容易使自己思想偏离，导致失误的细节和环节所在。

比如，在平时的训练中，通过回放的方式表象以往曾经出现过的错误。虽然目前你已经改正了此项错误，但是依据你长时间对市场的统计，你应该知道了很多盘面不同的运行变化。这等于是将盘面的走势和你预期的行为进行复查，最好是全面地复查。这种复查很可能还会给你带来预想不到结果。你还可以采用自我1和自我2的问询方式进行。下面开始表象：

自我1：我筛选了一个曾经很不应该犯的错误，你还记得×××年××月××日××标的吗？你还能清晰地回忆起当时的情境吗？

自我2：是的，在那一天之前我也确实做了充足的预案。从集合竞价的状态低开来看也符合预案中的A项，但是我没有能够按此前的计划实施行为。我犹豫了，原因是在早间新闻我听到外盘的大宗商品继续受挫，其中的关联性已经占据了我大脑的重要位置。我清楚地记得在当时自己反复地问自己，到底该怎么办？果然开盘后走势迅速下挫，并把我此前设立的狙击点击穿7个波动单位，这使我更加犹豫了。这仿佛证实了市场信息（早间新闻），我的手慢慢地从回车键上方移开，我知道内心里我已经放弃了该计划的实施。就在这一刹那，市场就像井喷一般向上猛攻，并穿越了上方可以确立预案中狙击点为好部位的第二个关键价位。当时我就感觉心里一紧，脑子随之"嗡"一下。但当时脑子里又立即反应出狙击点被击穿是假象，况且我的理论支持在10跳之内都属于正常范围。现在怎么办？我只能相信市场了。再期待市场回到原先设定的狙击点位已经明显不现实了，我只能硬着头皮在市场刚刚回落时进场做多，一下子就是30%的仓位。结果在收盘前，因为进场部位毫无优势可言被迫平仓出局，算上市场滑点还微亏。之后的走势你也知道，价格连续向上跳空攻击，而此轮行情居然跟我没有一毛钱的关系。

　　自我1：是的，但你还没有说出你的主要错误出现在哪里。

　　自我2：我知道你想叫我再重复一遍，以便加深印象。我的主要错误出现在早盘一开始就没有处理好"信息"与"信号"之间的关系，更重要的是，对交易原则的忽略导致执行力度不坚决。这真不是一名老"战士"应有的所作所为。另外，当市场第一时间击穿我设定的狙击点位时，我甚至还有些幸灾乐祸，但随后大概也就几十秒市场就给了我一记响亮的耳光。这也是我最难以启齿的！记得在"文革"时期有这样一句话：**深挖狠批内心深处的"私"字一闪念！**"私"字在古汉语中有偏爱的意思，屈原在《离骚》中有这样一句话：**皇天无私阿兮！**[123] 在不断变化的资本市场中，我怎么能够有偏爱呢？如果非要找出自己的偏爱的话，那应该只有原则、条件标准和执行力。如果非要加一个时间期限，我愿意与它相伴一生。

　　自我1：呵呵，看来这一大嘴巴子还真的把你打急眼了，急得你连屈原的话都想起来了。除了这一点，你难道就没有什么新的认识吗？

　　自我2：是的，首先这件事今后就是想叫我忘掉都很难！另外，只要今后有机会的话，我还要将此作为案例，更加进一步地讲给更多的人听。那就是原则、条件标准和执行力在什么情况下最为重要。换句话说：**在动态图表中，只要符合自己的条件和依据，前方看似火坑也要义无反顾地往里跳！**这就是这件事给我带来的新的启发和认识。但是，在"跳"之前请你先把止损设立好，并要严格执行！

　　做此种表象的要点是：端正态度、实事求是，看似消极的表象，要用你丰富的知识底蕴化解出现的消极思维，向积极思维方面转化。在以上的章节中，我曾经提示过大家：要创建自己的词汇库，要尽可能多地储存大量生动的词汇。这样你的表象情境才会更加生动和逼真，才会使你清晰地记住。换句话说，就是需要先把自己的思想武装起来，这样做实际上是"事半功倍"的！

　　另外，当你像我一样在交易环节中出现这样或者那样的错误和失误时，你可以这样做：首先，表象你的失误或者错误是什么原因引发的，然后再表象市场的运行结果，以及同时感觉到失误的心理变化。想想对于这个失误或者错误应当采取什么样的正确行为反应来代替它。这里的关键是，一定是找出正确的交易行为，来替代不良的交易行为。

如果还是表象不清晰，你也可以得到另一些的帮助——既可以是来自于本书的帮助，也可以是通过观察高水平交易者的交割单，而从中受益，以及得到进一步的启发。之后，你需要立即做正确交易行为的操作的表象，反复多次地表象。

在表象中，自己的完成情况与高手的完成情况之间做反复的比较，以增加深刻和正确的反应。之后如果条件允许的话，还要立即用模拟或者实盘验证自己的正确表象成果。在进行模拟和实盘的比较之后，你要将两者之间的差别做详细的记录，以便使你的交易行为在记忆中更加清晰和深刻。要注意的是，不要在失误或者错误后情绪还处于反应激烈状态的时候做此练习，只有在情绪比较安详和放松的状态时，做此练习效果才最好。

正如以上能够使用表象更正不良交易行为一样，实践证明，你也可以应用表象技能增加好的交易行为再次发生的可能性。如果你在模拟或者实盘很好地完成了一整套的交易行为过程，你更加应该找一个安静的地方，**仔细地回忆一下你是如何较好地交易的，具体好的环节在什么地方，当时的心理是一种什么样的状态，**一一加以记录。这样可以帮助加强你自己内心的交易行为蓝图，以便更好地为将来的实盘交易服务。

除此之外，你还应搞清以下问题：

1. 在盘后和交易时间段内进行哪些表象最为合适？

一般来讲，根据交易的特点不是随时都可以进行任何表象的，一定是根据需要进行的。比如说在实盘过程中，当盘面运行在你前一天的预判范围内时，你不需要根据市场"信息"的变化做过多复杂的表象。你只需要将条件和标准牢牢地记住，并防止市场的走势将它破坏即可。此时由于你的思维指向性单一，条件和标准的表象最容易清晰，清晰的表象下集中注意力的效果就好，面临突发事件时注意力集中情况下反应是最快的。一旦市场发生突变，视觉中枢立即将市场的变化迅速地传递到大脑的分析中心，冲击你事先牢记的条件和标准，从而将其马上转移到综合中心的执行系统中去，去坚决地贯彻和执行表象的内容。

2. 做多长时间的表象最为合适？

这首先也包含着两种表象何时运用的问题，在实盘的走势过程中，除了脑海里存在前一天的交易计划外，表象的时间应该是越短越好。前提是，需要前一天的交易计划要保证质量。在保证质量的前提下可以这么讲，集合竞价一出来必有一项符合你的预判，你只需要记住该项的条件和标准即可。此时的表象应该是一瞬间的，在剩下的时间里应立即将预案进行梳理。在商品期货中，一分钟的时间对于新手来讲有点不够，但是，经过一段时间之后情况就会大有好转。

应当注意的是，在盘后的表象功课一定是次数越多，时间越长越好。因为，初期接受训练的交易者很难在很短的时间内作出清晰的表象，这是很正常的。所以，在平时的训练中要不怕费时间和精力，一丝不苟地练习，直到渐渐地能够在最短的时间内完成最清晰的表象为止，更好地为今后的实盘交易服务。

3. 产生什么样的表象最好？

可以肯定地说，在盘后的表象练习中能够完美、清晰地将盘面的走势与自己的心理变化表象出来一定是最好的。当然其中一定要有条件和标准的参与。请注意**细节！细节！！**除此之外，在你敲回车键的关键时刻，你的心态是怎样的？表象具有强大的自信心作为支撑也是很重要的。但这不是虚假的自信，在今后的章节中会有介绍。

4. 通过表象训练还能否提高其他的心理技能？

清晰的和可控的表象不仅对于训练，对实盘交易中的技能行为也很重要。而且，在今后发展其他心理技能方面也很关键。但在发展其他心理技能方面，我并不是只强调感官觉察，而是首先重点强调自我知觉能力的提高。这种自我知觉能力涉及《交易心理学》中的五大基本要素，各项自我知觉能力是你今后产生"盘感"的重要基础。也就是说，感官觉察是建立在自我知觉的基础之上的。培养自我知觉能力的目的就是，帮助你在训练时就能感觉到你所体验到的心境状态，以及情绪反应，并能够使你清晰地回忆出这些体验，从而运用到今后的交易当中去。

到此为止，表象这个章节的内容就全部结束了。请注意！**只有不断进行完美地表象好的交易行为的练习，才会有发生完美交易大概率事件的可能性**。这属于积极方面的结论。

此外，表象的作用还可用于练习集中注意力的技能，帮助建立自信心，以及控制心理能量等，不过要根据以后章节所学习的内容进行。

思考题：

（1）在盘中是什么因素引起你焦虑和纠结的？

（2）在此种情境中你想到了些什么？

（3）焦虑和纠结时你的盘中表现都有些什么反应？

（4）遇到这种情况你是如何控制交易情境的？

（5）你将来要如何控制这种情境？

注意：以上出现了一些非常消极的思维表象，但我们的目的是，在完成了这种思考练习之后，你可以用此种练习探查自己的情绪变化。记住！焦虑和纠结是一种情绪，焦虑控制是一种很重要的心理技能（在以后的章节里会有详细的介绍），你必须要掌握这种技能。

第九章 心理能量控制技能

凡饮食只是要养我身，食了要消化；若徒蓄积在肚内，便成痞了。如何长得肌肤？后世学者博闻多识，留滞胸中，皆伤食之病也。[124]

意思是：凡是饮食都是为了滋养身体增加能量，吃了就要消化；假如吃了不消化仅仅积在肚子里，就成了消化不良的毛病，这如何增加身体能量呢？好比后来的学者们只是一味地博学、强记，只是把知识积存在心中，不注意消化，又怎么能够增加心理的能量呢？这都是食而不化的毛病。

另外，王阳明还一再强调"心外无物，心外无理"，他的意思是说：心是万物的主宰，一切都源于心，心是可以灵活多变的，你要学会掌控。所谓"定能生慧"，学会了控制浮躁的心态就能够保持注意力集中的状态，由此产生较高的智慧。这样，人的知觉能力、思维能力、理解能力、应变能力等都会大幅提高。这也是心理能量充沛的具体体现。

一名出色的职业交易者，应该学会控制心理能量和身体能量的技能。这个道理非常简单，我们都有过这样的经历和感受，在某一阶段内我们会感觉到身体很疲惫，看书和学习提不起精神，在实盘的交易中也会显得无精打采。这是身体能量不足的表现，当然其中也包含心理能量的不足，只不过它不像身体能量表现得那么明显罢了。如果我们学会了控制，你就能有效地在适当的情况下限制自己的心理活动和交易活动，必要时增加自己能量的储备，以保证有足够的能量去迎接下一次实盘交易的来临。

作为一名真正的职业交易者，应该会有很深的体会。特别是日内交易者，一天的实盘下来总是感觉身心疲惫。好不容易熬到收盘，可接下来的工作一点也不比实盘轻松。比如，复盘需要把当天盘面的运行与自己的交易行为重新梳理和检查一遍，没有出现重大问题还好，一旦出现重大的问题和失误就需要多花出几倍的时间进行修正。可接下来的工作更是一般人难以忍受和坚持的，那就是做第二天的交易计划。到目前为止，通过以上的章节我们已经大概知道了交易计划的一些基本内容。除了对当天关键价位的统计以及对第二天涨、平、跌的预判之外，我们还要作出第二天集合竞价的三种预判，并梳理出大概率事件的可能性。其中还要很多很多细节需要我们更深一步地思考，这些无疑都是使我们大伤脑筋的。换句话说，这些都是心理能量和身体能量的进一步消耗。

人的心理活动真能给我们带来消耗吗？很早以前古人就有这方面的论述：**人心动物也**。[125]

意思是：人的思想是活动的物质。既然是活动的物质就必然存在消耗、磨损。

如何去避免？下面给大家提供两种方法。

从生理学上讲，每个人在一个月内基本都有生理的高潮期和低潮期。这有点像盘面运行的曲线，在生理达到高潮期的时候，我们会感觉到体力充沛，精力旺盛。在生理到达低潮期的时候，我们普遍会感觉到无精打采，思维迟钝，总是犯困和精力很难集中等。当这种情况出现时我们就应该知道，由于此种生理现象导致心理能量的不足，心理能量的不足更加导致身体能量的力不从心。此时最简单实用的方法是停止交易，休息两三天，等待生理上的低潮期过后再投入到紧张的实盘交易中去。

以上就是"**劳动有时终须有，劳动无时莫强求**"的深刻含义，这说明古人在很早就知道运用人的生理和心理现象来支配我们的日常行为。

另外一种方法是尽量地节约"能耗"，良好地控制心理能量和身体能量是非常必要的。正如通过限制自己的身体活动以保存肌肉能量的道理一样，你也可以通过限制自己的心理活动来保存心理能量。在做完每天的盘后功课以后，你可以全身心地投入到你所喜欢的健康的活动中去。请注意！如果你认为打牌（赌博）是你最喜欢的活动，那你就大错特错了，赌博恰恰能够极大地消耗你的心理能量。最好的方法是听听音乐，如果你喜欢的话。也可以参加一些体育运动，把你全天的紧张情绪释放掉。**总之，通过适当地转移"专业"的心理活动，和增加一些现实以及具有建设性的思维，可以逐渐产生和加大自己的心理能量，这是很有效的。**

到目前为止我们应该知道，在交易前有效地控制心理能量也是非常关键的。如果控制得好，你会在交易期间运用最适宜的和最积极的心理能量，并使之在最恰当的时机迸发出来。

如果我们要想对两方面的能量进行有效的控制，就必须要认识到，身体能量与心理能量是相互关联的。进一步讲，一个健康的心理是健康交易生涯的重要部分，心理的疲劳能够削弱交易者的交易激情和斗志。同样，不知道适当地休息和保持身体能量，也会影响到心理能量。当以正确的方法给心理注入能量时，身体也会随之得到能量的加强。

经过科学证实，当我们的心理处于安宁和可控制范围的时候，心理也能够要求身体处在同一状态。要想对能量加以控制，就要力求达到身体能量与心理能量的统一。也就是说，达到一种适宜的心理和身体状态。如果你在交易前还没有充足的心理能量，那么你就要寻求一些方法调动自己，以促使心理能量的技能有所提高。

通过不断地学习和训练，具有高水平和丰富经验的交易者，能够很容易地觉察出自己的身体能量和心理能量的储备情况，以及识别能量的使用情况。他们知道在交易前如何分配和使用，或者去如何调节自己积极的心理能量。

第一节　心理能量的基本应用

在运动界很早就有人说：作为运动员必须要学会控制自己的思维。这主要是指要用他们自己的意识控制自己的思维。也就是说，要能够意识到自己内部的活动（主动表象好的过去行为去感受那暂时性的神经联系）。其实，我们所有的人对如何看待事物都有眼见为实的倾向，但是我们还要知道，**其实我们的内部活动也是一种现实，我们所有的活动都是我们内心体验的外在表现**。因为我们不可能无缘无故地作出任何活动，我们要经过思考，制定计划和表象，然后在内心决定要采取什么样的行动。

当我们的心理活动有序并存在适宜的心理能量时，我们也就具备了达到最佳交易水平状态的基础，这是我们能很好地控制能量的结果。我们不但要控制好人体能量（包括身体能量和心理能量），而且还要注意要使能量具有指向性。也就是不要做不必要的活动，以防止浪费能量。比如，在以前的章节中曾经提到过，我在实盘交易中注意力的指向完全是在标准和信号上。至于盘中的摆动，只要是在标准的合理范围内运行一概不加以考虑。这样就限制了一些没有必要的心理活动，只保留和发挥主动思维的作用，防止市场杂波带来的消极思维过多地干扰，以便节省能量，使能量更具有指向性。

另外，心理能量还有建设性和破坏性之分，也就是积极和消极之分。所以，心理能量也要具有指向性。

在实际的训练中，交易者要知道如何专心于与操作有关的事情，尽量回避无关或能够干扰自己的事情。去想自己能够做到的事情，而不去想不能做到的事情。还有在实盘交易中，需要学会只去想现在的情景（注意！情景与情境是有区别的）与交易条件和标准之间的关系，而不去想过去和将来的情境，因为你的预案早已将过去和将来的情境包容。此时你的脑海里只应有成功和失败的概念（最起码对于初级交易者是这样的），以及什么时候可以分析自我或自己的交易情况，何时应避免作出这些分析等。

职业交易者学会控制自己的心理能量所要采取的第一步是：要较好地发展自我知觉能力。这种自我知觉能力可以使你知道自己的心理和身体的情况，知道在不同的情景下应该作出什么反应（复习以前如何应用表象发展自我知觉性的内容），你应采取的第二步是：**练习正在学习的心理技能和承担自己控制自己的责任。**

古训：**方其知之，而行未及之，则知尚浅。既亲历其域，则知之益明，非前日之意味。**[126]

意思是：当你刚刚感知这个事物，还没有加以亲身体验的时候，你的感知还是肤浅的。如果你已经亲自去经历了一番，那么你的感知就更加明晰，绝不是前段时间的意味了。

第二节　心理能量的界定

如何准确地界定心理能量是交易者在交易前期重要的准备工作，它能够直接影响到交易时自己是否具有适宜的心理能量，来保证交易水平的正常发挥。

在心理学中，传统上把心理能量界定为心理和躯体的活动——激活或唤醒。但是，这些术语容易混淆心理能量与身体能量的区别。心理能量是心理作用的能力，是以动机为基础的。心理能量既可以是积极的，也可以是消极的。它是与成功时的兴奋和高兴，以及失利时的焦虑和生气等不同的情绪反应相联系的。换句话说：心理被激活有可能是好事，但也有可能是坏事。如果心理激活是积极的，它将有助于你的交易行为。如果心理激活是消极的，它也将阻碍你好的交易行为的发生。

　　总体来讲，交易心理现象与其他心理品质一样，心理能量的高低也是处在一个连续体上的（如图 9 - 1 所示）。交易者在不同的情境和时间段内，心理能量会有高低的变化。比如，当你观看其他交易者的交割单，表象他的交易过程时，你的心理状态是在连续体上的哪个位置呢？当你要实际参与交易时，你的心理能量又应该在连续体上的哪个位置呢？

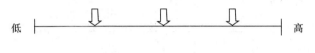

图 9 - 1　心理能量连续体

　　我们可以想象和分析一下，有些事情是不是需要相当低的心理能量的。如观看其他人的交割单，看他的交易过程。我们还可以表象一下，表象自己在实盘过程中，如果只是把注意力的指向专注于前一天制定好的标准和信号上，心理能量的消耗是不是在上图心理状态连续体上偏低的位置？答案是一定的。但是，我们也要必须知道如果不学习交易心理技能，实盘的交易工作是需要相当高的心理能量的。但是，这些心理能量往往是来源于消极的心理能量。特别是在你前一天没有做好充足的交易计划的时候，此时你的压力会来自各个方面。如：盘面的波动，多方面信息的干扰，账面上的盈亏，家人的期待等。

　　在交易界，心理能量应该有它自己的定义。当交易者的心理能量由低向高变化时，说明你正处在心理的动员时期。当心理能量太高时，你又处在心理偏离的状态。以前在网络平台中，我常常听到有人这样讲：盘中要兴奋起来，但不要太紧张！首先说明这种提示是善意的，这也恰恰说明我们需要在某种特殊的情况下，要找到最适宜的心理能量水平。但遗憾的是，这么多年以来没有人能告诉我们怎样做。下面我将为朋友们解开这个谜团。

第三节　应激的界定

　　在基础篇中，曾经提到应激与心理能量有很密切的联系，但是它们又不是同一个概念。当你觉察到你所要做的事情与自己能够做好的事情之间存在着很大的不平衡，以及交易结果对你很重要时，心理的应激就会出现。如图 9 - 2 所示：

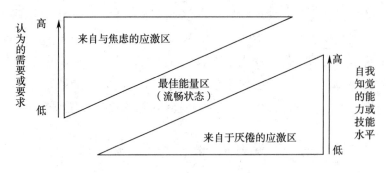

图 9 - 2　应激产生的情形

　　心理性的应激是自己认为的需要与自我感知的能力之间出现不平衡时而产生的。当两者之间处于平衡状态时，最佳能量区或者叫最佳状态才最有可能出现。这也是我们最佳交易状态所出现的必然环境和条件，也就是适当地兴奋、不要过于紧张的究竟所在。

　　通过图 9 - 2 我们假设：当我们面临交易的情境时，我们首先需要做到达到某种目的的认识。我们会把这种认识与自己所能够做的事情进行比较（也就是把自己的目标与自己能力进行比较）。如果我们感觉到需要达到的某种交易目的所需比自己的能力更高的话，此时就会出现轻微焦虑的状态体验，有些人还会在潜意识里有一种不祥的预感。如果不立即加以重视的话，就会诱发应激的产生。这一切大多都是在你不知不觉中发生的，是人很难防范的。更直接地讲，一开始你就让自己处于一种极为不利的位置，也就是图 9 - 2 左上角的位置。

　　在现实当中的例子是，有很多期货公司每年都举办各种实盘交易大赛（我并不是说它们这样做不好）。但在参与者中，还有很多交易者根本不具备较高的交易心理技能，在这种条件下就很容易出现上述的问题——自身的能力与期望值不成比例。这等于在一开始就让自己置身于高应激的状态，而自己对此还毫不知情。所以，我从来不主张我的学生参加任何交易比赛。交易从来不是做给别人看的，应该是内在的自我价值体现（偶尔地晒一晒单子不算，我们也要尊重基本的人性）。另外，只要你参与了比赛，从动机的角度讲你已经由内部动机转化为外部动机。而外部动机我们以前学习过，是对你一生的交易生涯产生不利的重要因素。这种不利因素主要体现在，你的一切交易行为和结果都将暴露在公众面前。在人的正常心理状态下，都希望自己在公众面前维持一个好的形象。注意！此时交易结果的重要性已经偷偷地占据了你心理的大部分位置，你的思维指向已经出现了偏离。如果你感到比赛结果（名次或成绩）很重要，你必然将体会到这种应激，多数为焦虑性的，并且随着比赛的不断深入，你的应激程度就会越来越高。

在另一方面，当你的认知能力大大低于与自己需要达到的目标所需时，你就有可能以厌倦的状态体验到另一种应激的产生。即图9-2右下角的区域。不过，在实盘交易中由于非常厌倦的情绪而导致应激的情况并不多。原因是，绝大多数公众交易者都认为自己很聪明、能干以及有强烈的不服输的精神。这种现象源自于不真实的自信心，在后面的章节会有介绍。随着交易不断地延续，你很可能很长的时间没有接受到外界的任何刺激，主要是来自精神（周围人的认可）上和物质（账面上的盈利）上的，你就有可能在今后的交易中处于非常强烈的应激状态。这种应激状态的特征是，麻木、沮丧、没有兴奋感，甚至厌倦等。

更加值得我们注意的是，有少数人在一开始的交易中顺风顺水，凭借所谓的技术暂时顺应了市场的"东风"，之后得到大多数人的顶礼膜拜，可谓双赢。我不知道大家读没读过杜牧的咏史诗《赤壁》，最后两句这样写道：**东风不与周郎便，铜雀春深锁二乔**。意思是：周瑜的胜利只是凭借小的伎俩外加偶然的机遇所致，不然的话，两年之后曹操必将大乔、小乔深锁铜雀台，到那时候所剩下的只是春恨无限了。无疑这种暂时的胜利是非常危险的，历史上也有很多最终的结局"无数英雄尽折腰"，这样的案例很多很多。

还记得在前几个章节中"天欲祸人，必先以微福骄之，要看他会受"的阐述吗？人如果到了"**昨夜西风凋碧树，独上高楼，望尽天涯路。欲寄彩笺兼尺素，山长水阔知何处**"的地步也算是人间悲情的极致了。要知道天堂与地狱之间是不售门票的，完全凭自己的修为，并且它们之间离得很近、很近。

如图9-2所示，在两种应激区之间的狭长地带是最佳能量区，我称为最佳交易流畅状态。

它是由交易者在平时的训练或交易前的心理调整，以及结合其他心理技能的产物。各方面调整得好的交易者，很容易在交易中进入到最佳交易流畅状态。如果调整得不好，就会出现以下的应激状态（如图9-3）。

简单地说：**心理性的应激是由自己认为的需要与自我感知的能力之间**

出现不平衡而产生的。当两者之间处于平衡状态时，最佳能量区或者最佳能量流畅状态就会出现。

第四节　应激与心理能量之间的关系

在训练或交易中，心理能量与心理应激到底是什么关系呢？我个人通过运动心理学的一些相关内容认为：高的应激与高的心理能量是相联系的，低的应激是与低的心理能量是相联系的。也就是说，在人们对一项技能还不是很了解或熟练的情况下，过高的热情参与往往会因能力的不足而导致高应激的产生，反之同理。我们要注意到，应激与心理能量不是同义的概念，两者是不一样的。下面我们就仔细地分析和观察图 9 - 3：

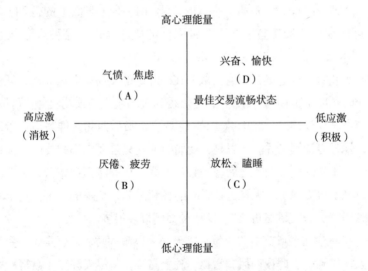

高心理能量

气愤、焦虑 （A）	兴奋、愉快 （D） 最佳交易流畅状态

高应激　　　　　　　　　　　　　　　　低应激
（消极）　　　　　　　　　　　　　　　（积极）

厌倦、疲劳 （B）	放松、瞌睡 （C）

低心理能量

图 9 - 3　心理能量与应激之间的关系

以上是借用运动心理学中的一张图表，因为交易也是一种行为的体现，就如同围棋和国际象棋的道理一样。我们可以从图中看到，应激和心理能量是在两个独立的维度中显示的。在两个独立的维度的两端点各自显示了两种程度的高低（著名的运动心理学家克尔在 1985 年的研究支持了这种观点）。

在图的 A 区中我们看到的是高应激与高心理能量之间的组合关系。在交易中，过高的心理能量与过高的应激相结合，必然会产生出焦虑、烦躁和气愤等。过高的心理能量能够促使和激发不理性的交易行为的发生，不理性的、不成熟的交易行为极容易受到市场的突发事件的冲击，而造成瞬间发生高应激。所以，它是交易行为与市场行为和心理的必然综合反应。在前几天就发生了一例比较典型的案例，如图9-4（RB1310最后一根K线为2013年3月15日）：

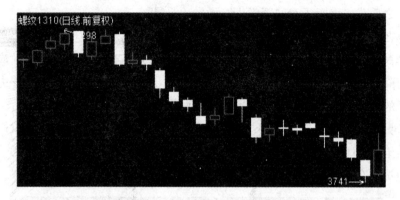

注：图中最后一根K线为2013年03月15日。

图9-4　螺纹1310日线

在2013年3月14日晚上我帮我的新学生做辅导，在她讲述完她的思路之后要求我给出我的建议，我当时的原话是这样说的：如果是我的话我将偏重于另一种预案。如果明天开盘开在3771点以上，并且盘中上穿3782点，只要给机会回踩我将选择做多，而不是继续做空。**阳在阴之内，不在阴之对**的概率很大。我们看看第二天（3月15日）的即时成交走势。如图9-5所示。

图9-5　螺纹1310走势

我们看到的是第二天（3月15日）的图表，很显然市场10:48第二次上穿3782点以后就一去不回头了，这还是相对"仁义"的走势。我相信在10:48第三次上穿3782点以后市场大部分按照日线级别走势判断做空的人都是处在A区焦虑和气愤的状态。因为当我们看到了阳线在阴线的对立面时，一切都晚了，在A区的焦虑和气愤此时就像乌云一般笼罩在你的心头。这就是高心理能量与高应激产生的实际案例。

之后我也询问了我的新学生，她的感受是：

在自己的能力没有达到之前是不应该凭借主观想象做交易的，心理能量越高反而是越危险的。特别是自己的交易能力还有欠缺的前提下，应该适当降低自己的欲望和要求，从现实的角度出发做简单的，自己能够力所能及的事情。否则早晚有一天还会出现此类现象。

另外！此时此刻是2013/3/29的凌晨，就在刚刚23:58外盘的农产品以美玉米05为首，直接跌停。比2008年的橡胶、白糖还要触目惊心，真心地祝福在芝加哥的"国投"平安吧。

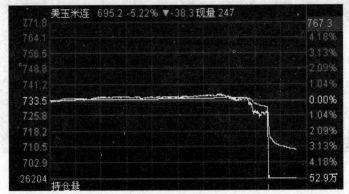

图9-6　美玉米连走势

与此同时，美豆、小麦等相继跟随。

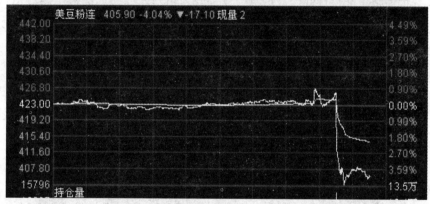

图 9 - 7　美豆粉连走势

本来想以白糖作为**"阴在阳之内，不在阳之对"**的案例，进一步地说明和强调认识应激的重要性。不料这一天的农产品就成为了即时的现身说法。看来在交易领域，光凭满腔热血和高昂的斗志是不行的，此时此刻那些主力多单所面对的就不仅仅是 A 区的焦虑和气愤了。

古人讲：**福无双至，祸不单行！** 特别是在交易领域，这种"怪"现象时常伴随着我们。当我们刚刚经历了高应激所带来的痛苦之后，必然会出现厌倦和疲劳的状态。也就是图 9 - 3 中的 B 区。高应激虽然是由视觉中枢传入到大脑而产生的心理变化，它同时也是一种生理的变化。这种变化如果没有相对应的科学解决办法，一时间是很难消除的。

盘中的具体特征是，前期的判断失误或执行力不坚决的阴影始终在脑子里挥之不去。之前的满腔热血（高心理能量）也消失得无影无踪，这种迹象表明你已经处于低心理能量的状态。加之高的应激没有消退，也就必然带来一种厌倦或非常疲劳的感受，也就是在图 9 - 3 的 B 区。也是由于心理能量的耗尽和过高的应激所致，它也是一种应激状态。此种应激状态给交易者带来最可怕的后果就是，由于厌倦和疲劳导致执行能力值降低，甚至是接近或等于 0 的状态。这种执行能力丧失的状态使人无异于任人宰割的羔羊。我们深刻地反省一下自己，以前是不是有过这种情况出现——反正已经被套了，干脆死扛！这实际上是任由亏损无限制地放大。

我们再看看 C 区，虽然交易者以一种积极的低应激状态出现，但是也由于心理能量的不足而产生过于放松，甚至瞌睡的状态。此种状态虽然不是我们所追求的最佳状态，但是，这种状态也往往使我们的行为会变得小心谨慎，不至于犯更大的错误。我们甚至有时还会得到意外的收获，但这种意外的收获也会因为心理能量的过低而阻碍最佳交易流畅状态的出现。图 9 - 8 是我学生的一段真实案例：

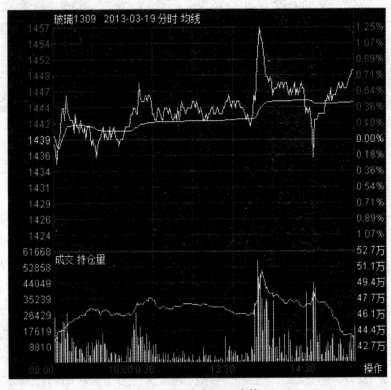

图 9 - 8　玻璃 1309 走势

图 9 - 8 为 FG1309 全天的走势图，我们接下来再看看我的学生是如何在这一空间内操作的，又是如何体现在高心理能量时的表现，以及出现心理能量的消耗后所导致的不足。

| 20130... | FG1309 | 卖 | 开仓 | 1456 | 13:48:30 |
| 20130... | FG1309 | 卖 | 开仓 | 1452 | 13:48:09 |

图 9 - 9　FG1309 交易单

以上的单子是接下来阐述交易者处在 D 区时很好的范例。

我们应当注意的是当她平掉 1443 点的空单之后最后一句话：午睡开始。这说明了什么问题呢？我们先不去探究当时她的心理能量是本身就低，还是由于正常的消耗所造成的心理能量下降。就图 9 - 10 所显示的内容来看她已经明显处于低心理能量和低应激的区间段内——放松和瞌睡状态。

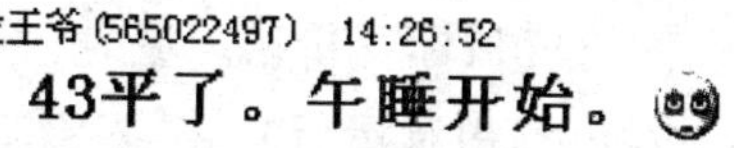

段王爷 (565022497)　14:26:52
43平了。午睡开始。 😊

图 9 - 10　相关聊天记录

在做完盘后功课之后，她的原话是：当时真是太累了，太想睡觉了，而忽略了两分钟之后完全可以再做多的盘面迹象。真是太可惜了，要不今天就太完美了。我告诉她：你是人，不是神。是人总有能量被消耗完的时候，这很正常。只不过你今后需要注意的是，平时多积攒积极的心理能量，并学会控制和节约心理能量的使用，以保证实盘过程中的需要。这样的话，将来你会逐渐完美的。

由于学习和训练此项技能的时间长短不同，个体差异的存在，最佳能量区也就有所不同。因此，交易者要学会善于用最低的能量消耗，尽可能较好地完成交易全过程的本领，这就意味着你要了解保存能量的重要性和会很好地运用交易的战术。尤其是当盘面的运行较以往波动剧烈的时候，控制自己的情绪，使"唤醒度"始终维持在相对稳定并不太高的程度，你就更需要学会和发展这种良好的心理能量控制技能。

正如交易者在交易前要保持身体能量一样，在交易中也要尽量地保持和保存心理能量，防止在交易正在进行当中心理能量就耗尽。根据交易的行为特点，我们除了可以将心理能量集中使用于交易的条件和标准上，还要特别留意和防范过高的"唤醒度"出现，以免导致高应激的产生。当你意识到自己的思维指向出现偏离时，你应该意识到高"唤醒度"即将出现，此时身体会出现浑身发紧的症状，是你最佳的自我调整时间，不要错过。

有的朋友可能会提出：在实盘中我根本无法意识到自己的思维指向出现偏离，这种情况应该怎么办呢？

这种意识是在平时的训练中，有意识地进行有针对性的训练才能产生的结果。同时，在实盘中还要克服自我否定的想法，以及避免精神不振和注意力分散等消极思维的侵入，因为消极思维很容易击溃你的正常交易心理。

另外，你还要学会在短暂的时间内迅速地聚集积极的心理能量，来更好地完成交易任务。而且，还需要具有调节的能力。也就是说，你要学会并具备在市场逐渐接近你的"目标"价格区域时，迅速地打开积极心理能量的"开关"的能力。在市场相对运行平稳或逐渐脱离你的成本区域时，迅速地"关闭"心理能量。当需要时再次打开"开关"来节约自己的心理能量。如果你在整个实盘交易中始终保持高的心理能量的话，那么就很有可能像上边的案例一样，在全天的交易还未结束前你就用尽所有的心理能量，还会引起心理性疲劳，对今后的恢复不利。

作为职业交易者，你应该认真学习心理技能。只有充分地学习和掌握了心理技能你才不会惧怕在实盘期间，出现断断续续的消极心理能量。因为你有这个能力和时间去排除它，它不会对你的交易构成威胁。但前提是你要在应变能力和把握节奏上多下功夫，特别避免在心态还没有调整好的时候就盲目地交易。

还有一点值得注意的是，交易者要尽量保持充分的睡眠。如果之前睡眠不足势必导致生理能量的不足，生理能量的不足会带动心理能量的不足。它们之间都是相互关联的。

通过以上三种区域的状态我们看到，凡是在高应激区内都不会产生好的交易结果。唯独在积极的低应激区内，哪怕是心理能量不足，其结果也是我们可以接受的。

那么我们再看看 D 区的交易者是如何表现的：

在本书的上部《基础篇》中"什么是交易艺术"的章节中，出现过多次 D 区的状态。大家可以回顾一下，当我们以表象的方式置身于盘面动态的走势中，并根据交割单点对点地表象时不难发现，如果不是对自己的交易系统充分地信任，如果不能克制自己的贪欲而脱离了现实目标的制定（此为交易心理学中的重要组成部分，在以后章节会重点介绍），如果执行力度不够坚决等，都很难出现类似的交易结果。而这种结果无疑是需要以一种放松和适度的能量出现的——D 区：**兴奋和愉快**。

但是，目前很多交易者明明知道自己做的方向是正确的，但又很难突破拿不住单子的"技术"瓶颈，并时常为此焦虑。请注意！我发现很多交易者把这种问题视为技术问题。这不是技术问题，这是个误区，接下来会逐渐地向大家介绍。我们此时需要体会的是，人家的交易行为和环节为什么是流畅的？而流畅的交易行为又往往能导致好的交易结果，以及心情的愉快。心情的愉快可以使人不再为交易而感到紧张，越是放松交易成绩反而越好，这是个良性的循环。所以，职业交易者必须要学会在实盘交易中如何调整自己，使自己处于这个兴奋和愉快的区域中。

第五节　什么是焦虑

通过以上内容我们发现，焦虑是很多公众交易者在实盘中经常体验和深有感触的一个术语。但我们却很少知道到底什么是焦虑。

焦虑分为特质性和状态性两种。

所谓特质性焦虑（也分为高特质性和低特质性焦虑）是指，有些交易者会比另一些交易者更容易和更加频繁地出现紧张的反应，这种交易者属于高特质焦虑。

还有一些交易者也可以体验到这种焦虑，但不像前者那样更容易和频繁，这种交易者属于低特质焦虑。

高特质焦虑或低特质焦虑的交易者的表现特点是，无论何时只要觉察到自己所要做的事情与自己的能力有差异或者存在质疑，焦虑就立即产生。这种表现特点在市场中表面上看是不多见，原因是很少有人能够首先重视自己的能力问题。我接触过很多公众交易者，在与他们聊天的过程中发现，很多人首先都对交易充满了自信。更有甚者：交易有什么难的？我活了这么大岁数，什么没见过？当时我真想问问他：你冷静地思考一下，大千世界你都见过什么？只需要在你自己内心如实地一一列举出来即可。这是一种盲目的自信，再说不好听点叫自大！而真实的自信心的建立恰恰又是交易心理学中的重要内容。如此看来，问题还是出在最初的起始点和认识上，还是在心理上，这与所谓的"技术"没关系。

还有一种表现特点是，由于对自身系统建设的不完善，没有特定的执行条件和标准，在盘面大幅波动的情况下思维指向出现偏离。具体体现在：我一直坚信我能行！（**此时高心理能量出现**）这次我终于盈利了，我是不是要及时保住眼前的胜利结果？（**因为没有条件和标准作为依据，对盘面的不确定性产生高应激**）或者是，我怎么又错了（**沮丧和厌倦使心理能量降到冰点**），我的账面上已经亏了很多了（**高应激继续发酵**），我再也经不起亏损了（**精神崩溃**）。

综上所述，我们看到特质焦虑是指你体验状态焦虑的**倾向**，当你觉察到了有较高的心理能量与较高的应激时，你就会像图中的 A 区一样，体会到状态性的焦虑。请不要告诉我你没有过这种现象的出现，当然，你如果是"神"除外。

总之，状态性焦虑是指，在交易者因应激或无应激的条件下，根据市场状态所出现的特征，所产生出的一种生理必然反应。

第六节　心理能量的控制

通过前面学习的内容，我们都已认识到心理能量对于交易技能的重要性。那么，我们能够学会像控制身体能量一样去控制心理能量吗？回答是肯定的！以下就根据科学和经验举个例子说明心理能量的控制对技能的影响。

先给大家讲一个在运动界利用控制心理能量帮助自己完成打破世界纪录的案例：

以前人们一直认为，人类在不借助任何呼吸装置情况下所能潜水的最大深度为 30 米。然而，目前的潜水纪录是由雅克梅厄所创造的 110 米。

雅克梅厄之所以能够完成这一创举，不仅是靠很好地控制身体能量的能力。同时，也是靠他那惊人的控制心理能量的能力。

雅克梅厄练习过瑜伽功，当他谈到自己的这一创举时说：这是由于他能够认识自己，与自己和平相处。

在潜水前，他用瑜伽功完成了强烈的过渡换气，这是潜水前必要的程序。**然后，他集中所有的注意力，使其具有指向性。**他用心理来控制自己的身体。在他潜水的 105 秒的时间里，集中注意力使他的身体机能减慢下来。他在水面上的心率是 68 次/分，在水下 30 米时是 40 次/分，在水下 70 米时是 30 次/分。在水下 110 米深，他的心率达到了令人难以置信的每分钟 24 次。雅克梅厄在返回水面的过程中，采用慢慢地蹬水，双手平稳地拉绳索来完成。**如果在此过程中他出现了惊慌和害怕，那么他的心跳必然加速，心跳加速必然导致血液流动加快，血液流动加快必然导致身体消耗更多的氧气，氧气的供应量就不能够保证他维持所需要的时间。**

他全部过程用了 3 分 55 秒的时间，这是他成功地控制身体能量和心理能量的结果。

以上的例子只是说明很好地控制心理能量对运动的帮助，而在以上章节中我曾经提到过，在实盘中，要把注意力的指向完全集中于前一天所制定的条件和标准上。这样能很好地控制自己的能量不过多地消耗，这与雅克梅厄的运动经验和道理是相通的。

大家有没有注意到这样的一种现象，在实盘中有很多交流平台时常发布一些资讯，并引发交易者实时相互讨论。我们根据以上所学习过的内容思考一下，这种现象是利大于弊，还是弊大于利？我们目前应该很清楚的一点就是：首先，这种参与讨论的结果无疑是使自己偏离了原有的预案，脱离了预先设定好的交易计划而去关注其他的事件，这本身就属于无谓地消耗自己的心理能量。其次，目前的科技如此发达，市场真假信息满天飞。即便是真实的信息，请问：市场价格没有触及到你的条件和标准时，这类信息与你有关系吗？请认真思考后再回答。请不要轻易地否定你以前辛辛苦苦制定出的交易系统和交易原则。

以上所有的例子都可以说明交易者在控制心理能量方面所应该作出的努力。它不仅可以使你有效地把握和控制好交易行为，更重要的是保证你的交易**节奏**。并且还能杜绝出现心慌和焦虑等影响交易水平发挥的因素。那些心理能量控制得好的交易者能够在激烈的实盘中较好地发挥水平，而那些不能够熟练地控制心理能量的交易者，在激烈的实盘中操作也肯定是不成功的。也就是说，作为职业交易者不努力去提高对心理能量的控制，也就不能够在今后的实盘中发挥和应用其他的心理技能。

另外，**有经验的职业交易者，应避免消极思维和自我怀疑的出现，要专心于当前任务的积极因素上**。之后尽可能地享受，比如兴奋和愉快的状态等。

第七节　最佳能量区

为了使我们操作得更好，我们需要在交易中找到自己的最佳能量区。你对最佳能量区的感觉了解得越多，你就越容易达到这种心理能量水平。你知道阻碍自己达到最佳能量区的因素越多，你就越有可能做好排除这些障碍的工作。

在图 9 - 2 中我们看到了最佳能量区的位置，它位于焦虑和厌倦两种应激反应区之间。在这个区域里交易者具有较高的心理能量，而丝毫没有应激的存在。

根据以往的心理学家研究表明，当人的任何行为处于流畅状态（所谓流畅状态是指对所做的事情达到了恰到好处和出神入化的状态）时，无论你做什么都能毫不费力地全神贯注于所做的事情上。即使你所做的事情是像交易一样很困难的工作，对于你来说也毫不费力，并且在这种状态下你还能体会到乐趣。这种乐趣不仅仅体现在账面的盈利，而更多的乐趣产生于在交易过程中的从容不迫，游刃有余。所以，我把这种"流畅状态"形容为乐趣中的乐趣。

在任何的职业当中，**学习与实践的乐趣之一，就是在于将参与本身能够很容易地让你全神贯注的事，以使你很容易地体验到最佳的流畅状态**。在以上关于动机的章节中我曾经提到过：任何一个项目一旦成为职业，如果把握不好必将很大程度上失去乐趣，影响其职业生涯。而乐趣恰恰是维系你强烈动机的能量，拥有强烈的动机，会使你的职业生涯走得更远。那么"流畅状态"与动机和职业生涯又有什么关系呢？请你稍加思索，自己联想一下。这是一个很好的自我教育、自我完善的机会。

意兴从外境而得者，有得还有失，总不如自得之休休。[127]

所谓意兴，即现代心理学动机的意思，也是乐趣取向的意思。所谓休休，是指乐道之心。《诗经·唐风·蟋蟀》：“好乐无荒，良士休休。”

意思是：单由外部环境、外部动机所引发的乐趣，将来还会再失去，总不如源自于内部所得到的快乐更为持久，更为积极向上。

第八节　促使最佳流畅状态出现的关键

下面我把交易者在交易中所产生流畅状态的特点进行归纳如下：

1. 在实盘交易中，交易者能够知觉到自己的交易活动，但是意识不到条件和标准以外的市场活动本身（这只是感觉意识）。当一切结束后，你询问他如何处于流畅状态时，他能够很快地告诉你是什么样的感觉。但是，他从来没有在进行交易时去考虑那些无关的市场信息，而仅仅是在条件和标准的框架下做而已。

2. 交易者在实盘中完全将注意力集中在交易行为的遵守，以及把握条件和标准的执行上，最大限度地提高自己的专注程度。

3. 交易者完全丧失了自我意识或自我，也就是以上章节中的最高境界——无我的状态，或者是颜回所说的：**回坐忘矣**。条件和标准此时成为他唯一的遵循需要，没有任何对交易行为好与坏的评价，在交易的过程中自己毫不关心交易结果。

4. 交易者能够感觉到自己可以充分地控制着自己的注意力状态，以及交易行为的执行力度。

5. 市场行为本身为交易者提供了清晰和明确的反馈。注意！此种状态是衡量职业交易者水平和能力的最好标尺。

在交易中，如果交易者完全专心于自己的条件和标准，就很容易出现流畅状态。此时没有任何自我评价和自我责怪的余地，流畅状态是完全没有应激存在的，不管是焦虑形式的还是厌倦形式的。大家能够体验到的只是如此地愉快，以至于感受到只要是符合条件和标准的交易本身就是一种最好的奖励——交易行为自身带来的奖赏。因此，交易的流畅状态就体现在最佳能量区，它是帮助你达到最佳操作的能量区域。

能够促使流畅状态出现的关键是：

我们要为最佳交易的流畅状态的出现，而不断地进行练习和体会。具体的方法是，通过表象回忆以前出现过的交易流畅状态和情境，并用笔进行详细的记录，作为今后温习和练习的重点。在每天的练习之前还要认真地分析。比如，如今阶段性的走势会不会与以往惊人的相似，偏差预计会有多大？请注意！这是细节问题，在练习过程中仔细地反复体会。除此之外，在实盘交易中还要有一种"发展第一，盈利第二"的指导原则。用长远的眼光面对目前的交易，不要计较暂时的得失，把全部的精力用于放松盘中情绪上（思维指向性的正确是规避盘中应激的最好方法），注重交易环节上的比对，这才是今后你能够达到最佳能量区的第一步。

此外，在你平时练习的步骤中还应该包括放松和注意力的训练，这两种技能是帮助你出现最佳交易流畅状态必不可少的重要条件。

第九节　心理偏离

在以前的章节中，我多次提到心理偏离这个词。那么心理偏离到底是怎么回事？在交易者身上会出现这种现象吗？

答案是：在实盘交易中，会有95%以上的交易者或多或少地出现心理偏离的情况。请注意！这是你在交易生涯中最致命的**缺点**。我们一定要想尽一切办法加以改进和克服。

这种情况的出现一般来源于两个渠道——内部和外部渠道。

内部渠道主要是由恐惧和贪婪所引发的。外部渠道主要是市场信息和他人的言语以心理暗示的方式传递给你，使你被动地接受（以后会有介绍）。

那么到底什么是心理偏离呢？

要想具体地了解它就必须先要了解最佳交易流畅状态是如何出现的，并以此为依据进一步地深入对比，才能真正地了解心理偏离究竟是怎么回事。

在以上的章节中我已经给大家介绍了最佳交易状态出现的因素和条件。还有一点我们也要必须知道，要想达到最佳交易流畅状态是需要进行心理动员的，心理动员的强度是很关键的，是心理是否偏离的根源。也就是说，心理动员如果不适度就会出现心理偏离。在交易中，心理偏离的出现很容易破坏交易者的最佳交易流畅状态，它会使你本具有的 D 区状态向其他的三个区域转移（如图 9－3 心理能量与应激之间的关系）。

　　我先给大家讲个小故事，大家表象一下，看看是否能从中得到启发。曾经有人举过这样的一个例子对心理偏离进行了很好的解释：

　　有一只百足大蜈蚣喜盈盈地走在路上，一只调皮的青蛙拦住了去路问："请问先生，当你重新行走时何足先蹬?"此时大蜈蚣竟然无法举足，陷入冥思苦想之中。

　　我们表象一下：大蜈蚣原本自然、顺畅、完美地在路上行进，被小青蛙突然拦住的发问一下子破坏了它原有的简单行为和节奏。走路原本是一种与生俱来的本能行为或者条件反射，但是提问使大蜈蚣放弃了原本的简单行为技能，而转变为重新分析和思考的状态。而这种分析和思考的状态使它产生了自我怀疑，在实盘中这种自我怀疑就会造成疑神疑鬼，举棋不定、下单迟疑，还能够引发一系列的幻觉等，就是比较典型的心理偏离。有人可能会说：这只大蜈蚣傻，要是我就不会理会小青蛙说的，我继续向前走。令人遗憾的是，此话说起来容易，要想做到真的很难。如同我们先人所讲的：**闻善者易，以正身者难！**除非你肯下苦功夫把这书彻底读懂、吃透。

　　另外，我再给大家举一个在交易过程中的例子：几年前我也很喜欢在网络平台上玩，由于能语音对讲还能通过视频看到现实图表的走势，很直接很方便，所以平台聚集了很多公众交易者。在这些人中也有一些所谓的"佼佼者"。有一次我实在是看不惯某位"大师"三番五次地傲慢，决定在不操作的一天上麦"调戏"他一番。我说：目前我们这个房间在短短的时间内已经聚集了几百号人（**先把他的思维指向偏离到有很多人关注他，同时也播下了应激的种子**），特别是底下还有上百名的"落后女生"在翘首以盼（**又添加了一些转基因优良品种的应激种子**）。她们都知道，您是最厉害的大师，您在判断趋势的拐点上相当精准（**再为应激的种子添些肥料**）。虽然以前出现过一些错误，但是这并不能掩盖您的光辉形象（**应激的种子已经开始茁壮成长**）。特别是在今天非常关键的节点上，大家都在等您的一声令下（**原本是应激的种子已经结满了丰硕的果实**）——揭竿而起（**好意提醒大家不要随意跟随，稍有知识和思考能力的人都能够意识到，揭竿而起是造反之意，自古造反者大多没有什么好下场的**）！之后我改用其他地方方言继续说道：我们以夜里（热烈）的掌声欢迎大师上麦，给予我们实盘的动态"指倒"。之后的情况大家应该能够猜得到，在一开始经历过一段的"捧杀"之后，那位大师在上麦前就已经处于高应激状态。加之原本语言组织能力就不强，在整个过程中我听着都感觉很尴尬。更别提实盘的指导了，最终结果就不用再说了。

为什么会出现这种情况呢？这与上一则小故事有异曲同工之妙，因为我的指导语（**属于心理暗示，目的是诱发他高应激的产生**）会使他一直想大家对他的期望和之后的评价（**已经出现心理偏离**），为此他会在内心里反复念叨：今天可千万别出错！（**这是一种不切实际并很高的自我需要**）从而破坏了他盘中正常的分析和判断能力。我们再回顾一下图 9-2 就不难发现，我通过心理暗示使他心理上产生了偏离，已经远远地脱离了最佳交易流畅状态的区域，从而我就达到了我的目的。

以上案例只是说明了心理偏离对于交易行为可能产生的严重后果。更重要的是在实盘中，我们能不能发现"主力"运用心理偏离战术让我们在不知不觉中就陷入其中呢？这是个很关键的问题！其实在以前的章节中也有过这方面的提示。不过，我还是主张大家能够自己动脑筋想想，不是我犯懒或者有所保留，我始终想做一名优秀的教育者。还是那句话：**一名优秀的教育者是要让受教育者学会自我教育。上天赐予人类大脑，是要我们用于思考的，不是储存和消化食物用的。**

可能有人还是很迷茫，就像大蜈蚣一样勤奋地思考。但还是没有清晰的方向和思路，我可以再给大家一个提示。**阴在阳之内，不在阳之对。反之亦然！** 这句话目前在本书中已经提到过很多次了，在盘面中这种案例也很多。希望大家从这个角度出发加以思考，相信你会得出一个很好的答案。

我相信在看我这本书的人中，将来或许现在就是大机构的"交易员"或"做手"。你能不能通过以上我设计的心理偏离战术范本，使对手放弃眼前应该注意或者应该做的事情，把他们的思维指向从正在进行的条件本身转移到市场信息当中去？

所以，**心理偏离既是一种战术，也是一种你应该掌握的技术。**

另外，还有一种情况是，交易者在实盘交易中常常自己吓唬自己，自己忽悠自己，从而使自己的心理产生偏离。大家不要笑，这是一种普遍现象。这就是以上我所提到过的，心理偏离的出现一般来源于两个渠道，其中之一就是这种情况——内部渠道。

原因是，在盘面进行时你会过多地想或者分析自己的账面情况，盈利或者亏损对于你来讲很重要，因为从一开始你就属于强烈的外部动机交易者。我常常听到这样一种声音或看到这样的一种现象，盘面刚刚上涨或者下跌一点，就有人开始火急火燎：我受不鸟（了）了！千万不能把盈利转变为亏损！或者我极为需要这样盈利的单子等（反之同样的道理）。总之，这个市场就像一片很大很大的树林，里边到处都是我受不鸟（了）了的声音。要想解决此问题，你就必须要回到最初的章节的内容——动机，从那里着手重新"优化"自己。

问题：那如何避免心理偏离呢？

答案：你千万不要告诉我你不知道！这就等同于"一问三不知"，"一问三不知"出自《左传》，所谓的"三不知"指的是：**事物的开始、过程和细节，以及最终的结果**。通过这个提示，你应该能够想起刚刚举过的例子。如果还不知道，这只能说明你以前的学习太不认真和仔细了，需要回过头来再学习，再思考。不过，即便你经过认真学习和思考了所得出的答案也不详尽。原因是，还要根据以后所讲述的内容再提高、再完善，只要能够坚持"**心潜于一，久而不移**"的学习态度，读完这本书的内容之后你自己就会有正确答案了。

第十节 心理动员

如果说破坏交易者的流畅状态就是使其心理偏离的话，那么，正确的心理动员就能够提高交易者体验最佳交易流畅状态的可能性。在交易领域没有一个处方能够针对每一名交易者，但是如果了解以下的知识就有可能提高你体验到最佳交易流畅状态的概率：

1. 如果你能够觉察到自己的交易技能水平、交易预案与即将面临的市场走势的困难程度相匹配的时候，你就最有可能体验到最佳交易的流畅状态。这基于你尽可能地客观地评判自己的真实水平，尽可能地将你的技能特点运用到阶段性相近的盘面走势当中去，并且将交易预案的目标设立得略低一些，为自己预留有一定心理预期以应对因市场"滑点"所造成发挥空间可能过于窄小的局面。在实盘过程中，保持比较轻松的状态（将思维指向明确于设立好的条件和标准，规避市场杂波带来不必要的干扰），争取通过执行力度来加强自信心。最重要的是，你要真正地贯彻前一天的预案的要求，不只是为了盈利，也是要达到自己的操作目标。当然，这还要与今后学习的"现实目标"的设置相结合。

2. 要将自己的注意力更多地集中于交易过程本身，要完全地专注于市场信号。在平时的训练中，要多进行以前所讲的专注性的训练，以免在今后的实盘中不能够很好地应用。

3. 在平时的训练，特别是在实盘中，只专注于当前的价格与信号之间的关系，排除对过去和将来的设想。如果你常常陷于对过去交易行为的失误的懊恼，或者担心交易结果的话，那么一定会影响你的交易技能水平的发挥。

4. 你应当学会使自己处于身体上的放松和心理上的警觉状态。但值得注意的是，如果你在实盘中过于放松，心理就会处于漂泊不定的状态，很有可能就会处于图 9 – 3 中的 B 区或者 C 区。如果你太紧张，心理就会处于 A 区的焦虑状态。处于身体上的放松和心理上的警觉状态是体验最佳交易流畅状态的最理想条件，就是 D 区。

5. 在第二天的交易之前你要做好充分的准备，这里主要是指头一天的交易预案。预案的内容应包括：三种开盘的可能性，与关键位置之间的关系，可能出现的突发事件，以及相对应的策略。一旦优势部位被确立，加仓预案如何实施，新的"狙击点"可能要重新设立，以及在收盘前的最后几分钟还有许多问题需要思考和确立等。当这些工作做完之后，你还需要将整个预案进行表象，这都有利于你在实盘中增加集中注意力的能力，同时也是建立"积极"自信心的基础。

6. 如果当天的交易初期一切顺利的话，利用小节休息应用以前讲过的表象技能，重新体验先前的最佳交易流畅状态，然后将表象体验到的感觉迁移到即将再次来临的实盘之中去。但请注意！这需要你以往有大量的阅读图表和交易模式分析、数据报告的经历。经历得越多，你的经验就越丰富，对未来盘面运行的"感知"能力也就越强、越发准确。**正所谓：经验，经验！需大量的亲身经历和体验！**

7. 这是交易最佳流畅状态出现的一条重要的规律：**交易最佳流畅状态就是交易者感到自然出现的状态，而不是试图迫使它出现的状态**。最佳交易流畅状态的出现非强力所为，当你试图迫使自己处于最佳交易流畅状态时，则最佳交易流畅状态不可能出现。

以上七条似乎是最佳交易流畅状态出现的一些特征，实际上，这些也是我们进行心理动员必备的条件和基础。可以看出，心理动员不是一件简单的事情，它需要许多不同的步骤和环节来完成，是一种长期的学习、认识、自我激励和训练的过程，为获得好的交易行为而需要进行长期和艰苦的训练。

第十一节　心理能量与交易之间的关系

由于心理能量能够影响我们的交易水平，因此，有许多交易者都对它很感兴趣。从先人的经验中我们了解到，没有足够的心理能量会导致毫无生机和较差的交易行为。如果交易者以前体验到过多的应激形式的心理能量的话，无疑会损害其今后的操作水平。所以，我们更要学会控制心理能量，要知道什么样的心理能量最有利于最佳的操作。

一、倒 U 原理

倒 U 原理，原本是运动心理学中最著名的运动原理之一，它已被各个项目的教练员和运动员所采用。根据这个原理我们很容易清楚地了解到在交易技能的发展中我们所处的状态，以及何时应该采用相对应的方法加以解决（如图 9 - 11 所示）。

这个原理所阐述的是，当你的心理能量由低向高增加时，加之对市场的进一步学习和了解，对交易的操作和控制水平是逐渐提高的（初期交易者之所以水平提高很快，一方面原因就是因为此时具有强大的和积极的心理能量支持，另一方面是交易技能的基础知识相对容易学习和掌握）。经历过一段时间后，当心理能量迅速达到了某一点或某一区域时，由于交易技能水平的发展相对滞后，以及知识的储备的匮乏，就会出现两者之间不平衡的状态。此时心理能量还在进一步地增加，而交易技能水平出现自然回落（遇到了各种各样的问题，包括技术难点、市场不确定因素和心理上的问题等）。正是因为以上不平衡状态的出现，此时你的实际交易水平与对心理能量的要求产生了一定的差距，随之应激形式的心理能量就会出现，从而更加破坏你正常的交易状态，交易水平也随之开始一路下滑，我把它称之为交易者灾难期的来临。

在图 9 – 11 中，高交易水平的区域称为最佳能量区，也就是图中阴影的部分。

在实际的学习和训练中，如果你能够很好地理解，并实际地应用这一原理，那无疑将是一名很有潜力和发展前景的职业交易者。你对心理能量的理解和控制就能逐渐达到随心所欲，因为你知道在什么时候可能会出现什么样的问题，有的放矢地提前加以重视和解决，这才是我们学习本章的目的。

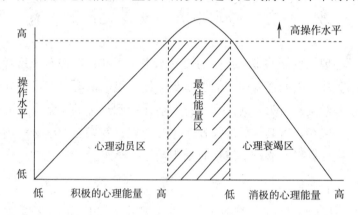

图 9 – 11　倒 U 原理所体现的关系

二、个体间的差异

在各个社会行为中，每个人的心理能量水平都是不相同的，并且还会出现阶段性的不同。交易行为的发展更不例外，所以，不同的交易者会在不同的时段出现不同的最佳能量区。下面根据不同的个体展示出三名不同的交易者在发展交易技能的过程当中心理能量和交易水平之间的变化。如图 9 – 12 所示：

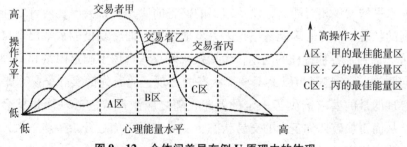

图 9 – 12　个体间差异在倒 U 原理中的体现

正如（图 9 - 12）所显示的那样，每名交易者在交易技能发展中其曲线的形状是不对称的、不相同的，曲线的高度和时间跨度的关系也不一样。这三名交易者不仅有不同的最佳能量区，而且每个最佳能量区的变化幅度也不一样。

例如，交易者甲比交易者乙和丙有更宽的最佳能量区，并且最先进入高水平操作的状态。而在相对高的心理能量水平上，交易者丙比交易者甲和乙在前期似乎进展缓慢，并且有明显受到挫折的迹象。如果要从长远的个人能力发展上分析，交易者丙的高水平的操作只是在前期不如交易者甲和乙。但是，从长远的时间跨度来看，交易者丙恰恰是最有发展前景的，并且属于后来者居上的位置。

以上说明了一些什么问题呢？

在图上很明显地看到交易者甲的状态要比交易者乙和丙上升的速度快，是最先达到高水平操作的，应该属于资质非常聪慧的一类。并且他具有更宽的最佳能量区，能够使他具有相对较长时间地进行较好的操作。但是，当消极的心理能量出现后，他的操作水平出现急剧下降，但他很有可能通过简单地学习又以较快的速度制止了下滑，使操作水平略微地拉升，并持续一个阶段，不过最终没有能够保持住。这说明交易者甲已具有一定的心理能量控制水平，但不全面，一定是没有经过系统的学习和训练。

交易者乙，虽然没有交易者甲上升的速度快，但是也远远强于交易者丙。由于操作技能有限，在经过心理动员后操作水平也有明显的上升，但最佳能量区相对要窄一些。而一旦心理问题出现后，其交易水平急剧下降，又无更好的办法来解决。这属于"昙花一现"的市场现象，这种现象的案例有很多，这说明这类型的交易者在心理技能上急需系统地多下功夫学习。

我们再看看交易者丙，他的成长轨迹有点像我的学生。由于在初期的学习中我一直强调由浅入深、循序渐进的学习原则，不难看出由于初期学习的知识比较简单，其成长过程也是缓慢的。随着学习不断地深入，他自然会遇到难以掌握的问题。所以，成长曲线在升高不久就开始了一段下滑，这也符合自然的规律。之后伴随不断的学习，成长曲线又开始稳步地上升，随即又出现一段时间的平滑状态。总之，交易者丙在初期的心理动员区（学习更是心理动员的最佳方式）中曲线似乎是缓慢的，不是很平稳的。这说明他在心理动员之中就有很多消极的因素在干扰自己，这对任何一名初学者都是极为正常的事情。当他通过不断地潜心学习之后，心理能量以及技能水平又上升到了一定的高度。此时，心理能量和技能水平的最佳能量区才以很窄的形式出现，并在短期内又开始直线下滑。同交易者甲和交易者乙不一样的是，在下滑的过程中他并不是毫无办法的。他通过不断地学习其他心理技能方面的知识迅速制止了下滑的态势，这是他非常好的和积极的一面。也就是我们之后看到图表所显示的，他的技能水平经过长时间的跨度之后还在不断地稳固提高。从发展的角度来看，这种过程无疑是我们应该提倡的。

我们是否还记得在基础篇中提到孙子说过的话："**以迂为直，以患为利。后人发，先人至，此知迂直之计者也！**"

我们是否理解老子在《道德经》中强调的：**天长，地久。天地之所以能长且久者，以其不自生，故能长生。是以圣人后其身而身先，外其身而身存，非以其无私耶？故能成其私！**[128]

目前关于《道德经》的解释非常之多，因为它是一篇放之于四海皆准的"道"。在任何领域或方面来解释都能解释通，所以，我们尽量领会其"神"，而不要太追究字面的"形"。**这段话如果引申到发展、提高交易技能之中，特别是在交易生涯的初始阶段，玩味无穷！**

以上是三名交易者的心理能量与操作技能水平和未来发展之间的简单关系。它只是表明我们不同的个体，最佳能量区和高操作水平之间的关系存在客观差异。但是，为什么有如此差距呢？其中还有深层次的问题，正所谓：性相近，习相远。意思是：人的秉性和资质都是差不多的，未来的好坏是与学什么、怎么学有极大关系的。所以，随着时间的加长三者之间的差距会越来越明显。

三、对倒 U 原理的正确认识

通过以上的阐述和举例，不知大家对倒 U 原理的理解程度怎样？也许有些交易者认为，不管心理能量是来自于中等水平的兴奋状态，还是来自于应激，只要我们处于中等程度的心理能量时就会出现最佳操作。这样的理解是不对的，以往的很多科学研究证实，当你的心理能量很高且无应激时，最容易出现最佳的交易流畅状态。

作为职业交易者，如果要想正确地和有效地控制好自己的心理能量，以达到最佳的交易流畅状态，首先，就必须要确信以上的说法是正确的。但关键是，你自己还要认识到心理能量有不确定性的因素。如果你不能知道引起心理能量变化的真正的原因，那么你只能在误区中不断地摸索前进，浪费宝贵的时间和精力。所以，在这里我们就有必要先了解到底是什么能使心理能量产生变化。

过去大家已经习惯把心理能量归于情绪或动机的来源上，高兴或悲痛，放松或焦虑，兴奋或厌倦等。是它们左右着我们心理能量的变化。这些情绪的反应有属于积极的，也有属于消极的。我们要通过这些积极的或消极的情绪指向来觉察自己心理能量水平的变化。为此，很久以前就有许多专家指出：有必要将心理能量区分为积极的和消极的心理能量。这一点我个人是很赞同的，因为古人很早就把世间的任何事物分为阴阳两极，都存在相对立和相生相克的现象。世界著名的应激研究专家汉斯·塞利于1956年就指出：积极能量为"良性应激"，消极能量为"劣性应激"。还有哈里斯等人于1984年将这两种能量称为"好唤醒"和"坏唤醒"。但是，目前人们还普遍对应激存有偏见，认为只要是应激就是一种具有伤害影响的消极情绪，这也不完全对。我们试想一下，在盘面的运行中，当价格逼近你的条件和标准时必然会使你心理上产生警觉，心理上产生警觉势必也会导致生理上的正常反应。由此，我们是不是应该把它视作为"好唤醒"或者"良性应激"呢？答案应该很简单。

心理能量影响交易者的交易水平，不仅仅是由心理能量的强度来决定（复习图 9-3 心理能量与应激之间的关系），它还由心理能量的性质决定——是积极的，还是消极的。以上内容可以表明，积极的心理能量总是促进操作的，但是也不能太高。而消极的心理能量总是破坏操作的，哪怕是一点点消极的心理能量都能对交易行为逐渐地产生很大的影响，这种看法来自于许多科学的试验和推理。

让我们再从逻辑推理上来看这个问题。如果应激是一种消极的情绪，它应该是我们力图避免出现的一种不愉快的状态，它不仅会损坏我们的正常交易行为，而且还会引起我们生理和心理的疾病。一旦我们出现某种需要或想要达到某些较高的目标，等于我们自己在无形中将自己置身于应激的情境之中。这一点必须要引起我们足够的重视！

我们需要了解的是，应激是通过产生不必要的精神紧张和引起我们的注意力极度狭窄，从而破坏我们的交易行为的。在高应激的状态下，交易者的注意力开始来回地随着市场的波动上下游移，而忘掉以前所做的交易计划，使你不能够将注意力高度集中在之前定好的条件和标准上，或者集中在交易行为的环节上。

在实盘交易中，交易者的注意力不能集中的一个主要原因是：**存在着与应激相联系的消极思维。**

如考虑自己账面的盈利情况会怎样，能不能保住利润，"公众性自我"的交易者更会考虑其他人会怎样看待自己的交易行为，是不是能像平时说的那样完美，以及一旦错了该怎么办，等等。自我检查一下，在实盘中自己有没有类似的消极思维出现。

与之相反的是，在实盘中，交易者处在流畅状态时，他们的心理会完全集中在前一天的预案上。如果感到忧虑，他们会利用心理技能将消极思维的忧虑分散，因而不干扰其注意力的指向。只有交易者没有忧虑或厌倦时，才会出现图9-2焦虑应激区和厌倦应激区之间的最佳交易流畅状态的区域，才可以达到最高的交易水平。

许多科学研究表明，忧虑从来都是会损害行为的。在我们今后的实践体验中，也将会支持该结论——你最佳交易流畅状态的体验只有在没有应激的状态时才会出现。因为在运动界中，还从未听说过运动员报告，他们曾在中等水平的忧虑时获得最佳的竞技水平。从我个人的亲身经历来看，哪怕是轻度水平的忧虑也会导致下单犹豫，或者止损不坚决等情况出现。

很明显，如图9-11所示，当积极的心理能量增加时，交易水平也会随之提高。当自我怀疑等消极的心理能量增加时，交易水平也会逐步降低。如果交易者能保持最适合的心理能量，并且会运用其他心理技能加以辅助，最佳交易水平就会在倒U原理曲线的最顶点不断地平行延展，呈现出倒L型的走势。它是一种最大限度的积极的心理能量，此时绝无一点消极的心理能量存在。但是，随着一些客观因素的出现或者时间的推移，职业交易者也不可能永远保持在最佳的交易状态，因为我们是人，而不是神。此时，最大的可能是因为生理上或者其他突如其来的原因，消极的心理能量最开始会在你不知不觉中渐渐地介入。它也会渐渐地破坏你的交易状态，这需要我们尽早地察觉，尽早地修正。如果你对消极心理能量的介入始终处于麻木的状态，而不去修正，那就会出现这样的情况，你体验到消极的心理能量越多，良好的交易状态受到的损坏就越厉害，操作水平也就会越来越低。

另外，图9-11还能说明一个问题，在最佳能量区左边的是心理动员区，在此区中，交易者需要不断地以积极地心理能量来维持好的交易状态，使交易水平表现得更好。在最佳能量区右边的心理衰竭区（也可以称之为心理偏离区），你的心理偏离会直接改变你的交易状态，导致交易水平极速下降（特别是在期货的交易中，90％以上是由此引发交易水平下降的，要尤为注意）。

在现实的交易中，我们必须要正视这一点，交易者很少能够始终保持处在没有任何消极心理能量，且具有较大的积极心理能量的理想状态中。因此，我们在实盘中体验到的是多种情绪的反应，会从市场动态的刺激和从事交易的乐趣中展示自己的能力。并在期待从内部奖励和外部奖励中体验到高而积极的心理能量，特别是源自于内部的奖励。当然，这是只针对于懂得和善于运用交易心理学的职业交易高手而言。

另一方面，我们也会体验到焦虑或气愤的，高而消极的心理能量。此时消极的心理能量与积极的心理能量进行着斗争，积极的心理能量是促进交易技能发展的（使交易者发展曲线上升），消极的心理能量是起破坏作用的（使交易者的发展曲线下降）。就看它们两者之间谁能占上风，这也就是交易者的曲线为什么总是上下不定的原因。

在交易中还有一种情况存在，你已体验到了一些消极的心理能量但仍处在最佳能量区，并且技能操作得也很好，这是怎么回事呢？这有两方面的原因：一是此时你还储存有许多积极的心理能量，这种积极的心理能量暂时战胜或压倒消极的一面；二是你在技能水平上有一定基础，可以借用一定的积极心理能量维持一段时间。但你也应该意识到，这是危险信号。

在一定的范围内，交易者如果只存在消极心理能量的话，那么就会失去圆满完成交易任务的动力了。此时，交易者也可能会感觉到没有可能从交易中获益或只会出现消极结果。但是，很多人不会甘心，他们还会硬着头皮继续参与交易，在内心还不断地用"明知山有虎偏向虎山行"之类的警句为自己打气。还有一些交易者会报以"碰碰运气，也许能够成功"的态度。以这种方法来做心理动员更是不对的。这对今后的发展会更加不利，极有可能是恶性循环的开始。

我们知道，这个市场从来不缺乏幸运儿，如果你够幸运的话，积极心理能量的来源通常是会超过消极心理能量来源的，但这只是极少数交易者所能遇到的。就如同有人只花了10元钱，就连中5个5百万一样。最可怕的是，一旦消极的心理能量来源大于积极的心理能量来源，你就有极大的可能交易失败，甚至过早地结束自己的职业交易生涯。

下面一个更值得注意的问题是，过多的积极心理能量会损害交易者的操作吗？交易者能够要求更多的心理能量吗？两个问题的答案都是肯定的。注意！在平时的训练或交易中，**"要求更多的积极心理能量"和一些"尽量使交易尽善尽美"的想法都是产生消极心理能量的潜在因素**。我们按照逻辑来推理，"尽善尽美"或"尽我所能"的想法没有错。但是，这会演变为"我必须要做好"或"只能做好"的想法，此时，你已经不自觉地脱离了现实目标的制定，脱离了现实目标的制定就等于使目标大大高于自己的能力。当自己的能力达不到时，必然随之而来的就是忧虑，消极的心理能量就不知不觉地产生了。因为这些想法提高了对自己的要求，这种高标准、高要求很可能超越了你的现有能力。在以上的章节中我们刚刚学习过，一旦高标准、高要求超越了你的现有能力会产生什么样的结果？高应激！因此，我们在正常的训练或实盘交易中，注意力指向条件和标准时，积极的心理能量从来不会太高（大家今后可以自己体会），只有这时的心理能量才不会有破坏交易行为的任何成分。

如果按照过去的说法，交易者要有强大的积极的心理能量，那么与现在所提倡的适当的心理能量不是相矛盾吗？其实一点也不矛盾，首先，交易者要有一定的积极心理能量是没错的。但是，以前所要求的心理能量是要让它起对表象的促进作用，同样也有具体的指向性问题。它是一个具有起伏和淡化的作用，例如：需要结合以前学习过的心理指向和以后章节中现实目标的制定相结合，这一点大家要分清楚。只有在平时以积极和强大的心理能量加深表象，才有助于对技术环节、细节和整体交易行为的有序化进行进一步的深化。还有仔细地复习以前积极的心理能量与消极的心理能量，是如何促进和破坏操作的内容，这样就会有更加深刻的认识。

有些人可能认为在交易前的预案中或者平时的训练中，可以用任何方法来建立和加强自己的心理能量，不管是消极的还是积极的。具体体现为，在预案中可以提高标准给自己一些压力，并美其名曰：压力就是动力！认为这样就能够使自己的心理动员更加有效，这也是不对的。因为，第一，如果你要想使自己在交易中最有可能达到最佳能量区的话，就要尽量去避免任何消极心理能量的存在。第二，你要尽可能地积攒积极的心理能量，把握这种积极心理能量的水平越高，你今后就会操作得越完美。

第十二节 心理能量的衰落与高涨

我们在交易前、实盘中和盘后，心理能量不是一成不变的，它会随着你对外部环境（表象和视觉）与自己的思维产生的内部环境所引起的反应，呈现连续不断的变化。

比如，在交易前的心理动员期间，也许你会像交易者丙一样（图9－12 三名交易者的心理能量与操作之间的关系），心理能量的积攒呈波动性上升。原因是，你对即将来临的交易既有一种期盼，也有一些自信，同时也有一些紧张和忧虑。对交易的期盼犹如心理能量的"量"，它能迅速地提高你"量"的积累向一定高度上攀升。自信则犹如你心理能量的"质"，它能使你的心理能量变得更加坚实。然而，紧张和忧虑就像你牙齿中的蛀虫一样，它能很快地蚕食你的"量"和"质"，即使你有非常坚定的自信心，在遇有特殊的情况时也会出现缺口，这就是你心理动员期曲线上下波动的原因。

在实盘中，当市场的走势发生变化时，你的心理能量也会出现戏剧性的变化。当然，其中主要是市场的变化而引发你自己心理能量的变化。那么，到底是什么因素引起你心理能量的变化的呢？其中有我们以前所讲过的消极的心理能量等因素，还有其他许许多多方面的原因，当我们认真地学习完此书后心里必然豁然开朗。

在盘后（我们以积极的体验为例子），不管是你交易前或实盘中经历了什么样的心理波动，但最终你还是战胜了自己和赢得了市场。此时，作为一名成熟的职业交易者你应该善于总结，以曲线图的形式对整个交易的心理过程进行描述，积极地发现在什么时候好的心理能量是如何支持你操作的，以及是如何产生的；而在什么时候消极的心理能量是如何出现的，又是如何破坏你的操作的，潜在的危险是什么等。

另外，根据我们以上所学过的内容，我现在概述一下致使我们心理能量改变的因素有：生理疲劳、伤病，心理疲劳和过分地强调自己不能出错，市场千万不能与自己的预判相悖，单一预测未来的成功与失败，家人对你的期待和重要人物对你的要求，还有公众对你的反应，以及可能面临接受来自朋友圈内积极或消极的反馈等。

为了避免上述因素在交易中出现和干扰我们的交易行为，就必须要熟悉所有的可能引起自己积极或消极心理能量变化的有关和无关因素。此外要努力地发展其他的心理技能，使你在交易中心理能量始终保持在正常的水平。

第十三节　如何找到最佳能量区

我们想象一下以前的很多军事案例中，有许多方法是用来提高和鼓舞士气以及心理能量的。我们只需抓住要点，加以变通就能够使其为我所用。以下我将重点地向大家介绍，然后再介绍如何用心理技能训练帮助你找到自己的最佳能量区。

鼓舞士气的自我动员：

以前在打仗之前，军队的首长都要进行一番讲话，目的是鼓舞士气。这种动员方法，是世界上最古老的动员方法之一，它的目的是要促使将士们在开战之前能够达到最佳心理能量区。但是，目前的科学研究和实践表明，这种方法是笨拙的。原因是：在我们目前所了解的鼓舞士气的动员中，当时都认为自己积极的心理能量还不够高，还想不断地增加"动机"水平。为此，只有努力地鼓励自己一定要取胜。但是我们却常常忽略了一点，就是在交易中自己一旦出现了失误必然就会立即带来消极的后果，从而容易使自己将注意力集中在所失误的地方和自己的薄弱环节上，而不是在自己的优势上。此时交易者在心理上就会出现变化，开始逐渐地担心起来或怀疑自己的水平。一旦这种心理出现在实盘交易中，自己的消极心理能量水平就会自然升高，随之也就出现心理偏离、应激过高和注意力不能集中等现象的加重，破坏交易水平的正常发挥。

　　而解决以上问题的最好方法是，复习以前的心理能量与操作水平之间的关系，找出都有哪些因素能够使自己增加积极的动机和心理能量，哪些因素在操作中破坏积极的动机和心理能量。在今后的交易中遇到类似的问题时，注意应该加强哪些因素和避免哪些因素的出现。

　　正如没有人能够容易地找到自己的最佳能量区一样，作为交易者自己也很难（尤其是实盘交易中）找到最佳能量区。此时，我们应当清楚，我们学习交易心理学的目的是为了明确自己的交易的职责。我们的职责是：除了要恪守交易原则、遵循交易纪律以外，还要把以往学到的交易心理学知识运用到实盘交易中。我们不是祈盼最佳能量区的到来，而是用知识的能量助推心理能量的提高，控制自己的思维指向，这样必然能够是低应激（积极的）的状态，从而达到图 9-3 中 D 的区域。实际上，此时你的心理能量已经到达了适宜的阶段。**这个过程也可以称为全面、细致地进行心理动员的结果，它是在你延续正确的方向中不知不觉地产生的**。另外，获得控制心理能量水平的能力还需要各种心理技能的支持。

第十四节　控制心理能量的训练方法

　　我们的目标是，要使交易者在每次实盘交易中都能够找到最佳能量区，更好地为交易技能的操作服务。但是，如果要我准确地指出每名交易者的最佳能量区是不现实的，因为每个人的最佳能量区是不一样的。可是我们都知道在最佳能量区内我们都有过一种最佳交易流畅状态的体验，而且我们还知道我们自己什么时候不处在最佳流畅状态。这一点不难区分，在这里我给大家提供的只是一些能够增加找到最佳能量区的几率的方法，以及一些有用的指导。而目前要使朋友们在每次交易中都能够达到最佳能量区的确是不现实的。

　　难于找到最佳能量区的原因主要是：首先，**不懂交易心理学或者以前学习过的知识没有形成三级记忆机理。在这种情况下，你是根本无法找到最佳能量区的**。其次，目前还没有一种就像温度计测量温度一样能够简单、准确地测定积极和消极心理能量的工具。**在测量心理能量方面我们目前能够做到的最好情况是，尽量使每名交易者自己指出，是否能够体验到比先前更多的或更少的心理能量**。但不幸的是，到目前为止我还不能够准确地告诉每一位交易者到底需要多少心理能量才能达到最佳能量区，因为个体间差异的不同，这只有通过你自己的体会慢慢地分析总结。

不过，朋友们也不要因此灰心丧气，虽然我们还没有像温度计一样准确的测量工具，但我还是有一些可以解决此问题的方法。使交易者自己找到最佳能量区的办法，是让你自己进行心理能量的比较，但要注意的是，不要与其他交易者进行相互比较。

帮助自己找到最佳能量区可采用以下步骤：

1. 首先需要建立较强的心理能量水平需要的自我知觉能力。要在没有其他人干扰的情况下识别自己盘中的情绪状态。其中包括：能够清晰地觉察出在平时训练和实盘交易之间，复杂剧烈波动的盘面和相对平缓简单的盘面之间，自己的交易行为顺畅和不顺畅之间，以及自己体验到顺畅和高应激状态之间的心理能量的变化。

以上这些完全可以当作平时的训练科目，在每天的盘后都要加以表象练习，并要持续一段时间，直到能把这项问题彻底解决。

2. 你还需要了解心理技能的训练程序，特别需要了解以下知识：

（1）心理能量的控制是一个独立的概念，它相似于身体能量的控制，需要劳逸结合。

（2）在实盘交易中所要求的心理状态，一定是你以前所体验到过的最佳交易流畅状态。

（3）复习倒 U 原理，了解积极的心理能量是如何促进交易行为的，消极的心理能量是如何危害交易行为的。

（4）掌握心理动员的一些基本要点。

（5）复习以前如何出现心理偏离，以及如何防止出现心理偏离。

（6）在实盘交易中，当应激出现时应该如何控制（在下一个章节"应激控制技能"中就会介绍）。

3. 培养自己记心理训练和交易技能训练日记的习惯。你应当随时记录下训练和交易中心理能量变化的情况。

记录的内容应包括：心理能量的等级、心理能量水平变化的时间、在同一心理能量水平时间内操作的情况，以及此种心理能量水平和操作水平与其他因素的关系等。日记还应当包括，你将如何采取措施在未来的训练中改变自己消极的心理能量的内容。

4. 自己编制出能够反应自己心理能量变化的主观量表。

5. 建立一种能够定期回顾日记的制度。

以上都是一名职业交易者的良好习惯，因为这些都是你将来每天必需的工作内容，你够不够专业，能不能成为一名合格的职业交易者，目前已经很清楚了，请认真地加以自我监测。

第十五节　实际应用

这个部分的学习目的有三个，其中包括：

1. 学习心理能量控制程序的三个阶段，即学习、获得和练习阶段。

2. 监测交易者自己心理能量水平的方法。

3. 概括心理技能训练的程序。

学习阶段

首先，心理能量控制技能是交易者要发展的主要技能之一。此技能的好坏直接关系到能否产生最大的积极的心理能量，从而使消极的心理能量减少到最低限度。就像发展其他技能一样，心理能量控制技能也需要系统的学习。

问题 A：作为职业交易者你应当了解哪些心理能量的概念？

答案：首先心理能量是指心理活动的强度，此外还要了解心理动员和心理偏离的概念（复习以上的内容）。

问题 B：分别举出焦虑式应激和厌倦式应激时心理能量的变化。

答案：焦虑式应激的例子是，特别是在参与期货交易时，由于杠杆作用以及盘面的波动较其他品种剧烈，此时交易者容易对账面是否能够盈利，以及对自己的交易能力产生怀疑和顾虑。在这种情况下，自己就会不由自主地想使自己达到较高的交易目标。但是，此时的心理情境实际上已经处于偏离状态。回想一下自己以往的交易经历，根据自己当时的心理情境的变化进行描述。

厌倦式应激的例子是，在一般情况下，由于交易者没有受到过严格系统的训练，长时间连续交易受挫，账面亏损严重，此时就会出现厌倦式应激。特别需要我们警惕的是，厌倦式应激是心理耗竭即将出现的信号。如果不及时加以心理上的疏导和修正，用不了多久你就会就此结束交易生涯。

另一种情况是，有些交易者虽然学习过一些专业知识，但市场的运行长期不能符合自己的预判，始终出现横盘窄幅整理状态，盈利空间非常有限。如果此时再加上自己的系统设计不够完善，就很容易造成处处被动挨打的局面。最直接的体现是，频繁止损。要仔细地体会此时心理能量的变化和内心的情境。

练习A：做下面的练习，以了解市场的变化导致你的心理产生偏离的情况，以及根据所学过的知识找到可以避免最佳交易流畅状态受到破坏的方法。

（1）描述你曾经在什么情况下受到市场的影响而产生心理偏离。或者，如果你是市场"主力"如何应用心理偏离战术诱骗公众交易者，从而达到你的目的。

（2）指出两个例子中最佳交易流畅状态遭到破坏的根本原因。

（3）找出克服心理偏离的大体步骤。

此练习的说明：正如我们每名交易者都想要达到最佳交易流畅状态一样，市场上的超级"主力"们也在千方百计地想破坏你的最佳交易流畅状态，我们称这种破坏活动为"使对手心理偏离"的战术。使用这种方法典型的例子是——利用平台或者媒体信息散布市场消息，再结合价格运行的方式使公众交易者信以为真，当大家趋之若鹜、蜂拥跟进时趁机了结头寸。另外，还会出现以上我在心理偏离章节中提到的案例，当有人过高地给予你评价时你要注意（复习以上的章节），赞美之词的背后可能就是陷阱。如果不能正确、客观地看待和分析自己，它就将破坏或抑制你最佳交易流畅状态的出现。说到底，这还是自我知觉能力的问题。因此，我们应当注意到"对手"无处不在，或者根本不是"对手"的对手也可能给你造成干扰。他们或许采用这种方法，或许会采用另一种战术。不管怎样我们都要提前想出对策，谨防出现心理偏离。

第十六节　避免出现心理偏离的对策

（1）在交易之前设置现实的交易目标，盘面出现任何情况都绝不改变。

（2）在实盘交易中仅仅集中于自己能够控制的因素。

（3）在学习交易初期的盘面运行期间尽量先不分析自己的操作，只是简单地"按预定方针办"。

（4）当不得已非要面对分析和评价时，要采用客观和积极的自我陈述。此种陈述的要点是：建立在客观、公正的基础上，以以往的统计为基础，获取真实的经验对当前形势加以判断。

练习 B：依据以上介绍的知识，准确地回答下列问题：

（1）传统的倒 U 原理与流畅状态模式在哪些方面不同？

（2）心理能量的概念与动机的强度和指向维度是什么关系？

（3）列出积极和消极心理能量的三种来源？

（4）积极和消极的心理能量是如何影响操作的？

（5）倒 U 原理的新解释与传统的观点有何不同？

练习 B 的说明：

（1）传统的倒 U 模型表明，中等的心理能量可以产生最好的交易水平。但它没有考虑心理能量的来源，而最佳交易流畅状态模型则表明在没有应激的高心理能量水平，可以出现最好的交易状态。

（2）心理能量是动机强度的维度，交易者既可以有高的心理能量水平，也可以有低的心理能量水平。而动机的指向性则反映在心理能量的分类上——即积极的心理能量和消极的心理能量。

（3）有许多积极和消极的心理能量来源，一般常见的如下：

积极的心理能量——兴奋、愉快、享乐、现实性目标。

消极的心理能量——应激、忧虑、害怕、生气。

（4）正如前文最佳交易流畅状态的概念所阐述的那样，积极的心理能量趋向于提高你的交易水平。而消极的心理能量由于缩小了注意的范围（集中在价格的波动上或者市场信息上），从而破坏了集中注意的能力（系统的条件和标准），增加了你对盘面不确定性因素的紧张感等，也就势必损害你的交易水平。

（5）倒 U 原理的新解释不同于传统的倒 U 原理之处主要在于：新的解释提出，一名交易者不能够有消极的心理能量，当消极的心理能量出现时，必然干扰你的交易的能力，你的交易水平就必然会降低。

练习 C：描述交易者在心理动员区、心理偏离区和最佳能量区的操作特点。

答案 C：通常交易者会在交易前做自我心理动员，还有一种情况是，在交易中交易者如果没有充分地发挥自己应有的交易水平，也会不自然地进行心理动员。此时说明你的心理能量处于低谷。如果心理动员所采用的方法正确的话，你很快就会从低谷中升起，渐渐地进入最佳能量区。相反，处在心理偏离状态的交易者会有很高的消极心理能量。在实盘交易中，他们会被频繁的市场信息的分析和消极思维所缠绕，以及受到对手盘突然出现的行为所带来不良的心理暗示，造成应激急剧升高破坏原有的交易计划。当失去原有的，经过深思熟虑的交易计划之后，任何的交易行为都属于不成熟的行为。因此，交易水平的降低也就顺理成章了。反而交易水平越低应激等因素越高，应激越高就越破坏自己的交易水平，从而形成恶性循环。而最佳能量区就是体验最佳交易流畅状态的区域，相信大家以前都有过这种体验。

在实盘交易和训练中（在平时的模拟训练中这种几率出现较大），当你的心态处在非常平和的情境下，脑子里前一天的交易计划就会如此地清晰，并且环节之间是如此地连贯、顺畅和自然。

具体体现在：你能够从容不迫地预埋单子，或者一旦条件或时机成熟你的回车键敲地如此轻松，丝毫没有"拖泥带水"的情况出现。多数情况下，好的交易成绩也常常会随之出现。这就是最佳交易流畅状态的体现。此时你会有较高的积极的心理能量，将注意力只是集中于条件和标准上，而脑中没有其他的想法，如打错了会怎样等。因为你还清楚地知道，即使打错了位置，在离你入场很近的地方你也会坚决止损。只有这样产生最佳交易流畅状态的几率才会不断地加大。

练习 D：有哪些因素能够促使交易者进入到心理动员区、最佳能量区和心理偏离区？

答案 D：以下三个区域对交易者来说都是不同的，但要仔细地分析出每个区域相互联系的共同因素。

心理动员区——出现不现实的高目标（需要加强对以后章节"现实目标的制定"技能的学习），**缺乏自信**（需要加强对以后章节"如何理解自信心"技能的学习），**缺乏在实盘中集中注意力的能力**（需要加强对以后章节"集中注意力"技能的学习），**缺乏对交易行为的充分准备**

（加强对交易预案的制定制度），**缺乏对盘面的感官觉察能力**（就是所谓的盘感）。

最佳能量区——现实的、符合自己交易条件和标准的交易目标，之前就具备最佳交易流畅状态的表象条件（复习以上"表象"技能章节的内容），**集中注意力于交易预案中的条件和标准**（有待在以后章节中学习、获得），**在盘面运行中有愉快和兴奋的感觉**（"表象"技能是其基础），**积极的交易氛围**（指相对安静、封闭的，不受外界干扰的交易环境）。

心理偏离区——出现不现实的高目标，注重交易结果（账面的盈利或亏损），**注意过去**（曾经失败的痛苦经历在脑海里挥之不去）**和将来的事情**（脑子里总是在想，千万不要再出现以前的结果），**消极的自我谈话**（自我1和自我2之间争论不休），**消极的群体氛围**（杂乱的公众平台）**和存在较多的不确定性**（只有在杂乱的公众平台才会出现真假信息满天飞，这些无疑都是会对你的交易系统造成冲击的重要因素）。

第十七节　获得阶段

通过以上的学习，大家应该有了一个基础的认识和对内容的基本的掌握，下面就通过进一步的练习来加强对此技能的进一步提高。

问题 C：在我们寻找最佳能量区时，职业交易者的职责是什么？

答案：职业交易者的职责是要找到自己的最佳能量区，这是你责无旁贷的。因为交易行为的本身最终是要落到你自己头上的，是任何人都不能取代的，我也更不可能时时刻刻都在你身边不断地跟你说些什么。所以，你自己必须要获得能够控制自己心理能量的各种技能。

在初期的训练和实盘交易中，监测自己的心理能量是很重要的一步，通过系统地评定心理能量水平的变化，你就能够采用具有建设性的行为以控制自己的心理能量水平，直到此技能最终形成了条件反射。所以，我们必须要设计一种能够记录交易者所体验到的，并能够影响交易行为的积极和消极心理能量的记录系统。

以下样本是交易者设计记录心理能量变化的格式，如果能用其他方式体现也是可以的，但关键是要表示出心理能量水平和交易行为效果的等级。

表 9-1 　　　　　　　　　记录心理能量日记的样本
操作评定（标定）

1	2	3	4	5	6	7	8	9	10
很差		差		平均		好		很好	

日期	事宜	心理能量水平	操作评定	说明

通过以上心理能量日记的样本，我们作为职业交易者应当认识到，我们每天需要做的工作不单单是进行交易技能的学习和训练。此外，还有许多其他的工作要我们去做。下面我还要向大家介绍一种主观的心理能量量表（表9-2），大家可以借此找到自己的最佳能量区。但要注意的是，如果你要试图用这个表与其他交易者个体进行比较的话，得出的结论将是毫无意义的。在今后的自我训练中，如果大家都有意识地应用这个量表，来寻求自己心理能量模式的话，那将是非常有用的（已经过了很多年的自我实践证实）。经常测量自己的心理能量水平是帮助你在今后的实盘交易中很容易地找到最佳能量区的第一步。

表 9-2 　　　　　　　　　心理能量量表
日期： 　　　　　　　　　　交易情境：

5	4	3	2	1	0	-1	-2	-3	-4	-5
低动机水平		中等水平积极能量		高水平积极能量	最佳能量区	低水平消极思维能量区		中等水平消极思维		高动机水平

在以上的表中，中心区（0）表示的是最佳能量区，在此区内是交易者进行心理能量控制所要达到的目的。当偏于最佳能量区至右边时，说明在交易中消极心理能量增加，当偏离最佳能量区至左边时，说明心理能量尚可，但不是最佳的水平。通过这个表，要求每一位交易者对自己当天的训练或以前的交易进行分析和评定，找出每一个成分的量度和特点，以便今后加以改进和发扬。

练习 E：为了找到自己的最佳能量区和熟悉寻找的过程，请做下列练习。

1. 识别和描述出你过去体验到的下列情境，并指出在每一种情境中你的心理能量水平和交易的情况如何（不要针对交易结果）。

　　A. 曾经进行自己认为很重要的一次交易的情境。

　　B. 感到很"憋气"的一次交易情境。

　　C. 感到发挥最好的一次交易情境。

　　D. 感到很难集中注意力的一次交易过程。

　　E. 对自己的表现感到很惊奇的一次交易表现。

　　相信以上情境所有交易者都经历过。

　　2. 结合实盘交易简单地描述出在交易过程中你的心理过程和交易行为情况，然后在表9－2中标出你的心理能量和操作水平。

　　练习E的说明：在我们监测心理能量水平时，要密切注意交易行为和心理能量水平的关系。也就是说，当你感觉到处在最佳交易流畅状态区时，你的交易行为就越加顺畅。另外，你还应该了解到消极心理能量是如何形成的，引起消极心理能量的原因是什么，以及应采取什么措施来消除它等。争取在今后的交易中能够尽快地找到最佳能量区。

第十八节　练习阶段

　　在此阶段，设计心理能量控制程序是最重要的，如果你没有这个程序，即使你以前做得再好，那么在关键的交易中也会感到无从入手。当然，这也离不开要把以前学习的所有技能进行系统的练习，在摸索和练习中取得的进步是最有用的。

　　在日常的学习和训练中，你可以先从控制自己的心理能量开始，逐步进行整个训练。当你能够熟悉自己的最佳能量水平的时候，心理能量控制程序也就渐渐地形成了，你也就能够渐渐地在任何交易品种和任何市场环境中使用心理能量控制技能了。

　　要知道，如果想很好地和较快地学会心理能量控制技能，就要花费一定的时间和精力去回顾自己的训练日记，这是非常有用的。因为，你只有养成记学习和训练日记的良好习惯，才能够从中得知你目前需要强化和改进的方面，才能使你的心理和交易技能日趋完善。只有通过日常在这些方面进行不断的积累，在今后的交易中你才会显示出自信和老练。

　　练习F：完成下列问题可以帮助你设计以下纳入实际训练中的心理能

量控制程序：

你将采取哪些步骤才能使自己在训练和交易中应用心理能量的控制方法？

练习 F 的说明：其实在以上的内容中我都已做过介绍，但关键的只有两点：

一是你自己要有判断自己心理能量水平的能力。

二是要精通监测自己的心理能量水平。就像每一章节的结束一样。要复习、复习、再复习！

第十章　应激的控制技能

处天下事只消得"安详"二字，虽兵贵神速，也须从此二字做出。然安详非迟缓之谓也，从容详审，养奋发于凝定之中耳。是故不闲则不忙，不逸则不劳。若先怠缓则后必急躁，是事之殃也。十行九悔，岂得谓之安详？[129]

意思是：处理天下的事（交易更是如此），首先需要安详，不能出现焦虑等应激的症状，虽然兵书上讲兵贵神速，但也需要以此安详二字为基础。所谓的"安详"可不是行动迟缓的意思，而是前期有一定"功底"的情况下从容详审，积蓄奋发于凝定之中的意思。因此，没有什么闲余的时间也不显得忙乱，没有什么停止的时候也不显得劳累。如果事先对学习和积累怠慢，遇到事之后必然慌忙和焦虑，这是任何事情不能成功的祸根。如此，十次行动有九次都会后悔，这样怎么能够做到保持平和心态而达到安详的境界呢？

在以往我们所经历的交易中，由于事先没有充分的准备，或者根本没有可以支撑交易行为的基础，便有很多交易者常常会遇到这样的情况。由于应激等原因，在实盘中丧失了以往的交易能力。具体体现在紧张、心率加快、手心冒汗、不知所措、反应迟钝等状况。

的确，心理应激能够掠走绝大多数交易者的"真金白银"和获利的机会。更严重的是还能够最终使交易者丧失交易兴趣，它所产生的这些后果是其他因素所不能及的。

心理性"应激"会使交易者渐渐地因认为自己不行而丧失自信心，也会使交易者不能享受到表现自己长期的努力，而掌握交易技能的乐趣，最终灰心丧气。最重要的是，它还会使交易者丧失以往长期以来对交易技能自动化的培养，以及造成生理上的损伤（一些疾病），使人提早地出现生理和心理的疲劳等。

应激是交易者的一种潜在的严重疾患，如果你在长期的交易中不断承受应激，就会出现心理耗竭，最终导致交易心理和交易行为的障碍，这对职业交易者来讲是非常痛苦的。

本章的目的就是要帮助你了解应激，从而在今后的交易中能够很好地控制自己的应激，防止出现上述的因素。

第一节　应激的成因

在上一章中应激被定义为：当你所感知的环境要求和你所认为的自我能力间不平衡时，则出现应激。因此，在此基础上应激的出现主要包含了以下三个要素：

1. 周围的环境，自我能力，更主要的是市场环境的条件。

2. 你对周围环境、自我能力和市场环境的感知。

3. 你以何种唤醒形式表现出对以上三者的反应，即最终的行为（唤醒属于身心的激活，更预示着下一步行为的开始）。

首先，强调一下对环境的解释。这里所说的环境除了相对舒适、安静的工作环境以外，更主要的是指市场环境给你带来的刺激。由于市场是千变万化的，所以，我们就需要对市场的各种变化做好充足的预案，只有这样我们才能在面对突发事件时从容不迫。

在交易领域，尤其是在实盘交易中，我们最常见的是当交易者感受到应激，并由此产生错误时，总是试图寻找各种原因，并将其归咎于客观环境，而极少有人从主观因素里去寻找问题。

如突然感觉到身体不适，注意力不能完全集中，突发事件来得太突然，标的的对手太狡猾了，周围的噪声太大，以及受到朋友或家人的干扰等。以上这些都是将应激的成因归咎于认为客观环境的实例。这就是目前大多数交易者普遍存在的极为消极的问题，常此下去就会渐渐地倾向于认为客观环境引起了应激，这已成为大部分交易者一种本能性的思维方式了，这是错误的。

仔细地复习上一章的内容，你也许会注意到在应激的定义中，认知在感受到应激中是多么地重要。实际上不完全是客观环境使我们感受到应激，而是我们应当如何认识这些事物。

我举两个不同交易者心理状态的案例：

当一名交易者满仓介入一只标的时，他也许会想到"这是一次验证自己的交易系统，以及面临问题的纠错能力和执行能力的好机会"。而另一名交易者也许会想到的是"我可是满仓状态，上帝保佑我这次是对的，并且快点收盘吧"。

很显然，在同样满仓的情况下，一名交易者感受到的是积极的情境（**系统应对市场变化的能力、纠错能力，以及自己应对市场变化的执行能力**）。而另一名交易者感受到的则是消极的情况，并由此埋下了产生高应激的种子（**在以前失败阴影的笼罩下，完全丧失了对市场变化的抵抗能力，对自己目前所承担的赌博性风险全然不知**）。

以上讲的是环境和你的认知之间的关系，而应激的第三个要素是，个体以唤醒和行为强度的形式对客观情境作出的终极反应。请注意！这里用"唤醒"一词，而不是用"心理能量"。这是因为唤醒不仅涉及心理能量，而且还包括一个人的心理激活，也就是一个人的生理和行为的激活。

我们可以参照下表，其中归纳了交易者在应激时可能出现的很多生理、心理和行为的变化。你要了解如何控制应激，就需要考虑应激的所有表现。

表 10-1　　　　　　　心理能量上升时的一般变化

生理变化	心理变化	行为变化
心率加快	忧虑	说话匆忙
血压升高	不安感	呼吸急促
汗腺分泌加强	优柔寡断	脚蹢地
呼吸加快	自我感到忙乱	肌肉痉挛
脑电波加强	注意力不集中	蹀来蹀去
瞳孔扩大	注意力转移能力下降	打哈欠
肌紧张增加	感到与以往不同	发抖
血糖升高等	注意力狭窄	声音嘶哑

通过以上表格我们看到，生理的变化、心理的变化和导致一些行为的结果。通过这些内容的提示，我们就不难检测自己在以往的盘中是否出现过类似的情况。

应激的定义告诉我们，**应激是一个人的消极思维活动产生的结果**。在一般情况下的交易领域中，更多地是环境的刺激导致消极思维的产生，从而应激的出现唤醒度升高，渐渐地发生应激状态。而应激的另一种出现形式是，首先是环境刺激导致唤醒的变化，形成对周边和市场环境的不良反应，紧接着诱发消极思维的产生，加剧应激状态的出现（此种诱发形式在交易界较为常见）。通过以上内容我们知道，应激有两种产生形式，主要是以是否有消极思维的活动和出现唤醒的变化来划分的。

这两种应激产生的形式见图 10-1。

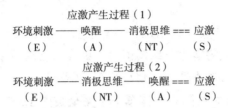

图 10－1　应激产生过程

我先来阐述应激的产生过程（1）。

虽然此种应激产生形式在交易界很少出现，我们也不妨多了解一点。如图 10－1 所示，我们看到周边、市场环境刺激被排在首位，紧接着引发唤醒和消极思维，最终产生应激。其实这只是进行交易前期产生应激的一种模式化的公式。

我打个比方：当你刚刚进入你的工作区域准备开始一天的工作时，你可能发觉与以往不太一样。比如，工作环境嘈杂，家人总是来回走动，引起你心烦。当你打开电脑准备交易前的工作时，不管你是来到公众交流平台，还是收听了早间的财经新闻，此时你已经感受到曾经的交易情境。特别是出现对你交易的品种有负面消息时，此时 E（周边、市场环境刺激）开始加速起作用。具体表现为，你突然感到血液似乎在冲撞大脑，心率加快，手心出汗和胸口发闷等症状或感受。当出现这种情况后，正常人的第一反应是——坏了。此时唤醒度已经开始急剧升高，生理上开始出现明显的变化。然后人脑迅速地进行思维活动（所谓的分析，继续强化消极唤醒度升高的开始）。此时，你的注意力追随着一晃而过的消极感受活动 A（唤醒）开始回忆起你所能够回忆起的过去的种种经历，你用以前交易前的不祥预感和紧张（诱发生理上的高唤醒）来支持目前的这种感受 NT（消极思维），它们之间相互感染，不断地相互交叉提升，在这时你的高应激也就不可避免地产生了。

我们需要注意的是，即便此时你的仓位很重，但实际上你并不是因为仓位过重而出现目前的状态，而对你的交易构成威胁的是所产生的应激。是你任由以前此种情况的失败的刺激在脑海里重新浮现了出来，并且和你已经渐渐升高的唤醒和消极思维又紧密地联系在一起了。当你再次感受这种情境的时候，这种情境就会自动触发你的唤醒和消极思维不断地升高。这还不算完，紧接着你还要容忍过去所经历过大量的应激不断地在脑海里盘旋，对此厌恶的回忆使你在盘中逐渐地绝望，就像电脑病毒一样，最终使你的"交易系统"崩溃。

应激的产生过程（2）。

此种应激的产生过程与上一个过程有所不同，是目前多数交易者普遍存在的现象，它是另一种情境模式的展现。

比如，在交易开始之前，你有意地观察一下相关品种的走势——E（周边、市场环境刺激）。你本想借此观察能够得到某些方面的提示或帮助，但没有想到的是，相关品种的走势与你前一天的交易计划出入很大。你感觉到今天可能将遇到严重的挑战，此时这种刺激已经悄然加剧。你也许会想，用原有的预案今天不可能战胜"对手"了，特别是不能使账户亏损等——NT（消极思维）。但是，你又不忍心放弃昨天辛辛苦苦做的功课，还是决心"拼"一把。当你有此种想法时，你同样会有上一个应激产生过程环节中（A）的体验——出现血液似乎在冲撞大脑，心率加快，手心出汗和胸口发闷等症状。在你的思维意识里从一个想法跳到另一个想法的过程中，你开始不断紧张地分析着、观察着。此时，唤醒（A）开始逐步升高，应激也就相对产生了。

在此应激产生的过程中，消极思维引起的唤醒是升高的。而在应激产生过程（1）中，是先出现唤醒的升高然后再出现消极思维的，这两种应激的产生过程是不同的。

有朋友可能已经耐不住要问：遇到此种情况怎么解决？不要着急！一步一步地耐心看下去，之后会给朋友们提供解决方案。

第二节　感知觉的作用

通过以上的两个例子其实我们可以体悟到，**周边、市场环境本身不是应激的成因，而对它的解释**（消极思维）**才会使它具有应激性**。也就是说，是我们对外界的感知，而不是外界的本身引起我们的情绪变化。当然，这也并不是说周边、市场环境在一个人感受应激过程中不起重要的作用。事实上，某些周边、市场环境较之另一些环境事件更有可能引发我们消极的思维。但是，**有一点必须要加深认识，环境本身是不会产生应激的，只有在你消极地去解释它时应激才会产生**。

无论是应激产生过程（1）还是应激产生过程（2），唤醒与消极思维的相互作用形成了一个常常起破坏作用的消极反馈环路。

例如：当你以第二种形式感受到应激时，你内心会说："啊！这下可糟了！"（消极思维）此时消极思维带动你的唤醒水平升高，加重了烦躁和忧虑的感觉，导致你对此情境刺激再进一步地加深，从而使你的唤醒水平进一步升高，如此循环重复着，渐渐地你会有这样的一个思维惯性，就是今后一遇上此情境就会有应激的出现。

在交易领域中，交易者出现第二种应激形式的几率较多。因此，我把重点放在讲述当出现消极思维而引起唤醒水平升高时，大家如何掌握应激的控制技术。

在现实情境中，不同的个体对应激的反应方式有相当大的区别，但在所有的情境中应激产生的原因基本上是相同的。应激不是由情境环境和某些人引起的，其根本上是由我们对情境的感知作用所引起的。

使应激出现的一些重要的感知作用包括：

（1）感知你的能力或者系统方面的不足，难以对付你所要面临的市场挑战。

（2）感知周边、市场情境的不确定性。

（3）感知情境导致结果的重要性。

由这些感知所引起的应激反应有很多不同的表现，你应该仔细地了解你自己对应激的反应。

练习：区分两种应激产生模式。

这一练习的目的是，帮助你了解两种应激产生模式，以及它们是如何形成的。请你根据以往的交易经历写出三次你体验到应激的情境，然后再回答下列三个问题。

（1）当时的消极思维是什么？

（2）消极思维是在感受到唤醒以前还是以后出现的？

（3）在这种情境下产生的应激属于哪一种模式？

请认真地回答。

第三节　忧虑

从以上内容我们可以看出，引起应激的消极思维一般是以忧虑的形式出现的。也就是说，当你所希望发生的（之前的预判）和你所知觉到的或将要出现的事物不相符时，则引起忧虑。你很希望你自己在此次交易中表现得完美无缺，但是从你实际观察的情况来看，你对你能否达到这一水平感到心里没底（也就是忧虑）。你很希望在交易前就能够控制住自己的焦虑，但又担心是否能够做到（这并非是一种非同一般的应激成因——忧虑的结果常常使心理和生理上产生更多的疲劳）。

实际上，忧虑本身并不一定就能造成应激。相反，当你充分地认识到某一烦恼的事情时（所希望的与你认为可能发生的事情不相符时），忧虑反而可以帮助你找到解决问题的途径。如果你的忧虑是清晰的、有充分根据的，并与事实相符，此时的忧虑是积极的。那忧虑的结果也将是建设性的，此种建设性能起到帮助你消除忧虑的积极作用。如果你的忧虑是不清晰的，并没有充分的认识和根据，你只是能够隐约地感觉到自己的能力与可能发生的事情不相符时，此时的忧虑无疑是消极的。在这种情况下，各种因素就会不断地促使你胡乱地去尝试解决这一烦恼。我们要知道，当积极性的忧虑促使你烦恼时，忧虑反而成为了一种压力和促进力。如果忧虑是以消极的形式出现的话，它就是无益的和具有破坏性的。

另外，在众多的交易者中，大家的忧虑倾向是不同的。高特质忧虑的交易者形成了以消极态度看待事物的普遍倾向，越是忧虑，越是比其他人更消极地对某一特定的事件做出反应。由于各种复杂的原因，很多交易者已经习惯，并根据他们以往学习和交易经历获得的所谓的经验来解释市场中的一些现象。

特别要注意的是，尤其是在交易中，**高特质焦虑的交易者在分析某一情况出现时，总是习惯去看它消极的一面，同时又去追求那微小的一线希望和抱以幻想**。由于这种思维方式已经自动化了，所以很难改变。因此，对这些交易者来说，让他们认识到不是环境本身给他们造成的应激，而是他们对环境的感知引起的应激，这一点不是很容易，但是尤为重要。

当你面临应激情境时，了解是什么引起你的焦虑则是对你很有帮助的。那么请回答下列问题。

问题：请阅读下面对情境的描述，并判断出每一种情况的应激是由什么引起的，勾出你所选择的答案。

A＝市场环境   B＝缺乏能力   C＝对情境的感知

1. 当你打开电脑，在面对你重仓的情况下你感到紧张和不安。

A. B. C.

2. 在你还未到达一定的交易水平和能力时，你就要与经过长期训练，并且非常专业的对手（团队）进行交易，你感到很紧张。　　　A. B. C.

3. 当盘面运行到非常关键位置的时候，在周围环境中有人破坏了你的集中注意力，你开始感到忧虑。　　　A. B. C.

答案：1 是：C。2 是：B 和 C。3 是：C。

答案的说明：首先，此答案并非是标准答案。原因是，由于个体间的差异不同，此答案只是针对大部分交易者而言。具体情况还需要根据自己的具体问题加以不同的判断和解决。以下将更加详细地介绍交易中你可能出现的一些感受，根据我们所学习过的内容区分出什么是积极的，什么是消极的，这样你才能有的放矢地加以解决。

表 10－2　　　　　　　　　交易者在交易中焦虑的自我调查表

1. 我对此次交易感到担心。	（　　）
2. 我感到神经紧张。	（　　）
3. 我感到安逸。	（　　）
4. 我对自己的判断有所怀疑。	（　　）
5. 我感到心神不定。	（　　）
6. 我感到身体舒适。	（　　）
7. 我担心此次交易不会像往常那样顺利。	（　　）
8. 我身体感到紧张。	（　　）
9. 我感到自己对这次交易有信心。	（　　）
10. 我担心会在交易中失败。	（　　）
11. 我感到胃部紧张。	（　　）
12. 我感到对条件和标准有把握。	（　　）
13. 我担心下单不能成功。	（　　）
14. 我身体感到轻松。	（　　）
15. 我有信心面对这次挑战。	（　　）
16. 我担心下单不够坚决，发挥不好。	（　　）
17. 我心跳得很厉害。	（　　）
18. 我相信我会有出色表现。	（　　）
19. 我担心我能否达到我的目标。	（　　）
20. 我感到胃部下沉。	（　　）
21. 我感到精神放松。	（　　）
22. 我担心别人会对我的表现感到失望。	（　　）
23. 我的手又湿又凉。	（　　）
24. 我有信心，因为在我的内心我已达到了目标。	（　　）
25. 我担心我不能集中注意力。	（　　）
26. 我身体感到发僵。	（　　）
27. 我有信心在这种压力下完成预定的交易任务。	（　　）

自我评定：1. 没感觉 2. 有点儿 3. 适中 4. 非常强烈

指导语：以上是交易者在交易过程中经常出现的一些感受，仔细阅读每一句话然后在相应的栏目后标出自我评定，标出你此时此刻所感受到的程度1—4。每一条不必用太多的时间去考虑，但要回答出最符合你此时所感受到的真实状况。

第四节　大脑两个半球的作用

作为职业交易者，最重要的是，应该知道在什么时候应该干什么事。我们先从最基本的思想根源谈起。

近百年来，人类对大脑两个半球的活动，特别对在应激反应时对机能的了解取得了极大的进展。令人不可思议的是，我们的大脑本身好像早已做好了安排，以发挥不同部位的机能作用。

科学家们的研究成果表明，人脑的左半球是分析中心，可以接收来自市场的各种信息。在这里我们可以连续地进行信息加工，这里也是数学和语言中心的所在地。庄子的"**吾生也有涯，而知也无涯**"、荀子的"**故学术有终，若其义则不可须臾舍也**"。大概强调的就是人脑左半球的开发。右半球则是具有空间定向，以及信息的再加工、比对和想象（表象）功能的所在地。而**纵横术**的鼻祖鬼谷子和孔子的"**吾日三省吾身**"都是特别强调首先进行右脑开发的。如图 10－2 所示。

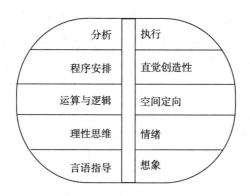

分析	执行
程序安排	直觉创造性
运算与逻辑	空间定向
理性思维	情绪
言语指导	想象

图 10－2　大脑两个半球的功能

关于人大脑的开发一直是人类教育界非常注重的问题，古人很早在这方面就有积极的论述：**思者无域，行者无疆。**

意思是：思想（大脑的右半球）者是没有地域限制的。除了《鬼谷子》的纵横术以外，《淮南子》也对思想者进行了很好的诠释：浏览遍照，复守以全，经营四隅，返还于枢。所谓行者，是学习和实践（大脑的左半球）的意思。在思想和以不断地实践为基础的前提下，学习和实践是没有尽头的。

在交易领域中，左半球（分析中心）有用于学习交易技能和改正交易技术的作用，并制定交易战术和策略等。此时左半球在加工信息时是一步一步进行的，先是来自外界的刺激，这包括他人的传授、书本和接受市场运行规律等。然后是接受自我口头的言语指导，这种口头言语的指导可以提示交易者所要进行的交易的种类和次序。

当我们第一次学习交易时，我们首先知道了一些大体的规则和方法。此时分析中心确定什么时间、什么条件可以进行交易行为，这是先简单、粗糙地建立交易技能的过程。然后随着交易者的不断的尝试和分析，分析中心检查和进一步完善交易程序。

而作为"综合中心"的大脑右半球，负责交易者将交易技能的各个部分整合成为一个复杂的整体交易技能的过程。"综合中心"接受分析中心一步一步的指示，并将其变为一个单一的整体图像。请注意！此时，交易者的大脑需要的是一个整体的图像，这个图像可能是即将执行的行为蓝图，它是三维立体的，具有清晰的时间和空间关系，而不是一套复杂的语言指导。这相当于我日前要求我的学生每天都要对市场进行统计、研判、建立交易预案和不断地加强表象，这是个学习和不断地积累的过程。通过这个过程，她可以逐渐认识到市场的千变万化。从而，也就在她的脑海里形成她所需要认识的三维立体图像，经过一段时间的积累以后，这一整体的图像开始指挥她"综合中心"的工作，就像以言语自我指导、指挥"分析中心"工作一样。这就形成了"分析中心"是学习交易技能的专门部位，而"综合中心"是负责控制、细化习得交易技能和执行的专门部位。

由于这种脑半球功能的专门化，当你需要把交易技能的各个环节综合在一起时，应以简短的指导语依靠整合的图像来完成。如根据以往统计和认知，当前的市场架构应符合自己所具备的区域间的交易能力。

应注意的是，首先"分析中心"是主要是用于学习和制定交易战术及策略的专门部门。当"分析中心"运行时要把注意指向主体内部，检查已经完成的交易行为（盘后分析），并计划下一个交易策略。当"综合中心"工作时，要把注意指向于当前的市场状况，以及交易技能执行的情况。换句话说，交易者学习和制定交易预案一部分是靠分析中心来完成的（当然也离不开大脑右半球的支持）。而在实盘交易中，完成这种技能行为则是更多地靠综合中心的工作。即便是在小节休息的间隙过程中有一定的时间进行分析，一旦再次开盘，进入到交易技能的实施中还是要靠"综合中心"的工作。

请记住！它们是各司其职的，一定要把握住什么时候该进行分析，什么时候该坚决地执行。也就是本节最开始的那句话：**作为职业交易者，最重要的是，应该知道在什么时候应该干什么事**。

问题：当你的交易技能行为处于自动化状态时，哪一个脑半球起支配作用？

答案：哪一个脑半球都不起支配作用，应是分析中心与综合中心的共同工作产生自动化的工作状态。这是一种"高级"状态，它是建立在长时间的统计和认知的基础之上的，也是交易"艺术化"高度的基础。

第五节　分析中心和综合中心的协调合作

这是初学者面临的一个重要问题，在平时的学习、训练和交易中，当交易者的交易行为出现问题时，分析中心和综合中心都知道当前需要它们各自完成自己的任务，并顺畅地开通进行工作。在盘后，分析中心帮助你纠正错误的交易行为和设计方法。在盘中，综合中心随后自动地完成那些你已掌握的交易技能，并偶尔有可能以新的和具有创造性的方式进行。

从理论上讲，交易者一旦拥有了较完善的交易系统，就可以在实盘中随时随地完美地去完成这一技能。但事实上却不是这样，往往有些交易者在模拟训练中完成得很好，但不能在实盘交易中重现这一良好行为。如果你能够在一次交易中完成得很好，那么为什么你不能够在每次交易中都完成得很好呢？除了市场不确定因素以外，问题就出在分析中心和综合中心常常处于对抗的状态，而不是合作的状态。

比如，当你应该只去按照计划执行技能的操作时，你却可能因市场某一突然的信息而去分析刚才的现象，或者怀疑是不是可能存在某些问题等。而当你应该静下心来好好地分析一下你的技术环节时，你却不能像往常那样去做，还是沉溺于当时的市场变化，不断地强化自己所谓应该进行的交易行为。这就是分析中心与综合中心产生对抗、不合作的产物，这为今后又埋下了一个危险的种子——盲目的交易行为。

在交易市场中我曾经多次听到过这样的言论：要想提高自己的交易能力和水平，最佳的捷径就是要不断地参与"实战"。在实战中学习，在实战中提高，熟能生巧！

或许你现在还赞同这个观点，但是，许多的交易实践和案例中表明（相信我们大多数交易者都有过这种体会），不切实际地参与实战，最终会导致资金和心理的重大伤害。我们已经学习过应激对于交易者的伤害，而在实盘中出现疲劳和厌烦的应激状态是非常普遍的。此时，右脑半球的活动趋势最容易出现。你只是倾向于动员完成交易行为，但是，综合中心确实完全处于支配的地位，以致交易技能不仅没有得到提高，反而一些坏的、不良的习惯会趁机侵入到你没有意识的行为中去。这就是我以前经常提倡的首先要注重学习和训练的质量，不要注重模拟训练和实盘交易数量的原因。只有通过不断地加强学习和认识才能使心理和交易技能的程序完善，这也就是所谓"熟能生巧"的说法应该被"只有认真地学习，严格地依照科学的训练，才能形成完美的交易技能"这句话所代替的原因。

在现实中，分析中心常常指挥综合中心工作的情况不仅仅出现在实盘交易中，在平时的模拟训练中也是经常的事。那么这到底是一个什么原因呢？

其实这主要是在现代的生活习惯中，我们总是更多地注意逻辑思维和推理的发展，这是我们从小就养成的习惯。在小的时候，家长和老师总是喜欢具有逻辑性和推理思维能力的孩子，而不注重具有想象、思维跳跃和创造力的孩子，这就使分析中心逐渐强大，逐渐占据优势。综合中心逐渐受压制，并长期习惯受制于分析中心指挥。这也是在实盘中我们经常遇到的。比如，前期预案中分析得很好，一到实盘的变化中总想分析得更好，从而导致执行能力跟不上，错失良机。当我们长大了，甚至走上了工作的岗位，我们的分析能力早已更加地强大了，远远地超过综合中心的能力。这是我们从小的生活方式和所受的教育导致分析中心越来越强，而综合中心越来越弱。这就注定了今后如果我们面对大脑控制权的斗争，强大的分析中心总是不由自主在占上风的原因。

如大部分交易者在交易中不能够控制自己的交易行为，在执行技能行为的过程中，分析中心往往出来予以干涉，时刻地提醒综合中心不能这样或要尽量那样等，使综合中心不能够完全和坚决地执行这一种技能，越是如此，执行起来越是困难和混乱，造成此种后果的最大原因实际上就是我们的执行能力（综合中心）太差的结果。

因此，作为一名成熟的职业交易者必须要学会和知道，在什么时候需要自己进行分析，什么时候只是需要你去执行，两者之间如何更好地转换最为关键。

答案：分析最好是在交易和模拟训练之前或之后进行，也可以利用小节休息的间隙进行，但要谨慎。一定要以具有建设性的和积极的自我言语进行陈述。当你需要综合中心进行工作（执行技能）时，你只需要坚决地按照前一天的交易计划去做。此时脑中一片空白，只是意识到盘面的运行与条件和标准之间的关系，没有其他任何的东西存在。相信那些成功的交易者都有过这种感觉，当时的情境是，轻松、稳定、心态平和、思维顺畅以及行为果断等。这也就是以前我所讲过的最佳交易流畅状态，它是由各个中枢神经顺畅的暂时性的神经联系的产物。一旦分析中心与综合中心产生对抗，必将破坏各个中枢神经顺畅的暂时性的联系。我们可以想象一下，在这种情况下，我们的执行能力怎么会好？怎么会坚决顺畅地执行？

通过以上的知识我们可以了解到，只有在脑的两半球的协调活动中才能产生良好的交易行为。针对初学者来讲，分析中心（脑的左半球）通常比综合中心（脑的右半球）所起的作用略大一些，但并不意味着大脑的右半球不起作用，正确的方法是它们应该同步进行。但在之后，综合中心（脑的右半球）所起的作用更大。它是伴随你一生职业交易生涯的重要组成部分，这一点是尤为重要的。

问题：

1. 脑的左半球在交易技能的学习中起什么作用？

2. 脑的右半球在交易技能的学习和操作中起什么作用？

答案：

1. 左半球负责学习依次性交易环节的技能，对技术细节的提高和分析与改正错误也起作用。

2. 右半球负责将交易技能的所有环节顺利地结合在一起，并控制其操作和运用。更重要的是，它还具有特殊的表象功能，可以在脑海中不断地演练和遐想，是交易者成长和进步的主要原动力。

分析中心和综合中心的协调合作与应激：

在以上章节主要给大家讲述了分析中心与综合中心的协调合作，那么有没有一种方法，特别是在实盘中能够使它们之间进行更好的沟通，以及避免应激的出现呢？

提摩西·高韦有一本非常著名的书——《内心自我竞争》，他在书中提出了自我1和自我2的概念。较以往我们所常用的自我1和自我2不同的是，它们分别代表了大脑的左右半球。按照他的说法："自我1是脑中所有的谈话、忧虑、判断和自我怀疑（分析中心），自我2是完成活动的部分（综合中心）。"

到目前为止，所有的交易者都应该清楚地认识到，我们的内心活动的目的是为了完成整个的交易技能。在交易行为实施过程中，使自我1停止，依靠自我2来进行无疑是最明智的选择。因为，自我1（分析中心）正是消极自我谈话和忧虑的来源。所以，在我们实施交易技能时，在最适宜的能量唤醒区完成交易行为时，就必须使自我1的活动停止。完全依靠综合中心的能力，这样执行起来才不会有羁绊。

但令我们遗憾的是，目前绝大多数公众交易者处于应激时，分析中心更加占优势（自我1），从而使他们在进入实盘交易时打算通过综合中心来控制交易行为变得不现实。实盘中的应激增加了分析中心成为主导地位的可能性，从而分析中心的自我批评和自我判断进一步地使综合中心对操作的控制变得更加困难。这只能使交易者感受到更强的应激，更加干扰正常交易行为的操作。

第六节　应激控制技术的选择

在目前的交易领域中，还没有人能够将有关应激的控制方法加以报道。在这里我可以给大家一些提示。比如，最基本的方法是优化自己的交易环境，脱离公众平台和其他媒介的干扰，给自己创造一个安静的交易环境。在此期间，也可以播放一些舒缓的音乐，声音不要很大。这些方法可能是对某些交易者非常有效的。另外，通过目前学习过的知识，逐步地尝试什么时候应该集中于分析，什么时候应该集中于执行。通过这种锻炼也可以摆脱执行力不强的问题，同时对于应激的控制能力也将得到进一步的改善。

可能有一些交易者会认为：公众平台和其他媒介对自己是很有用的，在实盘中不可能封闭掉所有信息来源。这也不要紧，还有一种长治久安的方法能够使你在错综复杂的情况下也能够保持良好的交易心理——那就是"认知"。但是，**此种认知是需要一段漫长的学习过程、丰富的知识积累，才能达到的。其中就包括学习本书的所有内容。**

我们这里需要的认知主要包括两方面：一是环境认知（周边、市场环境），二是自我能力的认知（交易技能、交易心理学的知识）。交易心理学的认知内容中又包括我们应了解控制应激的三种方法。

在所有应激的控制方法中，我们至少要涉及并认知三种可以减少应激的重要条件。如应激产生过程的示意图所示，其中我们有三个方面是可以改变的：环境、唤醒水平和消极思维。在我们学习各种应激控制方法之前，首先要知道哪一种方法对哪一种应激类型更有效。

改变环境

我相信有许多交易者都会有此体会，就是市场环境、周边环境都可以给我们带来不同的影响和效果。实际上，就资本市场而言还有一个潜在的重要因素时刻威胁着我们，那就是不确定性。接下来我们将逐一认识：

市场环境是指，你介入的标的存在与其他品种或者大背景，以及突发事件具有关联性。另外，外盘同类品种的变化也是能够影响你的标的的因素。解决此问题最好的方法是，要充分地认识到**"由于市场的属性是或然性的，我们任何人又都无力左右和改变市场的走势，我们唯一可以左右和改变的只有我们自己！"** 在此认识的基础上，加大力度地学习交易心理学和与交易相关的基础知识，加强对图表的理解和统计工作，这样才能对市场有更加深刻的理解，这对于交易系统以及交易原则的确立是有极大帮助的。

市场本身的不确定性，理性、有经验的职业交易者都会对市场本身的不确定性有深刻的认识。很多人一直试图打破市场本身的不确定性，但做起来很困难。我打个比方，如果我们身处的资本市场是一片汪洋大海的话，我们则是汪洋大海中的一叶小舟。在漫无边际的大海中，我们可能明明看到东边有云，但这并不意味着西边没有雨。面对毫无规律的惊涛骇浪，我们的应对能力甚至还不如小小的海燕。虽然我们很难打破市场本身的不确定性，但是我们还有一些相对应的方法尽量地减少市场不确定性因素的存在。在以下的章节中会有介绍。

周边环境是指，公众交易者的交流平台、各种平面媒体或重要人物给你带来的信息等。

当以上任何一种环境给你带来"信息"刺激的时候，这些信息都有可能是夹带应激"病毒"的。对于不懂交易心理学的交易者来讲，最直接有效的方法是回避，或者是改变当前的环境。当我们听不到或屏蔽了所有市场信息的时候，我们唯一所能够得到的除了预案中的条件和标准以外，就是视觉中枢的刺激——盘面的一切反应和变化。由于此时盘面的反应和变化成为我们唯一的信息和信号来源，对于我们条件和标准的记忆干扰就会很少，有利于注意力更加趋向于集中。因此，产生应激的三大因素之一（除了不确定性因素以外）就被我们消除掉了。所以，当你感觉到目前的环境对你有危害的时候，你就换一个安静的环境，你的交易状态就会有明显的好转，这说明用改变环境来治理应激还是有一定效果的。

以上我们只是初步治理了产生应激的三大因素之一——环境。我们还将面对的是唤醒水平和消极思维的治理。在治理唤醒水平和消极思维的过程中你还需要作出判断和抉择。那就是根据不同的应激产生过程你将采用什么样的治理方式，是运用生理应激控制法，还是认知应激控制法。我们再回顾一下图 10-1（两种应激产生的形式）：

以上我们曾经提到过，交易者的应激产生一般是由应激产生过程（2）实现的。所以，在此我着重讲述认知应急控制的方法。但是，对应激产生过程（1）我们也不妨多了解一下，这有助于大家更多地了解一些内容，以及它们之间的转换关系。

E—A—NT ＝S：如果应激是以应激产生过程（1）的形式出现的话，那么采用生理应激控制法最合适。在此之前我们学习过应激产生时生理上的一些变化。在此过程中除了固定的环境刺激以外，最先出现的是唤醒。这是因为这些唤醒反映的是过去反复出现于某一环境的刺激，所以，此时的唤醒已经成为环境刺激的自然条件反应。因此，在消极思维出现之前唤醒水平就升高了。此时你就需要对此环境作出解释，如果这些解释是以消极思维的内容出现的话，你就会感受到应激。所以，当应激是通过这种过程出现时，我们应当首先用一些放松的方法，以控制生理上的一些变化。控制住生理上的一些变化，消极思维出现的几率就大大减少。因此，在这种模式下生理应激控制法最有效。道理很简单，此种方法是用生理上的放松来面对产生唤醒的状态，能够以放松的反应来替代唤醒的反应。**放松是高度生理唤醒反应的阻抗反应，能使自己消除与环境形成的条件联系，也就是唤醒链。**

E—NT—A = S：如果应激是以应激产生过程（2）的形式出现的话，则采用认知应激控制方法最为有效。因为在应激产生过程（2）中，是消极思维诱使唤醒升高的。在目前的交易领域，我们必须要正视这样的一种现象——大多数交易者，特别是在实盘交易中都会存在很大程度上的消极思维。因此，在消极思维使唤醒升高之前就终止它，才是最根本的选择。在以上的内容中刚刚讲述过"认知"，这里就不多重复了。总之，运用生理控制方法有助于对应激产生过程（1）形成的应激进行控制。运用认知控制方法有助于对应激产生过程（2）形成的应激进行控制。但是千万要记住！**不管哪一种措施和方法，都不如选择针对应激最初发展时期和最直接的方法——从改变环境做起更有效。**

由于应激产生过程（1）不仅是在交易领域中，就是在其他领域中出现得也很少，所以，单独地运用生理方法来控制应激是很难奏效的。

在目前的公众平台或媒体中，我不止一次地听到过有些"专家"不断地强调：在实盘中大家不要过于紧张，要注意放松！这种只是提倡生理的放松技术，是不切实际的。因为，如果应激是由应激产生过程（2）所引起的（这在交易者中很常见），而我们只是用生理放松的方法来对付这种应激，很明显只是间接的，也就不太可能直接奏效。所以，曾经有些交易者强调：在安静的环境里学习运用这种放松方法是一回事，而在非常重要和紧张激烈的实盘交易中，要运用这种方法则又完全是另一回事。依我看，没有必要再单独练习或运用这种生理放松技术了。由此看来，"认知"

又将成为控制应激技术的核心和主导。

另外，在激烈的实盘情境中，由于分析中心所占的统治地位和忧虑的笼罩，此时的交易者常常都无法想到要运用生理放松的方法，或者即使想到了也很难加以实施。原因很简单，分析中心原本就是消极思维的发祥地，如果不加控制的话，它就会像自然界的台风一样，初期有个物理发酵过程，在经过一段时间的发展后，会形成很大的能量，这时候我们只有被动地接受它任意地肆虐。所以，古人说得好："**水流有缘，事出有因""治标须治本"**。

综上所述，我们第一要了解自己应激的成因，第二要选择适当的方法及时去面对，就不至于出现上述那些交易者的感觉了。因此，本人认为：**最有效的方法是先以认知为主，再结合生理的放松技术**（以后的章节会有介绍）。

第七节　环境控制与生理放松的方法

环境在哪些方面能够增加交易者感受应激的可能性呢？

在改变周边环境和市场环境方面你应努力地做些什么？

要想准确地回答这些问题，你应先对应激成因加以复习。如果交易者难以确定自己能否达到他们自己期望达到的要求，以及当结果对他们来说非常重要时，他们就会产生应激。因此，在环境方面你要学会控制两方面的因素，它们分别是设法减少不确定性和降低结果的重要性。

一、减少不确定性

我们先看看表10 – 3。

表10 – 3　　　　　　减少交易者所处环境的不确定性

不确定性	减少不确定性的措施
品种、标的随机性地选择	规划两到三个品种长期跟踪并统计，包括连续指数。只有当接近或到了系统认可的可操作性的范围之内，以交易原则为准绳，以交易条件为依据，以价格为信号，以风控为主导。此种操作才能最大限度地降低市场的不确定性。

续表

不确定性	减少不确定性的措施
单一幻想市场的走势方向	对学习初期的交易者来讲，必须严格系统地统计和分析所跟踪的标的，以及连续指数。并全面细致地作出交易计划，尽可能地通过数据不断的积累去识别大概率出现的可能性。此阶段应该注意的问题是，千万不要怕自己认识和判断上的失误。除了"失败是成功之母"以外，你还要客观清晰地认识到，作为初期"新手"的你，一切缺点和错误以及失误都是再正常不过的了，你应该通过这些缺点和错误以及失误意识到你正在逐渐地了解这个市场，此种认识正是你实实在在地在进步，此种进步会使你逐渐地消除或减少交易中存在的不确定性因素。
没有交易计划	这并不意味着有了交易计划就能够较好地排除交易的不确定性，只有详尽的交易计划才能够更多地减少交易中不确定性的因素。总之，是对细节上的处理和把握。在基础篇中有过这方面的介绍，只要你够仔细就不难发现其中的道理。
没有自我认知能力	以上这些减少不确定性的措施实际上就是不断地进行自我认知的一个过程，这个过程既是学习交易的基础，同时又是贯穿你职业交易生涯的一条主线，可以为"纲"，纲举目张。
公众型自我的性格	在基础篇中有过这方面的介绍，在交易中如果运用不好将会成为性格缺陷。此种性格缺陷我们必须要引起重视，因为它能够不断地放大交易中的不确定性因素，导致处处被动，处处挨打等不利的局面。如何树立正确的公众自我形象？古人云：能言终日不虚口，不害其为默。
不现实的目标制定等	以上只是一些启发性的提示，当你认真读完此书后，相信你会有更多地见解。通过耐心细致地自我教育和完善，你会最大限度上减少交易中的不确定性因素，这也正是本书的最终目的。

在表 10 - 3 中，除了市场固有的不确定性因素以外，列出了一些增加交易行为不确定性的因素，在右边的一栏中只是对如何减少不确定性的一般说明，这是为了进一步地启发你去思考。下面我们试着对自己再进一步地启发，但之后的工作是需要你亲力亲为的！如果你能够经常在头一天就

做好完整的交易计划，通盘考虑实盘中可能发生的情况，并详细地作出相对应的预案，就会极大程度地减少其他因素的影响，那么你就能够在实盘中有效地控制应激。

我们虽然知道一些不确定性是交易本身所固有的，这也是交易市场的重要属性。正是因为它有许许多多的不确定性，才会使你觉得交易最具有挑战性和乐趣。既然这样，我们就不可能、也不应该完全消除这些不确定性。而我们所做的一切努力是要学会足够的心理技能，以应付这些千变万化的不确定性。然而，消除那些对你能够产生消极影响的不必要的因素，才是最为关键的。

相关练习：

尽量减少交易中存在的不确定性。

掌握如何通过改变环境来减少应激，是任何应激控制训练课程的第一步。无论应激是由应激产生过程（1）还是应激产生过程（2）所引起的，这一途径都是有效的。在环境控制中，我们要设法寻找减少市场环境中不确定性的方法。

市场中存在的不确定性，以及交易本身对于我们的重要性都是产生应激的重要因素。因为，它们会影响你对当时的交易情景作出不同解释的感知。这些感知如果是积极的，就不会对你造成应激反应。如果是消极的，这种感知就会逐渐地诱发应激的出现，从而影响正常的操作。由于受很多因素影响，每名交易者在实盘交易中都有一个最佳的不确定性程度，这种最佳的不确定性程度体现在你的进场点的设置，以及止损、止盈点的设置上。进场点、止损和止盈点设置的幅度实际上就是你对不确定性把握的尺度。与其说这是最有效控制市场不确定性的好方法，不如说是你找到了一个能够有效控制自己的最佳方案，因为我们都深深地知道"我们任何人都是无法控制市场的"。由于交易者之间个体差异的问题，在这里我不能给大家一个统一的标准或尺度。重要的是，通过以下的练习我们能够摸索出自己控制市场不确定性的最佳程度。如果在这方面我们不多下一些功夫的话，在今后的实盘交易中很容易造成随意交易。此时，市场的不确定性就可以导致你将市场情景作为对自我价值的威胁，从而引起高度的应激。

练习：

1. 找出资本市场中不确定性的来源。

2. 举出可以减少不确定性的方法。

答案：

1. 在资本市场中不确定性因素有很多，除了市场的本身属性以外，对手盘的思想和真实意图是很难判断的，即便你在此之前做好了充足的预案，通常的情况下你的预案也存在着很大的成功概率。但市场也很有可能在半路上突然杀出来个"程咬金"，一个"搅局者"，使原本市场正常的发展方向突然改变。另外，还有一些自然界的因素，比如，火灾、地震、干旱、洪水、台风和海啸等。

2. 减少市场不确定性因素给我们所带来伤害方法有很多，到此为止，如果你对本书的学习足够认真的话，相信你会有很多答案。

到目前为止，你已经能够清楚地确定一些应激产生的原因，以及通过环境控制减少这种应激的方法，而不再会盲目地进行交易，被动地受它的干扰。现在就需要你将这些具有建设性的设想实际应用到实践中去，尽量地减少交易中不确定性的程度。

二、降低重要性

交易者在交易中产生应激的另一个重要成因是，对交易结果重要性的认定。正像我们以前学过的"动机"那样，你对交易的结果可以从内部也可以从外部进行评价。从内部进行评价的交易者，很容易就从交易本身寻找到乐趣和满足感。他们不会在乎交易结果，而是关注交易本身能力的体现。而从外部进行评价的交易者，他们的目光只停留在最终的交易结果（账面的盈亏）上，而不是自己的交易技能水平的发挥上。善于从内部进行评价的交易者，着重于控制可控制的因素。喜欢从外部进行评价的交易者，常常会被不可控制因素所困扰。

另外，对环境控制的一个重要方面是，尽量改变那些与你极为密切的人所产生的对你的影响。见表 10－4 所示。

表 10 - 4　　　　　　　**交易者对交易结果产生重要性的来源**

重要性的来源	降低重要性的措施
金钱、物质欲的膨胀	首先，我们不得不承认我们身处的是一个物欲横流的时代和大环境。在这种大的社会背景下，要想理智地控制个人私欲并不是一件容易的事。特别是在这个资本市场，没有极高的个人修养和文化底蕴几乎难以把持。所谓"君子爱财，取之以道；贞妇爱色，纳之以礼"。我们都会讲。但真正懂得其深意的并不多，更不要说《大学》中三纲八条目的切之以行了。总之，需要有耐心并以持之以恒的精神从基础慢慢学起，以"德"约束不切实际的想法和行为，才能做到"圣人去甚，去奢，去泰"，这才是降低重要性最好的措施。
重要人物的看法和期待	这里所指的重要人物被分为两种：属于公众型自我的交易者往往会以公众的评价作为衡量自己的标准，他们往往会经常暴露和出没于公众视线的范围内，对大众的看法、评价非常在意和看重，并把在公众面前所说、所做的一切作为重点，这种思维指向偏离的状态无疑是增加应激的重要因素。解决此问题的方法很简单，在以前的章节中有过讲解，这里就不重复了。另外，理想型自我的交易者也会被重要人物的看法和期待所干扰。这里的重要人物可能是家人中的父母、妻子或孩子等，也可能是你代管账户的主人，也可以称之为朋友。降低他们给你所带来干扰和压力的最佳方式是，除了加强自身的修养以外，要对他们阐明市场的不确定性和"欲速则不达"的道理，从而减少对自己的压力。

在交易的过程中，还会有很多对交易潜在的威胁，结果的重要性就是其一（上表重要性的来源）。这实际上不是靠你自己就可以很容易改变的，因为你很可能无法摆脱周边重要人物的唠叨，这也使你对应激的控制受到了很大的限制。当你作为一名职业交易者，对今后交易中产生的重要性负有直接责任时，上面所介绍的内容对你一定是有帮助的。如果你要想了解如何降低你所承受的严重应激，你就要首先了解如何改变环境事件的重要性。只有当你完成了这一步时，你才可以准备进行下一步的工作。

相关练习：

1. 列出在交易中使重要性程度增加的来源。

2. 举出可以降低重要性的方法。

答案：

1. 对成功的需要，对金钱的欲望，家人或者周边重要人物的看法和期待等。

2. 对成功、金钱的需要和欲望的问题在基础篇中有太多的介绍，你可以复习"我是怎样一个人"和"关于发展第一还是盈利第一"章节中的内容。另外，在你的交易技能和心理技能未达到一定水平之前，应要求家人或者是重要人物停止对你有过高的要求和期待，因为这样会对你产生压力。在交易前不要给自己定出太高的行为目标，更多地把精力运用在交易计划当中去，结合以后章节学习的现实目标制定技能逐渐地落实到实际交易当中去。要现实、恰当地看待交易中自己的技能行为和账面是否盈利，对有不符合自己交易条件和标准的标的应采取慎重介入的态度，在技能未达到一定水平之前，严格地控制自己的交易行为。

以上其实主要说明的还是"认知"的过程，这主要是按照应激产生过程（2）的形式进行的，下面介绍生理应激的控制方法。

三、生理应激的控制

在实盘交易中，交易者通常遇到的问题是，不能放松紧张的神经。在没有学习过交易心理学之前，大多数交易者在有仓位之时，或者刚刚下单以后都会出现攥紧拳头，浑身肌肉发紧等症状。只不过有些人的这些症状不太明显，从而致使视觉面过于窄小，思维似乎停顿一般。这就是生理性应激。

当然生理性应激还会有许多其他的身体症状，如图 9 - 3 所示，当心理能量上升时生理就会出现一些变化。不过不要紧，这是很正常的现象。以上我们对应激的认知和以下所学的生理应激控制法，就能够帮助你消除这些症状。

下面有四种生理应激控制方法，但根据交易行为的特点和交易者现存的客观条件，我主要介绍前两种放松方法。因为根据以往的经验，90%以上的人对前两种放松方法较容易接受和把握。但是，最终我们还是要进入到运用认知能力进行放松。这几种方法分别是：表象放松、自我指示放松、渐进放松训练和神经物理反馈放松。

（一）表象放松

我们先从简单的生活情景开始，这一方法是让交易者自己想象自己通常感到非常放松和舒适的环境与地方。如在温暖的阳光下躺在沙滩上，凉风时而拂来，海浪声形成了有节奏的拍打旋律。或者是漫步在树林中，享受清新的空气和小鸟清脆的歌声。也可以想象坐在自己舒适的小屋中，背靠着暖气欣赏着你最喜欢的音乐。但重要的是，你要表象一个自己曾经感受到过的放松的情境。

这一方法潜在的前提是：**如果你不能改变实际上的客观环境，那你就必须要改变你头脑里的环境。**

放松的最初准备阶段是做一些表象的练习，也就是表象放松的四个步骤：

1. 选择一个安静和舒适的地方。

2. 只要开始练习，在任何情况下应保持安静，不要因刚发生的事情过分地激动。另外，在你疲劳和过分活动之后不宜马上进行放松技能的练习。当此技能已被你熟练地掌握时，你就可以随时随地使用这种技能，使你过分的紧张渐渐地松弛下来。

3. 建立学习这种技能的正确态度。有一些交易者认为心理技能训练与交易的要求不相干，也就不去认真地做。而另一些人却产生不现实的希望，希望几分钟或几次练习就能够使他们的心理状态产生魔术般的变化。以上的这两种态度都是不正确的，要建立一种放松而又认真的练习气氛。

4. 当你做放松训练时应保持最舒服的姿势，可以采用以下做法：躺在地上，手臂放于两侧，双脚不要交义，闭上眼睛。

现在我们开始进行这一练习，首先我们要想象最舒适的环境，也就是你经常感受到的舒适与安全的地方（哪怕是自己家中的床上）。经过一段时间的表象以后，你可以开始有意地控制自己的呼吸，深吸气而慢慢地呼气，想象把所有的紧张都通过呼气释放出来。然后，尽可能地让想象某一地方的感觉更加生动和深刻。这不仅仅是要求你在头脑中形成画面，你还要去感觉。如听到声音，闻到空气中的气味，感觉到海滩的沙子等。同时要强调注意放松，记住深度放松的感觉。

如果你有条件的话，尽量安排自己置身于你所想象的环境，这将会更有利于放松。作为今后的职业交易者，你应该在没有其他人监督的情况下经常做这种表象练习，直到你能够在脑中的屏幕上很快地形成这一地方，并感受到与之联系的放松为止。当你达到这一程度后，你应该练习在模拟训练中或应激一般不太强烈的实盘中，一旦面临应激来源，能够在当时环境允许的情况下运用这一技术。注意：最初你应在较小的应激事件中使用这种技术，然后逐渐将其应用到产生较大的应激的事件中，这包括交易或非交易的生活领域里。

有一名前世界汽车比赛冠军用一种稍有不同的方法进行放松，他自称效果非常好。他说：在比赛前，他总是在车里坐一儿。想象他的身体像气球一样地膨胀，然后他让气球突然地爆裂，在气球的气体中含有他许多的不安和紧张因素，随着气体的泄出他感觉到非常地放松。他认为这样做有助于他从身心两方面都得到了放松，也为即将开始的比赛做好了准备。我个人认为这是个不错的方法，我们可以试着在开盘前尝试一下，经过一段时间的发展后我相信会有成效的。

运用表象放松的成功有以下几个关键：

1. 使表象中的地点和感觉清晰，逐渐引入到你的实盘交易情境中，并将放松的感觉与之紧密地联系起来。

2. 掌握好表象的技能是关键，对此有疑问的可以复习以上表象章节的内容。逐渐地在实盘应用开启和关闭功能，以便能够在脑海里生动地看到你所应该看到的位置与价格之间的关系，想象价格目前在的地方是否对你而言形成优势。

3. 首先要在非应激的情境中学习和训练，然后再逐渐增加情境中的应激程度。也就是说，要从日常生活中的情境做起，逐渐引申到模拟盘和实盘中去。

相关练习：

选择以上任意一种你自己认为能够使你放松的情境，如果你有一定的实盘放松基础，你也可以按照实盘放松时的表象，体会你的感受。然后回答下面 1~4 的问题：

1. 描述一下你用于放松的表象内容。

2. 你从一开始的紧张到放松用了多长时间。

3. 从 1 到 10 为评定标准。1 表示紧张，10 表示极为放松。你感觉在放松前是多少？（　　）在经历了放松之后是多少？（　　）

4. 写出你对放松过程的评议。

这一练习的目的是，让你尝试一下自我表象放松，然后进行详细的记录，最后所得出的结论应该是积极的，一定要完成这一练习并回答有关的问题，这样有利于你今后不断地发展和提高。

（二）自我指示放松

自我指示放松是由渐进放松训练方法简化而来的，也是建立在表象放松的基础之上的。当你能够熟练地运用表象放松的时候，再加深一些内容，这样自我提示放松运用起来就比较容易了。

一开始的准备条件与表象放松一样，请注意！这里要求强调缓慢轻松地呼吸，并想象将紧张从身体释放出来的过程。

指导语：

你可以先从头顶开始，想象血液顺着颈椎、脊椎、腰椎向下流动，到尾骨后折返向上。再依次通过小腹、胸腔、喉结流回头顶。在此过程中要想象，并感觉血液在身体中慢慢地流动。并且在血液中存在有许多不安和紧张的分子，它们大部分集中在你的内心深处。随着血液的流淌它们成群结队地出来加入到血液当中，这些不安和紧张的分子渐渐地遍布你的全身，并向你的肌肤和表皮扩散。你还要感觉到，这些不安和紧张的分子在争先恐后地想钻出你的体内。在放松的过程中，你要特别有意识地感觉这些紧张的分子从汗腺或汗毛孔中蒸发出来，就像胜利大逃亡一样。你还要像摄相机一样，通过想象观察到这些紧张分子蒸发的全过程，并观察到被蒸发的紧张分子越来越多，渐渐地这些不安和紧张分子在你的体内荡然无存了，你感到身心是如此地放松和快乐。

通过以上指导语，交易者可以独自完成练习。如果一开始你做起来很困难的话，不妨将这些指导语背下来，这并不是件难事。然后先用缓慢的节奏，逐渐地加快，这样的练习效果会更好。

相关练习：

1. 描述一下你放松的过程和环节。

2. 你从一开始的紧张到放松用了多长时间。

3. 从 1 到 10 为评定标准。1 表示紧张，10 表示极为放松。你感觉在放松之前是多少？（　　　）在经历了放松之后是多少？（　　　）

4. 写出你对放松过程的评议。

自我指示放松法的目的首先在于，给你提供一种可拓展思维程序，之后能够逐渐地缩短全身心进行放松所需要的时间。随着你不断地进行练习，你将会以越来越少的时间获得越来越大的放松效果。还有，对于长期从事交易的人来讲，由于坐在电脑前的时间很长，容易造成颈椎和腰椎等疾病。这种练习还可以有效地缓解长期以来对颈椎和腰椎的压迫，是有益于身体健康的。

另外，你应该争取逐渐以较少的指导语尽快地放松身心，但这还需要下一项练习的支持。以上两项其实都是基础练习，也是循序渐进的过程。

注意！练习此种放松技能时，应先按照表象放松的四个步骤进行准备，然后将所提示的指导语慢慢地、平稳地读出，在适当的地方要有停顿。在读指导语的过程中，语气要尽可能地平淡，以便使自己将注意力集中在身心的感受上。

以前很多科学家的测试发现，将表象放松法和自我指示放松法结合起来是非常有效的。但最终还是要集中于认知能力的放松，这不仅是放松成效最为显著的，更是放松的最高境界。可是，由于个体间的差异，有些交易者由于很能意识到自己体内的紧张感或放松感，这项技能就会掌握的很快。但也有些交易者会感到始终无法集中自己的注意力，虽然提高注意力的技能会对他们有所帮助，但是这种帮助并不全面，还需要将《交易心理学》的各个章节融会贯通。这样才能更加直接有效地运用认知放松法，这种方法基本上可以使你在几秒钟内就能够达到身心的放松状态。下面我们就进入到认知放松法的学习。

第八节　运用认知能力放松

首先请注意！这是应激控制技能中最为重要的一个段落，因为它将直接影响到我们今后对应激的控制能力。

以上提到过：认知放松法是最直接、最有效的。同时也强调了，需要将《交易心理学》的各个章节融会贯通。其目的也是首先要解决认知能力的问题，到目前为止大家已经知道了什么是认知，以及认知的重要作用。但就认知能力而言显然我们目前还都不具备，不知道大家对基础篇中"什么是成功的交易"和"什么是交易艺术"的章节还有没有印象。在"什么是成功的交易"中，我特别强调了进场的点位与信息、信号之间的关系和作用。在"什么是交易艺术"的章节中大家又不难看出进场点位的执行力度，以及区域内坚定自己的信念等现象。在认知这个问题上，我更加想着重强调在其基础上坚定自己的交易信念的问题。我们不应该忘记，在基础篇中有过专门介绍这方面内容的章节。

认知应激控制方法适用于减轻由于忧虑、恐惧、消极思维或消极的自我陈述等，以及由应激产生过程（2）所引起的应激。运用这些方法的目的在于改变消极思维模式，但这一过程需要时间，而且对一部分交易者是常常不见成效的。这是因为很多消极思维活动已经自动化了，但是一旦消极思维的锁链被打开，认知应激的控制效果是十分显著的。

我们的信念决定着我们的情绪，并强烈影响着我们的交易行为。我们的基础信念先是来自于我们如何解释生活中所发生的事，然后再引申到交易行为，并以自我谈话的形式体现出来。因此，自我谈话是非常重要的。它已成为目前心理学家研究最多的领域。我们学习此技能的目标是，寻找改变这些有害的思维方式的途径，这同样也是不断认知的过程，但这并不是一件容易的事。

在我们练习此技能的过程中，我们首先要明确我们的目的不是要限制自己的思维，而是当我们需要分析中心的工作时，我们就要加以分析。不过要注意的是，我们的分析应该是具有建设性的。实践证明，建设性的思维可以帮助交易者自己摆脱各种消极的自我谈话，以及消极的思维活动。这对于想成为职业交易者的你来讲是最有意义的一件事。下面我将举一个自己曾经出现过的消极思维问题的案例。这种消极的思维活动，以及消极的自我谈话方式也许就发生在我们交易者的中间，也许当时你还没有意识到，或许你也意识到了，但无法改变：

"哎呀！坏了！外围市场又出现大跌，这与我昨天保持的仓位很不利。与此同时，国内市场背景也出现了跟随的趋势。我持有的标的能否走出与市场独立的行情？我还看到了，我的标的在买盘的位置上出现了大单，这应该是一个好的兆头。我相信这所有人都看得见，大多数人是不应该继续做空的。上天保佑！在此位置上一定要撑住，一旦市场大背景稍有转好，这个标的一定会随之走强。"

大家有没有注意到，以上的思维活动是消极的，是有问题的，实际上是很有局限性的，也就是在不恰当的情况下思维指向狭隘，就是我们以前常说的："一叶障目"。主要体现在：

1. 不切实际地幻想，期盼走出独立于市场的行情，此种不切实际的幻想表面上看像是一种分析。但实际上，在缺乏相对应的解决方案的基础上这种分析是徒劳的，这等同于我们经常讲的一句话："光说不练假把式"。所以，这种不切实际的幻想、分析本身就是一种明显的消极思维。

2. 过于看重买盘位置的大单，这无疑加重了消极思维的成立。不仅如此，还促使我思维指向性狭隘，而忽略了整体交易计划中的重要内容——止损与坚决地执行。当今后此种情况出现时我们应该马上提醒自己：这可不是建设性思考，相反我们正在作茧自缚！

3. 我们应当注意到，当我提出"我持有的标的能否走出与市场独立的行情?"之后，我表面上看是在分析，实际上并没有真正地启用大脑分析中心，而是启用了综合中心的表象机构。我们以前学习过，脑的两半球是各有各的分工的，当我们在遇到问题时就应该立即启动分析机构，并快速地制定出相对应的预案。而以上的思维活动恰恰与之相反，这是我们应该细致地察觉到的问题。

在实际情况中，无论是我们大声地自言自语，还是小声地嘀咕，或者只是脑中的一个闪念，并未用语言表达出来。但都摆脱不了因此而在你的脑海中产生消极思维引起的应激。这种应激能够干扰你的正常操作，甚至最终能够剥夺你交易的乐趣，过早地结束你的交易生涯，形成心理学中最为可怕的，最难以治愈的顽症——心理耗竭。

在我第一本书的论述中就提到了这种消极思维的有害性，并提供了一些积极的思维作为替换，从中总结出了这样的铭言："你认为你能，你就能，你认为你不能，你就不能!"首先，你能，就是一个好的、积极地动机，一个起点。在这种积极动机的推动下，你才可能作出相应的举动。所以，我们可以看出，积极思维是应该被积极提倡的，但是要注意，应该使积极思维现实，不要不切合实际，更不能够任意地去想象，还是要有一定限制的。

目前，在全国可能有将近两亿交易者，他们都渴望有一天能够成为职业交易者，以此为生。但问题是只有一少部分人才能如愿以偿，难道只有这些人才有资格积极地追求这一目标吗？我们绝不应该这样认为，事情不会是这么简单的。我们应该清楚的是，人的积极思维只是一种没有实际行动的、模糊的思维，对人的积极向上只起一般性的"治疗"的作用。而现实和具有建设性的思维，以及随之的努力进取付之以行动，以掌握和达到这一目标所需要的身心技能，则是更实质性的内容。此时问题也就随之出现，有多少人能够"潜心于一"？有多少人能够坚持不懈？如果你能够做到这两点，这些积极思维能够最大限度地增加你达到既定目标的可能性。但是，这仍不是最有保证的。你不仅应该了解这一点，你还应该懂得当你尽了自己的最大努力时，你应该为自己的行为成就而感到满意，而不应该满脑子只停留在账面是否盈利上。

接下来的问题是，在我们的脑海中消极思维是如何形成自动化，而我们却难以发现的，以及三种可以改变消极思维的产生的方法。

一、对消极自我谈话的知觉

我们先回顾一下在交易中曾经出现过的情景：

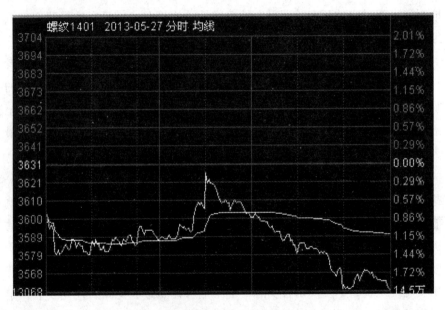

图 10 – 3　螺纹 1401 走势

在全天的交易中一开始就很顺利，下单之后盘面的走势也始终在上一天交易预案的范围内平稳运行。转眼 15 分钟过去了，价格还在不紧不慢地在区间运动。"这是不是黎明前的寂静？"自我 1 这种念头在脑海里突然一闪，没有人回答。又一个 15 分钟过去了，自我 1 又发问："今天的盘面运行很特别，这样下去将逐渐脱离了昨天的预判。"自我 2 还是没有回答。

工作室里非常安静，除了钟表的滴答声甚至都能听见自己的心跳。时针已经指到了 9:45，还是什么都没有发生。此时仿佛自我 1 有点按耐不住了："都说该跌不跌必涨，这么长时间还是没有跌下来可不是好事。"自我 2 仿佛想说什么，但刚到嘴边的话又被咽了回去。已经是第四个 15 分钟了，自我 1 再次发问："你多长时间才看见盘面有一次如此长时间的窄幅运动？"自我 2 终于开口说了一句："这种运行幅度，周期长度并不多见。"自我 1 又问："那么昨天预案中的形态内破位你认为还靠谱吗？"此时空气仿佛凝结了，自我 1 还是没有得到自我 2 的回复。时间刚过了 10:04，即时成交走势图突然就像刚过冬眠的蛇一样，身子出现一下较剧烈地抖动。自我 1 不禁说："还好！离止损点还差七跳。"时钟滴答滴答地继续运行，盘面仿佛像活跃的蛇一样开始渐渐地出现节奏上的变化。由于刚才突然地跳高，在即时成交图上显示的运动曲线格外地明显，我们都能看出盘面已经出现了明显的变化。但随后又开始渐渐地放缓了运动节奏，盘面看起来就像是被挤压的弹簧。就在这时一声清脆声音响起，小结收盘了。对此自我 1 显得非常警觉："我们是不是应该好好分析和重新评估一下了？"自我 2 还是没有回答。自我 1 继续说道："首先，早盘这一段时间的运行就很特别，特别是最后一个 15 分钟的走势，极有可能对手盘在酝酿一次大的动作。"此时，自我 2 第一次快速主动地发问："你认为昨天预案中的形态内破位还有多大的可能性？"自我 1 回答道："凶多吉少。首先，在开盘后的一个小时之内极窄的振幅就很不寻常。其次，在最后 15 分钟的走势中又出现了放大到逐渐收敛的形态，此种形态一旦出现新的选择方向，在大概率事件上会有很大的空间。这一点你应该是认同的。"过了很久自我 2 都没回答。马上又要开盘了，自我 1 说："你是综合中心专门负责执行的，一旦市场向上穿越形态你应该立即平掉空单，如果你手够快的话，我们还能有些盈利。"果然，在开盘后不久市场就开始向上攻击了，自我 2 也坚决地执行了自我 1 的指示，平仓之后还获得些盈利。但在之后发生的是，市场向上刚打到上一天的核心价位（当初设定这一天的止损应该是在核心价位之上），之后便转身出现了大幅跳水，直至收盘。这不仅证明了开仓的位置属于优势部位，并且还确立了上一天形态内破位的成立。更加令人伤心的是，在随后的日线级别中连续 5 天的下挫。

在盘后的总结过程中，我首先认定自己没有坚持交易原则，在条件许可的范围内，受盘中变化的影响轻易地改变了原始的交易计划。这不禁使我想起清代大诗人郑燮的《竹石》与大家共勉：

> 咬定青山不放松，
>
> 立根原在破岩中。
>
> 千磨万击还坚劲，
>
> 任尔东西南北风。

案例分析：

这是一个看似获利却是失败的交易，为什么说是失败的交易呢？原因是，如果按照预定的交易计划是可以拿到一个原本很好的优势部位的，但在期间由于受到消极的自我谈话的影响，以及对此没有知觉，造成拿不住单子的情况，这种情况在市场中是很常见的。下面我们就分析导致失败出现的心理因素的影响。

通过上述的案例，我们首先可以观察到一个细节——自我 1 是很活跃的。其次，在自我 1 的谈话中从一开始就有消极的成分。比如，第一句话的发问"这是不是黎明前的寂静？"这句话明显具有诱发分析的因素。在此之前我们学习过什么时候应该分析，什么时候应该注重执行的内容。而在实盘中，我们应该更多地强调执行力度的问题，这才是具有建设性的。而自我 1 此时恰恰相反，正是自我 1 在错误的时间，错误的问句导致心理开始逐渐出现偏离。在接下来的发问中我们看到："今天的盘面运行很特别，这样下去将逐渐脱离了昨天的预判。"很明显，这样的发问能够进一步地提高消极的心理能量，加剧消极思维的出现。接下来，"都说该跌不跌必涨，这么长时间还是没有跌下来可不是好事"。通过以上学习过的知识，我们应该知道这个公式：E—NT—A = S。E 属于环境刺激，当 E 出现之后必然伴随着 NT（消极思维），最终导致应激的发生。在这句话中说明自我 1 已经更加深切感受到了环境的刺激，虽然自我 2 仿佛想说什么但没有说出口，但很明显这种刺激已经在自我 2 那里发生了作用。之后自我 1 的发问似乎具有建设性意义："你多长周期才看见盘面有一次如此长时间的窄幅运动？"回归了理性的分析。此时自我 2 终于开口："这种运行幅度，周期长度并不多见。"遗憾的是，这种理性、建设性的发问并没有延续，又回归到了消极的方面，并且消极的程度还在加剧。"那么昨天预案中的形态内破位你认为还靠谱吗？"这里需要说明的是，在一般情况下，普通交易者是禁不住这种形式的诱导的，常规的情况下会跟随这种心理暗示发展，逐步动摇自己的交易原则和交易信念。如果此时再加上盘面进一步的刺激，出现心理偏离是很正常的事。我们接下来看到的是，根据盘面上的变化自我1的游说已经占据了主导地位，自我2的执行功能被动偏离了前一天的交易预案，又一次形成附属的、被动的局面。虽然自我2在小结收盘时有过一次主动的发问："你认为昨天预案中的形态内破位还有多大的可能性？"但这并不能够将平时就很强大的分析中心压倒，更不可能引起它对交易原则的重视。鉴于对方过于强势，以及自己本身的自信不强，最终导致了最后的交易结果。

通过对以上分析的细细研读，我们应该知道此案例的目的是，细化自己的知觉能力，特别是对诱发消极思维的自我谈话一定要深入地解析，将不良的苗头"扼杀"在摇篮里。同时还要知道自我1与自我2平时的相处关系，因为在这案例中出现了分析中心与综合中心对抗的问题。我们一定要加强以前学习过的内容，明确什么时间分析中心应该工作，什么时间综合中心应该工作，它们之间不能以相互干扰的形式出现，也就是分析中心与综合中心协调合作的问题。

请注意！能够处理好这个问题是你今后救命的重要工具。

面对广大的交易群体，当我们看到的都是同一市场现象时，极有可能对其解释和评价是不同的。而不同的想法引起了我们不同的情绪。在每一名交易者的头脑中都有永不停止的意识流，这将决定我们每一个人如何看待市场所发生的事。这些思维特点的一部分今后会高度自动化（这就是我们以前常说的习惯性思维或者惯性思维），并以自我谈话的形式体现出来。这种自我谈话可以是合理的和具有建设性的，也可以是不合理的、消极的和非建设性的，这种差异常常是很微小的。但当我们对成功的交易与被赞扬的愿望已成为必不可少的需要，并就这种愿望要求自己按照某一想法去实施时，这种差异才能够明显地表现出来。

消极思维似乎是一种特定的和单独的思维活动，常常在一瞬间出现。尽管它是不合理的，但我们几乎总是难以摆脱。它的出现可能是自发的，会突然地占据我们的大脑，并很难消除。另外，这些消极思维是通过我们对日常生活中的某些看法，或者所接触的环境以及人物的影响渐渐形成的。《荀子》教导我们说：**学莫便乎近其人，学之径，莫速乎好其人。此**

之谓与![130] 所以，我们可以逐渐地将它向积极方面进行改变。

此外，交易者对自己消极思维注意的能力也有所不同，当个体处于应激状态时，消极思维就难以限制，并成为注意指向的焦点。我们要想克服消极思维所引起的应激，最重要的就是，要学习如何知觉这些消极思维。

二、容易产生消极思维的两大因素

一是长期习惯性的消极自我谈话，已经成惯性思维。这常常来源于试图改变市场环境或他人的尝试失败，实际上改变市场或他人是不可能的。而产生消极思维的另一个主要因素是建立和保持将注意力集中于当前工作任务和解决问题的困难程度，而不是具体的方案和步骤。

下面列举常见的，影响你更好地完成交易的五种消极思维：

1. 对账面或操作能力表现出的忧虑，特别是不切实际地幻想与其他职业高手比较。

2. 在实盘交易中，总是试图改变交易预案，不切实际地力图贴近市场，而对此常常又患得患失。

3. 感知到交易技能、生理和心理能力的不足，而强行交易的想法。

4. 顾忌、害怕因操作不佳导致账面亏损的后果。还有可能会遭到别人的嘲笑，失去重要人物的信任等。

5. 再出现一些问题或错误之后就认为自己无能，不客观地自我指责或自我批评。

以上只是一些启发性的提示，在交易期间出现消极思维的方式和种类还有很多，希望在今后的训练或实盘交易中，除了要时刻警惕上述消极思维的出现，还要根据自己的实际情况找出自己的消极思维因素，这才是最为关键的。

作为一名职业交易者，只有先充分地认识到消极思维的切实存在，才有可能找出它的成因，建立针对性的办法去消除它。既然这样，我们可以先通过找出感受到应激之前的思维活动来作出判断，判断这些思维活动是否会导致消极思维的出现。但这些思维活动往往由于高自动化而一闪而过，很难捕捉到。不过我们可以根据上述常见的一些因素为切入点，认真细致地发现自己消极思维出现的规律和特点。如果我们能够意识到自己所经历的情境，和在此情境中所作出的反应，那就一定能够找出导致消极情绪的思维活动。

相关练习：

在交易中你的主要消极思维是什么？

我们可以用几天甚至一个月的时间了解自己的消极思维，在每天的收盘之后回忆交易时间出现的消极思维，以及出现时的市场情境。在自我了解结束之后，你对你的消极思维记录进行评议，并写出通过这个练习所得出的结论。

这一练习的目的是，帮助你自己了解自己产生消极思维和消极自我陈述的次数。你也许会遗漏一些已经自动化了的消极思维活动，但你会列出所有出现过的主要消极思维的活动。

此练习的说明：

如果你做这一练习与多数人的方法一样的话，在这里想强调的是一种普遍性。你可能会注意到在你的记录中，第二天和第三天消极思维就出现了一个高峰。这种现象的原因是，你逐渐意识到了自我谈话的消极性。而在你记录过程的初期，肯定会对你自己的消极谈话十分敏感，随着你对自己消极思维活动觉察能力的提高，你所能记住的消极思维的数量就会增多，随着你这一知觉能力不断地提高，你产生消极自我陈述的次数就可以不断地减少。

这一练习对于交易者是非常有用的，特别是对那些对自己要求苛刻想成为职业交易者的人更有用。更令人惊奇的是，这一练习可以在交易之前就限制交易者消极的自我陈述。

三、思维阻断

调性之法，急则佩韦，缓则佩弦。谐情之法，水则从舟，路则从车。[131]

调性之法：用明确的信号或实物调整、阻断不良个性发扬的方法。急则佩韦：在《文苑》里有记载，"**西门豹、范丹，皆性急，佩韦以自戒**"。所谓的韦即熟皮，有柔和的意思。缓则佩弦：《文苑》有"**宓子贱、童安子，皆性缓，佩弦以自急**"。弦即是弓弦，有钢急的意思。谐情之法：根据明确的信号或实物调试、修正不正确思维所导致的错误行为，是在思想根源上最切实可行的、最为有效的自我提示信号。

在中国古老的传统文化中，有很多关于行为矫正以及思维阻断方面的描述。其中，《韩非子·观行篇》也有这方面的阐述，所谓佩韦佩弦之说也是出于此。既然如此，我们如何将其更加有效地运用到交易行为当中去呢？

首先，思维阻断的方法是建立在对消极思维的注意和反应的能力基础上的。一旦某一消极思维或者消极自我意识出现就立即给予停止的信号。同时用具有建设性的思维活动代替它们。当然，这种代替消极思维的积极思维应该是现实的。

当你已意识到自己正在进行着非建设性的消极思维时，思维阻断就可能成为一种有效的方法。顾名思义，思维阻断是在你出现消极思维时，向自己大声地说"停止！"并附以手势，从而阻断在你思维中消极驱动力的意识流，而以积极的思维取代。不过，只有在你准备好了替代消极思维的积极思维时，思维阻断的方法才能奏效。

这样说起来似乎很简单，我们还是引用上述的案例。特别是在实盘交易中，我们都能够实实在在地感受到"对手盘"的存在，但这种感受是中性的。它既可以引发消极思维，也同样可以引发积极思维，它们各占50%的比例。如果我们的思维能够有意识地向交易原则，或者向头天制定的交易预案的方向发展、靠拢，那么所产生出来的结果一定是积极性的，具有建设性的。但如果像上述的案例一样，所出来的结果也一定会像应激公式那样最终形成应激。好了，当我们认知到这些以后，头脑里已经有了清晰的分辨能力，知道什么是好的，什么是坏的，什么可以产生积极的思维意识，什么可以产生消极的思想意识。这样一来对于你来说运用思维阻断这个方法就容易了，并能有显著的成效。

更加具体地讲，运用思维阻断需要下列的步骤加以完成：

1. 要充分认识能够引起消极思维产生的思想意识。

2. 要深刻认识到消极思维所产生的后果，以及对于你的交易行为所带来的危害。

3. 自己确定一个明确的、切实可行的、有效的阻断信号，用于在消极思维刚刚出现时立即加以阻断。如在内心里大喊："停止！"或这时候可以用拍脑门、拧大腿等生理刺激信号加以辅助。目的是坚决停止消极和有害的思维活动，直到交易结束后再去分析这些消极思维的问题所在。

4. 建立和确定自己能够代替消极思维的积极思维模式，并尽量使其方便、切实可行。

5. 在平时的盘后训练中，用表象再次引起所发生的消极情境来练习，然后运用思维阻断的技能，检验此技能的时效性。也就是说，先让消极思维出现，然后通过所确定的信号使其终止，最后以积极的思维取而代之。

6. 在今后的实盘交易中，如上述情况出现就应立即运用思维阻断这项技能。

在掌握以上方法的过程中，每经过一段时间，还可以结合表象技能把自己成功阻断的案例进行回放，目的是复习和加强此技能在实盘中的时效性。

相关练习：

为了更好地掌握这一方法，你需要根据自己的情况努力分析和研究自己的思维方式，并采取下列步骤：

1. 大量启用表象功能，保证表象过程中的质量。

2. 识别自己可能出现的消极自我谈话的情境。

3. 识别一些特殊的消极思维活动。

4. 确定相对应的，并行之有效的停止信号。

5. 根据自己的情况准备一套现实而积极的自我陈述内容，以替代消极思维。

这一练习的目的是，提供给自己一个实际运用思维阻断方法的机会，并在你的训练日记中作出真实的记录。

另外，选择的思维阻断活动的信号是否有效是十分重要的，更要注意不要选择含有消极意义的语言信号。例如："别这么想，你这个笨蛋"等。这种自我语言提示只能够又增加一个紧张的来源。我们的目标是，用简单的表象或词语阻断消极思维活动，能够立即代替它就可以了。

四、合理思维

当交易者不能够摆脱消极思维，并用积极的思维予以代替时，合理思维是一种非常有效的过渡方法。有的时候，消极思维的想法被交易者固执地坚持，这时候就需要对它进行阻止和对抗，首先我们先了解一下大部分交易者具有的不合理思维的特征：

1. 好的职业交易者在完成交易行为的过程中是完美无缺的，而自己总是出现问题或错误，我不是一名好的职业交易者。

对于该思维不合理性的解释：任何的职业交易者在他们的交易行为过程中并不是完美无缺的，或者是极少出现问题的。只不过他们的交易原则、交易系统、执行能力等较公众交易者更严格、严谨和坚决，特别是对于止损。我们不能光着眼于人家表面上的盈利，要更加深入地探究这些高手如何面对得与失的问题，这才是解决自己问题的关键所在。

2. 面对周边或重要人物的指责，这里的重要人物很可能是家人，或者其他方面的人物。你可能会想，这些指责是对你的攻击或者是伤害。

对此思维不合理性的解释：首先，任何事物都不会是"空穴来风"，任何人对于你的指责可能都是基于善意的希望。最根本的问题是：自己是不是做得不够好？然后再问问自己，目前的结果自己是否满意？如果此时你自己都不满意的话，你就没有资格反过来再抱怨其他人了。

3. 只把盈利设定为交易生涯中的最终目的，在这个过程中却总是体验失败，自己认为自己是个失败者。

对于该思维不合理性的解释：只把盈利设定为交易生涯中的最终目的就是不正确的。关于这个问题在基础篇的章节中有过讲解，包括针对失败的体验。请复习"什么是真正的自尊""自我价值"和"关于发展第一还是盈利第一"章节中的内容，这里就不多重复了。

以上所强调的都是一些不合理思维的事实，我们的最终目的是要将这些思维用合理性思维替代，这样才能够在根本上解决问题。关于这个问题艾利斯在1977年总结识别不合理思维并阻止它，以使我们个体学会更合理地思维的方法，并将其提高到一种科学和艺术的高度。以下介绍一下他所创立的建立合理思维的基本程序，大家可以跟着我借鉴他的分析思路引申到交易当中，根据自己的实际情况找出问题，逐一解决。

五、导致应激的五种最常见的不合理信念

1. 我一定要得到生活中所有人，特别是重要人物的青睐与赞扬，如果不是这样的话，就引起我的忧虑和不安。

2. 我所做的任何交易都不能出现差错，如果出现差错就会引起我的忧虑。

3. 在内心里谴责和鄙视所有对我有不公正评价的人，以及不友好的人，把这些人看作是坏人。

4. 如果某次交易在过去曾经影响过我的生活，那在今天它也一定还会决定我未来的情感和行为。

5. 周边所有的人和交易上的事情都应该总是像我所设想的那样。

很明显上述都是一些不合理的信念，对此我们就要找出能够与它对抗，并最终替代它的合理思维：

1. 受人青睐和赞扬固然是件好事，但如果没有的话，我仍能现实地正视自己，只要符合自我的行为准则我将对此接受和满意。

2. 我明确地知道交易市场的属性，将交易做好固然是令人满意的。但是人不可能不犯错误，我只要知道犯了错误后如何修正就可以了，这才是关键。

3. 即使感到自己受到了不公正的对待，我也不能谴责别人，谴责别人的行为无助于自己行为的提高，更不可能因此提高我的交易成绩。所以，我只对我自己的交易行为负责就可以了，不把过多的时间浪费在毫无意义的争议和谴责其他人中去。

4. 是的，我相信任何人都存在过去不好的经历，通过以往的学习我也知道，人一味地停留在不好的过去意味着什么。我是个有能力、有自我价值的人，并且我有各种方法能够改变未来，逐步地完善自己的交易行为。

5. 这有点类似于第二个问题，但重点需要强调的是，我不去试图改变任何人，特别是我不可能左右市场的走势。而我现实能够做到的是不断地改变自己，使自己逐渐地适应自己不能改变的市场。

以上只是我们着手解决不合理思维的第一步，而第二步则是要细致、精确地找出那些有害的思维活动，用更加具体的方法加以解决。我挑出一个最具代表性的问题加以深入解释。

在最常见的不合理信念中，第二个和第五个问题都存在着一个共性，就是不可控制性。我们应该认识到这两个问题的根源是，你试图去控制你不可能控制的情景和他人，而阻止和消除这些思维方式的关键是，认识到在资本市场中这些事是在我们的控制之外的。

以前我们学习过自我1和自我2的谈话，下面我们就运用这种方式对自己进行启发，进行自我批评，达到改正错误的目的。

在平时的训练或者实盘交易中，当你一次又一次地未按交易计划实施以后你会感到很生气，特别是你的计划第二天很贴近市场的走势。如果你回答：确实有过这样的事情发生。好的，我们可以继续：

自我1：为什么你要生气？

自我2：因为我在私下里进行过无数次的对执行力度的问题的提示，但仍是犯以前同样的错误，总是一到关键时刻就下单犹豫。

自我1：你似乎是告诉了我你为什么生气，但实际上你只是告诉了我你对行为结果后的感受。

自我2：唉！我总是一次次地提醒自己却总是不见效。

自我1：哦！原来你的生气是因为你自己的努力无效。

自我2：是的，其实我早应该掌握执行力这一问题了，也许我应该换一种方式进行改变。不过，我要是想在今后的交易生涯中生存的话，就必须把这个问题彻底解决掉！

自我1：这方面你说得很对，我想你是应该换一种思考重新解决这个问题。比如说，这么多次都不能解决这个问题，而在当时的情景中你是怎么想的？

自我2：我当时想的是市场很危险，我的条件和标准不见得成立，这将直接威胁我账户上的资金。

自我1：请恕我直言，实盘中的这些想法实际上与你头一天辛辛苦苦所做的交易计划一点关系都没有，既然你认定在实盘中执行才是最为关键的，那么你为什么在该执行的时候脑子却在想与其相对抗的事情？此时此刻你难道不是作茧自缚吗？说你是你自己前进道路上的"绊脚石"一点也不为过。

自我2：等等！等等！根据以前学习过的内容我似乎明白过来了。这里存在的问题很多，合理认识不确定性问题，盘中思维指向的问题，分析中心与综合中心协调合作的问题，关于发展自我与盈利的问题，还有自我控制的问题等。总之，我是在认知能力上还有明显的缺陷，这才是问题的核心、关键。这些道理我都明白，我有信心解决自己的问题了。

以上的这个例子，已经说出了首先你必须要找出不合理的想法，并怎样诱导自己处理这一不合理的想法。如果按照不合理的思维，你所坚持的错误行为一定符合你表面上所看到的。所以，长期以来很难加以改进，时间越长后果就越不堪想象。特别是对控制之外的事，这一点不加以深刻的认识，会使你随时把自己置于高应激之中。另外，引发你生气的另一个因素是，自己没有能够按照预定的时间安排掌握执行能力的技能。你可以希望自己对各方面技术掌握得快一些，但任何人不一定都能按照自己的设想圆满地完成。作为一名优秀的交易者，首先，而且是最关键的难道不是要具有耐心吗？你需要考虑的是为什么在某一环节总是出错，原因到底在哪里。一项一项地细致地解决，一点一点地改正，并保证解决和改正过的问题达到三级记忆机理，这样你才能渐渐地把自己引入正轨，再去学习控制你自己真正可控制的因素。

通过以上的阐述，我们实际上已经有了对应激控制技能的认识，并尝试着用积极的思维逐步地替代消极思维。在实施的过程中，我们经常不知不觉地加快速度，这是急于求成和急功近利的表现，这一点我们要严加防范。在以上的内容中曾经提到过，当交易者在运用这套方法练习时应先由最小的应激事件开始。具体的步骤是这样的：

故意释放一些消极思维，当初始的消极思维很容易被你自己阻断后再将它释放出来，继续延伸、发展。在延伸、发展的过程中，想象并努力使自己感受到一些应激，这时候看自己能不能立即将其阻断，并用积极的思维将其覆盖，回归到原始的内心平静状态。这样的练习能够说明初始的消极思维，以及初级的应激已经不能够对你的交易行为产生破坏作用，你是有能力控制它的。之后我们再回到消极思维的起点，继续让它延伸、发展到更大、更高的程度，从合理的思维入手将其控制。如果还是能够成功，你就可以再进一步地练习，循环往复，直到你认为能够将盘中各种环境事件所造成的消极思维，以及应激都控制住为止。这样，在今后的实盘交易中你才可能做到真正的"猎人般地沉稳"，做到"心如铁"。

以上自我练习的实际意义是：

能够改变长期以来无意识的自我陈述，特别是消极思维方面的。交易者可以通过自我检测、记录发现其中的问题，以便使自己进一步地了解自己消极思维的习惯性方式。之后你就会自己主动地找出合理思维去替代那些不合理的思维，通过不断地练习建立此种思维正确的方式，这个过程也就是完善自我教育的过程，这是我一直所提倡的。

还需要注意的问题是，以上所介绍的方法一定是由简单到复杂逐步发展的。如果消极思维特别倾向于某些情境，最好先以思维阻断的方式将其制止。如果消极思维比较严重和根深蒂固，并且严重倾向于不合理思维，就需要将其阻断之后对其细致地认知，当你彻底地认识到其严重性和危害性之后，要用大量的积极的和具有建设性的合理思维将其覆盖。

合理思维对于找出和改变消极思维当然是一种非常有效的方法，但还要结合本节学习的所有内容。对于大多数交易者来说，表象放松（身体的）、积极思维（认知的）、思维阻断（执行的）这些方法基本上就足够了。但请牢记：只有系统的练习才是成功的关键！

第九节　心理耗竭

夫哀莫大于心死，而人死亦次之。[132]

意思是：人最大的悲哀莫过于心情沮丧到了极点、其精神和意志消沉到了不能自拔的地步。即使人死了也比这种情况要好。还有一句通俗的话说得更好：有的人死了，但他还活着。有的人虽然活着，但是他已经死了。

心理耗竭在本书中是一个最为沉重、最为严肃的话题。实际上人们不仅仅是在交易领域出现心理耗竭，在高度发达的现代生活中，各行各业都有可能出现令人心力衰竭的现象，只不过是因为我们所接触的交易领域给我们带来更多的实例罢了。

大家都有过这样的感触，我们一开始会以极大的热情投入到资本市场的交易中去。但随着时间的推移，最终人们就会渐渐地发现对交易报以极大热情的人逐步地减少。最后，只有极少数的人坚持下来。当然，其中有许多方面的原因。但是，由于出现心理耗竭而使交易者最终退出是一个重要的原因。实际上，心理耗竭是任何职业的天敌。所以，在这里我们有必要进一步地了解心理耗竭所产生的原因和后果。

在目前的资本市场，特别是期货交易领域里，已经有许多例子告诉我，心理耗竭对一名想做职业交易者的人是多么的可怕。例如，在我接触和认识的交易者当中，不乏一些具有一定交易天赋，且曾经也想成为职业交易者的人。但是，随着时间的推移，他们现在已放弃了曾经热衷的交易。其真正的原因就是，最初的交易乐趣，或者强烈想赚大钱的动机，渐渐地被市场不确定性因素屡次伤害。屡次受伤害之后压力必然不断地加大，由于缺乏对交易和交易心理学的认知，在不断的挫折面前又没有什么更好的解决和相对应的办法，长时间巨大的压力必然使他的心理负荷严重超标。真金白银还在不断地流失，压力又被绝望所代替，直到再也不能够承受为止。最终，只有选择放弃此行业来逃避由心理压力所带来的痛苦。

有一位交易者曾经这样说：通过长期以来的交易和辛辛苦苦的看盘分析，发觉自己的交易水平不仅没有提高，反而不如新手。输钱、丢面子倒无所谓，最让人受不了的是自己的运气也越来越差，仿佛对手盘总是盯着我，越想翻身越不行，专门跟我对着干。这个行业真是太难了，现在我一点兴趣都没有了。

还有一名商品期货交易员感叹到：交易对于我来讲已没有它原有的和它所应该有的乐趣了。市场似乎永远不会再适合我的打法，我已经想尽了一切办法还是不能跟上市场的节奏，市场究竟有多少种变化我可能永远都不会知道，我已经到了我人生路上的一个换车站了。我确实感到自己的工作室就像一个封闭的箱子，我没有自己的时间和思维空间，我由于过度的紧张和繁忙而精疲力竭。长时间的交易可以归结为一个词，就是"高压"，就像随时有只枪对着我的头一样。

综上所述，不管是期货交易还是股票交易者，他们产生心理耗竭的重要来源往往都是不切实际希望盈利的压力，这种压力一般与自己制定的目标不现实有关。当然还有对自己的认知，对交易本身的认知，对交易心理学的认知等很多其他方面的因素。总而言之，还是缺乏必要的心理技能的学习。在这种情境下，长期的高应激一定会对人的心理产生巨大影响，久而久之引起心理耗竭是正常的事。

那我们如何对付心理耗竭呢？

心理耗竭的起始有时是很不明显的、很缓慢的。有经历几周、几个月甚至几年的。当心理耗竭到达一定程度之后，交易者外在的表现是易怒，拒绝他人的意见。心理耗竭的程度越高，越是喜欢在众人面前夸夸其谈，以求自我内心的一种平衡，这是很正常的事情，所谓"人性使然"。总而言之，除了自己，他们对周围的一切事物都不高兴，这需要我们警惕。

出现心理耗竭的迹象固然可怕，但是不要紧，只要我们能够采取措施，它就会渐渐地自行消除。首先，我们应该认识到，出现心理耗竭并不是件可耻的事，它只是由你最初产生的良好愿望而最终产生不良的一种结果。而在出现心理耗竭的群体中有这样一种普遍特征，对自己追求的目标制定得很高，对自己的要求非常严格，性格特点是固执己见，不能够客观、正确地看待自己的交易能力等。出现这些特征而导致心理耗竭的交易者占有很大的比例。

有的朋友可能会问：给自己制定一个远大的目标难道不对吗？对自己严格地要求难道不对吗？固执的性格正是本人执着的一面，难道不对吗？做任何事情首先都要有一种强大的自信，这难道不对吗？

以上问题从表面上来看似乎都是对的，但是忽略了一个重要的基础问题。人生不能够没有宏伟远大的目标，但是我们更应该知道这个目标离我们是有高度的，有距离的。而我们目前应该做的是，迈出对人生目标追求的第一步，并且是正确、客观、现实的一步。这个问题实际上是各个行业、领域都存在的基础性问题。

问题既然阐述到这里，我们一定也有很多方法可以减少心理耗竭出现的可能性，或者将它彻底根除，这还要因人而异，主要取决于你是如何抉择的。在绝大多数情况下，心理耗竭不会出现在你正在学习和了解更多的有关交易知识的阶段。这就等于是告诉了你，对于你来说眼前最重要的是，要进一步地专心于基础方面认识和专项知识的学习，为了使你更加广泛地了解这一极具挑战的职业，而不懈地努力。

另外，当你认为你的学习或基础训练具有意义和重要性时，心理耗竭也不会出现。因为不断的学习对你的认知提供了无限的、新的变化和自我充实感，你就越发地觉察到其意义的深刻。所以，你会觉得从学习和基础训练中能够得到发展和具有成就感。其实这并不是一件难事，但这也不一定是要以账面盈利的形式来体现，而是通过自己知识的丰富，真实自信心的培养，带动自己的交易乐趣来表现出来的。

还有，当你感觉到自己的学习和训练进展非常顺利时，当你倾注于其中感到一切得心应手，忘却了自我时，当你发觉自己多年以来做为一名交易者第一次发挥出个人的潜能，交易技能突飞猛进时，是不会出现心理耗竭的，你反而会发觉在学习和训练工作中充满乐趣。

那么一旦真的出现心理耗竭怎么办？

当你一开始认识到心理耗竭在你身上出现时，就要立即着手予以解决，要对其采取必要的措施。届时，你要考虑以下这些问题，按照你自己认为适宜的模式改变你的现状。

1. 重新评价自己目前所追求的目标，现实吗？是否符合你以前的学习和训练计划，认真思考一下你到底打算怎么样？你以前制定的目标与现在有差距吗？你执行起来的难度有多少？目前对你来讲现实吗？你对自己学习和训练的评价，以及他人对你的评价之间有冲突吗？如果有，你解决这一冲突，以使其不再烦扰你的学习和训练的最好方法是什么？

2. 建立和保持一个能够理解你，能给予你有力支持的社会交往和家庭关系。研究表明，对心理耗竭最好的防御是，有人能够理解和分担你的烦恼，而使你感到心情舒畅。你不妨回想一下，看一看你的家庭或亲友关系是不是不如从前了，这是为什么？你对这一关系的维系做了些什么？是不是与他们之间的沟通做得不够好？如果在你的生活中没有令你满意的周边关系，你能够做些什么来改善呢？

3. 人的精力和时间是有限的，巧妙地安排时间尽可能高效率地完成学习和训练任务，想方设法抽出一些时间多承担一些家庭或社会的责任，这也是你争取他人多理解你，支持你最好的方法。

4. 改变一些你现有的生活状态。你是否把你的社交、娱乐活动都抛弃了呢？你近来尝试过新的生活方式吗？你给予你的家庭、亲友更多的时间了吗？你是否已成为他们眼里的陌生人了？据我了解这种现象还不是个例。

5. 你要勇于承认自己的弱点，你是人，而不是神。你不可能什么事都了解，都做得完美无缺，特别是在资本市场。你必须要摆脱别人或自己强加于你的不现实的要求和期望。

6. 你注意你自己的身体状态了吗？尤其是你想能够尽快地达到自己的目标时往往会忽略了身体状况。我们之前学习过，生理学与心理学是存在着交叉关系的。或者你只是一个提倡健康交易的口头倡议者，提高身体健康也是辅助交易技能的一个重要手段，希望你能将以前学习过的有关知识应用在你自己身上，不要以没有时间为托词来拒绝这么做。

如果你感到你的心理耗竭已经到了你自己或者在你周围亲友帮助下都不能使之改变的情况，你要立即去找临床心理学家，求得他们的帮助。应激在心理学中，以及现实中是个很客观残酷的事实，它已使各个国家的各个层次的交易员付出了代价。正像以上所介绍的那样，有很多非常有潜质的交易者，由于心理耗竭而离开了这项原本很有潜质和发展的行业。如果这一问题不得到解决，这类事情今后还会增加，包括现在的你也可能遇到，这无疑是一场悲剧。

练习：

检查和应对心理耗竭

这一练习的目的是评定你对心理耗竭的认识和防范能力。另外，让你写出检查和应对心理耗竭所打算采取的行动，将来做到有的放矢。

下面将介绍检查和应对心理耗竭的方法，分为 10 个方面。你自己评定你在每个方面的得分，对于那些你有待提高的方面写出你能采取的具体措施。如表 10 - 5：

表 10 - 5   **心理耗竭评定表**

评 定 分 数										评分
1	2	3	4	5	6	7	8	9	10	
极差		差		中等		好		极好		
维度										**评分**
1. 全力倾心于交易技能的学习和训练。										
2. 你对交易这项工作的认识。										
3. 能否从学习和训练中获得乐趣。										
4. 你的目标和人生观是一致的吗？										
5. 是否有友好和谐的群体环境。										
6. 你掌握时间的能力。										
7. 学习和训练以外的生活是否有多样性。										
8. 你对自身缺点的接受能力。										
9. 目前的身体状况如何。										
10. 应激控制技能水平达到什么程度。										

心理耗竭只是在你让其存在时才成为一个难以对付的麻烦，我建议你现在就应采取行动，防患于未然。避免使自己因不切实际的认识或训练，

导致心理耗竭的出现。

我们应该相信，任何程度的心理耗竭都是可以防止和消除的，但你要采取必要的措施。首先保持你的身心健康，以使你能够继续从事交易这一令人敬慕的职业。

第十一章 集中注意力技能

骐骥一跃，不能十步，驽马十驾，功在不舍。锲而舍之，朽木不折；锲而不舍，金石可镂。蚓无爪牙之利、筋骨之强，上食埃土，下饮黄泉，用心一也；蟹八跪而二螯，非蛇、鳝之穴无可寄托者，用心躁也。是故无冥冥之志者，无昭昭之明；无惛惛之事者，无赫赫之功。行衢道者不至，事两君者不容。目不能两视而明，耳不能两听而聪。螣蛇无足而飞，鼫鼠五技而穷。《诗》曰："尸鸠在桑，其子七兮。淑人君子，其仪一兮。其仪一兮，心如结兮。"故君子结于一也！[133]

意思是：骏马虽然一天能走千里路，但是它腾跃一下也不到十步的距离，劣马虽然跑不快，但是积累十天的路程也能达到千里之外，功效在于不停地努力。雕刻如果是刻一下就放弃，即便是坏的木头也刻不断；如果不停地去雕刻，即使是金属和石头也能雕空。蚯蚓虽然没有锋利的牙齿、强健的筋骨，可是能够在地上吃泥土，下饮泉水，这是因为用心专一的缘故；螃蟹虽然有八条腿两只有力的大钳，如果没有蛇、鳝的洞穴它也无处藏身，这是因为总想投机取巧，居心浮躁。所以，作为职业交易者如果没有专心致志的思想，智慧就不能豁然通达；没有埋头苦学、苦干的精神，功绩就不会显赫。资本市场犹如错综复杂、枝叶交错迷乱的树冠，注意力稍有偏差就不可能有善果，就如同侍奉两个君主的人不会被双方宽容一样。我们的眼睛不能同时看到两处并且都非常清晰，耳朵不可能同时听两边的声音并且都十分清楚。螣蛇没有脚却能够高飞，鼫鼠有五项超强的技能却总陷入困境。《诗经》中说："布谷鸟栖宿在桑树上，哺育着七只幼鸟。善良的人，他的精神态度始终如一。精神态度始终如一，并且专心致志。"所以，君子在学习或者干任何一件事时总是把精神都集中在一点上！

在平时的模拟训练或实盘中，你有没有注意到集中注意力的问题？注意没注意在交易行为过程中注意力能持续多长时间？这一章的主要内容是介绍在交易过程中，以及收盘以后我们应该注意什么。

按平时所需要的转移注意力，提高注意力的强度和持续的时间，是理想地完成交易行为过程所需要的技能。这也是本章向你提供如何掌握注意力集中技能的知识，提高学习和训练效果的目的。

第一节　集中注意力的重要性

集中注意力技能是交易心理学中重要的五大基本构成之一。而在实盘交易过程中，能够成功、完美地完成交易又是重要的一环。往往高水平的交易表现发生在交易者处于理想的激活状态的时候，而这种状态的特点之一就是，注意力完全指向于操作完成的过程，以及在过程中条件和标准的执行力方面，排除其他一切场外因素。

当我们的注意力集中在完成交易的过程中，积极的心理能量又处在较高的水平时，我们发现自己有一种"知觉变态"的感觉——时间似乎变慢了下来，甚至感觉不到它的存在，盘中以往剧烈的波动也不会给视觉造成很大的冲击，仿佛是静止了一般。在进场点和出场点上时间似乎也缓慢了，充裕了，有一种从容不迫、无所畏惧、流畅自如的感觉。如果这样的注意力强度，或者注意力的集中能够随意调动出现的话，那不仅是一名成功的职业交易者的标志，更重要的是你能从今后的职业交易生涯中不断地获得乐趣的一个重要来源。

在实盘中，当交易者对注意力技能控制得非常好时，交易者就能够完全地将心理能量充分地且毫不浪费地都投入到交易技能行为的完成中去。但遗憾的是，大多数交易者都没有积极地将自己的注意力技能发展到这种水平。其中的主要原因是，对以上的三个章节所学习的技能没有充分地掌握。所以，也就很少有人能将自己引导到最佳的流畅状态中去。除了这些以外，当然，一定也不能忘记它是需要全神贯注的。因此，在我们参与这一行业时，更应该重视集中注意力技能，然后结合其他相关的的技能，争取体验到交易流畅自如的状态，要相信这是确实能够得以实现的。

然而我们应该注意的是，随着你不断的练习，集中注意力的技能水平就会形成一定的自动化。你随时可能在没有完全注意的状态下去完成交易行为，并且整个结果是令人满意的。此时你要注意了，你对市场的警觉性开始降低，"分心"的种子也就悄悄地埋下了。随之市场环境的刺激可能再次"挑逗"你，消极思维也可能出现。在极具不确定性的资本市场中，一切皆有可能！我们必须要加以重视。

有道是：**成名每在穷苦日，败事多因得志时。斯言信然**（这句话很确切实在）！

另外，有交易者曾经问我：有没有快速提高法？什么是快速提高法？我只能回答：没有，这个真没有！不过我有办法。你要想使此技能快速地自动化，就必须在平时的模拟训练中，完全地沉浸于交易条件和标准本身，这是最佳的捷径。保持这种沉浸状态的最好方法是：不是为了账面上的盈利，而是在交易行为过程中下功夫，在盘中集中注意力技能上下功夫，为了挖掘自己的潜能去交易。尽管寻找自己的潜能是永无止境的，但是，你会发现追求潜能的过程会使你着迷，它是一种挑战和自我实现。

第二节　注意力的定义

士君子贫不能济物者，遇人痴迷处，出一言提醒之；遇人急难处，出一言解救之，亦是无量功德。[134]

意思是：做学问的人因为贫穷不能在物质上帮助或救济他人，但当他人遇到糊涂迷惑之时，能够用语言点醒和引起对方的注意；或者在他人遇到危难之际，能够用语言解救对方，这同样是无可比拟的善事和美德。所以，我希望这个章节能够引起朋友们的注意。

注意力，是将我们的意识指向于可感觉到的信息的过程。而在交易领域里，我一直强调信息与信号之间的关系与过渡，请复习基础篇中的内容。因为，我们是通过视觉中枢去感受市场环境信息的，在任何时候我们的感官都充满了环境刺激。比如，当你看这本书时，因为你集中注意力于书中的内容，从而感觉不到环境中的其他刺激。但一旦将意识从这本书中移开时，你就会注意到其他视觉、听觉、触觉或其他周边环境给你带来的信息。在你意识到了你的感官所受到的刺激的同时，就会产生知觉——认识物体、事物和客观事实的过程。而知觉必然有注意的伴随，知觉只有在你注意到了你的感觉时才能发生。

注意力在感觉、知觉到决策、行为过程中的作用。我们看一下图11-1。

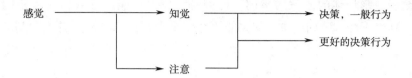

图 11 - 1　在感知和决策中注意的作用

在图 11 - 1 中我们可以看到，人在任何行为中都不可能没有知觉，知觉是决策和产生最终行为的媒介。尤其是对交易技能知觉能力的高低，是你交易技能的成长和交易定型的重要因素。我们从中还可以想象到，决策和行为的好坏往往取决于你对盘面的知觉能力，而知觉能力的高低取决于你平时注意能力的强度。如果你在注意力技能上多下功夫，就等于在这一学习技能的过程中把握住了关键。最初的感觉是你通过观察其他优秀交易者的交易行为，得出你自己应该怎样去做，或者效仿的结果。知觉只是告诉你在实施感觉的结果之中应把握的分寸，但是，你只有集中注意力于不断地体会这种把握分寸的能力，交易技能才会得到更有效的提高。而决策是你实施这种"分寸"的过程，正如从图 11 - 1 看到的，在知觉环节中不集中注意力的话只能得出一般的决策，导致一般的交易行为出现。而如果我们能够将注意力更多地集中在知觉的环节中，那么所得到的结果往往是更好的决策，从而导致更好的交易行为出现。

可想而知，如果你不能够在平时的训练或实盘中，有效地将注意力集中在对自己条件和标准环节的知觉中，那么单单地靠感觉去决策（实施技术环节）的话，你暂时交易成绩的好坏对你一生的交易生涯是不会有建设性意义的。

一旦你知觉到了"信号"在交易行为中的意义和作用，以及交易行为中的客观事实，你还需要作出是否继续知觉它们的决定。因为，在它们之中存在好的因素，也有不好的因素（认知的确定结果非常重要），在这个决定的过程中你同样需要对知觉对象的注意。因此，注意力又常常伴随着认知的过程，它们之间是相互交叉的关系，这种关系能够使你的意识指向于感官觉察到的刺激。

在任何的市场环境下，无数的环境刺激作用于我们的感官。但是如果你不去注意它们，你是不会深刻地知觉到它们的。所以说你对交易的体验

完全受限制于你的注意力指向。比如说，如果你能避开对消极思维的注意，你将不会体验到应激。如果能够在交易中注意到与操作有关的刺激信号，你就不会去注意那些不相关的信息刺激。这样，你就更有可能发挥得出色，并产生流畅自如的交易体验。

我们最终的目的是，通过有效的学习发现有用的知识和方法，能抑制它们对我们交易的干扰。下面我们结合以下的三个问题进行更深的思考：

1. 在交易中如何选择正确的刺激？

2. 如何将注意力转移到正确的刺激？

3. 提高注意力的强度，尤其是注意力的集中性。

以上三个题目暂时留给大家思考，目的是锻炼大家对思维空间的开拓能力。以下还有个问题我们必须要先搞清楚：

注意与知觉的区别是什么？

答案：注意对知觉起着指导性的作用，它是建立在自我意识的基础上的。而知觉是利用注意去感知作用于感官的刺激，从而区分什么是积极刺激，什么是消极刺激，不断地深化和修正自我的知觉能力。它们之间是否能够建立起良性的关联，是你今后发展、提高交易技能的关键。

第三节　注意力的选择

交易者能够在市场同时存在的无数刺激中选择正确的刺激，或依线索进行正确选择注意的能力，是一个重要的问题。例如，在实盘交易中，所谓重要人物的在场与自我操作水平之间的注意，外部刺激（账面的盈利或名誉等）与内部刺激（可发展性的现实目标）之间的注意，消极与积极的自我陈述之间的注意，可控制与不可控制因素之间的注意等。

那么我们如何学会这样做呢？我们需要掌握下面这些非常有用的基本知识。

一、定向反应

很多的科学研究证明，如果你不去有意地控制你的注意，而让其自动地发生，那么神经系统就会根据一定的原则来调节你的注意，这种机制被称为定向反应。它的基本原则是使你发现在环境里是否存在不寻常的事物。这对人类的生存来讲，是一个特殊机敏的反应，它能使我们对潜在的危险有所觉察。没有定向反应，我们就必须不停地动用我们所有的感官去觉察应该注意什么来避开危险。交易行为在绝大多数的情况下是没有安全性可言的。如果我们恰恰缺乏正确的定向反应，在市场中无疑总是会左右挨耳光。即便是我们具有一定的定向反应能力，我们还会面临很多其他因素的干扰，从而使这种能力降低。例如，在实盘中，即使你的注意力具体地指向条件和标准时，这种定向反应还会不断地受到市场波动的影响，或者被重要人物的信息，以及其他的因素所干扰。这些只是外部干扰因素，我们已经学习过很多这方面的内容，相信同学们已经有一定认识和能力。

除了这些外部干扰因素以外，最主要的还有三个内部因素对定向反应起着严重的破坏作用。它们分别是：动机、心理定向和排除干扰的能力。

下面我们先着重解决这三个内部因素：

首先，需要给职业交易者的定向反应下一个正确的定义：学习—认知—获得—巩固—提高—交易定型。

1. 关于动机的问题。

在基础篇中有过这方面的介绍，动机源自于兴趣。所以，兴趣又是其根本。然而兴趣不仅能够引发动机，它还能够牵引你的注意力。

目前的情况是，大部分交易者对交易的兴趣源自于获利，甚至很多人要求尽可能多地获得暴利，问题就出在这里。获利已经成为你所有注意力的指向，在这种情况下就等于给自己出了一道难题。我们都知道过去有这样一句话："蜀道难，难于上青天。"在资本市场中想获利远比蜀道还要难。如果你目前的交易只是停留在一门心思想获利上，或者交易只是由肤浅地学习、自我指导、交易行为所组成的话，那么你一定会在保持交易兴趣、动机方面遇到麻烦。就如同让一个刚学会开车的人去参加方程式比赛，虽然这个比赛能挣很多钱，但是现实吗？世界上任何项目都是如此。

要想使交易者少参与不应有的交易，而又保持兴趣，不去破坏定向反应，首先就要立足于现实，用发展第一，盈利第二的思想沉淀自己，想尽办法在书本中找到自己现实可行的目标，脚踏实地地完成。当你看到自己实实在在的进步以后，你就会觉得越来越有希望，对此才会越来越有兴趣。使自己获得兴趣，你才能把握住自己的注意力指向，这才是具有建设性的、正确的定向反应。

另一种途径是，在交易系统构建方面，你可以在不违背交易原则的基础上，根据自己的实际情况自己选择，不必照搬其他高手惯用的套路。这会使你有一种责任和自控的感觉，可以增加自己内在的动力。

2. 心理定向。

影响交易者注意的第二个内部因素是，心理定向。

通过自己的交易经验或受他人的指导，交易者能够发展出一种对环境或自己内部的一定刺激，这种刺激是比较敏感的心理定向。

比如，交易者在经过长时间的学习和统计后，对自己的交易环节已有了一定的认识，他们在下单敲回车键的一刹那，已清晰地知道自己的交易条件和标准，市场大概率的事件，仓位的大小，止损以及所面临的后果等。

即便是在这种情况下，心理定向可以是积极的，也可以瞬间转换为消极的。在以往的学习中，我们可能会注意到环境中适宜的刺激和积极的内部思维，也可能会对干扰性的消极刺激和消极思维引起注意，这样就产生了不确定性。

例如，在交易中，如果注意到了自己轻松、愉快和目标信号清晰的感觉，就是一种积极的心理定向。反过来，若你突然受到外界的强烈的、不适宜的刺激，一时间忽略了外界环境的刺激和自己不良行为的反应，就会产生一种消极的心理定向，渐渐地就会出现交易行为障碍。比方说，有些时候明明交易信号成立却手不听使唤，犹豫不敢下单的情况。这样的情况我以前也经常发生，所以说，发展自己有意义的和积极的心理定向是你一个非常重要的任务。

当我们知道了正确的注意对象，以及干扰注意所产生的不良后果的潜在因素后，就会对自己的不良行为进行干预，并因此而提高自己正确的反应的速度。

例如，我以前也经常遇到这样的情况，头一天的交易计划做得非常详细，第二天收盘后也基本符合头一天的预判。但是，就在当天的实盘中我受到不适宜的市场波动的影响造成犹豫不定，患得患失，从而失去了好进场点和部位。懊恼之余还是从解决基本的人性入手，用我弟弟的话讲：**"做交易首先要做到没人性！"** 在交易中完全做到"没人性"是很难的，除了很好地利用交易心理学之外，必须要辅之以一些实际手段。我初期的方法是，用极小的仓位执行头一天的交易计划，从而降低自己的执行难度。虽然盘中还会遇到犹豫的情况，但由于本身非常清楚这是思维指向偏离的错误，我知道应该立即矫正，必须回到正确的思维指向上。在之后的执行力度上有了很大的改观，然后逐步扩大仓位进行，就这样这个难题渐渐地被我解决掉了。在这个过程中，需要有较强的积极心理能量的支持，才能具备较好的心理定向，今后才不容易反复，当然还有其他方面的因素。

3. 排除干扰能力。

在目前的公众交易者中，每个交易者在排除不同环境中不同刺激的能力方面都存在着差异，大致分为两种：过滤型和非过滤型。

过滤型交易者的特征是：焦虑少，情绪变化小，对应作出什么反应的选择比较多。他们还易于自动地将复杂情境中不同的因素进行分类。

而非过滤型交易者的特征是：焦虑较高，情绪变化大，注意力易分散。他们在选择市场环境中正确的对象时比较困难，他们的注意力是按一定的消极思维顺序发展，从一个消极对象转移到另一个消极对象上。因此，非过滤型交易者需要更多地学习交易心理学，彻底地剖析和认识自我，更多地从本书中得到帮助，以明确什么时候选择什么对象进行注意，以及在注意转移过程中应优先接受哪些信息以确立为信号。

如果你对本书以前的章节学习够认真的话，应该知道当你的注意力受牵制处于被动时，影响注意力集中的一些因素。然而，决定注意力指向的一个重要因素还是你自己的意志力，就是是否能够坚持贯彻科学的学习方法，持之以恒。这除了是一种意志品质以外，更是一种能力的体现，是需要不断地培养和经常练习的。因为，良好的定向反应和其他因素对交易者的注意方向有着较大的影响。所以，下一步是学习和检验你的注意指向，然后，将学习的结果运用在自己身上。

二、注意的维度

在世界上，各个行业、项目都有其独特的注意要求，但它们有很多共同的因素和特点。对此，罗伯特·奈德弗（1976年）曾经提出过注意维度的理论，这对于我们这个交易行业也是很有帮助的，特别是能够帮助我们理解在发展交易技能过程中应该注意的问题，以及理解交易过程中的注意要求。如图11-2所示。

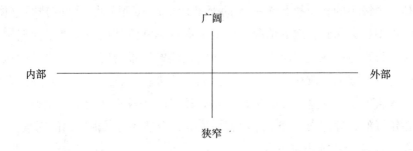

图 11 - 2　理解交易中注意要求的奈德弗模式

我们看到它分为两个维度——注意的广度和注意方向。

注意的广度即注意的范围是狭窄的还是广阔的。在实施交易行为方面，是注意全面的，还是集中注意于眼前的。

进一步的解释：注意广度是指注意对象的多少，同时它还与偏向于内部和外部有着直接的关系，并会出现截然不同的结果。通过以前的学习我们知道，在实盘交易中，我们的注意指向首先应该偏向于内部，盘面的波动只是起到信息的作用。应该停留在条件和标准上，尽量避免市场其他不良因素的干扰。所以，注意的广度对交易行为过程来说要求是比较狭窄的。在平时的学习、训练和盘后的功课中，表象成功的情境或存在问题的地方。这都需要将注意力放在狭窄的内部维度内，有利于问题的专项研究，逐一解决。那什么时候需要偏向于内部的广阔呢？这通常需要在阶段性总结以往的经验教训时，通盘、全方位地根据自身的能力进行分析比对。以上这些都是积极的、具有建设性的思维指向，值得我们加以注意和提倡。我们还应该注意的是，当我们的指向偏向于外部时，就会出现很多消极的因素，它会对我们的发展和交易行为过程带来极大的伤害。（如图11 - 3）

注意的方向即注意的指向是外部环境还是自身内部。在思想、学习方面，是注意于宏伟目标，还是注意于自身的完善。

进一步的解释：注意的方向主要指的是，注意是指向于交易者内部的思维倾向，还是指向于市场外部环境产生的刺激。这同样也存在偏向于广阔和狭窄的问题，关键是什么时候需要广阔，什么时候需要狭窄，如果将注意转向内部，分析内部刺激或者动机等问题，以及交易计划的战略或战术的问题，如何调节生理、心理反应时机问题等。当以上这些注意偏向于内部时无疑都是积极的。如果注意总是指向于外部的话，总是回想以往失败的经历，对手盘如何地强大，以及外围市场的影响等，还有就是总是看重账面的盈利或亏损现象。这些无疑都是一些消极的因素。

如图 11 - 3 所示：

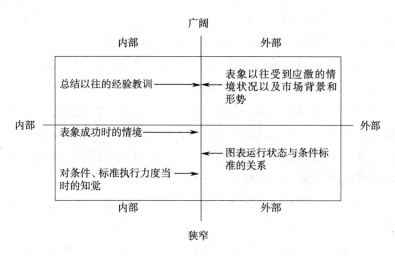

图 11 - 3 奈德弗模式的另一种表达方式

在分析交易技能或训练活动的注意要求时，需要考虑清楚这两个维度的相同之处。请注意看，尽管模式似乎将两个维度放在了两个封闭体系中，但实际上它们都是互通的。也就是说在整个的封闭体系中，我们的思维指向性是可以随时转换和游离的，是可以随着市场的变化存在不确定性的。而我们需要做的是，尽量向内部方向倾斜并加固，同时注意区分对广阔和狭窄在什么情况下运用。总之，凡是积极的我们就坚决支持，并大力提倡。凡是消极的，我们就要坚决地反对，并"像秋风扫落叶一样残酷无情"。

如此说来，我们所有的注意应该是有选择的，并有针对性地加以提高。那么，接下来我们学习选择注意的原则。

三、选择注意的原则

1. 对交易技能环节中的各个技术细节进行分析，在逐一解决的阶段，明确内部的和狭窄的注意，以及注意的程度如何，并设立明确的提示语，多做一些本章节最后介绍的练习或游戏。

2. 当你的注意指向外部时，你应当立即意识到此注意将引发的后果。要知道应按什么顺序去逐一解决它，使消极刺激尽可能地减少。所以，要形成正确的心理定向（学习、认真思考以下章节应激的另一种体现形式），提高分辨情境刺激和期望行为的能力。

3. 当注意指向内部时，你同样应该肯定集中注意于积极而有建设性的思维活动对你是有极大帮助的。此时，更应该做的是，利用基础篇的内容不断地加以强化。当你感觉到集中注意技能得到提高并相对稳定以后，你就可以动用小规模资金进行尝试性的实盘交易。

4. 在实盘过程中，当交易行为完成之后，应该将注意继续锁定在当前盘面的运行状态与条件标准之间的关系，以及下一步可能即将实施的交易行为上，当然这种即将实施的交易行为一定是在交易计划之内的，而不去注意过去的一些交易行为或事件。

5. 注意交易过程中的条件和标准等这类任务因素，而不去注意账面是否盈利和收盘以后未来的结果。

6. 努力发展、注意某种积极良好的刺激，排除那些干扰心理定向的消极刺激，以及不切实际的幻想与期望，然后对那些积极刺激的正确反应仔细地体会。

7. 在发展积极心理定向的同时，要认清有助于自己预测的特定反应和信号刺激，然后分析、判定出预测反应的正确时机。这需要在前期做大量的工作，比如，盘后的总结、分析、比对和统计等。这些工作你做得越多、越细致、时间越长，对你在今后的交易中判定出预测反应的正确时机越有帮助。

8. 对于初学交易的交易者而言，应将注意集中在体会交易过程中的单项知觉上，注意这些单项的信号刺激将能提高你的认知效率，也就是逐渐丰富你的盘感，表象是进行感知觉训练的一个好的辅助方法。

9. 在初期的学习和训练时，交易者在正确的引导下一开始心理能量往往是积极的、较高的。此时，要着重进行基础知识或技能的学习，不要过早地参加实盘交易，防止较高的、积极的心理能量向消极的心理能量转换和发展。这就是我为什么一直提倡新手不应急于参加实盘交易或一些交易大赛，而应系统地学一些基本知识的原因。

10. 在交易技能学习的初期，要尽可能地从环境入手减少干扰。在逐步掌握了交易心理、交易技能之后，还要了解市场中的不确定性，这些也是将来受到干扰的重要因素。逐步地，一点一点地实施所学的心理和交易技能。

11. 当你感觉到环境或市场环境中存在着大量不确定因素，尤其是感觉到这些不确定因素对自我发展、自我价值是一种威胁时，应立即终止介入。因为这种环境会给你（尤其是新手）造成过多的压力，并增加心理偏离的程度，极易破坏本不成熟的交易定型，给可能出现的恶性循环创造条件。最好的解决方法是，通过复习以上章节的内容，去降低这些不确定性的因素，或者提高对不确定性因素的把控能力。

练习

选择注意的方法：

此练习的目的是，促使你去思考如何运用定向反应，其中用动机和心理定向来提高选择注意能力是非常直接有效的。下面，你就试着列出在交易过程中你的定向反应和心理定向的方法。

答案：建立自己敏捷的定向反应的方法是，首先从基础的知识学起，提高对本书的阅读能力和思考能力，不断地熟悉和加深自己的认知能力，然后发展到对自己所运用的交易系统的认知能力，确立交易原则，丰富交易计划的内容，结合表象的应用使交易行为在内心里程序化。在交易细节方面，加强知觉的作用，逐步地体会，逐步地分析，逐步地定型。最终，通过长期正确信号的刺激形成正确的条件反射。

建立自己积极心理定向的方法是，注意观察和总结以往学习或模拟训练中交易技能水平发挥较好时的情境，体会当时的心理状态以及交易环节的结构过程。加强对积极思维的注意，对消极思维和干扰注意的因素要逐一地发掘，逐一地克服，直至使它们全部消失。

在平时的模拟训练中，能够运用选择注意的方法有很多，大致分为以下几种：

1. 运用定向反应，注意交易环节中较平时不一样，或感觉很特殊的一点。

2. 观察优秀的职业交易者，以他们的交易行为结果为样板，并联想到自己身上解释这种做法的理由，找出可以借鉴的地方。

3. 加强对一些交易中常出现问题的了解，运用心理定向提高所应有的注意，并将它化解。

问题：在模拟训练或实盘交易的环境中，什么刺激与你完成交易行为无关？

答案：交易环境中的噪声，市场上的无关信息，消极思维以及自我消极暗示，甚至所谓重要人物的评价都是无关的。如果将注意指向于这些刺激的话必然会导致心理偏离，并破坏交易的有序化和心理的有序化。另一些无关的刺激还包括，对过去失败的回想以及对未来结果不切实际的幻想和预测等。

练习

判断正确的刺激：

此练习的目的是，让你对在交易中或盘后的学习、训练中应注意什么刺激作出分析和得出结论。我们以正常的情境做此练习。列出应该注意什么有关刺激，不应该注意什么无关刺激？

答案：有关的刺激为，在实盘中——自己的交易计划、交易原则，进场的条件和标准，交易信号的成立，以及执行力等。在盘后——好的交易行为的表象，强化交易行为中的本体感觉性，以及不好的交易行为和相对应的解决方案等。

无关的刺激为，在实盘中——环境噪声的干扰，媒体等相关信息，未脱离自己条件和标准范围的价格波动，消极思维的刺激，以及对账面是否盈利的注意等。在盘后——总是沉浸在失败的阴影中，消极的自我谈话，以及不切实际的空想等。

第四节　注意的转移

我们要特别注意不断变化的内部和外部的环境，这就要求大家具有有效地分配、控制和转移注意的能力。在以下的内容中，主要阐述影响交易者有效地转移注意能力的因素。

一、注意的类型

在以上注意维度的章节中我们看到，在图 11－2 中罗伯特·奈德弗把人的注意类型分为四种，它们是：

广阔—内部类型　　　广阔—外部类型

狭窄—内部类型　　　狭窄—外部类型

根据他的研究结果，人类都有一个起支配作用的注意类型。而支配性注意类型更加良好的发展，是因为我们运用某种正确的注意取得了较好的交易结果。并且，运用此种注意类型进行了良性循环，使我们在一生的交易生涯当中都能从中获益。既然此种方法、作用对于我们未来交易的发展影响如此明显，我就这四种类型的利弊进行更深入地剖析，希望朋友们能够从中受到更大的帮助：

1. 广阔—内部类型。

具备这种类型注意的交易者是善于思考的，他们的思维空间也比一般人广阔。他们能够在自己的大脑中很好地、细致地规划自己的未来，在计划实施的过程中，还能迅速地作出适应的调整。但是，这种类型的交易者也存在着缺陷，他们往往会陷入过多的分析和表象之中，容易被美好的未来目标"引诱"跨越式地发展。另外，当交易进行得不顺利时很容易过高地估计自己，交易行为显得鲁莽。

2. 广阔—外部类型。

具有这种类型注意的交易者的优点是，能够较快地注意到市场变化的情景，并获取大量的外部信息，他们还能够以更大的视角观察市场，所获得的依据要比其他类型的交易者多。他们的缺陷是，往往采纳信息过量，并较为敏感，由此更加容易产生消极思维，这就会常常使他们不能够对自己观察到的变化作出相应的快速反应。

3. 狭窄—内部类型。

这种注意类型交易者的优点是，对于交易细节非常注重，对诊断交易技术、战术问题比其他交易者精细。如果是遇到单一的问题，他们会比其他类型的交易者解决问题的速度快。要是运用得好，适当地向广阔—内部类型转移，这样的交易者往往容易成为职业交易高手。他们存在的问题是，这种精细的诊断往往容易使自己陷于过于严厉的自我分析的危险之中。古人云："**水至清则无鱼，人至察则无徒。**"

4. 狭窄—外部类型。

这种注意类型的交易者只有一点是符合交易这个行业的，就是狭窄到只注意市场中的价格信号。因为，真正的职业交易者在实盘中就像饥饿的狼一样，时刻要求注意力高度集中于猎物身上——那就是市场价格的波动是否触及他的条件和标准。但是，这种注意类型的交易者也有致命的缺点，那就是一旦注意狭窄地指向消极思维将是很难扭转的，这对今后的发展是致命的。

通过对以上四种类型的剖析，可能有朋友还会问：究竟哪一种注意类型最适合我们的交易呢？我相信有些人肯定会说：是狭窄—外部类型，其实这不完全对。对于社会上任何一个职业或项目来说最理想的注意类型都不是只有一种。而忽略其他的类型，交易也是如此。最理想的是四种类型有针对性的注意，并且将它们细化，需要时能够很轻易地从一种注意类型转移到另一种注意类型上。

二、注意类型的细化

首先，由于个体间的差异，注意类型的细化必须要符合你自身存在和需要解决的问题，专项地、有目的地实施。以下我只是启发性地提示，希望大家能够认真细致地练习：

表 11 - 1　　　　　　　　交易技能和辅助技能的细化

交易技能	辅助技能
交易前的准备	学习交易的基础知识
确定交易过程中的指导语	正确评价自己的能力
提高积极的心理能量	找出存在的问题
交易技能的实施	制订交易计划
修正交易细节中的问题	再次分析和评估

加强这方面练习的目的是帮助你系统地完善交易行为，你可以从这些练习中更加细化注意类型，并从中获得好处。

注意的要求

在交易者的成长过程中，能够将以上的任务简单地分为不同的注意类型是不够的，还要将其建立成为最合理、最有效的心理程序。所以，在练习的过程中，我们还应该注意到这些技能都是在什么时间用的。其中还必然包括学习和分析、评估系统、交易预案、交易行为这四个种类。

合理、有效的心理程序是交易者成长和发展的关键问题。比如，在你进入到交易行业的初期，你必须在某种程度上学习一些相关的知识，并对其进行客观的分析。正如在以上章节中讲过的：新手在初期都需要一年至一年半的时间进行学习和分析，这对于某些急于求成的交易者来讲是个漫长而又艰苦的过程。但这是职业交易者合理、有效的心理程序的第一步。接下来就是评估，这相当于你完成交易模式的分析、数据报告的阶段。这只是在学习阶段，当今后你发展到一定水平、高度之后（注意！此阶段特指成熟的职业交易高手），在实盘中你还会面临着即时评估环境的情况。你会像《淮南子》说的那样，用心灵的"眼睛"**浏览遍照，复守以全。经营四隅，还反于枢。**之后就会升程新的、更加符合和贴近市场的交易预案。但是我们要知道，特别是在实盘过程中，评估是一个连续不断的活动，在市场运行期间任何时刻都会有评估的发生。随着评估的发生，分析也会再次伴随左右，根据不同的市场情景，交易者的用时也不相同，可能只用几秒钟的时间，也可能用几分钟的时间。但是根据目前绝大多数职业交易者的情况，分析常常伴随着整个开盘时间。这是因为大家没有系统地学过心理技能方面的知识。所以，在这种情况下交易者由于过度地分析和评估不自觉地使自己很疲惫，而且经常不能把握自己的注意指向，从而阻碍了交易技能的发挥和交易计划的实施。也就是心理程序的最后一个环节——交易行为出现问题。

在一般情况下，初期进入实盘交易的新手适合单一的注意指向。也就是说，前一天交易计划是怎么定的第二天就一定遵照执行，而不采用过多的实盘分析和评估。只有当认知不断地增强，动态盘面的经验不断地巩固，你才可以逐渐地尝试盘中改变一些策略或计划。在收盘以后，你会分析自己的交易行为，以检查盘中心理发生过的变化，并发现所犯的错误和不足，尝试着用我们所学习过的知识逐一地加以改进。这就是大多数交易者在学习交易技能的过程中，以及交易前后的基本心理程序。

三、关于交易预案的重点提示

交易预案也可以称为交易行为前期的准备阶段。我们都知道一个道理，在任何重大行动之前的准备阶段一定是非常重要的。在这个准备的阶段中，我们要对自己第二天的交易行为以及思维活动做好充足的预案。比如说，在严格遵守交易原则的框架内，对第二天可能出现的市场变化进行表象时尽量做到全面、仔细，具体要落实到一、二、三。然后根据这些可能出现的变化找出一个相对合理、可靠的位置，紧接着就要对这个位置进行评估，评估这个位置一旦出现失败是不是自己能够承受的。还要制订出这个位置一旦受到威胁时的具体行动方案。以上这些只是针对交易行为方面的。在交易心理方面，我们还要提前想到第二天的盘中极有可能出现大幅的波动，在这种大幅波动的过程中以往的心理表现是什么样的。特别是当应激出现后，我们有没有能力进行有效的控制，有什么具体的解决方案。客观地评估、设立的解决方案是否在自己的心理能力范围之内，如果不是，此方案就不是客观有效的，要重新设立。

综上所述，在交易预案中评估又是非常重要的环节。所谓交易行为的预案只是要求自己检查市场中的重要刺激，或者决定哪个信号适合于哪个位置。如果失去了评估这个环节，你所设立的一切预案都将可能是虚假的、不切实际的。在心理方面的准备上也是如此。当然，最终的一切还是要求你将注意集中在当前的任务上。

问题：学习和分析、评估系统、交易预案、交易行为在实际运用中应注意哪些问题？

答案：首先，我们回过头来再看以上注意维度的图 11-2，我们现在已经知道我们的注意是根据不同的需要在广阔—狭窄，外部—内部之间不断地游离和转换的。在交易者学习的初级阶段，学习和分析主要依靠广阔，并结合外部与内部，在两者之间游离。所谓的广阔没必要多解释，是指我们在此阶段需要汲取很多方面的知识。所谓的外部，是指我们可能接受到的一切知识均源自于外部，比如这本书。所谓的内部，更多的是指自己的思想意识，比如认知、动机等。有一个不争的社会事实是，人所有的伟大成就无不是从广阔的内部注意开始的，然后再转向广阔的外部，因为它包含了所有的、各种各样的认知。我们在广泛的学习过程中，会遇到关键的、具有针对性的问题。此时，就要从广阔的外部转移到狭窄的外部或内部，这样才能根据具体的问题细致地具体解决。当我们解决完这个问题之后，就需要回到广阔的外部或内部，继续开发或学习新的内容。总之，这个过程就是一个循环体，什么时候需要就什么时候转换。

好了，以上只是一些启发性的答案。接下来，评估系统、交易预案、交易行为在实际运用中应注意的问题，需要你自己开动脑筋仔细地列举出来。不要认为这是一件很烦的事，你要知道，此练习恰恰是你极为重要的认知过程。

复习：在交易过程中的注意要求

做此复习的目的是，加强对交易行为中你所处的位置和市场情境的注意要求，对此作出分析和评价。因为，在不同的位置有不同要求的注意，你要学会根据具体情境的注意要求进行适当的分析。

答案：成功地控制注意的关键因素之一就是，在正确的时间里运用学习和分析、评估系统、交易预案、交易行为的每一个功能。比如在交易中，当你应该采取交易行动时却还在分析，这就很容易发生"交易失效"的现象。这种现象的出现，是你在错误的时间用大脑错误的部位进行注意的结果。我们以前曾经学习过，分析产生在大脑的左半球（分析中心），而流畅和完美的交易行为是由大脑的右半球来控制的。所以，你必须要努力做到在正确的时间里采用正确的注意活动。

另外，还有个问题需要我们注意，在交易过程中，我们虽然在此之前做好了充分的预案，但也不排除在交易中间或小结收盘做短暂的分析和调整，不过要及时地收回注意力。

四、注意转移的时机

在我们以往的实际交易中，交易者不仅要学会如何改善注意的广度和方向，而且还要善于掌握转移注意的时机。

比如，在日内交易的主框架下，虽然你在前一天已经做好了充足的预案，但在实际的盘面运行中你感觉到有所变化，或者在反方向上有利可图，此时就会引起你注意上的变化。这种变化的可依靠性一定是建立在强大的图表解读能力的基础上，在你熟知的技术框架之内，而不是通过市场单一的信息或者其他方面的小道消息支持。此时，你的注意才可以进行转移。从遵守前期的交易计划转移到即时分析当中去，这次注意转移只是全天交易中转移变化的第一步。在注意经过转移后的分析过程中，有些交易者可能只需要几秒钟的时间，有些可能需要十几分钟，甚至更长，由于个体间的差异时间也是不等的。当分析的任务结束之后，你应当立即将注意转移至评估中去。当你的评估完成之后，你又进入到刚开盘时的初始状态，让注意重新回归到新建立的条件和标准上，以及对执行能力的把握上，尽力排除其他因素的干扰。

有一点值得注意的是，在分析和评估期间由于耗时过长导致错过了最佳进场时机，这种情况是我们经常遇到的。此时的最佳建议是，放弃这次交易机会，如果你选择退而求其次的点位进场，根据以往的经验，收盘时大概率的事件是不会形成"好部位"的，你还需要平仓出局承担市场"滑点"所造成的损失。

关于注意转移时机的问题是很难全面阐述清楚的，因为市场的变化种类和不确定性因素太多了。你只有在平时的学习和模拟训练中自己认真地观察，反复分析、反复地实践，才能使你原先在交易中感觉模糊的注意问题更加清晰。

在交易行为实施的过程中，要求具有较强的转移注意的能力已经毋庸置疑。因为，你必须在外部市场环境的刺激下作出反应。经验老道、交易心理技能强大的交易者，积极方面的因素必然压倒消极方面的因素。相反，由于市场上大部分人不懂得运用交易心理学中的技能，在激烈的实盘交易中消极因素也必然占上风。这也一定是大多数人在这个市场里输钱的一个重要因素。所以，成功地完成交易技能的关键在于对心理技能细节上的把握，能够在正确的时间转移你的注意。

为此，我们必须用多一些的时间来研究一下自己的注意技能。当我们更加深入、细致地探究之后就会发现存在以下的问题。

五、转移注意的障碍

随着学习和实践的不断深入，我们发现当把注意提高到一种技能的认识高度后这期间会出现一些障碍。特别是在平时的交易中，有许多因素会影响你的注意转移能力，使你感觉到真正做到将注意适时地集中在某一点上并不是件容易的事。但是，如果我们认识到了这些障碍的存在，并采取对应的措施消除它们，就能够避免许多问题的出现。

问题：什么是注意转移的主要障碍？

答案：主要的就是市场环境的刺激导致消极思维的出现，借助生理上（唤醒）与心理上（消极心理能量）的桥梁，高速过渡、发展形成应激。

练习：消除障碍

此练习的目的是，帮助你发展能够消除有效注意转移障碍的能力。请先自己描述出应激是如何限制有效注意转移的，并请列出控制它们的具体方法。

答案：在实盘交易中，应激之所以能够成为注意转移的主要障碍，是因为它利用我们在交易心理学上的无知，通过盘面上的价格变化，或者其他渠道的信息传递，对我们施加了强大的心理暗示，迫使我们将注意集中在无用的、消极的知觉上。其造成的结果是我们的"知觉狭窄"和对市场环境的"盲目扫视"，忽略或者忘掉我们能够控制的自我交易行为能力。此时，我们应当利用应激调节和心理能量的调整技能来控制它们。

控制它们的具体方法是：我们要明确清楚在没有预案和条件、标准的前提下，市场上的任何波动都会给我们造成无法摆脱的视觉冲击，这种视觉冲击会造成消极思维的定向反应。所以，解决和控制它的第一步工作还是要有明确的交易预案。当然，并不是有了明确的交易预案就能够有效地控制注意的转移，我们还需要把交易原则强化到三级记忆机理，防止消极的定向反应加大分析中心的工作量，从而忽略了执行中心的任务。如果以上的基础环节做得不到位，就很容易使你分散对完成交易技能的注意。为了更加有效地控制消极思维对注意转移的影响，我们就要学会并牢记以上所学习的内容。比如，表象放松、认知控制技能，注意的选择、注意的转移等。总之，我们要将注意指向于所有与任务有关的，积极的和具有建设性的刺激上。

实际上，对以上的具体控制方法我阐述得比较简单，希望大家能够根据以前学习过的内容列举得更加详细。这样为你今后成为一名成功的职业交易者打下良好的基础。

第五节　应激的另一种形式体现

在实盘的交易过程中，交易者的心理能量水平对注意的广度和指向有着巨大的影响。请不要忽略以前学习过的内容，心理能量可以是积极的，但也可以是消极的。在常规的情况下，随着积极心理能量的增加，交易者注意的广度也就缩小了，注意指向也变得单一了，甚至完全指向于执行任务的条件和标准。在这种状态下，无关的市场信息和刺激都不能给你造成交易困难。这也就是在上一章节所讲的，你已经能够成功地控制注意障碍了。然而，在消极心理能量过高的情况下，必然会产生厌倦、焦虑等消极思维，这种消极思维又排除了你与交易任务有关的市场信号刺激，这是一个很复杂的关系。下面让我们仔细地看一看图 11-4：

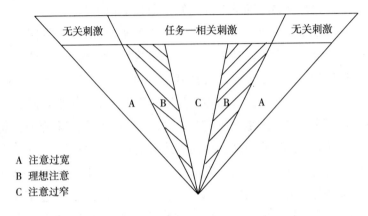

A 注意过宽
B 理想注意
C 注意过窄

图 11-4 应激影响注意的广度

首先，我们将自己的视角——注意的广度想象成一束光线。当积极心理能量较低或消极心理能量较高时光束很宽，我们能够轻易地注意到许多市场环境的刺激。如果是在实盘交易中，你不仅注意到了与交易行为有关的市场信号刺激，而且还能够注意到与交易条件、标准无关的市场信息的刺激。对手盘在你眼前动态图表中的每一次跳动就像美女的玲珑、环佩一样撩拨着你的心。如上图中的 A 区。在这种情况下，很明显你很难对条件和标准专心致志，因为你所受到的市场干扰会很多、很大，这就是所谓的内心世界不纯净。因此，逐渐产生应激也是必然的。所以，此种心理激活程度不满足参加交易行为的要求，你交易技术的发挥也不可能是理想的。

那么，当我们积极的心理能量处于理想的水平，或者消极心理能量较低时，此时的光束（我们所看到的市场角度）就会变得集中了，它会集中在交易任务的要求上。而且，能将其他无关的市场信息刺激排除掉。如图的 B 区。在这种情况下，你交易技术的发挥就会是很理想的。还有一种目前普遍存在的情况是，由于不懂上述的相关知识，大部分交易者是不具备积极心理能量的。相反，他们存在的更多是消极的心理能量。所以，他们的视角很难集中于相关的交易任务区域。

在图中的 C 区我们看到，你的视角就会变得过于狭窄，这是你的心理能量由于某种原因上升过高，处于这一种状态的表现。它可以是积极的，也可以是消极的。如果是积极的还好，就会表现为注意力过于集中，好处在于能够全身心地投入到交易任务当中去。不利的因素是，由于视角过于狭窄而不能提早发现市场中的变化，交易行为总是处于被动之中。如果是消极的话那问题就严重了，这时你不仅会放弃一些应该注意的、重要的市场信号刺激，你还会在高应激的循环体内反复，并难以自拔。

所以，以应激形式出现的高而消极的心理能量，不仅导致了我们的注意（视角）变得狭窄，而且还将使注意力指向于外部，使我们沉浸在消极思维和对以往失误的分析之中，无法将注意指向于当前的交易任务。当我们以这种狭窄的视角扫视市场环境以寻找有关信号刺激时，因为注意（视角）太狭窄了，就如同在一个完全漆黑的体育馆里拿着一支钢笔手电筒在打篮球一样，这样的扫视不仅使发现正确的市场信号刺激更为艰难，而且也会使你对于周边的干扰变得更加敏感。因此，这种高应激使有效的注意转移不能实现，使注意的广度和指向都受到极大的限制。所以，应激调节技能对提高有效的注意转移能力是非常重要的。反过来讲，调节技能应包含将注意从消极思维和市场无关信息中调整到特定任务的刺激上。如果是无效的应激调节还将破坏注意技能，而较差的注意技能同样能降低调节应激的能力。因此，这两方面的提高是可以相互促进的。

第六节　提高注意要把握的原则

1. 应当全面了解影响自己注意转移的因素，大脑随时做好集中的准备对注意目标进行专注，以便控制或降低应激的出现，这将有助于此技能的提高。

2. 由于我们的注意类型是有差异的，而这些类型通过以上的学习是可以自我察觉的。应该明确职业交易行为所需注意的要求，以及自己目前所存在的问题。特别要注意保持高度心理觉醒的状态，以及心理能量与它之间的辅助关系，这样有助于产生非常集中的注意和注意的选择与转移。

3. 调节应激技能对帮助自己有效地转移注意是非常重要的。反过来讲，调节注意的技能也有益于对应激的调节。通过不断地学习，科学地制定心理程序，能够帮助自己避免干扰和尽量降低不确定性的一些因素。

4. 发展、强化集中注意的另一个有效方法是，通过前一天制订详细的交易计划，在以后实施交易行为的过程中，努力将注意从强烈的市场无关信息的刺激上调整到前期明确的交易任务的信号刺激上。

5. 心理能量的不足，以及心理疲劳都有损于有效地转移注意的能力。因此，应该像加强交易技能训练一样加强交易心理技能的训练，以适应在交易中面对市场不确定性的变化的要求。要相信集中注意的能力是可以通过练习得到很快发展的。所以，我们必须重视、加强大脑的练习，多花费一些时间以适应交易过程中对注意转移的要求。

6. 通过观摩优秀职业交易者的交易行为，根据书中的内容加以分析和自我联系，找出自己存在的问题和差距。可以根据基础篇的内容为自己设定诱发物，或积极、具有建设性的词语，这样可以对注意技能的提高有很大的帮助。

以上的把握原则实际上就是我们在平时发展过程中的行为规范，也可以称之为禁止性规定。是**"吾道一以贯之"**的**"贯"**，是我们一生交易生涯的主线。

第七节　注意的强度

在心理学中的注意的强度包括：集中和心理觉醒。下面就分别论述这两点。

一、集中

首先说说什么是集中。

所谓的集中就是指在一段时间内持续地对所选择的目标信号刺激进行深入注意的能力。随着时间的推移，保持一定的注意能力和持续的强度，这也被称为注意的持续强度。我们要知道在发展集中的能力时是很消耗心理能量的，因为高度的集中需要大量的心理能量的支持。而当我们集中注意了一段时间以后，自然就会感到心理疲劳和觉醒程度降低，渐渐地已无法为集中再提供所必需的心理能量了。

然而我们还发现，在某种情况下的集中对于某些交易者来讲并不是特别困难。其原因是什么呢？因为，人此时对注意以外的任何事物都不加以关注。他们只将所有的注意集中在他们所强烈感兴趣的问题上，由于他们还不知道可能将面临巨大的风险，此时并没有其他因素的干扰。因此，也就不需要为注意直接地付出努力。这种情况是我们的大脑对所注意事物的一种特殊迷恋。

比如，在刚刚接触交易时，我们只是由单一的兴趣而引发对交易的关注，会不由自主地将注意力完全地集中到盘面变化当中去，在不知道盘面的变化可能带来巨大风险时，分析中心是没有负担的，是不需要工作的，只是停留在对所发生的一切都感觉到很新鲜的层面上。这就是一种初始的迷恋，以及认知的不足。遗憾的是，这种情况不会维持很久。

在经历了一段时期以后，我们发现大脑对市场其他的刺激是很难处于一种关闭状态的。通俗地讲，在交易中会有越来越多的事情让我们分心，很难达到一种集中注意于某一点上的状态，更不要说对集中注意维持一定的时间强度。这是由于我们对交易有了初步或更深的认识，或者受到了切肤之痛后分析中心逐渐开始工作。这是很正常的，虽然我们知道在盘中集中注意力是有多么地重要。鉴于这种情况，交易者就首先应当知道如何有选择地进行注意，这在上一节中已经提到了。关键是如何让注意更加集中，或大脑静止或停顿在需要注意的问题上。

首先，每个交易者集中度的高低也是有差异的。某些交易者似乎天生就对干扰很敏感，对于这样的交易者，提高注意的技能和应激的控制、调节技能都是极有帮助的，特别是在"集中"的前提下。在学习和练习集中的过程中，我需要明确强调的是：**只有对大脑进行带有明确、集中的任务的要求时，才能称得上是针对性的练习，有针对性的练习才能发展和提高注意的强度，才是最有效的。**比如，在模拟盘的训练中，刻意强调或规定自己只能表象或者注意某一条件、标准。如果违背了，一定要加以一些惩罚性措施。如果注意的表现和强度好，也一定要对自己进行积极的肯定，或施加一些外界强化物。这样时间久了就会养成你对某一条件、标准集中注意的能力，以及维持能够维持一定强度的思维惯性。在这个基础上，剩下的就是找出其他存在的问题，加大训练量逐渐地一一解决。

可能是因为集中注意力的训练需要付出太大的努力，或者太伤脑筋、太枯燥乏味了。所以，好多交易者没有注重或放弃了此技能的训练。并声称：没有时间和精力。或许有些人根本还没有意识到练习这个技能的重要性。我知道，大部分交易者不能按照像从事交易技能训练或实盘交易那样的时间长度进行专门的集中训练，是因为集中注意的练习受到了交易训练和实盘时数的限制。这就是很多人称"没有时间和精力"的主要原因。但我个人认为：**如果你要立志成为一名职业交易者的话，请不要以没有时间和精力为借口，眼前的实际问题不解决，当遇到下一个问题时必然会对你造成更大的阻力**。我们应该认识到，如果平时缺乏此方面的训练，往往到关键的实盘交易中你的注意力根本就无法抵御外界的干扰。因此，交易者应在其他学习、训练之余多抽出一些时间专门进行这个重要的心理技能的练习，特别是目前此问题就摆在你眼前，已经成为刻不容缓亟待解决的问题。

我们还要注意的是：用有效的注意力去完成交易行为需要一定的强度才行。

练习：发展集中注意能力不断地提高自己的注意强度

在注意力集中技能的学习和发展过程中，学会并掌握大脑活动的开启或关闭可提高注意力集中的能力。这样能够有效地分配分析中心与综合中心的合理使用。比如，在对某一条件、标准要求注意力集中时，你应该立即停止任何其他的思维干扰，全身心地投入到即将开始的工作任务上。当你完成了眼前的任务之后，你才可以返回对其他事物的思考上。这种能力，以及注意力的能力是可以通过反复地练习提高的。

下面给大家提供一个练习方法。如图 11 - 5：

14	35	51	78	18	71	60	29	66	13
47	06	75	85	44	83	39	81	02	40
24	61	90	57	94	70	92	54	65	23
55	80	26	38	19	89	22	79	12	62
11	73	09	31	27	50	05	46	86	49
42	32	88	48	15	64	30	74	58	16
67	96	10	69	43	37	84	56	93	34
21	59	76	53	99	01	20	77	08	25
82	03	87	95	36	97	45	98	91	41
28	00	52	17	63	68	04	33	72	07

图 11 - 5　评价你的集中注意力的能力

此练习的说明：

通过这个练习可以对你现在的注意集中的能力进行评价。具体方法是，当计时开始后首先以最快的速度扫视以上图表，在 1 分钟之内，从 00 开始尽可能多地按顺序找，不能出现跳跃的情况。比如，找到 01 之后必须要找到 02，而不能直接标出 03 的位置。看看最终你能够找出多少？此时需要集中注意力，摒弃周边一切的干扰。注意能力较好的交易者，通过扫视和储存有用的信息能够按顺序找到 20 ~ 30 个数字。如果你找到的数字低于这个数，就说明你的专项能力不是很好，应该定期地做这个练习加以提高。你也可以从不同的数字开始，但条件是一定要按顺序。你还可以增加一些干扰因素以加大这个练习的难度。比如，把电视机的声音放大，或者在家人、朋友在场，对你进行干扰的环境里做这个练习。或者请别人在你练习时与你谈话，谈到一定的时候突然终止，并马上投入正常的练习中去，此时要检验自己是否能够马上将精力集中在当前的任务上。

另外，还可以加入一些自我控制性的内容。比如，时间到了 30 秒时按停止，目光立即从图表上离开，脑海里可以表象盘中的一些情境。随后再开始回到图表中继续练习，继续练习开始时，脑海里的表象活动立即停止，全身心地投入。这样的反复练习可以很快地提高你的注意能力，以及随时开启和关闭注意的转换能力。

还有一种方法更可以提高你注意的持续强度，首先你需要将以上图表的数字重新排列，从 00 开始一直找到 99，或者从 99 到 00，看看用多长时间。

在你今后一生的交易生涯中，保持注意集中无疑是非常重要的。在平时保持注意集中的练习方法有很多，其中最简单的就是以上的评价自己集中注意力能力的练习。你可以重复进行此练习，但每次都要从不同的数字开始。当然如果能够运用表象进行辅助性的练习效果会更好，它更有助于你提高实盘中注意集中的能力。表象事实上是集中注意的另一种形式，最好、最有效和贴近实盘交易的练习就是结合前一天的交易预案运用表象技能进行的练习。这方面在以前的章节中已经阐述了很多，这里就不多重复了。

另外，给大家提供一种更加接近于实盘的练习，这种练习不仅能够加强集中注意力，并且更加实用于交易。这是我弟弟在十几年以前常用的练习方法，效果非常好。如图 11 – 6：

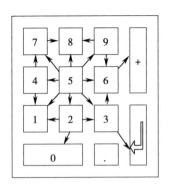

图 11 – 6 集中注意力练习

我们看到的是电脑键盘右边的数字键，这是我们在交易下单中必须要用的。此种练习的目的是，除了练习加强集中注意力以外，更主要的是加快我们下单的速率，避免由于慌乱出现错误或下单不及时的现象。

具体的练习方法是：

每天专门抽出一定的时间，按照上图中箭头所指的方向敲击数字进行练习。初期手指可以"走"规范的三字，也就是按顺序敲击 1、2、3、4、5、6、7、8、9 键。但是，食指负责 1、4、7 键，中指负责 2、5、8 键，无名指负责 3、6、9 键和 + 号键、回车键，大拇指负责 0 键。之后不断地增加难度，手指分别"走"口字形、田字形、米字形等。总之，所有的练习变化都要尽可能地依据下单时每一个数字之间的可能性联系，各种变化都要练习到。

练习时的要求：首先，每天不能少于 2 次，一次 10 分钟的时间，中间可以休息 5 分钟。眼睛不能看数字键的位置，只能盯着电脑屏幕。在初期不要力求手指快，要力求准确。并且做个统计，一分钟最初能敲击多少次，三天之后能敲击多少次。另外，你还可以参照表象练习中的做法，在你集中注意练习时，请你的家人跟你说话，故意分散你的注意力，然后评价一下自己的表现如何。坚持用此练习，相信你用不了多长时间下单的速度和准确性就能有很大的提高。

还记得在以前的章节中提到过职业交易者在实盘中必须要做到**"心到、眼到、手到、力到"**这句话吗？这个练习就是主要针对解决**"手到"**的问题。

二、觉醒

首先，说说什么是觉醒。

曾几何时我们高呼："中华民族觉醒！"曾经荀子也著书立说："不觉悟，不知苦。"而陶潜在《归去来兮辞》中更是将觉醒阐述得一语中的：**"觉今是而昨非"**。通过这些慷慨激昂的语句中，我们应该认识到觉醒是极为有深度的，它绝不只停留在对事物表层的认识。在目前的交易领域中，大多数人还都不认为自己是处于不知不觉或麻木不仁的状态，都认为自己对市场能够产生正确的反应。而事实上，我们看到的是市场中依然还是95%以上的人在赔钱。如果我们的眼光不是停留在市场表面现象的话，那么我们就有理由、有能力站到市场少数人的群体当中。由此可见，觉醒在人混沌迷茫之时有多大的感召力和积极的作用。

觉醒是一个专用名词，通常讲是人对感官接触到的刺激的知觉能力。而没有觉醒的人，一般来讲是麻木的，只是根据一般人性的本能需要进行日常行为。在交易领域中，我们通常是在视觉中枢的作用下来知觉市场变化的，这就形成了交易者对市场环境变化的反应能力，或者知觉度。这在心理学上也可称为觉醒时或注意时。在以前的章节中我多次提到了"盘感"，并强调了"盘感"是在长期观察（视觉中枢作用）与统计、分析、比对（心理因素具有很大的影响）中得来的，是要付出一定的行为努力和心理努力的。因此，对市场的觉醒度高低也取决于你自身的行为努力和心理努力。在这里我可以很负责任地讲：**要想使自己真正意义上觉醒，就必须要从基本的心理学入手，特别是本书基础篇的内容**。但是，问题也就随之产生了，并不是我们通过"死学"就一定能成功的。因为，觉醒度的高低常常是用心理能量的指标来测量的，我们已经学习过《交易心理学》五大基本因素之间的关系。所以，我们不能够只是简单地看到它们之间是行为过程关系，更主要的是它们之间相互辅助的关系。

由于长时间的学习、训练和交易，当我们的大脑过于疲劳时，执行注意—选择、注意—转移和集中技能所需的心理能量的持续供应就会产生困难。因此，我们需要节制，在节约心理能量的同时，加强集中注意力的开启和关闭的练习，以便在交易中不会因心理疲劳而造成心理能量下降，心理能量下降而造成觉醒度的降低，觉醒度的降低必然会造成麻木、反应迟钝，或者看不出盘面中本应看出的问题。

到此为止，我们应该意识到觉醒度已经涉及了交易行为更深的一个层次。在这个充满不确定性的市场，如果失去了觉醒（盘感）那将意味着什么？输赢还绝不是各占50%的问题。凡事有一利，必有一弊。由于以前的章节中过于强调集中注意力，需要告诉大家的是，集中注意力也会消耗大量的心理能量。所以，心理能量的调节技能是我需要再次强调的。我们处于理想的觉醒状态，就意味着对注意力集中和心理能量的良好控制。但遗憾的是，我们不能够长时间始终保持这种高度集中的心理状态。在自我调节的过程中，你需要知道什么时间应该注意什么，什么时间不去注意什么，它的关键是，你要了解自己当前的主要任务是什么，包括交易之间的节奏问题。所以，我们还必须要学会什么时间需要集中注意力，什么时间不去集中，以节省心理能量。

如果你的注意集中不能够得到很好的调节，长此下去你就会感到心理上的疲劳比身体的疲劳大得多。并且因为心理的疲劳造成所有的注意力都有所下降，对市场的反应能力（觉醒度）也随之下降。只有进行适当的相互调节，才能够避免由于心理疲劳而产生的许多问题。

问题：如何逐步发展和建立好的觉醒？

答案：首先，请复习基础篇中"什么是交易科学"章节中的内容，以交易模式的分析、数据报告作为评判和发展觉醒的重要依据。但无一例外的是，这需要长期坚持不懈的努力工作，相信你会对自己的"盘感"有一个客观正确的评价。还有一个重大意义是，从此你将逐步建立起强大并真实的自信心，这在以后的章节会有介绍。

在目前的交易领域，觉醒度的问题很少受到人们的重视，甚至有很多的交易者根本不知道其重要作用。在这种情况下，专项的发展和提高更加无从谈起。希望通过本章节的学习之后大家能够对此引起重视，客观地评价自己在交易中存在的问题，只要自己在思想中具备这个意识就是迈向成功的第一步。

第八节　发展、建立自己的训练计划

我们要知道，发展注意技能的练习阶段与练习其他心理技能所需要的步骤是一样的。所以，我们需要系统地进行获得阶段所提出的各种要求，以确保自己的提高。我们还要清楚地认识到，将注意技能练习与平时的模拟盘练习结合起来是非常有益的。你应该在理解注意技能的基础上，修改和发展自己的训练计划，但重要的是，要系统、严格、规范地运用它们。

在以上本章节的所有内容中，我主要给大家分析了注意技能训练中所可能要面对的问题，并提供了很多有关实施注意的训练建议，以及如何评价自己现有注意水平的方法。当你掌握了以上全部知识内容之后，下面你就该着手制定一套更为适合自己的训练提纲了，你应将获得和练习阶段的内容糅合到一起。

练习：

设立注意技能训练计划大纲

做此练习的目的是，为自己提供一个将注意训练计划应用于实际交易中的机会。在做此计划之前，你首先要复习本章中的每一个练习，当彻底熟悉之后再回答下列问题：

1. 列出两个适合自己练习选择注意的方法，然后，你将在平时的训练中怎样安排这两个练习？

2. 列出两种适合自己练习转移注意的方法，然后，你将在平时的训练中怎样安排这两个练习？

3. 列出两种适合自己练习集中的方法，然后，你将在平时的训练中怎样安排这两个练习？

4. 请列出适用于模拟盘训练的所有其他注意技能的练习方法。然后，你将怎样合理地综合到模拟盘训练之中？

以上的练习是需要你自己根据自己的情况独立完成的一项功课，这是其他人无法替代的。由于"集中注意力技能"是《交易心理学》中非常重要的章节，它有着承上启下的作用，希望你一定要加以重视。

最后，你应设计一种能够记录自己训练，以及成长、进步的记录表，不断地记录和保存。它们将是你今后很好的资料，在经过一段时间以后，你可以通过这些资料发现自己的确有进步时，它就是一个很好的激励物或强化物。另外，通过不断地记录还能够使你及时、有针对性地解决眼前所存在的问题。以下只是简单提示性的图表，你可根据自己的情况进行补充和修改。

表 11 −2　　　　　　　　　　注意技能训练记录表

日期	训练内容	具体训练方法	训练时间	存在的问题及评议

第十二章　自信心与现实目标制定技能

孟子曰：无为其所不为，无欲其所不欲，如此而已矣。^[135]

意思是：不要做自己不该做的和不现实的事，不要想自己不该想的和不现实的想法，这样就可以了。

此话讲起来容易，但在实际中做到并不是件容易的事。因为，人与生俱来的是"食、色性也"！所以，贪欲是人的本性，不尽其所能地加以适当地克制就会使人步履维艰，身处险地。《传》曰：**非所困而困焉，名必辱；非所据而据焉，身必危。**这同样对今后的自信心是一种极大的威胁。如此看来，我们老祖宗的无为、无用之论对于我们今后的发展还是有深刻的指导意义的。

自信心对于一名职业交易者来讲是非常重要的，这也是所有交易者一致认为的。很多有关的心理学也支持了这一点。所以，一名交易者在实盘中建立适宜的自信心是极有助于交易技能发挥的。

尽管目前许多人都知道自信心的重要性，但大家却很少知道真实的自信是一种重要的、优秀的品质。请注意：真实的自信！言外之意是，不是我们所有人的自信心都是真实的。相反，绝大多数的交易者存在的是虚假的自信心。我知道这样说是非常刺耳的，此言一出一定会有很多人不理解，甚至感觉到愤怒。请耐心，这正是本章节一开始需要阐述的内容。并且，还要强调如何调整这个重要心理品质的技能。

我们在很多的公众交流平台中，经常能够观察到其他很多优秀的职业交易者的交易行为，在他们的交易行为上似乎看到了那种坚定的自信。但是，一笔真正成功的交易是很难通过其账面的盈利就能够简单确立的。特别是在交易行为过程中，自己下单时的真实感受只有自己才能够知道。这是一个自我的内在问题，而不是需要，也不能够让其他人来评判的问题。

关于什么是真实的自信，这目前对于我们自己来说其实是难以捉摸和把握的。主要问题在于，有关这方面的论述在目前的市场中还没有，所以大家很难对其有个正确的认识，以及正确的自我评价。但有一点我们是能够达成共识的——作为职业交易者在下单时是需要强大的自信心去支持的。当然，我们同时也明白自己需要不断地在交易中获利来发展自己的自信心。其中就遇到了难题：如何发展"认知—增强自信心—体现自我价值"的良性循环，摆脱"以往的失利—自信心不足—重复失利"的恶性循环。

在本章的学习中你将得到这样的答案：有效、现实的目标设置的技能是优先的选择，它是你必须要首先发展的重要的心理技能。所以，本章的标题是：自信心与现实目标制定技能。它们两个被整合为一种技能，这就说明它们之间是密不可分的，是相辅相成、息息相关的。

在以上的章节中我曾经提到过：其他的心理技能都有助于发展适宜的自信心。但是，现实目标的设置技能能更直接地影响到你自信心的建立。以下我们先从什么是自信心开始，然后将学习完整的目标设置技能的各个组成部分。

第一节　如何理解自信心

在本章节中我们将学习什么是自信心，适宜的自信心、缺乏自信心和虚假自信心的区别。目的是能够使我们明确自信心是一个人自我价值的直接和具体的表现。**最根本、最完备的自信心是，对自己能够成为胜任者所具备能力的确定。**

一、自信心的定义

有许多交易者会这样认为：自信心就是相信自己有能力，并能够盈利。我记得以前在运动界有这样的一个信条，就是：运动员应该永远认为自己能获胜，其他的想法都是违反教规的。如果运动员自己没有肯定地感到能够击败对手的话，那么他们就会像失败者一样进行思维，而这种思维能够把他们变成失败者。这样说是有一定道理的。但是，很不严谨。因为这样说忽略了一个重要的前提——自己的真实能力如何？这个问题在交易领域往往被大多数人忽略。试问：我们怎么能够要求一个手持长矛的人与一个武装到牙齿的，并手持现代化武器装备的人决斗？其答案很简单：送死！这样就引出一个问题，客观性的问题。大家是否还记得我在全书开篇结尾的位置特意用黑体字引述了毛泽东同志的一段话，其中的关键词是：**"客观条件"**。我想我们有必要来重温一下。

毛泽东同志说：**"指导战争的人们不能超越客观条件许可的限度期求战争的胜利，然而可以而且必须在客观条件的限度之内，能动地争取战争的胜利。战争指挥员活动的舞台，必须建筑在客观条件的许可之上，然而他们凭借这个舞台，却可以导演出很多有声有色、威武雄壮的戏剧来。"**

我们应该从中发现细节，重视细节！

在人的任何社会行为中，失去客观必要的细节阐述的信条往往会造成误导，会造成缺乏自信或者盲目、虚假的自信。那么，正确的自信心应该是什么呢？应该是：**我们要对自己能够取得的成就有一个客观的期望值。真实的自信心是，交易者在逐渐达到各种现实目标的过程中，个体所经历的认知不断地积累。这种积累能够导致你对未来的交易活动获取成功有着独特期望，它是你交易人格、自我价值的重要体现部分，是迅速地认识自我的特征之一。**

在对自信心的理解上我们还应该注意到这样的细节，真实的自信心并不包含你未来希望做什么，而是包含着你眼前期望的、客观需要做的是什么。它并不是像有些交易者所说的那样：将来要做成什么样，将来还怎样。而应该是你目前的能力与客观条件之间是否可以胜任的问题。它更不是像有些交易者那样因为偶然的、一时的成绩所引发的脱离实际的自信，而应该是经过认真地分析，作出的自己能够做成什么样的判断。

在实际的情况中有这样一种现象，有一些交易者拥有太少的自信心，他们自己也知道缺乏自信心。还有一些交易者拥有过多或者是不真实的自信心，因为这些交易者没有能够将自我的真实交易能力与残酷的、充满不确定性的资本市场相比较。而另外有一些交易者拥有适宜的自信心，这种情况被称为自信心适度。在运动心理学中，自信心就如同一个连续体，在这个连续体上有由缺乏自信心到自信心过高的各个状态。而适宜的自信心处在两者之间的位置上（如图 12－1），此连续体的表现实际上与交易者操作的表现相关，就如同心理能量与操作水平的表现相关一样。

在实盘交易中，随着自信心增长至某种适宜水平，操作技能水平也会渐渐地提高。这种提高的具体表现为：

对自己的交易能力，应变能力，交易系统的稳定性、可靠性、成功

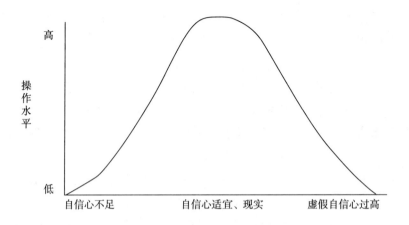

图 12 - 1　自信心与交易水平体现之间的关系

率，执行能力都有着充分的认知和了解。在这种状态下，交易心理也处在一种内部放松，外部警觉的适宜状态，即便是遇到市场的突发事件也能够在第一时间作出反应。讲到这里有些朋友可能会作出反问：你讲了半天，实际上这种能够使自己在交易行为中，最大地发挥出交易技能水平的自信心适宜状态，还是建立在自我知觉能力的基础上。没错！是这样的。这就是我一开始为什么总是强调基本功和基础知识的重要性。

但是，如果自信心的增长超过了适宜水平，交易技能的水平就开始下降。这种下降的原因是，过高的自信源自于自己认为交易是很简单的，自己已经懂得很多了，又是如此地天才，认为自己不需要充分地学习和准备。在交易中也不需要过于集中注意力，更不必作出应作的努力，一定就会取得好的交易成果。

曾经有一位运动心理学专家罗宾·威力，他对在运动行为中逐渐增加自信心做了充分的研究。他给出的定义是：运动—信心是个逐渐发展的过程，是个体对自己行为所拥有的掌控能力的确信，或者是肯定程度。如此说来，在交易领域里，我们对自我交易行为的掌控是不是在一定程度上类似呢？答案是一定的，并且是完全相同的。

有朋友可能还会问：为什么自信心这么重要？自信心是交易者自我价值表现的关键。一旦你在交易中失去了自我价值感，哪怕是有一点怀疑，就意味着你将走到心理耗竭的边缘。在以上的章节中我们学习过它的危害，这也意味着你会最终逐渐地退出这项工作。所以，我们当前的重要任务就是要全力使自己保持真实的自信心，以此为基础努力发展自己已经具备的成功的能力，以及继续对成功所必须具备的新技能的获得能力，对这些要有明确的肯定意识。否则的话，你将无法面对下一个新技能的发展。

二、适宜的自信心

首先，拥有适宜自信心的交易者会在自己能力的基础上设置现实的目标，他们会用内心的、客观的尺度衡量自己。也就是说，当他们自己认识到已经达到了自己能力的上限时，就会非常清楚地感觉到自己的成功，并给予自己充分的肯定，而不去奢望自己能力以上的不现实的目标。

拥有适宜的自信心是一名职业交易者必需而又重要的个性品质。但是，适宜并不意味着简单，所谓的适宜指的是，综合各种客观因素与自身能力、条件相对比和相结合所得出的结论。而简单是缺乏这些客观对比的。所以，简单的自信心并不能保证你交易技能操作得很好，你还需具备完成交易技术上的条件。在世界上所有的行业之中，自信心都不能代替某个行业、项目所必需的知识和技能。所以，自信心和交易技能必须要同时发展，它们是相互依赖的，**没有技能作为依托的自信是虚假的自信心**。

有些交易者相信这样的一个观点：只要有自信心就能够使他们得到健康的发展，逐渐地获利或能对错误的交易行为产生免疫力。这样的说法很不严谨。因为，只有客观、真实的自信心才是交易者正确对待错误的有利武器。另外，当你对自我价值持肯定态度时，你才能不受约束地努力去改正错误，此时你并不惧怕过程中的失败导致你丧失自信。

三、缺乏自信心

在实盘交易中，任何人都会遇到一些问题或者出现一些错误。但是，这些问题、错误难不倒一名真正的职业交易者，一些小的失利也成为不了这名交易者最终的悲剧。因为他有坚强并客观、真实的自信心，他明白错误与失利是交易行为的组成部分。然而有一些交易者从个性上就缺乏自信心，这与他们的气质类型有关。这些交易者好像天生就特别害怕失败，以至于很容易就被对手盘威吓住，并经常表现在交易行为上。结果，因为缺乏自信心，他们成为了自我消极想象的俘虏，他们往往会把自己看成失败者，并且最终成为失败者。

实际上这是一种心理障碍，是由个性上的自我怀疑逐渐引发的。托马斯曾用这样的话来形容这种心理障碍："怀疑自己的人就像一个加入了敌人行列，并携带着打击自己武器的人一样，他是第一个确信自己失败，并使失败成为现实的人。"

自我怀疑是具有破坏性的自我预言的实现，实际上就是我们学习过的消极思维和自我的消极对话。正所谓"造物弄人"，历史总是会与我们开些小小的"玩笑"。自我预言实现是这样的过程：你对交易结果产生了不良的预感（**此时的预感没有得到重视**），不良的预感诱发了你的不良的预言（**消极思维中自我 1 与自我 2 的对话**），不良的预言恰恰又引发了结果的真实发生（**沉浸在消极思维的对话中，并没有加以有效地制止**），真实发生的结果又证实了预言的准确（**如果你还沉浸于这种消极思维之中的话，这只是恶性循环一个阶段的结束，它还将引发下一个恶性循环的开始**）。

通过以上我们可以看出，自我怀疑引发了交易者从成功的阶梯上跌落，交易行为往往与那些自我怀疑（消极思维）保持一致，于是引发许多交易者都难以摆脱的恶性循环，也就是你预言的失败。进一步地讲，正是这种消极的预言导致了你实际上的失败，而这种失败又证实了你自己消极的自我想象，消极的自我想象又加强了你对失败的预见性。如图 12 - 2 所示。

缺乏自信心的交易者，自我怀疑和消极预言会使自己更加焦虑，并使注意力分散和目的不确定，也就是增加了交易条件和标准贯彻实施的难度，从而破坏了良好交易行为的完成。这些交易者还经常习惯性地将注意力高度集中在自己的不足上，这就使得注意力从条件和标准的完成中分散出来。他们甚至对自己的结论是："自己是如何地无能，以至于无论多么地努力都不可能做得更好。"因此，有些交易者就干脆放弃了对此的努力，并且还常常出现指责自己的行为。而这种指责本身就是消极的，用消极去指责消极只会造成更大的消极情绪，这就是缺乏自信和沉浸于自我怀疑所带来的后果，自我怀疑隐含着对交易者的成长和动机最致命的影响。

当然，自我预言的实现并不一定都是否定的结果。正像以上所讲述的自我预言的实现案例中所强调的那样，如果我们在一开始就能够将预感重

否定期望

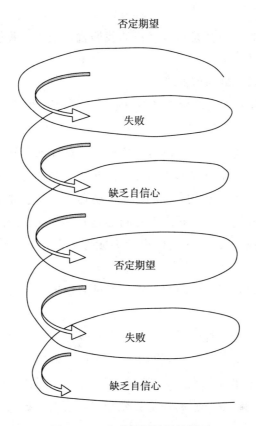

图12－2　自我怀疑的恶性循环

视起来，并用具有建设性的和积极的思维或方法替代它就会产生好的结果。也就是说，积极的预言会使交易者具有充满活力的心理能量，是形成指引交易者实现目标的正能量和方向舵。另外，积极而现实的预言还能使其良好的预言内容得以实现。

那么，自我预言的实现能否帮助交易者成长与进步呢？

我举一个真实的例子：我有一名学生，在一段时间内出现了心理和交易行为障碍，原因是近期总是出现自我怀疑，实盘中下单的执行力完全与以前不一样了。

这时我这样诱导她说："原本你不是这样的，你甚至完全可以做得更好，甚至比以前还要好。你目前只是犯了一个错误，你还记得以前所学习过的错误的概念吗？"

她回答我："记得！错误只是一时出现的，是任何人都不可能避免的，是可以修正的。"

我说："很好！既然是可以修正的我们就不怕了。我们先找出这种错误出现的诱因是什么。"

她回答："是不良的预感。"

我说道："这种不良的预感是消极的，还是积极的？"

她回答："是消极的。"

我说道："我曾经一再强调过，任何事物都伴随着对立面，我们看待任何问题都不能有偏见。消极的对立面是积极，当你认为出现了消极思维时难道就没有想一想如何用积极的思维替换它吗？你下面试着想一下。"

她回答："我明白了，我出现的问题是另一种应激形式的体现，注意指向或视角太狭隘了，我对消极思维的顾虑太多了，忽略了积极思维的作用。"

我说道："很好！用以前咱们所学习过的知识自己尝试着解决，下一步你应该怎么办？"

她回答："首先客观地看待自己的交易能力，自己的交易系统是建立在长期统计和验证基础上的，我知道会有不确定性事件的发生，但我也有应对的硬性规定。我不知道下一步市场该怎样走，但我知道下一步市场走到哪里我该怎么办。这一点我还是有充分的自信的。我想这个问题我已经能够自己解决了。"

我说道："很好！但还不够呀。你能够确保这样做每一次都能够获利吗？"

她回答："哦！对了。我不能，确切地讲，市场上的所有交易者都不能够保证做到这一点。因为亏损是整个交易中的一部分，是不可缺少的一部分。我一开始的确忽略了这一点，所以不良的预言使我自信心下降并且不断地被放大，导致我下单犹豫。"

我说道："还是不够全面！你还是没有发挥出你的优势和天赋。"

她回答："我的优势在于能够控制住自己，我的天赋是对于您教给我的知识基本上能吃透，具体体现在狙击点位的成功率以及对于失败的快速反应上。这使我回想起前一段时间交易的最佳流畅状态，虽然其中也有小亏损的单子，但是，这种感觉真是美妙。我感觉自己现在完全将不良预感的消极思维覆盖了，我相信我已经走出了这个阴影。问题解决了。"

我说道："还是不够全面！这样的话你还会阶段性地犯同样或类似的错误。"

她思索了很长时间，终于回答出了我想要的答案："老师！在今后的交易过程中我一定做到——**没人性！**"

通过以上的诱导，她知道了自己以前仅仅是在思想和心理上出现了一般人都容易出现的错误，而这错误并非是致命的。只需要加以客观地分析和自我评价就能够找回以往的自信，或者是增加新的自信心。

我最后对她说："你看你对于这些问题的理解是多么得快，我都没有想到会是如此。说明你是个极为聪明和具有天赋的人，这一点你做到了，就没有理由做不好其他方面的事，除非是懒惰和放纵自己。你应该利用你的聪明和天赋照此走下去，相信几年后你会成为一名优秀的职业交易者。"

结果是她一直按我说的认真地去做了，在几个月中改掉了以前的消极思维，在执行能力上有了很大的提高，并且在交易定型方面也有了一定的基础，她更加坚信自己的交易能力了。

通过以上的案例，朋友们现在能够明白这种预言的作用了吗？其实这只是一种积极的预言交往，但最主要的是，要尽可能地接近自己的潜能才会起作用。

我们还可以通过以上案例做自我指导性的练习。做此练习的目的是，使自己认识到在模拟训练或实盘交易中，自我预言的实现是如何发挥其作用的。这里需要注意的是，一定要用积极的思维覆盖消极思维，注意实施各种有利于和影响自我积极预言实现的因素。

我们还要知道，自我预言的实现并不是在幻想中发生的，它是以你的"交易—信心"为依托。也就是说，靠你对自己所拥有的长期稳定的盈利能力的确定和肯定的程度来实现。假如你要想使自己有信心，你就必须先要对自己以往的表现有信心，当然这种信心是建立在一定的技能基础之上的。就像上述所讲的，是在长期对自己交易系统的统计和分析客观条件下产生的。在内心的自我斗争中，假如你要想让对手（不管是自我1还是自我2）发现你有信心，你就必须以你擅长的积极的交往形式——语言的或者是非语言的——传递给它。

四、虚假的自信心

现在让我们来看看自信心过高的交易者。实际上，自信心过高是在任何一个行业里都不正常的现象。如果交易者的自信心是以自己的能力为基础的，他们是不可能产生过高自信心的。因为此时，自己能很清楚地知道自己的真实水平。在现实生活中，我们常常遇到某某交易者的自信心过高，其实在这种情况下，往往他拥有的是虚假的自信心。因为，这种自信心早已远远地超过了他自身交易能力的保障。

虚假的自信心有两种形式：

1. 一些交易者认为自己的交易水平要比实际体现出来的好。也就是说，他们认为在以往的实盘交易中，往往是因为自己的交易水平发挥不出来导致交易失败的。最初自己都很清楚或者怀疑这只是一个借口，而一些重要人物（如家人和好友）的肯定和不切实际的鼓励恰恰纵容了这种虚假自信心的膨胀。但无论是什么原因，结果都会使交易者屡次感到失望。因为，自己的实际交易技能永远在实盘交易中发挥不到自己想象中的那样。

2. 有些交易者表面上看是很有自信心的，善于夸夸其谈。其实在他们自己的内心里是极为缺乏自信心的，并特别害怕实盘交易中的失败。这是比较典型的虚假自信心。具有虚假自信心的交易者的行为表现常常是自命不凡、莽撞冒失和自负傲慢。他们错误地认为和相信，这就是自己在其他人面前表露自信心和自我激励的行为方式。当自己的交易技能水平最终显示出自己的自信心是虚假的时，这种行为只会使他们感到更加地难堪，需要找更多借口加以掩饰，这种类型的交易者在我们的交流平台中有很多。

真正自信的交易者与自信心过高的交易者是不同的，真正自信的交易者能够通过准确地判断自己的能力，将自己从幻想中解脱出来。他们能够认清和客观地看待自己的水平。自信心过高的交易者容易错误地估计、预判现实，因为他们混淆了自己所期望的和切实可行的能力。自信的交易者，能够看到自己通过能力和努力实现目标的希望。而自信心过高的交易者，却常常希望某种事件突然降临使自己得到改变。

另外还有一点是，缺少自信心的交易者经常装作很有自信心，目的是为了给别人看，或者是对自己一种激励，因为他们自己也知道自信心是多么地重要。这样，与其说是在欺骗别人，倒不如说是在欺骗自己。虚假的自信心实际上是心理上的行为欺骗，这样说一点也不过分，而欺人者往往也是受害者。这种自欺欺人的结果还会造成交易者否定自己缺乏自信的真正原因，会不由自主地逃避威胁自信心的各种情况，并找到能保护脆弱自信心的方法。比如，当他们的交易表现不佳时，拥有虚假自信心的交易者不会轻易地承认自己的错误，而且借口很多。像什么市场上这种情况来得太突然了，系统性风险或有人在关键时刻干扰了他等。他们很少自己问自己：这种情况当初自己为什么没有想到？为什么不提前做好预案？为什么屡屡接受干扰？等等。而且，这样的交易者还经常不服指教，好与别人争论。因为，他们还有一个共同的特性，就是不肯对自己的错误承担责任。

在目前我们这个交易领域中，不仅仅是公众交易者经常犯有自欺欺人的错误，还有一些老的或是一些自称为某某专业的人才的人也指使我们这么做。他们表面上是以积极思维的劝告形式进行鼓励的。比如，只要是你想到的你就有可能做到，这就是你的目标，只要你努力就可以实现等。这是一种幼稚的、简单积极思维的错误。因为，单一、模糊的积极思维是不能给我们树立真实自信心的，真实自信心是通过各方面的努力逐步获得的，是通过努力培养交易技能逐渐争取到的，是通过交易技术水平的提高逐渐巩固的。而交易技术的提高恰恰是来自现实目标的设置，以及实现这些目标所必须作出的、具有耐心的努力。这应该是一步一步的，如同上楼梯一样。

另外，在实盘交易中的自信心不是来源于想象，而是来自于对自己交易能力的了解，以及前一天的准备工作是否细致。比如，我只是对自己的交易条件和标准的成功概率有信心，如果市场超出了我所预期的范畴那我没有办法，我只能无条件地选择退出，因为市场的变化已超过了我力所能及的范围。

作为一名职业交易者，积极思维是必不可少的，但一定要在客观范围内进行。也就是说，你应该尽可能地估计到对自己有利因素和可能出现的不利因素，同时也要抑制不切实际的随意想象。目前有许多交易者由于接受错误的指导而相信了错误的交易信条。例如，你必须相信你将能够盈利，否则的话你就是一个失败者。这是不对的。如果当盈利已经不现实时，你还盲目地要求这种自信，后果就像上面所说的那样，而且不断地受伤害会使你更加缺乏自信，并有损于以往好的交易定型。

有人认为，相信自己将会取得最终的盈利肯定会有积极的效果。这同样是不对的。当交易者认为自己在交易中应该取得盈利时，我们是不是应该问一下自己为什么？这个市场有多少不确定性因素是我们难以把握的？对于很多不确定性因素我们是不是都有相对应的处理预案？如果没有的话我们又如何避免失败？这会不会导致更多的消极心理效应？等等。所以，综上所述，你还会纵容这种虚假的自信心吗？

在本书基础篇的部分中，我一开始就强调交易者自我价值的重要性，这是一个重要的心理学概念，必须要引起重视，对于我们每一个交易者来说，没有任何东西能比我们的自我价值更重要的了。一名优秀的职业交易者是能够不断提高自我价值的，相反，失败者则可能渐渐地摧毁它。自我价值又是动机再次激发的关键，也是我们一开始所学的"交易哲学"的关键。

自信心是交易者自我价值的表现，早期的交易经历告诉我，对于培养新的交易者来讲自信心是很重要的一个环节。要提早地帮助他逐渐地设立自信心。如果在早期方法运用正确、得当，就有可能使交易者一开始就先经历成功，成功的经历对初期交易者的自信是很有帮助的，使他一开始就能够感觉到更多的自我价值，就会变得更加自信，并更高的成就动机。然而，早期方法不得当，一开始就经历了失败的交易者容易变得缺乏自信，会感受到更少或者没有自我价值感，甚至非常沮丧，这对今后的发展不利。

另外，适宜的自信心不可能在否定自我价值的交易者的身上发展。如果你在内心里已经否定了自我价值的存在，那么你就必须首先发展自己的自我价值观念，这应该是首当其冲的。只有先建立了自我价值的观念，才便于今后发展适宜的自信心。我们可以从以下三个方面发展并保持自己健康的自我价值：

1. 客观有效地、系统地进行交易技能和交易心理技能的学习，了解今后成功所必须要做的实际努力，并一步一步地实施。

2. 在分析自己的学习过程中，首先要充分地肯定自我价值。肯定自我价值源自于切实看到自己学习和训练过程中的进步，这要与交易技能训练过程中的表现区分开来。

3. 要明确自信心的重要来源不是账面上的盈利，是自己对现实目标的追求一步一步地实现，逐渐地离最终极目标越来越近，自己逐渐具有作为市场竞争者或者职业交易者的能力。

思考题：区分自信心的种类

以上我们学习的自信心有三种：适宜的自信心、缺乏自信心和虚假自信心。

此思考题的目的是，使你能够将以上三种自信心与自己的实际情况联系起来。这样能够根据以前学的知识，将自己在交易中的自信心加以分析和判定，相信你能够找出自己适宜的自信心。多复习以上的知识，多做这方面的思考。

此思考题提示：实际上，在世界上的任何一个行业中，没有一个人能够在任何情况下都具备和实施他所需的所有技能，就像人的潜能永远不能被完全开发一样。那么此时你可能会问：我怎样才能获得适宜的自信心呢？其实很简单，最佳的自信心是，你目前对自己学习所要学的技能和知识的能力的确信。只要是现实的、不是很高的目标，不是脱离实际的，你都一定能够达到。

五、最理想的自信心

经过以上不懈的努力和思考，我相信大家已对最理想的自信心有了较为深刻的认识。请记住：**交易者能够具备最理想自信心的来源，不是一味地强调获利或在交易行为中永远不出错。而是坚信自己能够通过努力和科学的方法来修正目前的错误，以达到能够取得良好交易行为的目的。**良好的交易行为是对自己获得的能力、交易行为和交易心理能力的赞赏和信任，这个过程才是真实自信心的培养和发展过程。

如果你具备了在资本市场中获取竞争能力的信心，就不会因为对手盘的胜利而感到沮丧、惭愧，或是被自己暂时的失利困扰。因为你深深地知道，一时的胜负只是对长期目标的一次暂时的评价，只是将一次具体的交易行为及其结果作为对自己实现目标过程中进展情况的一次测试。因此，取得此次交易的胜利不能成为最重要的评判，你还要兼顾是否对长期的发展有利，只有不断地提高才是我们最重要的目标。

练习：测量自信心

此练习是为了帮助你评价自信心而设计的，专门为你提供测量自信心的机会。在做这个练习时一定要客观、实事求是。如果你有意将自己装扮得更好，那么这个练习的价值就失去了。通过这个练习你会更加深刻地认识到自己在什么情况下会出现过少或者过多的自信心，以及在什么情况下出现适宜程度的自信心。

下面请认真阅读每一个问题，并仔细地回想你在最近的交易过程中，对每一个问题所具有的信心。然后，请勾出你所感觉的信心程度，在题目下方的选项中以对勾的形式来表示对此题目是信心不足、信心过高还是信心适宜。选择的条件是，你回忆以往每次信心状态的大致情况。

测试题：

1. 你对自己真正掌握交易技能并最终获得成功的能力是否有信心？

自信心不足（　　　） 自信心适宜（　　　） 自信心过高（　　　）

2. 你对自己在未来的交易中作出关键性决定的能力是否有信心？

自信心不足（　　　） 自信心适宜（　　　） 自信心过高（　　　）

3. 你对自己在紧张激烈的盘面中集中注意力的能力是否有信心？

自信心不足（　　　） 自信心适宜（　　　） 自信心过高（　　　）

4. 你对自己能够坚持遵守条件和标准的能力是否有信心？

自信心不足（　　　） 自信心适宜（　　　） 自信心过高（　　　）

5. 你对自己在有应激干扰等的情况下还能按条件和标准执行的能力是否有信心？

自信心不足（　　　） 自信心适宜（　　　） 自信心过高（　　　）

6. 你对自己成功地执行头一天的交易预案的能力是否有信心？

自信心不足（　　　） 自信心适宜（　　　） 自信心过高（　　　）

7. 你对自己能够很好地与其他业内人士交流的能力是否有信心？

自信心不足（　　　） 自信心适宜（　　　） 自信心过高（　　　）

8. 你对目前自己为将来的成功所做的努力是否有信心？

自信心不足（　　　） 自信心适宜（　　　） 自信心过高（　　　）

9. 你对自己在交易中自我控制的能力是否有信心？

自信心不足（　　　） 自信心适宜（　　　） 自信心过高（　　　）

10. 你对自己在交易技能和心理技能方面的学习、训练是否有信心？

自信心不足（　　　） 自信心适宜（　　　） 自信心过高（　　　）

11. 你对自己今后可以后来居上比优秀的职业交易者更优秀是否有

信心？

自信心不足（　　） 自信心适宜（　　） 自信心过高（　　）

当你做完以上的题目之后，你就可以将选择的答案填入下边的表格：

表 12 – 1　　　　　　　　　　**自信心观测表**

自信心不足	自信心适宜	自信心过高

此练习的说明：

通过观察以上的表格你就可以直观地得出选择信心不足、信心适宜和虚假信心的问题的数量，以及在所有问题中的占比。在正常的情况下，只要你在以往的学习中够认真、够仔细，你就应该在"适宜自信心"这一栏中占比较高，而在"自信心不足"和"自信心过高"两栏里占比较低。如果不是这样的话，你可根据自己有不足的问题进行新的、针对性的学习和目标设置，以获得最理想的自我信心，但不管怎样一定都要实事求是。

第二节　学习目标设置

自己拥有一个科学、客观现实的目标设置的系统，将有利于学习和实现这些目标。这一系统是正确地提高自信心、获取更强竞争力的一个非常有效的工具。历时几十年的研究和实践表明，现实目标的设置可以帮助你稳固地发展交易技能和心理技能。

一、设置目标的益处

对自己眼前目标的设置，我想所有的交易者都应该不陌生。从你最初第一次加入到交易这个行列起，实际上你就开始为自己设置目标了。当然，这个目标有主观的，不现实的，更有客观的。对于大多数交易者来讲，在没有经历过系统的学习之前，不管是客观的还是主观的，一定会存在很多模糊的、矛盾的或者缺乏挑战的目标。因为，这些目标是在没有正确认知基础上的或错误的指导下盲目设置的。这就是为什么我们要好好学习现实目标的制定，保证有效地、正确地、系统地设置目标，这将对今后长远地发展起到积极的作用。以下先讲一下设置目标的好处：

1. 设置现实有效的目标能够使你对眼前的期望变得更加明确，而不会觉得那是遥不可及的希望。

2. 设置现实有效的目标能够提高你内部成就的动机，你从此将认识到自己是个有价值的人。

3. 设置现实有效的目标能够提高你在模拟盘中的训练质量，从而增加你今后在实盘交易中的自信心。

4. 设置现实有效的目标能够使平时的训练始终保持挑战性，从而减少模拟盘训练中的枯燥感。

5. 设置现实有效的目标能够提高交易技能完成的质量，使你始终处于交易行为的良性循环体内，并始终保持着向上的积极动力。

通过以上内容我们可以看到，计划好的现实目标设置，在平时的训练中能够在四个方面提高交易者交易行为完成的质量：

1. 现实目标能够引导交易者的注意，将交易行为集中在需要训练的任务上。

2. 现实目标能够激发交易者的努力和动员自己的积极能量。因为你能够看到目标就在不远的正前方，并不是不现实的、遥不可及的。

3. 当感觉自己的进步缓慢时，现实目标能够提高交易者坚强的韧性，自己会调动可以调动的一切积极因素，努力使自己成为更有价值的人。

4. 现实目标能够激发交易者去寻求实现目标最恰当的战略。

在美国有个著名的运动心理学家——波登，他分别对不同项目的运动员做了两次比较性的实验，其结果表明，设置了现实目标的选手都有如下特征：焦虑低、注意力集中、自信心适宜、动作完成普遍较好以及对自己的成绩表示更多的满意。

以上这些发现，至今为止现实目标设置在运动实践中、在实际运用研究报告中，都给人留下了深刻的印象。它同样证明了系统目标设置的价值，而系统性是最关键的。

在目前的交易领域，现实目标设置的优势还仅仅体现在我自己和我的学生身上。具体的体现基本与上述运动员所体现出来的特征一致，并且经历了长时间实盘的验证。这在基础篇中"什么是成功的交易"、"什么是交易艺术"的章节中阐述过。请予以重视！

二、目标的种类

我们进行现实目标的设置时，搞清目标和目的的概念是非常重要的。

所谓的目的，是使某一事物最佳化和不断地得到发展，它是一种连续而封闭的量度。比如说，我们的交易以赚钱或者生存为目的，这本身是没有什么不对的。但是，如果我们忽略了赚钱或者生存过程中的必要手段就明显是很不客观，很不现实的。所以，虽然我们对世间的任何事物都有良好的目的，但不见得会有好的结果。

所谓的目标，是针对目的整体当中的一个点，是一个尚未获得成功或者成功之后转向另一个目标点开始的具体行为。比如说，当你参与或者加入到交易这一领域，你原本的目的是想充分改变自己的生活或工作状态，从而达到一种你自己满意的幸福感。此时请注意！目的只是一个大的框架，在这个框架之内有许许多多不同的点需要你依次地完成连接，最终才能使整体框架充实起来。而之后你要做的是逐渐发展自己的交易能力，首先找到一个最基础的、最容易实现的点，这是一个目标的问题。

所以，目标是有形的、具体的、是更直接的，因为它涉及的是近在眼前的情景、状态或品质。而目的则是模糊的，因为它更注重将来，所以不可能考虑到具体的情境因素。认识到目标与目的的不同，对准确地运用现实目标设置技能是至关重要的。

我们还要知道目标有两个重要特征：

1. 目标具有明确性和方向性。交易者设置的现实目标都是指向于某一眼前亟待解决的问题。

2. 目标还有强度性和依次性。一个目标在交易者的发展和学习过程中可以是最重要的，必须要放在首位加以解决的。也可以是一般重要的，可以放在之后第二位或者第三位加以解决的。

另外，现实目标设置的方向性也有两个特征：

1. 交易结果的目标。交易者经常习惯性设置盈利的目标，如取得本次交易的盈利，甚至争取多长时间内连续盈利等。这些目标被称为结果目标，因为他们要求的是交易的结果。

2. 交易行为目标。交易者还可以设置交易行为的目标，这种目标指的是交易者的具体行为标准。例如，以交易计划的贯彻实施为目标，可以是要求在进、出场点上与交易计划基本保持一致。在交易心理上，尽量运用所学习到的知识保持实盘中的同步应用。另外，现实目标还可以设置为学习目标，按部就班地将所涉及的学习内容一项一项地攻克。在目前的情况下，我还是强烈建议大家，应该将获得心理技能作为重要的现实目标来设置。

我再给大家打个通俗的比喻，目标是指向于实现某一现实目的的步骤，而目的是一种遥远的、模糊的期望。我们可将目标和目的的关系想象成一个梯子，梯子的每一节就是向上的步骤——目标，在梯子的顶端才是最终的期望——目的。具体针对的方法是，一个目标可能是你需要一段时间的学习和训练的（要详细到具体的学习和训练内容），只有经历了获得—巩固—提高和应用的过程，你最终的目的——实现自我价值才能够被体现出来。

第三节　目标设置的原则

要掌握目标设置的原则并不难，因为它只有以下五条：

1. 设置交易行为严格遵守交易原则的目标，而不是盈利结果的目标。
2. 设置稍微具有挑战性的，而不是极为容易达到的目标。
3. 设置现实的、自身条件允许的，而不是脱离实际的、过高的目标。
4. 设置具体的、有规划的，而不是模糊的、随意的目标。
5. 设置阶段性短期的，而不是长期的目标。

虽然以上的原则并不多，然而要想完全地理解，并系统地运用这些原则，却不是一件容易的事，下面让我们一一分析这些原则。

一、遵守交易原则与交易结果的目标

遵守交易原则目标与交易结果目标，在某些重要方面是有很大区别的。请大家仔细阅读下面的内容，并考虑一下你将运用何种目标。

1. 目标控制。

　　实际上在任何时候，交易者对自己的交易行为比任何可能出现的市场结果都更拥有绝对的控制权，这是毫无疑问的。这正体现出对于自己交易行为的掌控比掌控结果的目标更加现实、客观。因为，如果让交易者以是否达到了他们自己并不能控制的目标，来评价是否成功，这显然是不合理的。

　　我们现在应该很清楚：遵守原则的目标是要达到你提前制定的现实的具体行为，而不是依据市场不确定性的结果，去评价自己是否实现了自己的目标。换句话说，就是要根据自己的现实目标去衡量。

　　在这个充满不确定性的市场中，我们必须要充分地认识到一次交易的结果，特别是对盈利者来讲，只有一部分是取决于自己的个人控制。而另外的大部分，还取决于市场环境状况以及运气等方面。此外，很多交易者往往把机遇决定交易结果看得很重，在他们看来，特别崇拜机遇对交易结果的影响，从而更希望去把握那些不切实际的机遇，却忽视了自我控制要比机遇、运气重要得多，这是完全不正确的。道理其实很简单，所有的交易结果都有一部分是由除了交易以外的市场因素决定的。更通俗地讲，你是不能制造机遇的，你只能"制造"你自己。我们还需要认真地想一想，交易的结果有多少真正是由你的技术发挥所决定的？所谓技术发挥得好，其中又有多少其他因素的影响？还有剩下多少其他因素？特别是运气。你还要重点想一想，交易的结果有多少是被自我认知这个因素所影响的？

　　有个好的现象是，随着交易者的心理技能水平不断地提高，良好的交易行为肯定直接地反映在其交易结果上。如此发展下去你就有可能步入良性循环，良好的交易结果往往会逐渐地成为大概率事件。

　　我为什么在这里又特别提出心理技能呢？因为，现实目标设置技能是五个目标原则中最重要的，实际上它也是最重要的交易心理学的原则之一。

　　资本市场是非常客观、现实和残酷的，如果我们设置现实目标会立即给大多数交易者造成很大的问题——暂时离开资本市场，深入到枯燥的学习中，通过不断地学习将眼前需要解决的问题逐一排除，各个实现现实目标，充实最终目的的框架。虽然我们都知道、明白"干一行爱一行，爱一行钻一行"这个道理，但实际情况是，在一万名公众交易者当中可能都不会有一个人能够做到。这个事实更加客观和残酷，万幸的是茫茫人海中我又遇到了一个。所以，要想使交易者去为现实目标而奋斗，放弃眼前的交易是非常困难的。

另外，社会舆论也偏爱于对盈利者的宣传。大家看到最多的是某某赚了多少，造成社会奖励的永远是盈利者，认为盈利就等于交易技能完成得好，而不管他们交易行为完成得好坏，使得绝大多数人认为只要盈利就是对的，这种观点是非常幼稚的。

作为交易心理学的倡导者，我还是提倡现实目标的制定，并将其设立为重中之重。但遗憾的是，会有许多人用行动坚决抵触或反对这个目标设置原则。他们的理由是，这个原则会使交易者不去参加实盘交易，担心自己成为历史上的"赵括"。但是，他们似乎忘记了以前章节中学习过的内容——通过努力实现现实的目标，将来在实盘交易中会表现得更好、更加稳定。我反过来想问：不去一步一步地解决自己欠缺的问题，你将来怎样增加盈利的可能性呢？答案一定是没有可能。当然，这里所提到的现实目标的制定并不意味着不参加实盘交易。相反，还是引用毛泽东同志的话：**"然而可以而且必须在客观条件的限度之内，能动地争取战争的胜利。"**也就是说，在一定的条件下必须要参加实盘交易。这样，交易者会有更加强烈的动机努力地去争取交易机会。同时，交易者会处在力所能及的最佳表现机会的范围内，最佳流畅状态的几率大大增加了。此时，他们自己就会知道避免将注意力集中在盈利的结果上，因为那样将损害他们发挥完成交易技能的能力。这难道不是通过现实目标的制定，学会了一点一点地解决问题形成的结果吗？

有些交易者经常依据交易结果来评价自己，甚至还鼓励他人这样做。他们感觉这样做是对自己的交易行为负责任，凭借对此结果的控制和责任以期望能够鼓励自己并保证盈利。大家仔细地想一想，这是多么的可笑。不过在有些时候，这种办法是有效的，我对此唯一的解释就是运气。我们怎么可能依靠运气强行地控制自己盈利呢？我们明明知道除了能控制自己以外，并不能够完全地主宰市场的一切。我们明明知道交易结果一定会取决于市场强大的一方，但它有时也能够取决于看似弱小的一方。这就是市场的不确定性呀！所以，希望朋友们明白：**任何交易者都不对任何结果负有完全的责任，真正的职业交易者只是对自己的交易行为负有责任。**

2. 目标控制的程度。

最理想的目标控制程度，是交易者设置的目标应百分之百地处于自己的控制范围内，但这常常是不可能的。这主要是指在学习以外的交易过程中，因为人毕竟是人，不可能在实盘中心理不产生任何的波动，除非你做到了"没人性"。因此，交易者应设置尽可能地在自己控制之中的目标。所以，任何理智的评估和判断都会认为，对这样的训练、交易行为目标的控制应比对盈利的控制要现实、可靠地多得多。

请思考下面两对目标的不同：

第一对

（1）我的目标是努力使自己获得这次交易的盈利。

（2）我的目标是在交易过程中每一笔争取符合交易预案。

第二对

（1）我的目标是在今天的交易中绝不能够亏损。

（2）我的目标是在实盘过程中提高自己的集中注意力能力，保持思维的稳定性，争取达到平时模拟盘训练的水平和成功率。

在以上这两对目标的对比中，究竟哪一对能够得到较多的自我控制呢？答案很明显是每对的第二个。正像前面所论述过的，盈利会受到许许多多因素的影响，交易者当然还是对自己的交易行为具有较多的控制能力，这与对手盘或者其他市场因素虽然有很大程度的关系，但是，这主要还是取决于你的思维指向，即使遇到一些意外因素，只要你明白并随时保持清醒的头脑，将注意力集中在你可控制的范围之内就完全可以了。所以，我们必须要清楚，顺利地完成交易行为这个目标要比结果盈利的目标更能够获得自我控制。

3. 自我价值与成就。

在我们生活的社会中，取得成就的人被认为是更有价值的人。在交易领域中，所谓的成就通常被一个简单的尺度衡量——盈利。挣钱被看作是成功，亏损就是失败。因此盈利者就有更多的价值，而亏损者的价值则遭到贬低。这种价值的评价标准在我们的脑子里已经根深蒂固了，这实际上是不对的。

如果交易者把是否盈利作为自我价值和自信心的基础，那么这种自我价值和自信就是处在不可控的范围内了。这样，在你犯错误或一时亏损时，你的自我价值感和自信心是高度不稳定的。相信大家都见过这样的交易者，他在一两次盈利后就立即变得过分地自信，到处宣扬和显示自己。而一次失败又能够使他变得自信心全无，悄无声息。这种冲击会使他的自我价值感和自信心极不稳定，是对将来交易行为造成犹豫、焦虑和烦躁的根源。

另外，将盈利作为自我价值和自信心基础的交易者，在绝大多数情况下并不能够总是盈利。为此，他们通常感到对自己不稳定的自信心毫无办法。因为，他们对"将盈利作为评价自我价值和自信心的唯一尺度"的观点是如此地坚信，以至于不能够将自己交易行为的完善与交易结果区分开来。

4. 为什么要设置现实的目标。

我们怎样才能帮助自己获得稳定的自信心和价值感，而不去考虑是否盈利呢？答案是：用现实的完成目标的能力替代当前流行的盈利目标。这样，成功的含义必然要重新定义为：**交易者要超越自己的交易行为目标，而不是要超过市场的不确定性因素。**

一名有经验的职业交易者，一定要避免在某一次盈利或亏损的基础上不停地评价自己，这是成为一名优秀职业交易者的先决条件。因为，他知道今后还要为自己设置长远而宏大的目标，并且通过自己在交易行为过程中完成的质量来测量在现实目标过程中的进步，而不是简单地看其结果是盈利还是亏损。

世界优秀的短跑运动员卡尔·刘易斯说："我属于不对胜负焦虑的那一类运动员，我只对是否能够达到我能达到的技术水平焦虑。除非我的技术完成达到一定的水平，否则我是不会走上跑道的。我进行一些准备性的比赛，处理准备性比赛中的问题，我很清楚我要怎样去做，我以科学的方式去完成该完成的技术。我不在乎胜负，只要我在能够达到的水平上比赛，那也就足够了。"

一名优秀的交易者，是依据自己在实盘中对目标所作出的努力来评价自己的交易的。即，这些人不会以是否盈利来评价自己，而是以是否尽了最大的努力去实现目标来评价自己。老生常谈，**"重要的不是盈利，而是如何进行交易"**。大家尽可能地用这种方式对自己进行评价，请放心，即使它被用过了头，也丝毫不会减少这个含义的重要性。

另外，优秀的交易者，应该把对自己有真实的自信心与对自己盈利有信心区别开来。

真实的自信心是，对自己能够成功地完成所具备的交易技能的确信。

盈利的自信心是，对自己能够良好地完成交易行为目标，将导致盈利的期望和确信。

练习：分析你的目标设置

此练习的目的是，使我们能够对过去和今后所设置的各种目标进行评价。这种评价不仅仅是要暴露自己的问题和弱点，还要为自己找出能够提高目标设置技术的反馈信息。这就需要请你列出在以往的交易经历中为自己设置的几个目标，然后将它们与每个原则进行比较。

此练习的说明：你需要将自己的目标与目标设置原则（复习以上的章节）进行比较，想一想你的目标有什么不妥和不足之处。然后我将根据目标设置的原则，为你提供设置适宜目标能力的一些建议。所以，以下所做的练习或建议均是积极方面的。请仔细阅读，发现其中的相关联的关系。

首先，将以下目标区分为眼前的现实目标和长远的结果目标，并在括号内标明种类：

1. 每天早上坐在工作台前的第一件事是，将前一天的交易预案在脑海里细细地过一遍。（　　）

2. 在开盘前的 10 分钟脑海里做积极的表象。（　　）

3. 在实盘中，脑海里始终反复提醒自己进场信号确立的条件和标准。（　　）

4. 有计划、有步骤地规划自己的交易生涯，明确自己将来要达到一个什么样的境界。（　　）

5. 下单时要求自己运用以前所学到的交易心理学知识，做到专注、果断和严格的执行力。（　　）

6. 争取进入全国顶尖交易高手的行列，排名最起码要在前十名之内。（　　）

答案：

在以上的分析题当中，第 1、2、3、5 题都是应该填写"现实目标"。这是很好地能够提高交易行为质量的目标。因为你能够很现实、系统地进行交易技能的基础训练和培养，这会对你将来稳步地提高和发展起很大的作用。而第 4 题和第 6 题属于"结果目标"。首先，这个结果目标是积极的。我们都知道人不可能没有理想，远大的理想恰恰是使人进步的动力。特别是我们注意到：有计划、有步骤地规划自己的交易生涯，明确自己将来要达到一个什么样的境界。这样的结果目标能使我们今后的行为和努力的方向更加具体，更加明确，更加具有控制性。这是值得我们所有交易者参照的。

问题：为什么控制的概念在目标设置中非常重要？

答案：如果你设置的目标超出了你可以控制的范畴，你是不可能获得更多的成功机会的。即便是有偶尔的盈利，你也是在无意地发展外部控制源（在基础篇中很重要的概念）。应当将所有的，超出了自我控制范围的一切因素都作为今后你失败的依据，充分地理解到这是对自我价值非常有害的。如果你对以前学习过的可控制因素与不可控制因素还有印象的话，你就会明白设置现实目标要比结果目标的意义更加重大。

二、具有挑战性的目标与容易的目标

在我们学习交易的过程中，在每个阶段的学习和训练之前，你都应该为自己设置具有挑战性的目标，而不应该设置容易达到或实现的目标。以往的长期研究表明：如果设立过高的目标会使交易者感到难以实现，慢慢地就会产生自己可能不适合这个行业的想法。设立略高的、具有挑战性的目标比较适中，这样能够使交易者感到自己经过努力是可以实现目标的，是可以体现自我价值的，这也是一种最好的自我激励。而容易的目标虽然能使交易者更好地完成眼前的要求，但长久下去就容易失去刺激，也失去兴趣，容易滋生"冒进"的想法，从而设置出不现实的目标。

不现实目标所带来的危害是，如果目标设立得过于困难，交易者虽然会认真地去对待，但是，他们经过反复努力后仍达不到目标，就会失去动力。过于困难的目标常常会使交易者得到失败的结果，从而更多地体验失败，而且还会对自我价值直接产生威胁。

我们看一下图 12 – 3。

图 12 – 3 所表示的是，目标难度与动机之间的关系。作一个不太好的比喻，这就如同"狗追兔子"的游戏一样，目标应该保持在狗刚刚抓不到的地方，但兔子还有被抓住的可能。一旦目标被抓到，达到目标时的奖励等于强化了你去追求下一个难度稍大的目标的动机。这是一门自我训练技

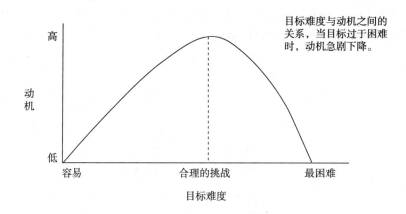

图 12 - 3　目标难度与动机之间的关系

巧。这个技巧的魅力之一就是能够帮助你设置刺激、最大动机的目标高度。请一定要注意：决不可将难度、高度设置得过大、过高，否则，将致使交易者放弃这个目标。因为，目标难度与动机之间的关系是，当目标过高或过于困难时，动机就会急剧下降。

那么，我们怎样知道目标具备多大的挑战性呢？

在做这个判断时，以你最近的学习和训练情况做一下分析、判断的效果较好。特别是近期刚刚设立过的目标，你首先可以检查一下目标完成的进度和效果。如果是过于轻松地完成，那么下次把目标略微提高一点。如果近一阶段始终无法完成目标，则需要考虑适当降低一点对目标的要求。需要注意的是，目标的完成周期不要太长。以学习这本书为例，对一个章节的内容或一个重点问题要求在一两周内学完，并掌握就可以了。

目前的交易者中，大部分人都自己设置了很高的目标，并且常常拒绝调整目标。举个很简单、很普遍的例子，交易是个很危险的职业，我曾经劝过很多人："不懂就不要参与其中，要不然就多花一些时间和精力好好学习一下，然后再进行交易。"我得到大多数人的回答是："我的目标很简单，买车、买房子，过好生活！并且我在通过不断地交易实现这个目标。"大家现在仔细地想一想，这个目标现实吗？是不是需要调整？这种不根据行业情况和个人因素而设置的过高目标会使目标的挑战性过高，并造成交易者在目标未达到之前常常有种失败感，影响他的自信心甚至怀疑自我价值。这是我又一次说起这个话题，这是为什么？因为它真的很重要！

为保证我们设置目标的挑战性，而又不过于困难，我在这里特别推荐目标设置的阶梯方法（如图 12 - 4）。

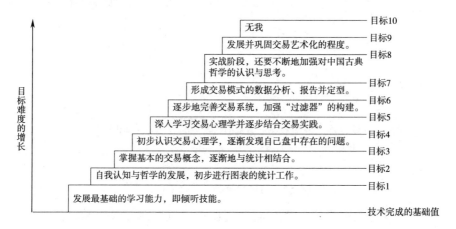

目标难度的增长

发展最基础的学习能力，即倾听技能。 —— 目标1
自我认知与哲学的发展，初步进行图表的统计工作。 —— 目标2
掌握基本的交易概念，逐渐地与统计相结合。 —— 目标3
初步认识交易心理学，逐渐发现自己盘中存在的问题。 —— 目标4
深入学习交易心理学并逐步结合交易实践。 —— 目标5
逐步地完善交易系统，加强"过滤器"的构建。 —— 目标6
形成交易模式的数据分析、报告并定型。 —— 目标7
实战阶段，还要不断地加强对中国古典哲学的认识与思考。 —— 目标8
发展并巩固交易艺术化的程度。 —— 目标9
无我 —— 目标10

技术完成的基础值

图 12 - 4　目标设置的阶梯方法

根据图 12 - 4 我们看到，应该将自己目前直接面对的目标设置成刚刚高于前一次的目标。之后，还要计划出一系列的步骤，每个都要逐渐地比前一个困难些。目标设置的阶梯方法给你提供了自我奖励的机会，而这种奖励可以建立积极的动机和自信心，但你必须要顺次沿着阶梯进步，不可进行跳跃式的进步。

需要声明的是，有时你可能会出现遗忘或者退步的情况，这很正常。当你发现退步时及时回头复习、巩固，然后继续向下一个阶梯攀登。只要你能够不懈地努力、坚持就一定会有进步。这个原则与以上学习过的原则是一致的，而且还避免了把目标指向过远的将来。因此，建议朋友们在一个月的期限里只设置三或四个学习目标，不要太多。

还有一种情况是，有些交易者一次把目标设置过高时，很容易会对目标缺少责任和义务感。特别是缺乏自信心的交易者，他们会认为困难的目标是对自己的一种威胁，这无疑是消极的。但是，自信的交易者相反会认为这是一种挑战。因此，在交易者自信水平上来判定不同的阶梯目标也是很重要的。还有一个特点是，自信交易者的"梯子"比缺乏自信心交易者的"梯子"坡度要大。

在设置目标的过程中，如果你达到下一级"梯子"的目标有困难时，你应考虑有两种可能性：

1. 台阶或跨度过大，你应把它分成两个或更多的小台阶进行。

2. 你可能没有得到恰当的指导，你不清楚如何去完善阻碍自己达到下一个目标的那个技能。如果是这样，你需要重新复习这个章节以掌握这个技能。

练习：梯形目标

以你最近的学习和认识为基础制定出几个新目标，以达到最终的目的。但是要遵循以下的步骤：

1. 首先要有计划、有步骤地规划自己的交易生涯，然后决定你经过努力奋斗所要达到的最终目标。

2. 确定自己在这个具体目标上的现有基础水平和一般的表现水平。

3. 制定出最少三个指向于最终目标的现实目标，并且是难度逐渐加大的现实目标。

三、现实的目标与不现实的目标

我们知道设立现实目标并不是件容易的事，但是如果要运用到实践中更为不容易。因为，交易者由于人性使然易于设置种种不现实的目标，这是我们今后需要注意的。它有以下几个方面的原因：

1. 交易者常常渴望因获得盈利所带来的奖励，这种渴望促使自己设置过高的盈利目标。而实际上，这些目标早已远远地超过了他们目前的交易能力。

2. 周边的一些"重要人物"经常鼓励、支持交易者设置超过了他们目前交易技能水平的目标。

3. 有些交易者由于性格特征常常害怕失败，此时他们就会不由自主地设置过低的目标。

4. 因为交易者缺乏对自己的交易能力、资本市场的了解，就容易设置不现实的目标。

5. 经历了早期成功的交易者，也会逐渐开始相信其他人"过分"的评价和期望。每当看到自己以前的战绩、荣誉时，容易被冲昏头脑，容易把自己列入最优秀交易者的行列。这些没有经过客观地分析的想法和误判成为了"死亡之吻"，因为他在短期内渴求的东西太多了，太高了。

6. 还有一种市场现象是，交易者可能有一次很好的表现机会，事实上他也在阶段内成功了。就如前一段时间市场传说的——有一位交易者用几万元赚到了几千万元（但后来据传说账面市值又回到了几万元，反而还赔钱了）。然而在成功后的一段时间里他就希望以后每次都能保持这样的表现，这明显是过高的期望。这种过高的期望最终还是无法摆脱失败的命运，反之，我们也不能因为一次失败就简单地判定这位交易者不具备交易潜力。但客观事实是，这种过高的期望目前已经毁了不少具有潜力的交易者。就拿我们周围的交易者来讲，他们之间流行对未来图表的判断和对最高点、最低点的预判。在经历了很长的时间以后，我不仅没有看出哪位交易者进步了，反而觉得他们当中有人已经步入危险的边缘。

或许有交易者会说："我自己确实是感到进步了。你看！我最近账面一直处于盈利状态。"我想说的是："如果你的目标是建立在不现实的基础上，十有八九这只是一种回光返照的假象。"还是我弟弟说的那句话："资本市场里没有一世的英雄，只有一时的英雄。"那么，如何正确地界定？我认为是：提高对现实目标的把控能力、执行能力、交易行为过程中的稳定性才是你真正地提高了，这才是准确的答案。如果目标高得脱离了实际，交易者就一定会企图在自己能力之外的范围去进行交易，这是绝对没有好处的。不知道大家知不知道这样的一个道理，过度的努力容易造成过度的疲劳和伤害，过度的疲劳也会损害交易者交易技能的发挥。

设置现实目标的关键还是自己要了解自己，而不要把自己现在的实际状况与你所希望的混淆起来。所以，你需要了解自己已经设置的现实目标。一名成熟的职业交易者经常会提醒自己，了解自己是非常重要的（**这在有些场合或条件下甚至是一种严酷的考验**）。另外，还有一点值得注意的是，我们经常能够在错觉中轻易地生存，特别是那些在早期获得过成功的交易者。他们很容易凭错觉去制定或去实施不现实的目标。

尽管设置现实的目标对我们来说不容易，但从一开始就设置现实的目标，比在环境改变或自己的内部环境变化后再调整目标要容易很多。对绝大多数交易者来说，一旦集中注意于某一目标后，要想让他们放弃这一目标是很困难的，尤其是不好的思维定向。

在这里，我要向所有的交易者提一个有价值的建议：

适当地向下调整目标是避免失败的一种措施。但还需要提醒一点，有些交易者，特别是缺乏自信心的交易者很容易将环境或条件中的小因素作为不能实现目标的借口（这种例子在我们中间比比皆是，就不一一列举了）。当你进行自我教育，运用目标设置作为激励或惩罚自己的措施时，你的自我2就有可能提出各种各样的借口。有效的现实目标的设置要求在你内心之中（自我1与自我2）相互坦诚的基础上进行交流，并共同努力在实现自我长期目标基础上作出短期的目标调整。

四、具体目标与大概目标

在我们平常的交流中，经常会听到交易者这样讲："我会尽最大的努力。"这实际上只是一个大概的目标。的确，曾经有人提出过"尽最大的努力"的目标，它看起来像是一个最佳的、积极的目标，因为任何人也绝不会超过它。但是，没有人能够确切地告诉我们"最大的努力"是什么，它是不是一个安全、有效的目的，可以使我们避开失败。因为，当我们失败的时候总是会说：我已尽最大的努力了。这样自我责任就会减轻许多。所以，"最大的努力"是很难下定义的，但也很难否定它。准确地讲这种模糊是现实目标的一个欠缺，特别是在失去具体条件和标准时。在这种情况下，建议大家不要将它作为目标，反而可以当作是目的，想作为一名职业的交易者，为此而不断奋斗的目的。

我们现在应该很清楚，真正具体的目标对我们才更有效，因为它的指向性更为精确。这样也就能够准确地指导我们今后的行为，具体的目标能把非常清楚的下一个"阶梯"展示在我们面前。具体的目标还应该是数量化的，并应给出严格限制的时间和具体的标准。以下举几个例子予以说明：

1. 今天的注意力练习要从10分钟增加到20分钟的时间。

2. 训练前必须复习前一天的学习日记，做到心中有数，针对性更强。

3. 记录下今天盘中的消极思维，然后晚上用30分钟的时间用积极的思维替换它。

4. 用1小时的时间进行正确交易行为的表象，修复今天不正确交易行为在头脑中的印象。

五、短期目标与长期目标

设置短期目标而不是长期目标，是设置挑战性、现实的、具体的目标的重要组成部分，也是长期目标的重要基础。而长期目标则是不可能现实具体的或是超现实挑战性的。因为，在实现超现实目标过程中会有许多未知的情况和问题，这些问题和情况的出现是必然因素。因此，这些因素不可避免地对目标能否顺利实现产生影响。

如果我们能够认识到这一点，通过一系列的短期目标，长期目标就可以稳定地实现。另外，当你设立了长期目标之后就不需要对此特别关注，还是要把关注点放在眼前需要努力的和需要实现的方面。道理很简单，长期目标是不现实的、模糊的和过于困难的，长期关注它会使你产生急功近利的念头。所以，我们对于短期目标的设置更为现实、更有效。因为它比较容易实现，比较容易使自己看到自己的进步，从而更具有鼓舞力，是积极自我强化的重要来源。

我们设立具体而有挑战性的短期目标的意义在于，在向长期目标靠近的过程中能为自己提供大量的奖励和成功的机会。这个机会还有助于你明确自己在获得实现目标中所需要的技能，或者在发展这项技能中所存在的具体问题，这将使你有足够的时间和把握去调整自己的训练发展计划。

在上文论述其他原则时，我们已经谈到了这个原则，设置长期的目标实际上是在设置将来的目标，而现在与将来之间还存在许多未知数。**最有效的目标是那些现在就有可能推动你行为进步的目标，而不是遥远的美好前景的召唤。**请记住：在一般情况下，特别是在初期的学习阶段，超过一个星期期限的目标就有可能是脱离现实的。

遵循以上目标设置梯子方法的好处在于，你每天都能够运用现实的步骤来提高你的挑战力，并亲眼见到自己在真实地进步。所以，设置短期目标还可以使你不断地获得成功的反馈。你每天都能成功，使你可以不断地激励和强化自己。而设置长期目标，在很长时间内才能成功一次。这种长时间才能成功一次的现象不利于自己积极心理能量的补充。

第四节　关于目标设置的训练教程

在这一部分中我们将学习并实施目标设置训练计划的步骤。

一、设置目标

之前我们学习了目标设置的原则，下面我们需要把它进行具体的实施。

步骤1：任务分析

首先，强调一下任务的性质与概念。针对任何一个目标的实施都可以称为任务。此步骤的任务是在一个短期目标的范围内进行细致的分析，确定出主次关系，排列出顺序依次地解决。

现在我们要以与以往完全不同的方式看待交易这个行业，需要考虑自己成功地完成交易行为任务所必须达到的基本要求。这就要求对你交易环节中的每一个细节都以动态方式的词汇形容它，而不是以结果的词汇来描述它。

例如，在我们进行表象练习的过程中，你必须要用生动的词汇着重强调过程中的细微的各种变化。分辨和区分良好的交易行为和不良的交易行为，并找出哪些良好的交易行为是最先需要积极强化的，哪些不良的交易行为是需要最先加以修正的。只有这样才有利于加强好的交易行为再次出现的可能性，对不良的交易行为采取具有针对性的具体措施。

另外，在心理技能训练的过程中，你还应该知道自己在此方面的不足，在哪些方面应该多下些功夫，哪些方面应作为重点，明确自己目前应主要做些什么，等等。

随着我们的学习不断地深入，你可能注意到了自己在交易心理上的变化，在交易技能的实施上也有很大的变化，这无疑是交易心理技能起到了关键性的作用。当然这不是说交易技能就不重要，只是如果没有强大的交易心理技能作为支持，我们每到关键的实盘交易中，就会常常因为心理的作用而导致交易的失利，这是经常发生的事，相信许多交易者都有深深的体会。所以，在交易技能中交易心理技能的训练是广大交易者不应忽视的问题，运用交易心理技能对任务进行分析将使结果变得更加真实和可靠。

步骤2：任务分析的完成和对目标分级

这是一个非常具有挑战性的任务，要求你再次确定在步骤1中已具体化了的强化和修正的任务流程，并具备一定的评判标准，用这个标准严格地确定任务分析的完成。最好的方法是，运用实盘或模拟盘中的交易行为客观地结合我们以前所学习过的内容进行确定，并按照轻重缓急进行分级处理。如，利用前一天的交易预案，表象当天的交易行为过程。辨别在时间、下单力度和心理状态水平等方面是否存在着差异，哪些方面与我们前期所学习的存在差距和问题。这些差距和问题首先需要解决哪个，然后再解决哪个。当然，如果表现良好的话更好，但也要注意进行积极的强化。这同样存在先强化哪个，后强化哪个的问题。我们对此唯一的要求是，只要这些测量反映的是交易行为过程中的问题或优势，而不是在乎账面上是否盈利。

从目前我们的学习进度来看，只要你在之前的学习内容上能够认真和仔细，自我进行客观的测量、评判和确定，该要求应该是很容易实现的，它并不复杂。但是，这就要完全建立在你自己具有一定的认知能力和本体感觉性的基础上作出判断。

这项任务的难度在于，你必须对步骤 1 中已明确的具体完成交易行为情况有正确的标准，以及恰当的方法。它的基本要求是，你对此项任务或行为要有很清晰的条件和标准，这样才能完成得更好、更准确。但是，最根本的还是要依赖于，你认识到了对好的交易行为完成数量化的价值。

步骤 3：设置目标

当经历过任务分析、分级的再次确定之后，我们就进入到具体实施的环节。在这一步骤中要注意运用前面一节中所讲述的，设置现实、具体和有挑战性的目标。也就是说一定要明确实现每个目标的难易度、时间。如果你不知道实现目标的难易度和时间限制的话，你也就不能做到分清轻重缓急，目标也就不可能是具体而有效的。你应该按以前所讲的交易程序和心理程序按顺序进行分级，逐步地实现目标，应该将它们制定成一个"梯子"型目标的训练计划。

二、所承担的义务

到此为止，我们已经了解了应该设置具体的、现实的和具有挑战性的目标。而且，我们也能够尝试着去做整个交易行为完成过程中的监测。那么，下面的一项重要工作就是你如何对这些目标承担义务。如果你对此不承担义务的话，这些目标显然不会促进你交易行为的完成。请注意：随着目标难度的加大，你所需要承担的义务不会减少。因为，此时失败的危险也就越来越大。

对此，我们可以采取许多方法使自己对目标承担更多的义务。最重要的是，要使自己明确目标是自己制定的，是自己身上存在的明显问题，而跟别人没有一点关系。如果是你自己亲手认真制定的目标，会增加你对自己行为的责任感，并有助于发展自己的内部控制感。交易者不仅要对自己设置的目标付出最大的努力，而且还要努力发展和发现实现目标的方法，这一点很重要。如果因为这一种途径阻碍了你的进步，你需要回到以前的章节中多检查自己，再寻求另一种途径。如果你不拥有自己的目标而总是让别人帮助你设置，那么目标的设置很可能产生适得其反的效果。

另外，如果你只是以本书作为学习和参考的话，可能会有一定的问题出现。当然，除非你足够认真仔细地阅读。原因是，在以上的各个章节中如果不够认真和仔细就很容易使你偏向于总体目标，而忽略了其中细节的实施，这无疑属于不现实的目标，这是需要大家注意的。因为此时你加强的目标是不属于你自己的，而是属于我的，是我给广大交易者泛泛制定的总体目标，也可以说是成为职业交易者的总体方向。而你的目标是需要你根据自己的实际情况具体制定的交易行为标准。

总之，对刚开始学习交易的人来讲，你是需要书中多一些的指导，因为还不太了解这个新的行业和具体的交易心理内容，还没有设置适宜目标的能力。此时不是需要你表面上很乐于接受，而是从根本上加以重视，并认真仔细地学习、琢磨。《诗经》上说"**如切如磋，如琢如磨**"，说的就是这个意思。只有这样你才能够从本书的指导中受益。这也是你在从事这个行业过程中所必须要承担的一项重要义务。

还有，提高对目标承担的义务的另一个重要方法是表象的运用。你可以以对你个人需要承担的责任和义务，对你家人需要承担的责任和义务为中心多进行表象。虽然成功不能光靠表象，但表象的确可以使个体自发地去追求目标。所以，表象在对实现目标承担更多的义务方面是非常有益的。

实践证明，表象责任和义务可以使交易者先在头脑中试一试自己的目标，甚至可以将目标调整到较现实的水平。经常地表象自己的责任和义务有助于你将目标集中在实现目标的策略或方法上，经常表象策略或方法又能促使目标的实现，并能够将现实目标保持在你头脑中的突出地位上，并发展你最终实现目标的期望动机。这是极为关键的良性循环。

以下介绍一种以自我 1 和自我 2 对话的形式进行自我教育的方法。我们必须了解增加对实现目标的义务和责任的承担的方法是：

1. 通过系统地学习，自我 1 给自我 2 充分地解释目标设置的好处，并说服自己。还要以自我 2 能够理解的语言解释前面一节中所论述的目标设置的原则。最后，理解设置目标和选择目标的标准和原因。

2. 不要强迫自己设置超出自己能力范畴的目标，要明白这样做实际上是破坏了自己的责任和义务。

3. 当具体、现实的目标达到时，不仅自己要给自己及时充分的肯定，还要使家人认识到这一点，使他们表示出对你自我价值的关心和肯定。可以设立一定的条件对进步和实现目标给予奖励，这是一种积极的强化。正确地运用表扬、认可和有形的奖励都能够增加交易者的义务感和责任感。

当我们设置了目标之后就自然期望目标魔术般地就实现了，这是不现实的。你还是需要慢慢地、按基础要求一步一步地进行。如果此时你还不具备实盘交易的能力就不要去参加实盘交易，虽然这种选择是正确的，但是强烈的动机因此也会受到伤害。也就是说，交易者将在交易兴趣上受到影响。因此，目标设置训练计划的下一步就是，将交易者所设置的目标与每日的模拟盘训练计划进行巧妙的结合。因此，实现一定的目标需要执行一系列的计划，以获得对此目标的适应和经验。

此外，我们还需要注意以下三点：

1. 即使你的目标设置训练计划订得再详细（虽然这增加了你成功的机会），目标的成功实现也是不能保证的。因为，你所定的目标可能要比自己所期望的困难，其中可能出现很多不能预想到的阻碍。从另一方面讲，设置具体而有挑战性的目标实际上也可能加剧了你失败的可能性，并还可能加剧你的自信心的不足，以至焦虑或冷漠的态度。这一点尤其要注意，世间任何事物都具有双面性，如果运用不好的话这柄双刃剑也可能伤到你自己。

2. 你要从失利和未实现的目标中吸取教训。要有从失利和失败中复原的能力，这是你在实施目标设置计划中获得的非常重要的心理品质。你要体会到，目标设置计划可以帮助自己解决失败造成的问题，使自己进一步地得到提高。你决不能因未实现目标而盲目地责怪自己，要根据今天的失败找出具体的原因，设置新的目标和发展更好的训练计划，以解决明天的问题。

3. 在设置所有目标的过程中，你可能会遇到想象不到的坎坷，此时在你的头脑中不应丢失最初的目的，也就是远大的理想而不是眼前的目标，这是非常重要的。这种远大的理想很可能是你在灰心丧气之时的"强心剂"。

到此为止本章节的内容已经全部讲述完毕，按照以往的习惯朋友们可能还在等待练习题、思考题，以及答案的出现。很遗憾！这次没有了。我的目的是，希望大家能够自己找出应该练习或思考的问题，然后自己做出正确的答案。这正是本人一再强调的：**受教育者最终要学会自我教育！这才是自我发展的根本。**

至此，如果还有朋友不能完成这项任务，可能只有以下的原因：

一是，本人的讲述还不够清晰、明确。二是，可能是读者自己在学习的过程中不够认真细致，或者因为懒惰不愿意过多地思考所造成的。我个人认为，后者出现的概率偏大。

为什么这样说呢？并不是本人骄傲自大，我在长期的教学中发现，大多数人在初期学习的过程中，阅读能力是个极大的问题。就拿我的学生为例，她本身的知识结构、综合素质在当今的社会中已经算是很高的了。即便是这样，在初期的学习中还是让我在她的阅读能力上伤透了脑筋。要不是一对一的"耳提面命"真不知道她在学习的过程中会不会一帆风顺地理解。不过还好，经过不断地讲解她目前自己已经能够掌握阅读技巧了，学会抓住重点去思考了。但这对只读书没有接受进一步讲解的朋友们来讲是个挑战，不过也不要担心，只要朋友们恪守：**不急不躁、认真细致、深入品味，**必将慢慢地步入正轨。请相信！学习是为你自己，不是为了任何人！祝你成功！

第十三章　学习与训练中的要点

孟子曰：**君子深造之以道，欲其自得之也。自得之，则居之安；居之安，则资之深；资之深，则取之左右逢其缘，故君子欲其自得之也。**[136]

意思是：君子要依循正确的方法获得高深的造诣，就是要能够自觉地学习然后才有收获。自觉地、不断地按照正确的方法实施，才能够安稳地处理事情；安稳地处理任何事情就意味着你的积蓄逐渐地深厚；积蓄深厚，你才会取之不尽用之不竭，并且能够左右逢源。所以，君子是会根据自己所需要的、自觉地加以学习。

通过以上的五章，我们已经学会了许多交易心理学的知识，现在应该着手实施自己的交易心理技能的训练计划了。从本章中，你将了解如何着手进行交易心理技能的训练，以及一些重点需要注意的问题。其中包括学习交易前心理准备的问题，即如何通过交易心理技能训练，使你以最佳的心理状态去参加实盘交易。最后，还涉及自己在盘后的重要职责——收盘后的总结。

第一节　目标的再次强化

你通过心理技能训练所要达到的目标，将取决于你自己的交易哲学，特别是你对基础目标的态度。你需要考虑的头一个问题就是，本书中提出了一系列的学习和训练原则，你是否赞同这些作为交易心理技能训练基础的原则。这些原则是：

1. 责任和义务。这不仅仅是对自己而言，对你的家庭乃至于社会都要有强烈的责任心和义务感。

2. 认识和提高自我价值是极为重要的。

3. 对于今后取得成功来说眼前至关重要的是，哪些心理特征是可通过学习而获得的交易心理技能。

4. 自我认知能力、意识是发展这些交易心理技能的第一步。

5. 所有的技能只有通过系统地学习和训练才能获得。

如果你同意以上这些原则，那么交易心理技能的学习和训练将使你的素质提高到新的层次。

下一步我们将要确定如何实施交易心理技能的学习和训练，你只想通过这一学习和训练来提高自己的交易成绩吗？还是想形成适合自己的、更加完美的交易风格？我想任何一个具有长远眼光的人都不会仅仅局限于这两点的。当你确定了这两个问题之后，你实际上已经打算进行一次全面的、综合的交易心理技能的学习和训练了。既然是需要全面的、综合的学习和训练，在一开始还是要先慢下来将问题逐步一一解决，以达到循序渐进。不管怎样，你应按照上一章学习的目标设置原则设置你的具体目标。如果条件允许的话，你应一开始就实施完整的、全面的心理技能训练计划。如果条件不允许的话，我希望没有条件创造条件也要系统地学习，这不仅仅是对自己负责任，更是你对家庭、亲友最根本的义务。

第二节　开始交易心理技能训练的基本步骤

交易心理技能训练的基本步骤如下：

1. 建立交易心理技能训练的定向。

到此为止，虽然交易心理学的主要内容都已经学完，但是，如果你决定需要全面地实施交易心理技能的训练计划，你还要复习以上各个章节的内容，找出你所设立训练计划的有关要点，并结合你以前没有计划时的情况，看看是不是由于缺乏必要的交易心理技能而导致交易行为的失败，或者有哪些良好的交易行为是因为交易心理技能好而获得成功的例子。

此重新复习的目的是，再次细化和明确自己存在的不足，通过再次复习可以找出以前可能没有发现的问题，使解决问题的目标又有了新的定向，从而更加明确，指向性更强。古人所说的"温故而知新"就是这个道理。

这里需要阐明的是：这些能够帮助你获得成功的心理品质并非是遗传的能力，而是通过你系统地训练可以学会的技能。

2. 对目标设置的初始、训练过程中和结果的评价。

在目标设置的初始阶段，你应该结合以前各章节中所做过的练习，通过自我评价的结果判定自己在某一特殊的心理特征方面现有的真实水平，你要根据不同时期的不同情况交叉反复地作出比较。当你了解了自己在技能水平上存在哪些不足的时候，就要根据自己现有的情况制定特殊的目标，以满足你特殊的需要。这些特殊的目标可以是交易技能方面的，也可以是交易心理技能方面的。然后再经历一段时间的实施，看看自己是否又有了提高。

这里需要注意的是，如何看待自己的评价结果。评价结果的关键不是那些及格不及格的问题，也不是某阶段账户的可能盈利情况。要知道账户的盈利并不意味着你真实的心理技能水平高，而是通过客观地评价使你发现自己交易行为还存在的问题，以便今后加以解决。

另外，交易者之间不要相互关心和交流自我评价结果。你只需要自己做到心中有数，或与你的老师进行深入的探讨。因为，这些评价的结果会牵动每一位交易者的自尊心。这种自尊心会使你今后对自我评价变得非常非常敏感，可能会阻止"批评与自我批评"的优良传统。

在这一阶段中，你还应该养成写训练日记的良好习惯。其实这是老生常谈，在以前的章节中就强调过，如果你以前没有重视它，希望通过这次重新复习的机会加以重视。记录下每个训练阶段的自我评价和技能训练的有关情况，这些日记对你今后的发展与进步是有极大帮助的。它可以检测你学习和训练的进展情况，这些记录还方便你以后进行回顾，这些都是极为宝贵的个人资料，因为它记录了很多你曾经经历过的重要的历程。

3. 将交易和交易心理技能同日常的训练结合起来。

将表象、控制自己的心理能量和应激、提高注意力、设置有效的目标等技能在学习中实践，在实践中应用，只有这样这些技能才可能在今后的交易中起作用。你应该有周密细致的时间安排，应该设计好各种形式、各种内容的练习计划，但要重点强调各种练习应注意的主要问题。

在练习过程中，你还应当随时评价实现目标的情况，随时发现问题随时纠正。最难把握的就是模拟盘的交易情境是否客观、现实，因为它毕竟与"真金白银"有所不同，不过你可以运用表象章节中的移情技能将模拟盘想象成"真金白银"，这样能够有效地提高真实性，使自己的交易以及交易心理技能稳固地发展。

我知道有些交易者也常常进行模拟盘的训练，模拟真实的交易环境进行练习。但他们或许根本没有意识到这种模拟练习只是模拟交易的物理环境，忽略了心理方面的准备。所以，要想模拟盘更具有时效性，我们就应该进行三个层次的模拟：

（1）运用表象方法模拟交易情境。这只是第一个层次的准备阶段，要求在学习完表象章节的基础上进行的练习。

（2）将模拟练习尽可能安排得与真正的实盘交易相像。其中包括，要求有细致的交易预案，明确的进、出场信号，将虚拟资金表象为"真金白银"等。

（3）在实盘交易中，你可以将这次真正的实盘交易表象成一场模拟的练习。

4. 监测技能训练的进展情况。

你要像第 2 条初始评价那样，随时检查自己的训练日记，总结自己的进展情况。这样做的目的是，促使自己投入更多的精力和时间到技能训练当中去。前面曾提到过，技能训练最大的问题就是能不能使自己尽可能系统地进行训练。通过训练日记的检查和自我监督有助于你认真地对待技能的训练，当你对技能训练有了更多的经验以后，你就可以在练习某种技能遇到困难或进步时变换一些方法进行练习。

5. 训练或交易后的评定。

每次的训练或交易结束之后，对自己当天的表现行为进行评定是十分有益的，这样你能及时发现当天的进步和存在的缺陷。你可以根据这些评定，逐步地完善和充实你的交易技能行为。

第三节　着手进行心理技能训练的有关问题

1. 心理技能训练对所有的交易者都适用吗?

对于所有早已超过青春期的交易者来说，心理技能训练都是有益的。根据以往的经验，青春期以后的人即将进入社会进行工作，不管是任何工作都有可能成为终身的技能，对于任何技能的发展和培养又都无法摆脱心理的强大支撑。实际的交易经历早已告诉了我们，心理素质对交易行为的表现是多么地重要。如果在此前我们没有接受过心理技能的专门训练的话，目前更是应该将此作为首要任务来抓。只要我们能够认识到这一点，并认真地、系统地从事交易心理技能的训练，肯定能够从交易心理技能训练中获益。

2. 心理技能训练对技能水平较高的交易者适用吗？

答案是肯定的！交易心理技能训练对所有的交易者都适用。因为，各种交易心理技能的发展和提高将有助于人体潜能的进一步发掘。

3. 是不是应当自觉地参加交易心理技能的训练？

对这一问题的回答取决于你自己的交易哲学。你应先充分地了解交易心理技能训练的计划和其机制，然后再自己决定是否参加这个交易心理技能的学习与训练。

4. 应当在什么时候实施交易心理技能训练？

最好是在刚接触交易这个行业的同时就接受交易心理技能的训练。因为，心理不仅能对交易产生重大的影响，要熟练地掌握交易心理技能还需要很长的时间。要知道交易心理技能的训练与交易技能的训练一样重要，它们之间是相辅相成的。这两项技能要想达到炉火纯青的地步要几年的时间才可以，并且需要整体地系统地进行，你必须把交易心理技能训练纳入整个交易训练计划之中。在整个交易领域中，我们大多数人都没有接受过交易心理学的教育，这就更加需要我们"先天不足而后天补"。

5. 进行心理技能训练要花多少时间？

我不知道朋友们有没有意识到，时间往往是自己发展的最大障碍！而自己无法控制自己，又是在自己前进的障碍中增加了一道障碍。所以，最主要的障碍还是在先解决自己的问题上。有些交易者因为这些原因不打算进行交易心理技能的学习和训练，或仅仅打算象征性地进行一下。我可以很负责任地说：如果你没有全身心地投入到交易心理技能的学习和训练之中，如果你的交易哲学与交易心理技能训练的准则不一致，那么，这种训练通常是要失败的。即便是让那些很有能力的交易心理学家来进行指导、训练也是白费的。

另外，以上提到障碍除了来源于自己以外，还来源于交易者之间的信息。如果有些交易者对参加交易心理技能训练冷嘲热讽，说三道四，这样就可能会使周围的人的学习和训练夭折，我称这些交易者为"害群之马"。我一直大力提倡，交易心理技能训练应该放在很高的重视程度上。所以，交易者之间应该特别注意相互鼓励，相互帮助和相互支持。假如交易者们能以相互支持的班小组形式进行心理技能训练的话，那么，这个班小组就会成为交易者不断进步的动力来源。

第四节　交易前的心理准备

交易前的心理准备是形成交易者最佳流畅状态的重要手段之一。特别是在实盘交易之前，交易者的情绪变化在内心有时非常明显，一些微小的市场因素有时会引起情绪上的大起大落。所以，在交易前就做好充分的心理准备和控制情绪的稳定，这对交易者来说是尤为重要的。

1. 交易前心理准备的目的：主要是增强交易者心理的稳定性和自信心。通过各种手段增加心理影响，消除在交易前出现的心理障碍。要做到理顺思路，调节情绪，建立积极的心理定式，形成理想的交易前的心理状态。

2. 交易前心理准备的主要内容：交易者在交易前的心理活动往往表现得异常活跃。这时你要通过以前学习过的内容了解自己的心理状态，有针对性地逐一解决。当然需要结合交易技能方面的内容制订具体的方案，使自己在交易之前和交易过程中的心理活动能在控制范围之内。

一、平时的心理准备

平时的心理准备应该在准备介入这个行业之前就着手进行，它包括以下步骤：

1. 将各种交易心理技能与交易技能加以组合。

在交易这个行业中，下单的一刹那是由各个细节组成的，并不是大脑一热或者道听途说就进行交易的。它是复杂的、连锁的、本体感觉性的综合结果，这可以说是很复杂的，其中包括心理程序的调整。所以，你就要在平时的不同的训练内容中加以注意，注意的重点是要把它们进行组合，组合成完整的在交易中运用的技能。

在平时的学习和训练中，大部分交易者也知道这个道理，但往往只会注意到交易技能各成分间的有机配合，他们认为这种配合是最佳交易技能发挥的关键。但是，很少有人能够认识到在前期不断地进行心理方面的准备也同样重要，并去认真地实施。所以，我们应该在平时注意基础知识的学习，其中也包括交易技能方面的，应以综合的学习和练习为主，为今后的实盘交易进行充分的准备。

有些交易者可能会问：我们该如何进行充分的准备呢？到目前为止，相信大家对本书已有了一些了解。简单地说：要在思想上全局入手。也就是说，我们应该以表象为主进行综合的学习，在初期主要是在基础理论上，适当地加以交易行为，目的是检查学习的效果。在有一定基础之后，你可以运用表象技能来表象交易的全过程，此时的重点应放在交易行为的细节上，在头脑中观看自己运用的规定行为，然后认真思考、分析，充分地挖掘交易技能的潜力，争取表象到自己在实盘交易中达到最佳能量区。另外，表象自己能够控制自己的注意力，集中在自己的行为与发挥水平的目标上。这样长久地坚持，整合所有的交易心理技能和交易技能，才能做到各种交易心理技能与交易技能的最佳组合。

2. 明确当前任务，设置完整的目标。

根据自己的实际情况建立具有挑战性的学习目标，这个目标要既有利于充分发挥自己的能力，同时也不会给自己造成心理包袱。

在明确任务或设置目标之前你要了解必要的信息。其中包括，你面临的亟待解决的问题，你将要学习的内容，所学习的内容是否是可以接受的等。当你明确了这些信息之后，你就可以在心理技能训练日记中记下你的近期目标。不过，在此之前最好是复习一下目标设置技能，它能够帮助你制定现实的、可行的具体目标。

3. 激发良好的学习动机，增强自我价值的信心。

这需要你对基础篇中的内容有个清晰的认知。比如，动机的问题，自尊、自我价值等。你还可以通过认知训练法帮助自己充分地看到自己的优势，给予自己积极的鼓励，并进行"成功体验"的表象。在此之前如果发生过良好的交易行为，可以把精力转移到如何把握良好交易行为的全过程上，借此真正地领会**过程是结果的奥秘所在**这一深刻的道理。

4. 建立正确的心理定向。

建立正确的心理定向是平时心理准备的一个重要方面，要坚决树立**"以我为主，细心严谨，把握过程，尽心尽力，不急不躁，顺其自然"**的心理状态，保持一颗平常心。

5. 制订学习方案。

制订学习方案是技术、战术和心理上的基础准备过程，也是今后交易前后，心理、技术、策略等诸多方面的综合预演的基础。学习方案应包括以下几项内容：

（1）对交易的认识，分析当前自己的综合能力和所要达到的目标。

（2）详细的学习程序，以及所要注意的步骤和关键环节。

（3）对可能出现的问题作出充分的预判，并制定具体的措施。

（4）加强心理的控制策略，及形成良好生理状态的措施。

6. 控制环境。

在平时的心理准备过程中，你还应当尽量控制好环境以适应将来学习和训练的要求。在这方面你的目标首先是，消除任何可能分散你注意力、使你产生消极思维或应激的事件。特别是在平时的交流群体中，你还需要采取必要的措施来对付周边的不良信息。如以上所讲到的周围交易者对学习的打击、讽刺与挖苦，还有其他媒体等带来的种种不良因素，努力克制自己不受其影响。

还有很多其他因素我们应当考虑到，不过只要你明确了总的想法和出发点，就可以按部就班地进行心理的准备工作了。请注意：我们总的目标就是要尽量减少干扰，创造一种没有冲突的环境，以使自己能够集中于学习的积极方面。这种控制环境的工作是你的责任，更是你的义务。

但是，凡事有一利必有一弊。因此我们也要注意：促使环境尽善尽美容易使交易者受到过分"娇生惯养"的待遇，好比温室里的花朵而导致免疫力或抗干扰能力下降。一方面，我们初期确实需要控制环境，尽量满足自己需要的条件。另一方面，当自己能够充分掌握心理技能之后再逐渐地去应付不良的环境，这毕竟是我们心理技能训练的最终目的。

问题：根据目前所了解和掌握的交易心理技能训练，如何在平时对自己的交易行为实现综合控制？

答案：在学习过的知识中所提出的建议包括以下几个方面。

首先，学习和认知的能力非常重要，这主要集中在基础篇中。包括动机问题、"我是怎样一个人"的问题、自我知觉能力的问题、发展第一还是盈利第一的问题、交易原则的问题、交易哲学的问题、交易行为矫正和塑造的问题、交易信念的问题和学习与记忆的问题等。

之后由模拟盘的训练开始，这种模拟是为了使你习惯于实盘交易的情境。更重要的是，让你以一种可控制的状态去尝试在应激事件中的交易行为程序。

其次，是让你表象在即将到来的实盘交易中自己的表现，通过表象去体会自己成功表现的情境，这种表象练习有助于你形成最佳的交易流畅状态，并通过对此的体验建立真实的自信心。

在这一期间你还要不断地检查自己的目标设置是否现实，如果参与的是期货品种的交易你可先将目标稍稍降低一些，待完全地稳定以后渐渐地增加。而且，在交易前经常做目标设置的检查还是一种集中注意力的练习。最后，你还要尽你所能地做好交易预案，尽可能地估计到在实盘交易中可能出现的应激因素，并找出摆脱它的方法。

以上是交易者在初期学习过程中平时的心理准备，也是交易者最基本的"道德操守"，希望大家严格遵守。

二、交易中的心理准备

尽管在此之前我们做好了充分的交易预案，但我们可能还是对市场即将发生的一切毫无所知。那么，当你进入到交易状态时，你的头一个目标就是要适应市场的突发事件，以及很多不确定性因素。要根据以往的经验，交易行为要尽量地保持与你在准备的交易预案中的表象相吻合。

当然，这里边需要考虑的因素有很多。如，所谓的系统性风险、周边市场的突发事件，以及对手盘的随机行为等。这些因素会影响你在交易中的心理状态，导致交易行为上的失误。在你交易的过程中出现这些不利因素时，你应立即运用以前所学过的交易心理技能进行自我调节。将消极思维控制在初发阶段，这样才不会导致思维指向偏离，心理应激也就不会再发生。请大家记住，如果你想成功地应付市场的突发事件，除了学好和掌握好交易心理技能以外，还要在交易前做好对付一切可能发生事件的准备，这种准备实际上就是你前期的交易预案。

最好在每天交易前的一个小时，你要重新检查一下前一天所制定的预案，也就是你当天的目标。在总的前提不变的情况下做好盘中可能进行适当调整的心理准备。有些交易者可能认为，这种盘中改变的行为是在为自己不成熟的交易预案找借口，是自己的能力问题，由此开始对自己的能力产生怀疑，这是极为不正确的。如果我们真正地懂得市场的不确定性和不可脱离的交易中的"变"字，就不会产生这种消极思维了。

接下来交易者就需要进入自己的最佳能量区，要以平时学习和训练的成果和过去交易的经验为基础，争取在交易前短暂的时间内进行调节和确认。以自我动员的形式进行，以增加积极的心理能量，或者利用应激控制技术使自己迅速地镇定下来，以便容易地进入自己的最佳能量区。通过以前学习过的知识我们了解到，虽然寻找最佳能量区是一个看似模糊不清的主观过程，但是，经过交易心理技能训练的交易者可以更自如、更迅速地使自己进入最佳能量区。为争取达到最佳心理状态使自己充满积极的心理能量，建议朋友们在交易之前多做一些积极的思维活动。

三、交易前积极的思维活动

交易前积极的思维活动不应该只在实盘交易前进行，这是在平时的心理准备中就应养成的固定不变的习惯。它的好处在于，不仅能够充分地放松身心给自己减压，也是积攒"正能量"的一种很好的方式。更主要的，是使自己有一个良好的思维活动习惯和惯性，正是这种良好的思维活动习惯和惯性铸造了你好的交易哲学。在基础篇中我们学习过交易哲学，我们也知道好的交易哲学是建立在日常生活基础上的行为哲学，这就要求我们在日常生活中的每一件小事上都要具备积极的思维。在我们平时的交往中朋友们还会注意到，周边的交易者做什么，说什么，情绪是怎样表露的等。不管这些信息是以什么样的形式传递或感染你，你都要利用以前学习过的知识将此作为一面镜子，时时刻刻进行自我"观照"。所谓：**见贤思齐焉，见不贤而内自省也。**

例如，在某次的交流中，对方会陈述自己的观点、看法，他还会表述为什么要这样做等。此时你需要注意的是，首先不要被对方的情绪感染，要用你自己交易原则的标尺理性、客观地衡量，即便是发现其中有很多消极因素也要用积极的思维替换它。一般来说如果你具备了这样的能力就说明你有了良好的思维定向，说明你平时的心理准备工作做得很好。在一般情况下，交易前或交易进行中你不容易受到外界不良因素的干扰，具备了职业交易者最基本的心理品质。这种心理品质的好处在于，能够避免你有的时候在交易中会发挥得很好，有的时候发挥不好的不稳定的现象。另外，具备这样品质的交易者特别善于回过头来总结，分析他们在准备工作中都做了些什么有益的工作，从而找出使他们发挥最佳交易状态的原因，并在今后形成固定的心理模式。所以，在今后的交易中他们会不自觉地采取与上一次相同的做法进行交易的准备，使自己始终处在良性的循环体内。

以上关于平时和交易前积极思维活动的好处讲了很多，虽然如此，还是有些因素可以使交易前或者交易中积极思维活动的效果更好。这些因素是：

应通过某种固定信号开始积极思维的活动。如，在平时的心理准备和训练中，明确哪些属于积极思维，哪些属于消极思维，哪些属于积极提倡的，哪些属于严厉禁止的。只要这些经过明确之后再结合以前学习过的提示语就可以运用了。不过，一切要按平时计划好的进行，包括交易行为和心理定向的发展。

在平时的心理准备和交易前出现提示信号后，你可以进行简单的表象演练。表象自己正在完成积极思维覆盖消极思维的任务，这是个反复积累的过程。

完成表象以后，就应立即集中注意于消极思维被覆盖后的积极情感，这不仅是一种确认，而且是一种十分有益的积极的自我强化，建议你在平时的训练中多进行这种积极的自我强化。

在交易前的准备中，接下来进行自我检查，检查的主要内容除了交易预案以外，最主要的还是一切和自己完成交易有关的事物，检查的目的是帮助自己集中注意于当前的交易行为和任务。

当你检查完以后，你将进入到实盘交易的过程中。应运用在控制训练中掌握的能力，将注意完全集中于与完成任务有关的信号刺激上。

问题： 交易前心理的程序安排

每一名交易者都应该在交易前有心理程序的安排，这一点对你交易技能水平的发挥相当重要，这一程序应包括以下几个方面：

1. 表象头一天的交易计划。

2. 现实而积极的自我陈述，将各种条件和标准结合在一起的综合应变的陈述。

3. 最后的中心任务是什么。

以上是交易前基本的心理程序，也是一种计划。要计划好盘中可能发生的每一件事，在今后所有的交易前都是一样的，这种心理程序或计划有助于交易者在实盘中降低应激。

以上各项思维活动进行的时间根据自己的条件和能力而定，因为这种思维活动是高度个体化的。每名交易者必须制订出符合自己情况的计划。当然，这些计划必须要服从以上的原则性的意见，在其大的框架下构建自己交易前的积极思维活动。

四、交易前准备工作的一些共同问题

1. 要使自己振奋起来应做些什么？

这是很多交易者容易忽略的问题，特别是当个体处在生理低潮期时需要提振一下自己的精神面貌。此书进行到这里你应该有个答案了，假如你已高质量地完成了交易心理技能的训练，那么一切都将是水到渠成的。达到最佳振奋状态的责任在你自己身上，此时你已不再需要传统的心理动员了，你需要的仅仅是按部就班地进行平时学习和训练的内容。

2. 交易这项工作特别要求交易者要避免消极性的自我谈话，你应该怎样做？

交易属于思维不间断性的工作，当你的心理受到冲击时思维是第一个有反应的，紧接着便会出现消极的自我谈话，这种情况实际上已经步入到恶性循环的开始阶段。所以，避免消极思维是你固守的最后一道防线。

当你最开始感受到焦虑时交易行为受到影响，交易行为受到影响之后必然在进、出场时机上出现问题，最终在进、出场的点位上总是感觉不很舒服。在这种情况下，你常常会陷入到消极的自我谈话之中。除了运用以前所掌握的积极与消极自我谈话的界定技能以外，表象技能对于那些常常陷于消极性自我谈话的交易者来说有很特殊的帮助作用。既然如此，我们就要充分地利用它。你可以翻开以往的统计资料，找出阶段性的最佳交易状态，在你的头脑里将这段历史清晰地表象出来，特别要注意交易行为过程中的积极因素，再反复地表象。当积极的因素再次被强化和巩固之后，你就可以试图在模拟交易中尝试进行演练。当然，这不可能一次就成功。在尝试演练中你一定会出现越来越多的积极的自我谈话，你会注意到，积极的自我谈话已经完全能够覆盖以往消极的自我谈话时，你就可以再次进入到实盘交易中。再次进入到实盘交易时要注意，要有意识地把注意力集中在积极的自我谈话上，而不是集中在过去出现过的消极自我谈话的错误上，再加上完整交易预案本身的配合，就特别有助于你保持积极地、建设性的思维过程。

3. 假如交易前积极的思维活动或交易预案被外界打断、破坏你将怎么办？

首先，你应该估计到这类事情有可能发生，并事先做好充分的心理准备。对于初期或者应变能力不强的交易者，最好、最简单的方法是放弃今天的交易。如果你提前准备好了第二套方案能够对付这种突发事件，你还要将精力迅速集中到新方案的条件和标准上，快速地对此进行核查。同时注意心理上是否还有消极因素的存在，如果还存在消极因素，在你没有将它解决完之前就不能进行交易。当发觉突发事件对你来讲已经恢复了平静之后，你才具备了交易的基本条件。最后还要注意的一点就是，将注意力集中在正确的提示信号上。

第五节　盘后的总结

在以往的交易和教学中，我非常注重盘后的功课，因为这牵扯到交易者对交易结果的归因方式，这也是注重逻辑分析的结果。我们学习的目的是增长知识和积累经验，而盘后的总结恰恰是交易者解释他们交易中的表现问题。这种自我解释的过程不仅能够巩固知识，还特别能够加强经验。对交易者来讲，如何解释这次的交易结果会对他们下一次的交易态度产生重大影响。我想，任何一名职业交易者都不会希望把交易结果归于机遇和运气。而交易者之所以进行不间断心理技能训练的一个重要环节就是找到最有效的归因。所以，盘后的总结是必不可少的。

我们的目标是，帮助你找到提高自我价值感的归因。在交易者表现不错的情况下，你要认识到是自己的努力产生了相应的结果。在交易表现较差的情况下，你还要敢于承担自己个人的责任，是因为自己平时的不努力或不重视而导致交易技能水平始终不稳定。还应该正确地认识到交易存在很多不确定性，这是为今后的交易技能和交易心理技能的再发展指明方向。

那么，何时做这些工作呢？当然是在交易结束后就立即进行总结最好。要建立收盘后即刻的、积极的归因方式。然后在下一次的实盘前抽出时间进行更加详细的评论，找出得与失。

当然，你必须具备我们以前学过的各种心理技能，假如你不能控制自己的情感，假如你提倡盈利性的目标，假如你以交易结果为基础来评价自己，那么，你的盘后总结很有可能使你在交易心理技能训练中的投入前功尽弃。

一、总结的四个基本点

既然谈到总结我们首先就要以交易表现的质量为核心，以此为基础对总结的基本要点进行明确。对于交易者来说，交易结果的总结可归为以下四类：即在交易行为中的正确与错误，技能发挥好或不好。以我们从交易心理学中了解到的知识为基础，根据这四类交易结果，建议你在总结时分别进行以下较为合适的评论。如图 13－1 所示：

交易结果＼发挥　结果	发挥差	发挥好
正确行为	正确但发挥较差	正确且发挥较好
错误行为	错误且发挥较差	错误且发挥较好

图 13－1　表现行为

关于基本要点的说明：

交易行为中的正确是指，在遵守前期交易预案和交易原则基础上的交易行为均视为正确。这与账面是否盈利无关。

交易行为中的错误是指，违背了前期交易预案和交易原则的所有交易行为均被视为错误。这与账面是否盈利无关。

交易行为中的发挥好是指，在交易行为过程中，交易心理技能的运用得当。充分运用了交易心理技能的交易行为均被视为发挥较好，这与账面是否盈利无关。

交易行为中的发挥不好是指，在没有运用心理技能的情况下，完全凭借感觉交易、误打误撞的交易行为均被视为发挥不好。这与账面是否盈利无关。

1. 正确的行为且交易技能发挥较好。

交易者在交易行为正确的基础上发挥好时，你应该将成功归因于自己的能力和自我价值的体现。即，交易技能和交易心理技能掌握得全面。这种归因能够增加你的自我价值感和自信心，你还应该有种强烈的满足感，不是因为账面上的盈利而感到满足，而是对自己坚持不懈地努力和对自己的交易表现而产生的满足感。假如取得的是一次很重要的盈利，还应该注意不要以为自己是如此地天才和优秀，你已经不需要再像过去那样努力了。另一方面，你也不应该贬抑成功的重要意义。对于不那么重要的盈利，你也可以人为地增加一些盈利的重要意义。但是，无论如何我也不建议你过多地对盈利有所评价。

作为真正的职业交易者，你应当知道"胜利"的喜悦是短暂的，应该把注意力迅速集中到需要改进的方面。这就要求进行具有建设性的反馈，而不是把问题扩大化、消极化，导致可能伤害自我价值感的消极性的反馈。反馈还应注意要具体，使自己清楚地知道如何在训练中改进技能，并安排时间进一步改进。在改进的过程中，还要重点回顾在交易中运用较好的一些技能，并对此保持清晰的印象，这是对今后的再发展非常有益的。

2. 正确的行为但发挥较差。

在交易中我们也常常遇到这样的问题，交易者执行了正确的行为但发挥较差，此时应把这种情况归因于自己交易心理技能和交易技能方面较弱，或者还不完善，而不是简单地只看到自己执行原则能力较强的优势方面。这种归因的判别对一般人来讲是很不容易的，道理很简单，人类对自己灵魂深处的探究往往是痛苦的。所以，我也经常听到有些交易者说："我对自己能够把握原则已经很满意了，我会在此基础上提高交易能力。"从这句话中我们就能明显地看出，这名交易者在刻意强调什么，有意回避什么。这实际上是用自己的优势作为发展未来的警钟来提示自己，在这种情况下自己的不足就常常被遗忘，今后加以改进也就更加无从谈起了。所以，这种说法常常只是停留在口头上，对今后的发展和提高是毫无意义的。你只有在自己脑中有明确的现有的实际问题，并善于监测才不会被一时、片面的优势冲昏头脑。

如果交易行为正确但发挥较差是因为自己的努力不够充分的话，你就需要检查一下自己为什么会这样。在总结中做上述评论的主要目的是认清自己的优势，以及存在的不足之处。分清楚这一点之后，那么你的这种行为正确就不足以使自己骄傲，因为它并不是你的结果性目标，你还需要在不足的方面加大努力。所以，我建议你不仅不要对此有满足感，更不要进行自我奖励。因为，**此正确行为的归因不是你自己的全部能力。**

3. 交易行为错误但发挥很好。

在交易过程中也经常有这样的情况出现，你的交易行为出现错误但发挥很好。此时应将行为错误归因于自己对交易的"规章制度"遵守不够，这实际上是交易者致命的缺点。当出现这种问题时，你应该将注意集中于交易原则和执行能力的问题上，在这两方面多下功夫。还记得我以前经常说的话："资本市场里只有一时的英雄，没有一世的英雄。"这是为什么？为什么在某次交易中发挥很好的交易者不见得会在下一次的交易中也发挥得很好？这一定是在交易行为或交易心理技能两方面中有欠缺。这就造成了当今市场中的客观现象——高手不见得永远是高手。所以，在此问题上我们还要继续发扬好的交易心理技能，克服交易行为中的不足，争取再有所提高，以获取将来更大的自我价值。只要我们不懈地努力，即使今后可能还会出现行为错误也丝毫不会减少你今后成功的机会。问题就应该是这样看的，积极的内部动机也会由此而产生，那么你还会对自己今后的交易失去信心吗？

当自己交易心理技能发挥得很好时，即使是交易行为出现了一些错误也应该正确地看待。我们是人，而不是神。出现一些错误应当客观地归因于专项能力的欠缺，但自己并不是一无是处。在其他方面毕竟也体现出了自身的优势，看到了自己的能力和平时努力的结果，你应为此而感到骄傲。因为单从交易心理技能的掌握来看你已经做了一件非常了不起的事情，之所以称它了不起，就是因为你做到了其他人不容易做到的事。可以回顾一下，看看是不是所有的交易者在实盘交易中都能发挥出交易心理技能在平时训练中的水平。

还有一点想给大家重点指出的是，当你交易心理技能水平发挥不错但交易失败，特别是账面出现亏损时，你应该怎样看待？我的建议是：从长远发展的角度上讲，还是应该强调自己经过不懈地努力达到现有的水平是实实在在的进步，你应该感到满意，这是强调现实性目标的最好时机。通过这次机会你还应该学会降低交易结果的重要性，以便不使自己的自我价值感和自我能力感受到伤害。另外，当你的生理周期处在低谷时，你反而应该适当地增加交易的重要性，以便激活过低的心理能量。

4. 交易行为错误且发挥不好。

首先这是所有问题中最糟糕的情况，交易者的行为错误且发挥不好已经不是简简单单的错误问题了，而是缺点（以前我们学习过缺点与错误概念）。此时，应将问题归因于自己全方位的努力不够，归于需要改进交易技能和交易心理技能两方面上。你应当对自己的努力不够和学习意识表示强烈的不满，而不是对交易结果产生不满。

你目前唯一能做的是，总结以往的经验教训，从最基础的知识开始将本书认真地学习一遍。你也不要没完没了地总想着过去的失败，我相信，你会对自己进行建设性的批评，虽然这是件极为痛苦的事，但关键是看你的自我调节和意志力。

通过以上总结的四个基本点，我们的目的应当非常明确，就是要解决实际的问题。就是要把每次交易都当作一面"镜子"，"观照"自己达到既定目标所取得的进步，或者存在的不足。如果交易者达到了自己设定的目标，也应当认真地总结原因，并怀着一定能再进步的信心继续下一轮的发展。这就是对待每次交易，对待每次结果的一种充满建设性的思维方式。

实际上，任何盘后总结的目的都是要帮助你对自我价值的肯定，在总结中要注意积极的自我评价。如，交易中自己基本上达到了自己之前制定的现实目标，不管盈利或亏损这都是一个好的结果。要避免从消极的角度去责怪问题或者是错误，坚持从现实目标入手检验自己，将重点放在达到自己的目标即实现了自我价值的体现了。这样就会使盘后的总结成为一次积极的而又具有促进性的活动，而不是一次自我信任的危机。

二、盘后其他思维活动

作为心理技能训练计划的一部分，你还应当在每次收盘后做这样几件事。

首先，你要表象在交易中那些发挥好的技能行为，当然这也不是件容易的事。为什么不容易呢？因为，有许多交易者往往容易去表象自己那些失败的情境。这是一种倾向，是一种长期不良交易习惯所造成的交易和心理定式，要通过努力学习纠正这种不正确的心理倾向。为了尽早达到尽善尽美，你要通过头脑中的清晰表象，加强发挥很好的交易行为的正确的心理定式。其次，考虑在交易中所犯的错误，以正确的交易行为取代它，先融入到平时的模拟盘训练之中去。最后，你应当在心理技能训练日记中记下这些情况，来评价交易心理技能的运用和发挥。要注明影响了你交易或训练发挥的那些情绪和感受，特别是应该确定在心理能量连续体中你所处的具体位置。如果这次你没有达到最佳能量区，那么还应标明为了在下次训练或交易中能够达到最佳能量区你所应做的具体工作。此外，你还应记下自己所做的那些对你交易中的技术发挥产生了积极或消极影响的其他事情。

心理技能训练日记对交易者把握自己长期的动态，以及发展方向是至关重要的。如果没有交易心理技能训练日记，就无法观察到自己心理的变化和心理准备方面的不足。收盘后日记应在交易后的 2 小时内完成，以便使记录下来的对交易的感受尽可能清晰准确。另外，通过表象重新展现交易的情境，回顾当时的情绪状态和心理技能的运用实施，对于交易者记心理技能训练日记是有很大帮助的。

第六节　具体应用

到目前为止，从本书中你已了解到了许多心理技能，其中的每一种技能都需要经过学习、获得和练习三个阶段。我们目前要做的是将这三个阶段应用到自己的整个训练之中，而这一部分就是要帮助你满怀信心地达到这一目标。

一、实施交易心理技能训练的基本步骤

现在，我们应该开始考虑制订交易心理技能训练计划的具体安排了。这要从当前交易者的需要，以及用于计划训练的时间两方面着手进行。

准备工作：

这一步骤是为了使你了解制定一个交易心理技能训练计划的第一步是什么。你应先主观地估计一下你自己的需要，以及交易心理技能训练可能得到的效果和你未来的计划。你会发现，你对自己目前的交易心理技能的状态水平，以及哪一种交易心理技能特别感兴趣。这一发现，对你日后的

训练是非常有帮助的。

下面是你要认真仔细地完成的以下量表的评定。

表 13 - 1　　　　　　　交易心理技能评定量表

技能	目前水平	提高这一技能对成绩的作用
表象	1 2 3 4 5	1 2 3 4 5
心理能量控制	1 2 3 4 5	1 2 3 4 5
应激控制	1 2 3 4 5	1 2 3 4 5
注意力控制	1 2 3 4 5	1 2 3 4 5
目标确定	1 2 3 4 5	1 2 3 4 5
技能水平	1 2 3 4 5	1 2 3 4 5

评定方法：

目前水平的等级：1 = 极好；2 = 好；3 = 一般；4 = 差；5 = 很差

对其效果估计的等级：1 = 极有效果；2 = 有效果；3 = 有一些效果；4 = 效果不大；5 = 没效果

将这一量表汇总起来，你就可以了解到哪一种交易心理技能是应该先要考虑的，然后回答下面几个问题：

1. 你打算每天安排多少时间进行交易心理技能的训练？

2. 你打算把重点放在哪些技能上？

3. 你准备用多长的时间完成交易心理技能训练的目标？

4. 你设置的目标是否现实而有效？

回答完上述问题以后，发展交易心理技能的第一步工作就完成了。下面我们就需要根据以前学过的内容进行下一步的工作了，它们是：目标定向，初始评定，制定训练日程表，交易心理技能训练与日常模拟训练和实盘交易相结合，对进展的监测和计划安排的评定。下面我将简要地论述这几个方面。

1. 定向方案。

定向方案对你的训练计划是否成功十分重要，因为它确定了你将要进行交易心理训练的基调。有很多交易者抵触交易心理技能的训练是因为他们不相信有人能靠交易心理去交易，这个认识的转变需要一个过程和时间。为了使你的交易心理技能训练获得成功，你要深知参加这一训练的目的是帮助你进一步发展和提高交易心理技能，从而带动你交易技能水平的快速发展。

另外，你要知道交易心理技能发展和提高的工作必须是系统地进行，时断时续的练习对于交易心理技能的掌握是毫无效果的。只有坚持不懈地去建立新的交易行为习惯和技能，才会给你带来自己所期望的结果。

对于定向方案的基本要求是，你必须要了解：交易心理技能训练的概念，交易心理技能的价值，五种基本的交易心理技能，它们之间的交叉关系；你将要进行的交易心理技能训练，对自己的期望，系统练习的重要性和训练时所要注意的要求。此外，你还要明确参加交易心理技能训练是自愿的，而不是被别人强迫的。

2. 初始评价。

在前面提到过，评价你自己的每种心理技能的最初水平是十分重要和关键的。因为，这一评价结果提供了自我了解的基础，以及对于训练的要求和对通过训练所取得效果的预测。

当完成了某一自我分析之后，你要真实地给自己打分，以确定在此技能上自己的缺陷和应努力的程度。不要特别注重自己的得分结果，你应该学会从自己的得分中保持必要的自信心，这一点相当重要。

3. 制定训练日程表。

制定训练日程表的目的是，帮你建立一段时间内的一个尝试性的交易心理技能训练日程表。在这一安排中，除了要按以下的内容进行以外，你还要尽量做到根据以前所学过的内容巨细必究。基本的安排要包括以下的几个内容：

（1）训练正式开始的日期。

（2）所有的训练安排（包括所有的内容）。

（3）间断期的比例是否恰当。

（4）训练的具体目标。

（5）每一种交易心理技能的学习阶段安排。

当你完成了这一训练时间日程表后并不是开始学习就完了。在此之外，你还应该鼓励自己在正式的学习和训练之后，根据自己的情况把学习的交易心理技能逐渐地加入到模拟盘中。交易心理技能的训练要与交易技能训练结合在一起进行，这样才会更加有效。

4. 交易心理技能训练与日常模拟训练相结合。

如果你能将交易心理技能的学习和训练结合到模拟盘的训练当中，一定会收到很好的效果。因为，模拟盘交易给交易心理技能的练习创造了很好地机会，你可以在以下层面上运用模拟盘训练。

（1）在模拟盘中表象实盘交易情境。

（2）针对将来的实盘交易情况，表象各种困难的出现，找出应对方案。

（3）在模拟盘进行中，着重表象学习过的内容，并以积极的情境体现。

5. 自我监测交易心理技能学习和训练的进展情况。

交易者一定要养成自我观察、自我监测的好习惯，通过观察交易心理技能训练所取得的进步可以给自己增加自信心。养成这种习惯最好的方法就是坚持记学习和训练日记，你应该记录下自己所取得的所有进步。

为什么坚持记学习和训练日记至关重要？

答案：坚持记日记之所以重要，是因为交易心理技能的提高一般来说是缓慢的，如果不是每天记录是不易被察觉的。你不要希望自己一段时间内就有翻天覆地的变化，这是不现实的，在任何领域都没有这样的先例。交易心理技能的训练只会是潜移默化地逐渐显露的，只有通过不断地记录才能有根据地证明你每周、每月的进步，才会激发你的自信心，自觉、主动地完成学习和训练。

坚持每天记日记还有助于交易者保持交易心理技能的有序化，如果你能够做到每天在本子上记录学习和训练情况，你就不太可能忽略每天所要学习和训练的内容，这实际上也是一种自我鞭策。

二、实施交易心理技能训练应注意的问题

当我们着手设计一套交易心理技能训练的方案时，有几个问题需要特别注意。特别是在开始实施交易心理技能训练之前就解决好这些问题，将有助于你的训练成功。这几个问题是：

1. 开始学习和训练的时间。也就是什么时候开始交易心理技能的学习和训练最合适？

答案：虽然有许多交易者都认为交易心理技能有助于自己交易技能水

平的提高，但是，他们对应在何时开始进行交易心理技能的训练一直都没有一个正确的答案。实际上，如果交易者能在一开始时就进行交易心理技能的训练，可使自己及早地从心理上为将来的交易生涯做好更充分的准备。一开始就学习交易心理技能的另一个重要原因是，通过交易心理技能的学习首先完善自己的思想，树立正确的交易哲学，这样才能正确地指导自己具体的交易行为，少走很多弯路。

有的朋友可能会说：我刚刚看到这本书，我刚刚开始接触真正的交易心理学，是不是有点晚了？我要告诉你的是：一点都不晚。哪怕你是处在心理耗竭的初期，只要认真地阅读本书，你同样可以将自己从危险的悬崖边拉回。不管你是从何时开始进行交易心理技能的训练，一定要建立定期的检查制度，并从现在开始抓紧时间。

关于时间的问题，在唐代有位著名的女诗人——杜十娘，她在《金缕衣》中反复咏叹要我们后人珍惜时间。所谓：金钱散去还复来，可是时间一去不复还。希望此诗能够成为立志做职业交易人的座右铭，时刻提醒和鞭策自己的行为。

劝君莫惜金缕衣，劝君惜取少年时。

花开堪折直须折，莫待无花空折枝！

2. 进行交易心理技能训练的阻力，强行要求自己进行交易心理技能训练的问题。

关于进行交易心理技能训练的阻力：

特别强调这个问题的目的是，使你逐步、深入地了解实施交易心理技能训练可能会遇到的阻力与障碍。根据以前所学过的内容，先找出你预计可能会出现的阻力和障碍，然后再写出解决的方法。

以下列出一些通常有可能存在的阻力和障碍，以及可以解决的方法。这里只是一些启发性的提示，你或许会遇到另外一些阻力和障碍，也有可能会有另外一些解决的办法，请根据自己的情况酌情应对。下面我就这些方面的问题进行阐述，希望能使你在第一次进行交易心理技能训练中进展地更加顺利。

阻力和障碍：

1. 缺乏重要人物的支持。

2. 认为参加这一学习和训练就是表明自己有缺陷。

3. 会占用大量的时间影响交易技能的学习与发展。

4. 长期坚持做训练日记是很痛苦的事。

5. 周围的环境不适合进行交易心理技能的学习和训练。

解决的方法：

1. 说服你的家人、亲友或其他交易者，给他们讲明交易心理学不仅仅有利于今后的交易生涯，对社会上的任何职业、行为都是有帮助的。是格物、致知、诚意、正心、修身的根本，只有在这个基础之上才能够齐家、治国、平天下。

2. 实际上人在一出生的时候都是有缺陷的，这就是为什么我们从小要学习的原因。正视自己、了解自己百利而无一害，通过书中的内容恰恰能掌握消除缺陷的技能。

3. 这是个得与失的问题，这是个长远利益和眼前利益的问题。如果你从长远和发展的角度看，就不会有此纠结。你也知道"欲速则不达"的道理，你也知道"空中楼阁"不靠谱的道理。这个问题实际上不难取舍，更何况在学习和训练的过程中二者是要相互结合的，并不是完全放弃了交易技能的发展。

4. 我以前一直强调：凡是成功人士，之所以能成为佼佼者，能成为少数人，身上都有一种坚强的意志品质。如果你连最基本的训练日记都无法坚持记的话，我劝你还是选择其他行业吧。

5. 还记得《荀子》的教诲吗？这正是检验你当初的决心是不是一句空话，只要有决心想学你总会有办法，只要你不求上进也总会有成千上万个理由。

关于强行要求自己进行交易心理技能训练的问题。

有利的方面：

1. 给自己一个尝试全新内容的机会。

2. 通过学习和训练了解了以前根本不了解的技能。

3. 通过学习和训练不仅可以在交易技能方面得到收获，在其他社会行为方面也可能会有意外的收获。

不利的方面：

1. 在学习和训练的过程中，由于强制性的因素可能会出现内心抵触的情况。

2. 可能将学习和训练只当是走走过场，不会真正的按照学习和训练的要求去做，这样就不会起到预期的效果。

3. 从动机的本质上来讲强制性的要求必然不会引发内部动机，没有强烈的内部动机就等于输在"起跑线"上。

从以上的问题中可以看到，强制性的学习和训练总体上弊大于利。不过，根据我们以前学习过的一些内容，相信你可以找到解决这一问题的方法。最重要的是，你要相信交易心理技能的学习和训练对你今后是有价值的。只有如此你才会具有强烈的内部动机，这样你获得成功的可能性才会大大增加。

至此为止本书的交易心理技能部分就全部讲完了。我相信翻开此书的人一定想成为职业交易者，我希望你能够细细地阅读本书的每一个章节，直到完全吃透为止。因为，交易心理技能是良好交易行为的基础。如果你超越了此基础，盲目地投入到交易这个职业的话，你就不可能成为一名职业交易者。

最后，引用广告中的一句话：**"在流行还未流行之前，在价值还未被发现之前，只有少数人慧眼独具。"**

我再次祝愿投资者好运！

结 束 语

君子知夫不全不粹之不足以为美也，故诵数以贯之，思索以通之，为其人以处之，除其害者以持养之；使目非是无欲见也，使耳非是无欲闻也，使口非是无欲言也，使心非是无欲虑也。及至其致好之也，目好之五色，耳好之五声，口好之五味，心利之有天下。是故权利不能倾也，群众不能移也，天下不能荡也。生乎由是，死乎由是，夫是之谓德操。德操然后能定，能定然后能应。能定能应，夫是之谓成人。天见其明，地见其光，君子贵其全也。[137]

意思是：君子懂得学习，学习得不全面不精粹就不能算得上完美。所以，反复诵读以求融会贯通，用心思考以求领会通晓，效法良师以达到身体力行，除掉有害的东西来培养自己的品德。使自己的眼睛不是正确的东西就不想看，使自己的耳朵不是正确的东西就不想听，使自己的嘴巴不是正确的东西就不想说，使自己的心里不是正确的东西就不想思考。等到对学问的爱好到了极点的时候，就像眼睛喜爱看五色，耳朵喜爱听五音，嘴巴喜爱尝五味，心里想着拥有天下一样。因此，权势利禄都不能动摇他，人多势众都不能改变他，整个天下都不能打动他。活着如此，到死也是如此，这就叫做道德操守。有了道德操守然后（在资本市场）才能站稳脚跟，然后才能应付各种各样的事情。既能站稳脚跟又能应付自如，这才叫做完美的成年人。天显示它的光明，地显示它的广阔，君子的可贵在于他的德行学识的完美！

有朋友可能会说：全书白话文很好理解，只是其中有太多的之乎者也，很是叫人费解。你有沽名钓誉之嫌！我想反问的是：难道我们不应该知道"之乎者也"吗？我为什么要在这里强调"之乎者也"？在我们传统文化中，之，为方法，也泛指行为对象。子曰：**众好之，必察焉；众恶之，必察焉**。乎，为疑问或反诘，问句悬疑为乎。《新五代史》曰：**乃屏人密诘之，具得其事**。者，为概念，指事、指物、指时，也指人，是全方位的，举证说明为者。也，为判断、断定依据和结论之意，最后的定义、确立为也。我们想一想，在我们的交易发展过程中，如果没有这些方法、假设、依据、正确的概念，如何会有好的结论？难道我们不应该重视和强调"之乎者也"全面性的作用吗？这正是国学给我们留下的宝贵财富。

另外，一名职业交易者要想健康、持久地发展，必然要有强大的精神作为依托。国学之用在于"无用"之"大用"，一名交易者的成败很大程度上取决于其思维方式，而一个人思维能力的成熟亦绝非先天注定的，它一定是在特殊的文化氛围中形成的。所以，国学作为涵盖经、史、子、集的庞大知识体系，恰好为我们提供了一种氛围，一个学习的平台，一个强有力的精神支柱。在我们学习交易的同时，如果多汲取一些国学知识的营养，你就会不断地发现其蕴含着无穷无尽的智慧，从中领略到恒久的治世之道和交易之本，更能领悟和加强人生哲学、交易哲学，从而形成你在交易领域中特有的立身之术。

关于国学的意义和价值我在这里不想多强调了，特别是中国的古典哲学，它在目前发达的西方国家都备受推崇。我们之所以认为它晦涩难懂，是因为我们离它太"久远"了。

孟子曰：**夫道若大路然，岂难知哉？人病不求耳！**[138]

意思是：所谓的"道"就像一条大路一样，难道很难知晓吗？只不过多数人的缺点在于不去寻求罢了。

孟子又曰：**学问之道无他，但求放心而已矣。**[139]

关于能够懂得、理解本书和认为对其有帮助的人，我感到非常荣幸！今天是个好日子。这本书不仅是给我自己最好的回馈，更是给多年来长期支持、关注、关爱我的人真挚的回报。特别是我的家人，我的弟弟，我的爱人。在这里我还要特别感谢张莉萍、何瑾两位女士，在我写作的过程中帮我制作了大量的图表。

还有，要特别感谢中国金融出版社第二编辑部主任张哲强先生，人如其名，如果没有张先生的鼎力支持与理解，本书也就不能够原汁原味地呈现在广大读者面前。但遗憾的是，要是能早点出版就更好了。为此，真诚地向所有人说一句："抱歉！我来晚了。"

专为本书量身打造的一首歌词：

抱歉！我来晚了

我知道，我最终的目的。

我也知道，"之乎者也"其中的道理。

我还是将目光锁定你，

也知道你可能今天穿红，明天戴绿。

断桥、春色、聊斋志异，回想古书里的警句。

眼前浮现的始终是过去的"颜如玉"。

玲珑、环佩，散发着诱人的香气，

心理偏离后，还有多少"拍案惊奇"。

水呀！水呀！你居善地。

风呀！风呀！火烧赤壁。

可怜的人呀！孔雀各东西。

急得我呀！夕阳如血，染红了双鬓。

我听到最多的话是：将革命进行到底！

抱歉！我来晚了。

我知道，你始终相信。

我也知道，我们还有无数次的相遇。

小资的情调是亢奋的催化剂。

新版的"十五贯"，你却提供了不在现场的证据。

激动的背后，总是跟随着焦虑。

固执的结果，再现了"霸王别姬"。

仁呀！仁呀！可不是舍身取义。

礼呀！礼呀！坐怀不乱不能充饥。

白瞎的"德"呀！偏偏照耀沟渠。

残存的"智"呀！消化、消化，保存在肚子里。

我听到最多的话是：将革命进行到底！

抱歉！我来晚了。

是谁总说：仁、义、礼、智、信！

又是谁口口声声地"克己复礼"。

红红绿绿，西门的大官人不能荣归故里。

那个小女子再坏，可也不是"画皮"。

商女不知亡国恨，我要集中注意力。

竹林里七位贤人，人家在聊着过去。

天下英雄，唯使君与操耳。

刘备的筷子，哐当落了地。

忍呀！忍呀！子曰：回也不愚。

苦呀！苦呀！观自在行深般若波罗密。

眼前的"佛"呀！不要再是件工艺品。

心中的"道"呀！怎样才能"致虚极"。

我听到更多的人说：将革命进行到底！

抱歉！我来晚了。

最后，用《韩非子》的一句话作为最后的收尾，我想它应该是我们所有从事交易的人的座右铭，理应铭记在心，它就是以下八个字：

事在四方，要在中央！

正前方

于 2013 年 12 月 16 日凌晨

参 考 文 献

[1]《菜根谭·治学》，第一版，126 页，远方出版社，2002。

[2]《韩非子·显学第五十》，第一版，355 页，海潮出版社，2012。

[3]《菜根谭·治学》，第一版，134 页，远方出版社，2002。

[4]《毛泽东选集·第二卷》——论持久战"能动性在战争中六十二"，第一版，第 468 页，人民出版社，1952。

[5]《第五项修炼》——学习型组织的艺术与实务，第 16 次，序第 2 页，上海三联书店，2001。

[6]《通向财务自由之路》，第一版，22 页，机械工业出版社，2009。

[7]《正经·卓鉴第一》，第一版，1 页，内蒙古文化出版社，1998。

[8]《鬼谷子·捭阖第一》，第一版，239 页，湖南文艺出版社，2011。

[9]《正经·运筹十七》，第一版，452 页，内蒙古文化出版社，1998。

[10]《荀子·天论篇》，第三版，92 页，广州出版社，2006。

[11]《孙子兵法·军争篇》，第一版，80 页，武汉出版社，1994。

[12]《庄子·大宗师》，第一版，41 页，吉林文史出版社，2001。

[13]《庄子·齐物论》，第一版，9 页，吉林文史出版社，2001。

[14]《淮南子·缪称训》，第三版，131 页，广州出版社，2006。

[15]《淮南子·缪称训》，第三版，130 页，广州出版社，2006。

[16]《孙子兵法·九变篇》，第一版，92 页，武汉出版社，1994。

[17]《孙子兵法·兵势篇》，第一版，50 页，武汉出版社，1994。

[18]《鬼谷子·摩篇第八》，第一版，289 页，湖南文艺出版社，2011。

[19]《治国方略·卷一》，第一版，4 页，吉林人民出版社，1997。

[20]《菜根谭·治学》，第一版，118 页，远方出版社，2002。

[21]《荀子·天论篇》，第三版，90 页，广州出版社，2006。

［22］《菜根谭·治学》，第一版，130 页，远方出版社，2002。

［23］《鬼谷子·权篇第九》，第一版，295 页，湖南文艺出版社，2011。

［24］《鬼谷子·反应第二》，第一版，247 页，湖南文艺出版社，2011。

［25］《荀子·劝学篇》，第三版，11 页，广州出版社，2006。

［26］《鬼谷子·反应第二》，第一版，247 页，湖南文艺出版社，2011。

［27］《淮南子·缪称训》，第三版，126 页，广州出版社，2006。

［28］《淮南子·缪称训》，第三版，146 页，广州出版社，2006。

［29］《老子》，第 2 次，144 页，光明日报出版社，2000。

［30］《鬼谷子·反应第二》，第一版，248 页，湖南文艺出版社，2011。

［31］《淮南子·缪称训》，第三版，152 页，广州出版社，2006。

［32］《荀子·解蔽篇》，第三版，154 页，广州出版社，2006。

［33］《鬼谷子·反应第二》，第一版，248 页，湖南文艺出版社，2011。

［34］《菜根谭·处世卷》，第一版，375 页，远方出版社，2002。

［35］《淮南子·缪称训》，第三版，153 页，广州出版社，2006。

［36］《世说新语·德行第一》，第三版，1 页，华夏出版社，2000。

［37］《论语·颜渊·泰伯》，第一版，97、59、93 页，吉林文史出版社，1999。

［38］《庄子·逍遥游》，第一版，2 页，吉林文史出版社，2001。

［39］《淮南子·原道训》，第三版，5 页，广州出版社，2006。

［40］《孙子兵法·始计篇》，第一版，2 页，武汉出版社，1994。

［41］《荀子·劝学篇》，第三版，6 页，广州出版社，2006。

［42］《鬼谷子·谋篇第十》，第一版，302 页，湖南文艺出版社，2011。

［43］《淮南子·原道训》，第三版，33、31 页，广州出版社，2006。

［44］《淮南子·原道训》，第三版，29 页，广州出版社，2006。

［45］《菜根谭·处世卷》，第一版，358 页，远方出版社，2002。

［46］《荀子·礼论篇》，第三版，121页，广州出版社，2006。

［47］《老子》，第2次，122页，光明日报出版社，2000。

［48］《淮南子·原道训》，第三版，29页，广州出版社，2006。

［49］《淮南子·人间训》，第三版，186页，广州出版社，2006。

［50］《韩非子·显学第五十》，第一版，353页，海潮出版社，2012。

［51］《淮南子·人间训》，第三版，192页，广州出版社，2006。

［52］《论语·学而篇》，第一版，4页，吉林文史出版社，1999。

［53］《淮南子·原道训》，第三版，6页，广州出版社，2006。

［54］《论语·学而篇》，第一版，1页，吉林文史出版社，1999。

［55］《辞海》——本质和现象，第一版，1247页，上海辞书出版社，1980。

［56］《华尔街幽灵》，第一版，4页，中国社会科学出版社，2008。

［57］《小窗幽记》，第一版，25页，希望出版社，1991。

［58］《淮南子·人间训》，第三版，186页，广州出版社，2006。

［59］《淮南子·人间训》，第三版，187页，广州出版社，2006。

［60］《淮南子·原道训》，第三版，6页，广州出版社，2006。

［61］《庄子·大宗师》，第一版，40页，吉林文史出版社，2001。

［62］《小窗幽记》，第一版，355页，希望出版社，1991。

［63］《庄子·养生主》，第一版，15页，吉林文史出版社，2001。

［64］《庄子·养生主》，第一版，15页，吉林文史出版社，2001。

［65］《淮南子·缪称训》，第三版，149页，广州出版社，2006。

［66］《老子》，第2次，113、151页，光明日报出版社，2000。

［67］《孟子·尽心上》，第一版，352页，海潮出版社，2008。

［68］《庄子·逍遥游》，第一版，2页，吉林文史出版社，2001。

［69］《毛泽东选集·第一卷》，第一版，第274页，人民出版社，1952。

［70］《论语·里仁篇》，第一版，24、25页，吉林文史出版社，1999。

［71］《淮南子·缪称训》，第三版，152页，广州出版社，2006。

［72］《菜根谭·处世卷》，第一版，352页，远方出版社，2002。

［73］《菜根谭·处世卷》，第一版，354页，远方出版社，2002。

［74］《淮南子·人间训》，第三版，188 页，广州出版社，2006。

［75］《孟子·告子上》，第一版，318 页，海潮出版社，2008。

［76］《孙子兵法·始计篇》，第一版，2 页，武汉出版社，1994。

［77］《荀子·天论篇》，第三版，91 页，广州出版社，2006。

［78］《鬼谷子·反应第二》，第一版，247、248 页，湖南文艺出版社，2011。

［79］《淮南子·缪称训》，第三版，149 页，广州出版社，2006。

［80］《鬼谷子·抵巇第四》，第一版，262 页，湖南文艺出版社，2011。

［81］《小窗幽记》，第一版，228 页，希望出版社，1991。

［82］《论语·为政篇》，第一版，9 页，吉林文史出版社，1999。

［83］《论语·学而篇》，第一版，2 页，吉林文史出版社，1999。

［84］《小窗幽记》，第一版，293 页，希望出版社，1991。

［85］《菜根谭·处世卷》，第一版，354、363 页，远方出版社，2002。

［86］《鬼谷子·内揵第三》，第一版，60 页，中国华侨出版社，2011。

［87］《鬼谷子·捭阖第一》，第一版，4 页，中国华侨出版社，2011。

［88］《淮南子·原道训》，第三版，8 页，广州出版社，2006。

［89］《淮南子·原道训》，第三版，29、35 页，广州出版社，2006。

［90］《荀子·劝学篇》，第三版，9 页，广州出版社，2006。

［91］《淮南子·原道训》，第三版，4 页，广州出版社，2006。

［92］《荀子·解蔽篇》，第三版，166 页，广州出版社，2006。

［93］《菜根谭·处世卷》，第一版，374 页，远方出版社，2002。

［94］姜尚《六韬·犬韬之教战第四》，第一版，214 页，湖南文艺出版社，2011。

［95］《鬼谷子·忤合第二》，第一版，276 页，湖南文艺出版社，2011。

［96］姜尚《六韬·文韬之明传第五》，第一版，24 页，湖南文艺出版社，2011。

［97］《淮南子·人间训》，第三版，186 页，广州出版社，2006。

［98］《菜根谭·治学篇》，第一版，133 页，远方出版社，2002。

［99］《菜根谭·治学篇》，第一版，117 页，远方出版社，2002。

［100］《菜根谭·治学篇》，第一版，117 页，远方出版社，2002。

［101］《孟子·告子上》，第一版，313 页，海潮出版社，2008。

［102］《孟子·告子上》，第一版，307 页，海潮出版社，2008。

［103］《孟子·梁惠王上》，第一版，海潮出版社，2008。

［104］《孟子·告子上》，第一版，304 页，海潮出版社，2008。

［105］《大学 中庸》，第一版，1 页，吉林文史出版社，2001。

［106］《孟子·离娄下》，第一版，223 页，海潮出版社，2008。

［107］《荀子·解蔽篇》，第三版，161 页，广州出版社，2006。

［108］《孟子·尽心上》，第一版，352 页，海潮出版社，2008。

［109］《孟子·告子下》，第一版，330 页，海潮出版社，2008。

［110］《易经·系辞下》，第一版，313 页，中国华侨出版社，2013。

［111］《正经·卓鉴第一》，第一版，3 页，内蒙古文化出版社，1998。

［112］《菜根谭·治学篇》，第一版，119 页，远方出版社，2002。

［113］《菜根谭·治学篇》，第一版，123 页，远方出版社，2002。

［114］《菜根谭·治学篇》，第一版，123 页，远方出版社，2002。

［115］《菜根谭·治学篇》，第一版，123 页，远方出版社，2002。

［116］《淮南子·人间训》，第三版，189 页，广州出版社，2006。

［117］《菜根谭·治学篇》，第一版，124 页，远方出版社，2002。

［118］《正经·卓鉴第一》，第一版，1 页，内蒙古文化出版社，1998。

［119］姜尚《六韬·龙韬之奇兵第十》，第一版，117 页，湖南文艺出版社，2011。

［120］《鬼谷子·摩篇第八》，第一版，289、290 页，湖南文艺出版社，2011。

［121］《鬼谷子·揣篇第七》，第一版，282 页，湖南文艺出版社，2011。

［122］《论语·先进篇第十一》，第一版，85 页，吉林文史出版社，1999。

［123］《楚辞名篇》，第一版，10 页，上海辞书出版社，2009。

［124］王阳明《心学》，第一版，64 页，石油工业出版社，2013。

［125］《菜根谭·治学篇》，第一版，136 页，远方出版社，2002。

［126］《菜根谭·治学篇》，第一版，134 页，远方出版社，2002。

［127］《小窗幽记》，第一版，251 页，希望出版社，1991。

［128］《老子》，第2 次，48 页，光明日报出版社，2000。

［129］《菜根谭·处世卷》，第一版，342 页，远方出版社，2002。

［130］《荀子·劝学篇》，第三版，10 页，广州出版社，2006。

［131］《小窗幽记》，第一版，277 页，希望出版社，1991。

［132］《庄子·田子方》。

［133］《荀子·劝学篇》，第三版，5、6 页，广州出版社，2006。

［134］《小窗幽记》，第一版，349 页，希望出版社，1991。

［135］《孟子·尽心上》，第一版，362 页，海潮出版社，2008。

［136］《孟子·离娄下》，第一版，217 页，海潮出版社，2008。

［137］《荀子·劝学篇》，第三版，12 页，广州出版社，2006。

［138］《孟子·告子下》，第一版，324 页，海潮出版社，2008。

［139］《孟子·告子上》，第一版，309 页，海潮出版社，2008。